1.—

JULIO CÉSAR

Philip Freeman

JULIO CÉSAR

Mt/Planeta

Este libro no podrá ser reproducido, ni total ni parcialmente, sin el previo permiso escrito del editor.
Todos los derechos reservados

© Mapas: Jeffrey L. Ward, 2007

Título original: *Julius Caesar*
Primera edición: abril de 2009

© Philip Freeman, 2008

© Editorial Planeta, S. A., 2009
 Avda. Diagonal, 662-664. 08034 Barcelona (España)
 Traducción: Simon Saito Navarro, 2008

ISBN: 978-84-08-08445-7
Preimpresión: Abogal, S.C.P.
Depósito legal: B. 12.396-2009
Impreso en España por Egedsa

ÍNDICE

Prefacio 9

Cronología 13

Prólogo: A orillas del Rubicón 19

    I. Los primeros años 23
    II. La senda hacia el poder 52
    III. Conspiración 76
    IV. Cónsul 103
    V. Galia 122
    VI. Los belgas 153
    VII. Britania 182
    VIII. Vercingetórix 209
    IX. Rubicón 238
    X. Guerra civil 253
    XI. Pompeyo 277
    XII. Cleopatra 295
    XIII. África 318
    XIV. Triunfo 337
    XV. Los idus de marzo 352

Epílogo: César y Catón en Valley Forge 369

Bibliografía 373

PREFACIO

Un día, no hace mucho, me encontraba en mi clase de latín, explicando a mis alumnos la correcta formación de los verbos imperfectos. Hacía un día precioso en el campus, uno de esos que piden a gritos a los estudiantes que se dediquen a jugar al *frisbee* en el jardín de delante de la biblioteca. Iba aproximándose el final de la hora y yo estaba perdiendo aceleradamente a mi audiencia, cuyos ojos se extraviaban en dirección a la idílica escena visible al otro lado de la ventana. Así que decidí posponer la gramática y tomar un desvío por la historia de Roma.

—Muy bien —pregunté—, ¿quién ha oído hablar de Julio César? —Todos los alumnos levantaron la mano—. De acuerdo —continué—, ¿qué podéis contarme sobre él?

Se produjo un prolongado silencio, interrumpido al fin por una de las alumnas.

—Lo asesinaron a puñaladas, ¿no? Recuerdo que leímos la obra de Shakespeare en el instituto.

—Excelente —dije—. Pero ¿alguien sabe cuándo se produjo este asesinato?

Todos estudiaron detenidamente sus pupitres hasta que uno de ellos levantó la mirada.

—¡Espere, fue en los idus de marzo! —dijo.

—Bien, bien —respondí, siempre dispuesto a alentar la participación de mis alumnos—. Lo mató un grupo de senadores romanos en el teatro de Pompeyo en los idus de marzo, es decir, el 15 de ese mes. Ahora, ¿qué más podéis contarme sobre su vida?

Un nuevo silencio. Entonces intervino un estudiante de las filas de atrás.

—¿No era epiléptico? Y nació por cesárea, ¿no?

—Tienes razón, en parte —respondí—. Sí que padecía epilepsia, pero lo de la cesárea es un mito.

Dediqué los siguientes cinco minutos de la clase a contarles algunos hechos conocidos sobre Julio César: que había nacido en una familia pobre pero noble; que el dictador Sila le ordenó que se divorciara de la mujer a la que amaba, pero que él se negó a pesar de saber que eso significaba una condena a muerte; que de joven cayó en manos de unos piratas; que ascendió al poder y se convirtió en un gran abogado, político, general, ingeniero, historiador y sumo sacerdote de Roma; y, finalmente, que inventó el calendario que aún usamos en nuestros días.

Terminada la clase, los alumnos se encaminaban a la puerta para salir a la soleada mañana. Mientras borraba la pizarra y recogía mis papeles, oí que uno de ellos, en el pasillo, le decía a un compañero:

—Tío, ha sido alucinante. No sabía que César hubiera hecho todo eso.

Fue uno de esos momentos para los que vive un profesor, el momento en el que se da cuenta de que un estudiante está ilusionado por haber aprendido algo nuevo. Mientras regresaba a mi oficina para ordenar un montón de papeles, me pregunté cuánta gente conocía realmente la auténtica historia de Julio César.

Julio César fue uno de los más grandes héroes de la historia de la humanidad, o uno de sus peores villanos, según a quién se escuche. El poeta medieval Dante le asignó un lugar de privilegio en la otra vida, entre los paganos más virtuosos, al tiempo que sentenciaba a sus dos principales asesinos, Bruto y Casio, a los pisos inferiores del infierno. Mark Twain escribió que César hizo la guerra a los bárbaros no porque le hubieran hecho nada, «sino porque codiciaba sus tierras y deseaba conferir la bendición de la civilización a sus viudas y huérfanos». Shakespeare intentó fundir ambas ideas, alabando tanto a César como a los conspiradores que acabaron con su vida. Los expertos de nuestros días están igualmente divididos con respecto al legado de César. Algunos lo han visto como el paradigma del gobernante justo, pero otros historiadores, bajo el prisma de los dictadores y las devastadoras guerras del siglo XX, han mirado con malos ojos a un hombre que provocó tantas muertes y que estableció el gobierno de los emperadores reemplazando el de los magistrados electos. Por mi parte, esta biografía no pretende alabar en exceso a César ni enterrarlo entre los tiranos de la historia. Mi único objetivo es narrar la historia de su vida y de su tiempo para cualquiera que quiera saber algo más sobre este hombre singular y el mundo en el que vivió.

He contraído una profunda deuda con las personas que me ayudaron a convertir este libro en realidad. Los excelentes profesores de las universidades de Texas y Harvard, que me enseñaron pacientemente el fascinante mundo de la Roma antigua, cuentan con mi eterno agradecimiento. El Luther College, escondido entre las preciosas colinas del nordeste de Iowa, se mostró tan alentador y amable como siempre. Joëlle Delburgo, Bob Bender y Johanna Li me guiaron con delicadeza por el proceso de publicación, mientras que Janey Lee, de Hanee Designs, creó una preciosa web y me permitió hacer uso de sus fotografías del foro romano. Quisiera también dar las gracias a las bibliotecas de la Universidad de Harvard y del Bowdon College. Como de costumbre, también quisiera dar las gracias a mi sufrida esposa, quien soportó innumerables sobremesas dominadas por la política romana, las vírgenes vestales y la estructura tribal de los galos. Pero, por encima de todo, querría expresar mi gratitud a mis estudiantes, quienes, a lo largo de los últimos quince años, me han ayudado a ver el mundo clásico a través de otros ojos. Vuestro entusiasmo es lo que convierte la docencia en el mejor trabajo del mundo.

CRONOLOGÍA

a.C.

753	Fecha tradicional de la fundación de Roma
c. 500	Fundación de la república romana
390	Los galos saquean Roma
264-241	Primera Guerra Púnica
218-202	Segunda Guerra Púnica
149-146	Tercera Guerra Púnica. Destrucción de Cartago
133	Tiberio Graco elegido tribuno
121	Muerte de Cayo Graco
107	Primer consulado de Mario
105	Los ejércitos de los cimbrios y los teutones derrotan a los romanos
100	Nacimiento de Julio César (13 de julio)
91	Comienzo de la Guerra Social
88	Sila marcha sobre Roma
87	César elegido *flamen dialis*
84	César se casa con Cornelia
81-79	Dictadura de Sila
80	César sirve en Asia, donde obtiene la *corona civica*
75	César capturado por los piratas
73-71	Revuelta de Espartaco
69	César habla en los funerales de Julia (esposa de Mario) y Cornelia
67	César se casa con Pompeya
63	Consulado de Cicerón. Conjura de Catilina. César elegido *pontifex maximus*

62	Escándalo de Clodio. César se divorcia de Pompeya
61	César gobernador de Hispania Ulterior
60	Comienzo del primer triunvirato
59	Consulado de César. Pompeyo se casa con Julia. César se casa con Calpurnia
58	Comienzo de la Guerra de las Galias
57	César lucha contra los belgas
56	Campaña de César contra los venetos
55	César cruza el Rin. Primera expedición a Britania
54	Segunda expedición a Britania. Muerte de Julia. Revuelta de Ambiórix
53	Muerte de Craso en Partia
52	Clodio asesinado en Roma. Revuelta de Vercingetórix en la Galia
51	Termina la Guerra de las Galias
50	Curio impide que César sea convocado a Roma
49	César cruza el Rubicón
48	César derrota a Pompeyo en Farsalia y pasa a Egipto
47	César derrota a Farnaces en Zela y desembarca en África
46	Suicidio de Catón. César celebra el triunfo en Roma y es elegido dictador durante diez años
45	César derrota a las últimas fuerzas pompeyanas en Hispania y es nombrado dictador vitalicio
44	Asesinato de César en los idus de marzo
42	Bruto y Casio derrotados en Filipos
31	Octavio derrota a Antonio y Cleopatra en Actium

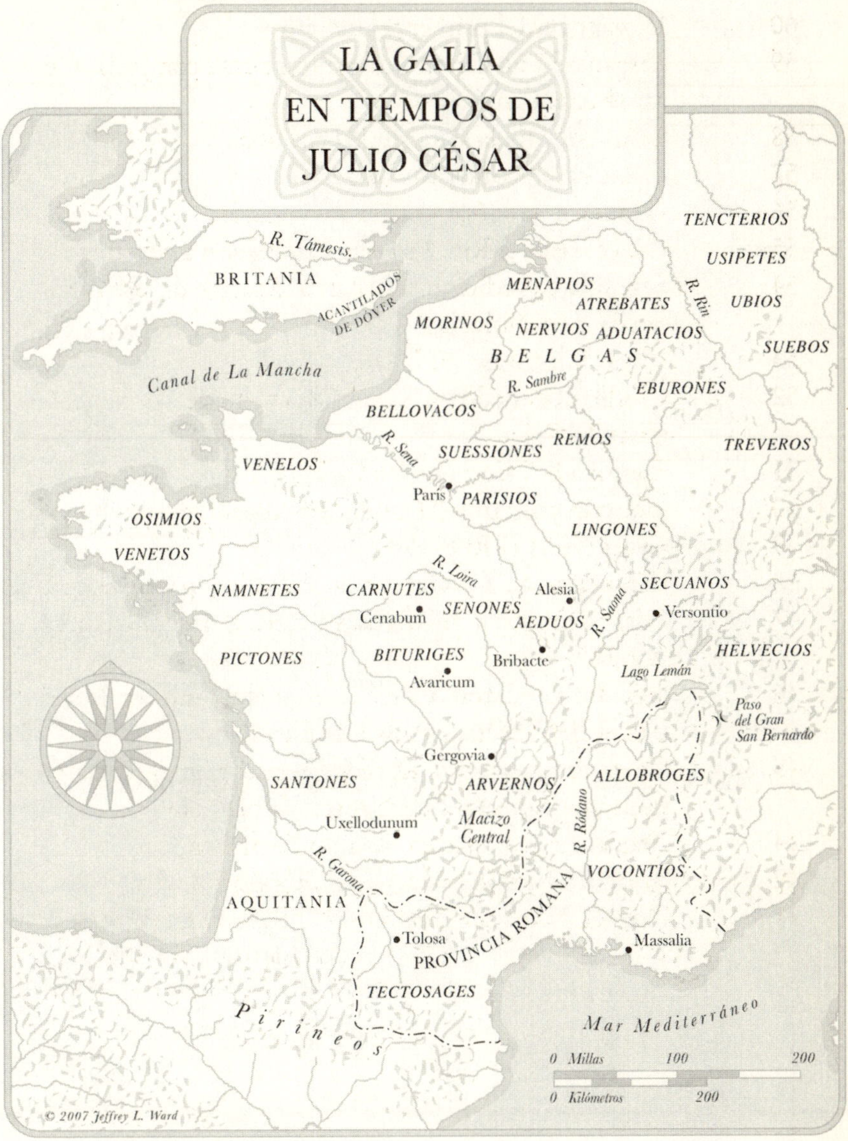
LA GALIA
EN TIEMPOS DE
JULIO CÉSAR
R. Támesis.
BRITANIA
ACANTILADOS DE DOVER
Canal de La Mancha
MORINOS
MENAPIOS
ATREBATES
NERVIOS
ADUATACIOS
B E L G A S
R. Sambre
R. Rin
TENCTERIOS
USIPETES
UBIOS
SUEBOS
EBURONES
BELLOVACOS
R. Sena
SUESSIONES
REMOS
TREVEROS
VENELOS
París
PARISIOS
OSIMIOS
VENETOS
LINGONES
R. Loira
NAMNETES
CARNUTES
Cenabum
SENONES
Alesia
AEDUOS
R. Saona
SECUANOS
Versontio
HELVECIOS
PICTONES
BITURIGES
Avaricum
Bribacte
Lago Lemán
Paso del Gran San Bernardo
Gergovia
SANTONES
ARVERNOS
ALLOBROGES
Uxellodunum
Macizo Central
R. Ródano
VOCONTIOS
R. Garona
AQUITANIA
PROVINCIA ROMANA
Tolosa
Massalia
TECTOSAGES
Pirineos
Mar Mediterráneo
0 Millas 100 200
0 Kilómetros 200
© 2007 Jeffrey L. Ward

PRÓLOGO

A ORILLAS DEL RUBICÓN

Una fría lluvia de invierno caía sobre las montañas cercanas al mar. Apenas un arroyuelo al principio, el agua iba convirtiéndose en un pequeño torrente que descendía velozmente por un empinado valle rocoso, entre vacías chozas de pastores, hasta emerger al fin en una estrecha llanura costera. Durante milenios, los viajeros que transitaban entre la amplia y fértil campiña situada a los pies de los nevados Alpes del norte de Italia y las cálidas tierras de la costa adriática habían cruzado aquel riachuelo. En verano, cuando las lluvias eran más escasas, el río menguaba hasta convertirse en poco más que un perezoso hilo de agua. Pero en invierno su corriente se tornaba rápida y profunda.

En aquel borrascoso día de enero del año 49 a.C., Cayo Julio César, sentado a orillas del Rubicón, pensaba en Roma. Había pasado los últimos ocho años en una guerra incesante, y a menudo brutal, destinada a incorporar la Galia —a grandes rasgos, la Francia actual— al mundo romano. Aquella enorme provincia sirvió, además de para someter a los problemáticos celtas y mantener a los belicosos germanos al otro lado del Rin, para convertir a César en un hombre muy rico. La combinación de ingentes recursos financieros, victorias militares que le habían granjeado enorme popularidad y una de las mejores mentes producidas por el mundo antiguo aterrorizaba a los enemigos de César. Durante décadas, los autoproclamados defensores de la república romana habían utilizado su considerable poder para combatir lo que más necesitaba Roma y lo que más temían ellos: la reforma. El partido conservador —los *optimates*—, dirigidos por el indómito

Catón, estaban decididos a gobernar los inmensos territorios romanos, que se extendían desde España hasta Siria, a beneficio de unas pocas familias conforme a las antiguas tradiciones, como si Roma siguiera siendo una pequeña aldea a orillas del Tíber rodeada por siete colinas. El poder, la visión y la implacable ambición de César representaban la mayor amenaza que jamás hubieran afrontado, y por ello estaban decididos a destruirlo a toda costa.

En justicia, hay que decir que César había hecho cuanto había podido por impedir la guerra civil. Cuando sus enemigos propusieron que se le despojara del mando en la Galia para poder juzgarlo en Roma, había logrado desbaratar sus planes sin precipitarse. Cuando el débil liderazgo de su antiguo aliado, el general Pompeyo, y los beligerantes senadores permitieron que Roma fuera pasto del caos y la turba incendiara los edificios del foro, César se contuvo mientras el Senado convertía a Pompeyo en dictador de facto. Cuando Catón y sus aliados le exigieron que entregara dos de sus veteranas legiones para combatir a los partos, César obedeció, a pesar de que los soldados se quedaron en Italia a las órdenes de Pompeyo. Hasta ofreció licenciar a su ejército al mismo tiempo que Pompeyo para prevenir más problemas, pero el Senado respondió rechazando sus ofertas de paz, atacando a sus representantes y promulgando un decreto de urgencia en el que se le exigía que se entregara a sus enemigos.

Y así, al despuntar el nuevo año, César se había aproximado al río Rubicón, la frontera que dividía la Galia itálica de Italia propiamente dicha. Había dejado tras de sí la mayor parte de su enorme ejército y lo acompañaba tan sólo una legión. Pero que un general cruzara aquel río con cualquier número de tropas se consideraría un acto de traición y una inequívoca declaración de guerra contra Roma.

César pasó el día en un pueblo cercano, presenciando juegos de gladiadores y cenando con los amigos. Al ponerse el sol, terminada la cena, César pidió a sus invitados que lo esperaran donde se encontraban. Acompañado sólo por unos cuantos compañeros de máxima confianza, subió a un carromato de alquiler, con el que se alejó cierta distancia del río antes de cambiar de dirección. Junto a las orillas del turbulento arroyo, se detuvo y se retiró unos pasos para reflexionar sobre la importancia de lo que se disponía a hacer. Últimamente había tenido inquietantes sueños sobre lo que le esperaba a su amada Roma si seguía adelante con sus planes. A sus amigos, situados a poca distancia, les parecía sumido en una profunda turbación. Caminaba de un lado a otro, como si estuviera inmerso en un profundo debate interno. Volvió a su lado aún indeciso y les preguntó qué pensaban. Todos convinieron en que, si cruzaba el Rubicón, Roma tendría que soportar grandes penurias, pero la consecuencia de la inacción sería su caída.

Finalmente, una expresión de calmada seguridad afloró al rostro de César. Se acercó a las aguas y, alzando la voz para que todos pudieran oírlo, dijo:

—La suerte está echada —y se adentró en el gélido arroyo.

I

Los primeros años

Pidiéndole los piratas veinte talentos por su rescate, se echó a reír, como si no supieran quién era su cautivo, y voluntariamente se obligó a darles cincuenta.

PLUTARCO

En los primeros años del siglo II d.C., el biógrafo romano Suetonio escribió su merecidamente famosa obra *Vidas de los doce césares*, una de las mejores fuentes que se conservan sobre los gobernantes romanos, de Julio César a Domiciano, pasando por Augusto, Calígula y Claudio. Por desgracia, la parte inicial de un libro antiguo, escrito sobre rollos de papiro, es la más susceptible a perderse por los estragos del tiempo. Por ello, los primeros capítulos de la *Vida de César* desaparecieron en algún momento de la Alta Edad Media, por lo que nuestra única fuente fiable sobre la infancia de Julio César comienza: *Nahum agens sextum decimum* («en su decimosexto año...»). Por frustrante que esto pueda resultar para nuestro propósito de reconstruir la vida de César, no es raro contar con tan poca información fiable sobre los primeros años de la vida de una figura del pasado, sea Sócrates, Juana de Arco o incluso Abraham Lincoln. Como nadie sabía que iban a ser famosos algún día, poca gente les prestó atención hasta que fueron adultos.

Por suerte, conocemos muchas cosas sobre la época y el lugar en los que creció César. El siglo I a.C. fue un periodo crucial en la historia de Roma y muchos autores de la Antigüedad, como Cicerón y Suetonio, nos han legado obras que tratan sobre el desorden de esos años, así que podemos entender mejor los sucesos de la juventud de César que episodios históricos situados más cerca de nuestro tiempo.

La familia Julia siempre se había jactado de descender de Iulo, también conocido como Ascanio, hijo del guerrero troyano Eneas y nieto de la diosa Venus, pero llevaban ya algunos años alejados de los centros del poder de Roma. Como un empobrecido linaje victoriano que hubiese vendido tiempo atrás la plata de la familia, lo único que les quedaba a los Julios hacia finales del siglo II a.C. era el impecable nombre de la familia. Ninguno de los antepasados de César había ocupado una magistratura importante desde hacía muchos años. Sólo con el matrimonio de su tía Julia con el general Cayo Mario, hombre de ascendencia humilde pero ambicioso y adinerado, había comenzado a cambiar la suerte de la familia. El padre de César pudo casarse con Aurelia, hija del cónsul Cotta, de buena familia. Aurelia era una mujer culta, sumamente inteligente y totalmente entregada al bienestar y a la carrera de su hijo.

ÁRBOL GENEALÓGICO DE CÉSAR

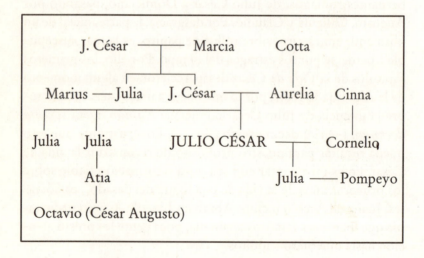

César sería venerado como deidad un día, pero su nacimiento, en el año 100 a.C., fue bastante normal. La historia de que lo hizo por cesárea es un mito derivado de una confusión etimológica. El folclore romano sostenía que un niño sacado por esa vía del vientre de su madre estaba destinado a la grandeza. Como en aquella época una operación semejante significaba casi siempre la muerte de la mujer, puede que la gente creyera que una madre que sacrificaba su vida por su hijo de este modo le proporcionaba poderes especiales. De hecho, el mejor argumento contra la supuesta cesárea es que la progenitora de César, Aurelia, vivió otros cincuenta años después del parto. Hubo algunos casos de cesárea en la era romana, pero normalmente sólo se producían cuando la madre acababa de morir o estaba a punto de hacerlo. Parece ser que Escipión el Africano, vencedor de Aníbal, sí nació por cesárea, así como otros romanos famosos, incluido un antepasado de Julio César. Según algunas fuentes antiguas, este antepasado fue el que dio su nombre a la rama César de la familia Julia, porque fue cortado *(caesus)* del vientre de su madre. Aunque podría ser, el cabello largo y ondeante *(caesaries)* de uno de los antepasados de César es otro posible origen. En cualquier caso, siguiendo la costumbre romana, César recibió el mismo nombre que su padre.

Sabemos pocas cosas sobre el padre de César, salvo que, como cualquier romano activo en los campos de la política y el ejército, no pasaba mucho tiempo en su casa. Las exigencias del foro y del servicio militar, así como las propias costumbres romanas, significaban que César se crió disfrutando apenas de la presencia ocasional de su padre. Sabemos que fue magistrado a finales de la década de los 90 a.C. y que con posterioridad sirvió en la provincia de Asia. En el año 85 a.C., cuando César llegó a la mayoría de edad (y su padre debía empezar a cobrar mayor protagonismo en su educación), murió en Pisa, probablemente durante el servicio militar. César tenía al menos dos hermanas, las dos llamadas Julia. Una de ellas tuvo una hija llamada Atia, que se convertiría en la madre de Octavio, el futuro emperador Augusto.

Tanto en el campo como en la ciudad, el corazón de la sociedad romana era la familia, formada por el padre, la madre, los hijos, las hijas solteras y cualquier otra persona que viviera en la casa, incluidos los esclavos. El varón de mayor edad, como *paterfamilias*, ejercía un control total de la casa. Podía ordenar que se ejecutara a su mujer o que se vendiera como esclavos a sus propios hijos, pero tales actos, prevenidos por la presión de la comunidad, eran bastante infrecuentes. La ley romana consideraba a las mujeres incapaces de encargarse de sus propios asuntos, así que su custodia legal pasaba sin solución de continuidad de sus padres a sus maridos. Pero, también en este caso, los hechos no siempre se correspondían con la teoría. Al menos de puertas hacia dentro, las matronas romanas gobernaban su casa, y pocos maridos eran tan tontos como para interferir en el control doméstico de sus esposas. El divorcio era fácil de obtener y las esposas conservaban la propiedad de los bienes que hubieran aportado al matrimonio. La mortandad infantil por causa de enfermedad era muy elevada, y el abandono de los niños no deseados (especialmente niñas) en las colinas desiertas era una realidad demasiado habitual.

Varias familias nucleares emparentadas formaban una *gens*, o clan. Todos los romanos exhibían el título de su clan como parte de su nombre. Así, Cayo Julio César tenía «Cayo» como nombre personal, «Julio» como nombre de su clan (como miembro de la *gens* Julia) y «César» como *cognomen*, o nombre adicional. Esta última parte solía ser un antiguo mote y, por tanto, tenía ciertos tintes humorísticos. El *cognomen* pasaba también de padres a hijos, así que no siempre tenía una relación directa con el individuo. Otros ejemplos de *cognomen* podrían ser Bruto («estúpido»), Naso («nariz grande») y «Cicerón» («garbanzo»).

Desde muy antiguo, Roma estaba dividida en propietarios y no propietarios. Las familias más antiguas y prestigiosas, como los Fabios, los Cornelios y los Julios formaban el grupo de los patricios, mientras que a la masa del pueblo se la conocía como la plebe (y a sus miembros, los plebeyos). Los plebeyos eran libres y, normalmente, poseían un pequeño predio o un negocio, pero no podían aspirar a alcanzar la opulencia de los patricios. La mayoría de los patricios y los plebeyos consideraban esta acusada división social como el orden normal. De hecho, un plebeyo podía beneficiarse del sistema si se convertía en cliente de un patricio. El sistema de clientelas era uno de los pilares de la sociedad romana. Cuando un plebeyo se convertía en cliente de un patricio, se comprometía a prestarle a su patrón apoyo político y, en ocasiones, militar. Éste, a su vez, veía crecer su reputación con cada nuevo cliente y recompensaba a sus seguidores con ocasionales óbolos monetarios o prestándoles su apoyo en las disputas comunitarias o en caso de problemas legales. Era una relación de mutuo beneficio sin naturaleza legal expresa, pero muy respetada y raras veces quebrantada. Un romano podía abandonar a su esposa o vender su voto al mejor postor, pero la relación cliente-patrón era sagrada.

A pesar de las estrechas relaciones clientelares, Roma, en los primeros días de la República, era un semillero de tensiones entre patricios y plebeyos. La frustración provocada por el monopolio del poder en manos de los primeros y el creciente conocimiento por parte de los segundos de las reformas políticas del mundo griego llevaron al pueblo a organizarse y a luchar por el cambio. Además, las malas condiciones económicas del siglo v a.C. colocaron a los plebeyos en una posición crítica. La mayoría de los patricios podía sortear las turbulencias de las malas cosechas y las penurias económicas, pero muchos plebeyos quedaban profundamente endeudados y algunos de ellos se veían obligados a venderse como esclavos para pagar a sus acreedores. Además, como anticipo de las tensiones de los siglos siguientes, el romano medio se veía llamado cada vez con mayor frecuencia a servir en el ejército, lejos de su hogar, y durante periodos cada vez más largos. Cuando Roma no controlaba más que la pequeña zona que rodeaba a la urbe, el servicio militar estaba circunscrito a una región cercana y no interfería de manera significativamente con las labores agrícolas. Pero a medida que la ciudad iba extendiendo su poder por la Italia central, los soldados plebeyos se veían obligados a pasar periodos cada vez más largos lejos de su casa. Sin hombres que trabajaran los campos, algunas granjas de pequeño tamaño se vinieron abajo.

Los plebeyos urdieron un inteligente plan para obligar a los gobernantes patricios a realizar cambios. En el año 494 a.C. abandonaron la ciudad en masa y se instalaron en una colina cercana. Sin mano de obra, los patricios eran incapaces de gobernar la ciudad. El Senado envió a un respetado negociador, Menenio Agripa, al campamento plebeyo. El emisario de la aristocracia refirió ante el pueblo de Roma la parábola del estómago y las extremidades. En una ocasión, dijo, las extremidades del cuerpo se cansaron de trabajar para alimentar al estómago y decidieron dejar de hacerlo hasta que éste se diera cuenta de lo mucho que necesitaba al resto del cuerpo. Pero, claro, cuando el estómago se quedó vacío, el cuerpo entero empezó a debilitarse y entonces las extremidades se dieron cuenta de que también él tenía un trabajo muy importante que realizar.

Los plebeyos, convencidos por este paralelismo, prometieron regresar a Roma, pero no antes de que se concediera reconocimiento oficial a sus representantes y a sus derechos. A lo largo del siglo siguiente, los plebeyos se retirarían de la ciudad otras cuatro veces cuando creyeron que los patricios los estaban maltratando. En cada una de estas ocasiones, arrancaron a los patricios nuevas concesiones. Pero entonces, con el paso del tiempo, sucedió algo extraño. Algunos plebeyos empezaron a enriquecerse con los negocios y el comercio, al mismo tiempo que algunas familias patricias entraban en decadencia y lo perdían casi todo, aparte de su respetable nombre. Los nuevos ricos entablaron alianzas con las familias patricias que aún conservaban su riqueza y su poder político. De esta fusión surgió una nueva aristocracia romana: una nobleza patricio-plebeya que, con el tiempo, se volvería tan exclusiva y codiciosa de poder como las antiguas familias patricias. Las masas plebeyas quedaron fuera del auténtico escenario político y siguieron refunfuñando, mientras las familias patricias empobrecidas, como los Julios, soñaban con tiempos mejores.

César nació y se crió en el barrio romano de Subura, a escasa distancia del foro. Era un lugar insólito para una mujer como Aurelia y para una familia del noble clan Julio. Se trataba de un vecindario de clase baja, situado en un pequeño valle habitado tradicionalmente por comerciantes, prostitutas y residentes extranjeros (incluidos muchos judíos). Es probable que, a pesar de sus nuevas conexiones políticas, los padres de César carecieran del dinero necesario para vivir en la elegante colina Palatina. César vivió en la misma casa durante más de treinta años, por lo que debió de adquirir una familiaridad con la bulliciosa y a veces dura vida de las calles romanas insólita para la mayoría de sus iguales de clase alta. De hecho, es posible que su posterior vocación populista se debiera en igual medida tanto a sus amigos de infancia y al entorno en el que se crió como a su oportunismo político. Sean cuales fueren las razones para la dilatada residencia de su familia en el mugriento barrio de Subura, lo cierto es que hizo de César un individuo único: un patricio descendiente de reyes que conocía de primera mano la vida y los pesares del vulgo romano.

Es probable que César creciera en una casita encajonada entre las carnicerías y las tabernas de Subura. Las excavaciones realizadas en ciudades romanas como Pompeya nos ofrecen una vívida representación de este tipo de residencias urbanas. Como muchas casas romanas aún hoy, las viviendas de la antigua Roma estaban organizadas hacia el interior, sin ofrecer al exterior más que una puerta de madera. Por lo general, los edificios de viviendas tenían locales en el primer piso, desconectados del resto de la casa, que podían alquilarse a toda clase de negocios. Cuando llegara alguna visita a la residencia de César, saldría a recibirla a la puerta un esclavo, que luego la guiaría por el *vestibulum,* donde dejaría las botas y la capa. Otro esclavo lavaría los pies del invitado, puesto que las calles de Roma eran de tierra y estaban llenas de excrementos animales. En el centro de la casa habría un atrio abierto, a menudo con un pequeño estanque con peces en el centro. Alrededor de este atrio se dispondrían las habitaciones para cocina, descanso y almacenamiento. Las necesidades corporales se aliviarían en bacinicas que los esclavos vaciaban luego en alguna letrina pública de las inmediaciones. Muchas veces, las habitaciones superiores de las casas urbanas se alquilaban como apartamentos. A pocos pasos de la puerta de la casa de César podrían encontrarse toda clase de mercancías, desde bocadillos de salchichón en pan recién hecho a exóticos perfumes de Arabia. El joven César debió de crecer rodeado por una exuberante multitud de olores y sonidos. Aparte del latín, oiría hablar en griego, arameo, galo, copto y una docena de lenguas más, habladas por los esclavos, los tenderos y los residentes de Subura.

La religión desempeñaría un importante papel en la vida de César, pero en este sentido, las prácticas romanas diferían mucho de las del mundo occidental de nuestro tiempo. Al igual que muchas otras cosas de la vida romana, la religión estaba centrada en la casa. Los romanos creían en la existencia de los *numina* (espíritus) domésticos y rurales, aunque nunca aspiraron a entender del todo a estas fuerzas divinas. Los *lares* y los *penates* eran espíritus del hogar que velaban por los miembros de la familia. En general eran benévolos, pero si se les hacía enfurecer o se los ignoraba, podían resultar dañinos. Todos los romanos tenían en casa un pequeño armario con sus imágenes sagradas, a las que honraban con una pequeña parte de la comida de la familia. Vesta era el espíritu del hogar, Jano guardaba la puerta, Júpiter controlaba la lluvia para los campos y Marte hacía brotar las plantas de la tierra. A diferencia de lo que ocurre con las religiones modernas, en el mundo romano las creencias de las personas sobre las fuerzas divinas eran irrelevantes. No había credos ni profesiones de fe. Lo importante eran los actos. El favor de los dioses se podía ganar con libaciones de vino o sacrificios animales. A cambio, los dioses concederían sus recompensas a los romanos respetuosos. Era algo muy prosaico, sin ninguna emotividad. *Do ut des,* como decían los propios romanos: «Te doy para que tú [el dios] puedas darme a cambio.» De hecho, los romanos miraban con suspicacia las prácticas religiosas emocionales, especialmente las importadas del Mediterráneo oriental.

La religión del Estado romano se desarrolló a partir de estos cultos domésticos. Los templos, aunque derivados desde el punto de vista arquitectónico de las tradiciones etrusca y griega, eran, esencialmente, capillas hogareñas de grandes dimensiones. La ciudad tomó prestados a los espíritus domésticos y los transformó en divinidades estatales. Marte abandonó sus raíces agrícolas y se convirtió en un dios de la guerra; Jano pasó a proteger las puertas de la ciudad; Júpiter se convirtió en el dios supremo del cielo atronador; y en el foro se levantó un templo consagrado a Vesta para albergar el fuego eterno del hogar de la ciudad.

Los diferentes servicios sacerdotales tenían sus orígenes en la historia de la ciudad. A los augures les correspondía conocer la voluntad de los dioses interpretando las señales divinas, tanto en la propia Roma como en el campo de batalla. Se elegían quince *flamenes* para servir a los dioses concretos, entre los que destacaban el *flamen dialis* (Júpiter), el *flamen martialis* (Marte) y el *flamen quirinalis* (Quirino, más tarde identificado con Rómulo). Sólo la nobleza podía acceder a tan importantes cargos, aunque los inferiores también estaban abiertos para el pueblo. Los *flamenes* tenían prohibido participar en política, aunque el otro colegio sacerdotal, el de los *pontifices (pontifex* en singular) podían servir al Estado en la guerra o en la paz. Este pequeño grupo de sacerdotes elegía los días de fiesta y supervisaba las prácticas religiosas estatales. El *pontifex maximus* era el líder de las órdenes religiosas, incluida la de las vírgenes vestales. Este título, que significa «jefe de los constructores de puentes», lo adoptó el papa ya en la era cristiana. A lo largo de su vida, César sería tanto *flamen dialis* como *pontifex maximus*.

Originalmente, a las seis vírgenes vestales se las elegía entre las familias nobles para servir a la diosa Vesta, a la que ofrecían treinta años de castidad. Terminado este periodo eran libres de casarse, pero pocas lo hacían. Su principal cometido era ocuparse del fuego sagrado del templo de Vesta y preparar pasteles especiales para las celebraciones religiosas. Su templo no contenía ninguna estatua, sólo algunos objetos sagrados, como por ejemplo —por extraño que pueda parecer— la imagen de un falo erecto. Las vestales eran muy respetadas y honradas por su pureza y por su sacrificio, pero no se aislaban de la sociedad romana. Podían salir del templo e incluso asistir a fiestas, pero ay de la vestal que perdiera la virginidad. Si su culpa quedaba demostrada (tras un discreto examen de las matronas romanas), la pecadora era enterrada viva.

Ausente el padre de la casa durante la mayor parte del tiempo, Aurelia fue la principal y primera influencia en la vida de César. Fue su madre quien se encargó de supervisar la crianza y educación del muchacho, además de ocuparse de sus responsabilidades domésticas, de la supervisión de los esclavos y de la resolución de los problemas con los vecinos. La vida de una mujer romana no era tan restrictiva como en la antigua Grecia. En la Atenas de tiempos de Platón, las mujeres estaban recluidas en la parte trasera de la casa, de la que rara vez salían, pero no en Roma. Las calles estaban llenas de mujeres casadas que iban de compras o a ver a sus amigas. Las mujeres solían asistir a los teatros y a los juegos públicos, e incluso podían ir a los juicios si así lo deseaban. Las mujeres de familias humildes trabajaban tan duro como sus maridos en las tiendas y en las granjas, pero las adineradas tampoco solían dedicarse a holgazanear. Poseedoras de una buena educación, eran capaces de dirigir las complejidades de una casa y hablaban con toda libertad delante de sus maridos. El *symposoium* griego, en el que los varones cenaban y conversaban solos, le era extraño a la cultura romana, donde las mujeres comían y se relacionaban libremente con los hombres.

Por lo general, las mujeres contraían matrimonio en la adolescencia con hombres mayores que ellas. Era una ceremonia sencilla pero alegre. El novio llegaba a casa de su prometida, la tomaba de la mano derecha y pronunciaba unos breves votos. Se sacrificaba un cerdo y entonces los invitados gritaban *feliciter!* (¡Buena suerte!). Luego se celebraba un banquete. El matrimonio se consumaba cuando el novio cruzaba el umbral de su nueva casa con su prometida en brazos, para evitar el mal presagio de un tropiezo. Hacia finales de la república, parece ser que algunos hombres eran reacios a seguir esta costumbre. En el año 131 a.C., el censor Metelo Macedonio dio un discurso en el Senado en el que se expresaba la forma de pensar de muchos novios potenciales:

> Compatriotas romanos, si pudiéramos vivir sin esposa, todos seríamos libres de esta molestia. Pero la naturaleza ha decretado que no podamos vivir fácilmente con las mujeres ni sin ellas, así que debemos pensar en nuestras necesidades a largo plazo y no en la felicidad inmediata.

Pero como el objetivo principal del matrimonio era engendrar niños y perpetuar el nombre de la familia, la mayoría de los romanos terminaba por escoger esposa. De hecho, tenemos buenas razones para creer que en la mayoría de los matrimonios romanos no escaseaba el amor. En los cementerios, las lápidas de las mujeres romanas, aunque formales hasta cierto punto, expresan a menudo de forma conmovedora el pesar del marido por su pérdida. Aun así, los divorcios y las segundas nupcias, por razones financieras o políticas, eran muy comunes entre las clases superiores de la sociedad romana, a pesar de lo cual, los progenitores de César permanecieron juntos hasta la muerte del padre.

Cuando César tenía unos nueve años, se celebró la ceremonia de *lustratio* (purificación) para señalar su ingreso formal en la familia. En Roma, los padres de familia tenían derecho a rechazar a cualquier hijo al que considerasen indigno, aunque la ley exigía que criasen a todos los niños sanos y a la primera niña. A los hijos ilegítimos o deformes se les dejaba morir discretamente. Sin embargo, estas normas no deben inducirnos a pensar que los romanos no amaran y valoraran a sus hijos. Muchas familias deseaban tener descendencia numerosa y a menudo solían adoptar hijos o hijas abandonados por otras. Como mínimo, la elevada mortalidad infantil y la ausencia de un sistema social que se encargara de los ancianos convertían una casa llena de niños en algo muy deseable. De hecho, la familia de Aurelia, formada sólo por un hijo y dos hijas, era insólita por sus exiguas dimensiones.

César se criaría pues en una casa llena de mujeres (tanto libres como esclavas) dedicadas a cuidarlo. Los castigos corporales eran frecuentes, pero a pesar de ellos la vida de un niño romano podía estar repleta de alegrías. La arqueología y las representaciones artísticas que se han conservado demuestran que los niños romanos tenían muchos juguetes parecidos a los de nuestros hijos. Los bebés jugaban con campanillas y animales de madera llenos de guijarros, parecidos a sonajeros. Las hermanas de César tendrían muñecas de trapo y casitas en miniatura con sus muebles. El propio César jugaría con animales de peluche, peonzas, carrozas de juguete, pelotas, aros, juegos de mesa y, junto con otros niños del barrio, columpios y balancines.

Como en la época clásica no existía el concepto de la educación pública, los niños romanos acudían a escuelas privadas o estudiaban en su casa, con tutores individuales. En todos los casos, la educación de los romanos en tiempos de César seguía un modelo adoptado de los griegos. A los siete años, más o menos, los niños iniciaban su instrucción bajo la tutela de un *ludi magister* (maestro de escuela), que les enseñaba los fundamentos de las gramáticas latina y griega, de la escritura y de la aritmética. Estos maestros solían ser esclavos libertos que abrían su negocio en el mercado o en la parte trasera de una tienda. Estas escuelas debían de ser muy comunes en Subura, aunque César y sus hermanas se criaron en su propia casa con tutores privados. Los niños romanos de familias menos afortunadas acudían a las escuelas al amanecer para iniciar sus lecciones. Como el papel no llegaría a Occidente hasta siglos después y el papiro egipcio era demasiado caro, cada uno de ellos llevaba una pequeña tablilla de madera con el centro rebajado que se llenaba con cera para escribir. Los estudiantes podían anotar frases o problemas matemáticos con la punta de un estilo de madera y borrarlas con el extremo romo. El nivel de exigencia era elevado y los maestros mantenían una estricta disciplina a bastonazos.

A los doce años, los estudiantes pasaban a manos de un *grammaticus*, quien continuaba su instrucción en literatura y, especialmente, en poesía. La *Iliada* y la *Odisea* de Homero eran los dos textos capitales, pero los pupilos también estudiaban la poesía latina antigua de maestros como Ennio o Livio Andrónico. Cuando un niño alcanzaba la edad adulta, a los quince o dieciséis años, podía pasar a la tercera fase de la educación romana bajo la tutela de un profesor de retórica. El arte de hablar en público era vital en esta época anterior a la imprenta, en la que cualquier joven que albergara esperanzas de tener una carrera política sabía que tendría que hablar delante de asambleas y tribunales. Los alumnos estudiaban los discursos del pasado y luego componían los suyos propios para situaciones reales o imaginarias. El arte de la retórica, sutil y complejo, subrayaba la importancia de la forma, la estructura y el uso de hechos, sin recurrir nunca a las notas. Un ejercicio muy frecuente era componer un discurso convincente para una situación histórica conocida, como por ejemplo adoptar el papel de Aníbal y dirigirse a sus tropas antes de cruzar los Alpes. También abundaban los casos legales espinosos: un hombre ha seducido a dos vírgenes la misma noche. Una de ellas quiere casarse con él, mientras que la otra, con toda justicia, pide su muerte. ¿Qué se le dice al jurado?

La educación de César seguiría este mismo esquema, aunque en casa. Sabemos que sus padres emplearon los servicios de un habilidoso tutor llamado Marco Antonio Gnifo, educado en Alejandría y experto en retórica griega y latina. Como los demás jóvenes, César estudiaba enormes cantidades de textos literarios, incluidas las antiguas Doce Tablas que compendiaban los fundamentos de la legislación romana. La existencia de las composiciones juveniles del propio César ha quedado registrada, pero el emperador Augusto ordenó su destrucción por razones que desconocemos. Incluyen un discurso de alabanza a Hércules, una tragedia basada en la historia de Edipo y una colección de ingeniosos proverbios. El único fragmento de poesía cesariana que ha llegado hasta nuestros días data también de ese mismo periodo. Estas seis líneas, que comparan al antiguo cómico romano Terencio con el famoso autor griego Menandro, no son demasiado interesantes y seguramente no fuesen más que un sencillo ejercicio escolar, pero revelan un interés por el verso que César conservaría durante el resto de su vida.

> Tú también, medio Menandro, te cuentas entre los más grandes
> poetas, y con toda razón, amante de la prosa pura.
> Pero cómo me gustaría que tus preciosos versos contuvieran tanta
> fuerza como buen estilo,
> poder alabar tus pasajes cómicos como alabamos los de los griegos
> y que no tuvieras que sufrir escarnio por culpa de esta debilidad.
> Oh, Terencio, sólo esta pieza echo a faltar en tu genio.

La educación física también fue un componente clave en la educación de César, aunque no a la manera de los griegos. Los jóvenes atenienses hacían ejercicio en el *gymnasion* («lugar de desnudo»), pero los romanos, que desdeñaban esta práctica por considerarla indulgente, preferían una instrucción más práctica, orientada a los rigores de la guerra. Los estudiantes romanos aprendían a luchar, a cabalgar y a nadar en el Tíber, algo que, un día, le permitiría a César salvar la vida en Egipto. En cualquier caso, sabemos que se convirtió en un jinete experto, capaz de galopar a pelo con las manos a la espalda.

La infancia de César coincidió con el periodo más turbulento conocido hasta entonces por Roma. Los aliados itálicos de la ciudad, que habían luchado con valentía y derramado su sangre en las guerras contra los enemigos de Roma, habían terminado por hartarse. Tras tantos años de leal servicio sin apenas reconocimiento ni recompensa, empezaron a organizar una rebelión masiva que amenazaría con acabar para siempre con el poder de Roma. Algunos estadistas reconocieron el peligro y trataron de atajarlo antes de que estallara la guerra en Italia. Marco Livio Druso, cuyo padre había sido un ardiente rival de la reforma, sorprendió a todos en el año 91 a.C. (cuando César contaba nueve años) al patrocinar una campaña para conceder la plena ciudadanía a todos los aliados itálicos. El Senado, fiel a su ideología, se opuso tenazmente a los cambios y no tardó en organizar el asesinato de Druso.

Para los itálicos, la muerte del principal defensor de su causa fue la gota que colmó el vaso. Los intrépidos marsos lideraron la resistencia en la parte central de la península, mientras los samnitas se alzaban en las montañas del sur. El conflicto resultante tuvo un escalofriante parecido con la guerra de Secesión de Estados Unidos. Como todas las guerras civiles, fue cruel y atroz, pero los itálicos del sur contaban con generales muy capacitados y decenas de miles de soldados expertos en la forma de guerrear de los romanos. Al principio, el Senado subestimó la capacidad militar de los atrasados samnitas y marsos, pero los itálicos alcanzaron varias victorias importantes en los primeros compases de la guerra, como la captura de Pompeya y otras ciudades de las proximidades de la bahía de Nápoles. El Senado, deliberadamente, ignoró al tío de César, Mario, famoso desde que, una década antes, salvara Roma de los invasores germanos, y prefirió confiar el ejército a hombres de menor talla, con los resultados que cabía esperar. Las cosas no mejorarían hasta que eligieron al antiguo lugarteniente de Mario, Sila, para ponerlo al mando de las operaciones en el teatro meridional. Un buen indicio de la gravedad de la situación para Roma nos lo da una ley promulgada en el año 89 a.C., por la que se concedía la ciudadanía romana a todos los itálicos que depusieran las armas, precisamente el motivo originario de la revuelta. Pero los itálicos se dieron cuenta en seguida de que sus nuevos derechos políticos no tardarían en ser anulados por los romanos, así que la propuesta acabó provocando más animosidad que otra cosa. Finalmente, un aristócrata romano llamado Pompeyo Estrabón (padre del futuro aliado y luego adversario de César, Pompeyo) llevó a cabo una feroz campaña contra los rebeldes del centro de Italia y cruzó la península hasta el Adriático, como hiciera Sherman en su famosa «marcha hacia el mar». En el año 88 a.C., Sila logró culminar la derrota de los itálicos recurriendo al desgaste, la crueldad y la pura obstinación. Restaurada la paz, los rebeldes no tardaron mucho en ser perdonados y al cabo de pocos años habían conseguido la ciudadanía plena que reclamaban. Así, la llamada guerra social fue uno de los conflictos más absurdos y costosos de la historia romana.

Sin embargo, por muy difíciles que fueran las relaciones de Roma con sus aliados itálicos, los conflictos internos durante la infancia de César fueron mucho más violentos y destructivos. Terminada la guerra social, el Senado eligió a Sila para emprender una campaña contra Mitrídates del Ponto, en Asia Menor, quien había logrado crear un imperio en la zona del mar Negro y amenazaba el poder y la supremacía de Roma desde el este. Aprovechando el caos provocado por la guerra civil que acababan de sufrir los romanos, Mitrídates cruzó la provincia de Asia y ordenó la masacre de unos 80.000 romanos e itálicos. Los habitantes de Asia, sangrados durante años por la codicia de los recaudadores de impuestos de la república, no derramaron una sola lágrima por ellos. Mitrídates desembarcó en Grecia y se proclamó libertador y defensor del mundo heleno frente a los bárbaros. Pero en aquel momento, cuando más necesitaba Roma la unidad, un nuevo tribuno, Sulpicio Rufo, utilizó a sus matones en el foro para obligar al Senado a reemplazar a Sila por Mario. Sila decidió entonces que ya se había atenido a las normas durante demasiado tiempo y que no estaba dispuesto a permitir que su antiguo comandante cortara de raíz su carrera política, así que acudió presuroso al campamento de sus legiones, en Nápoles, y las conminó a marchar sobre Roma. Por primera vez en la historia, un general romano tomaba la ciudad. Mario, sorprendido con la guardia baja, tuvo que huir a África, proscrito por los partidarios de Sila. En cuanto a éste, una vez cimentado su poder entre la clase senatorial y afirmada su autoridad militar, se apresuró a marchar hacia el este para hacer frente a Mitrídates.

Pero el precedente establecido era peligroso. Tras su marcha, el cónsul Cornelio Cinna repudió los actos de Sila y dirigió un ejército de descontentos contra Roma con el respaldo de Mario.

El Senado recurrió a Pompeyo Estrabón como salvador, pero el padre de Pompeyo titubeó y, al poco tiempo, moría por causas naturales. En el año 87 a.C., Roma se rindió a Cinna y a Mario, confiando en su clemencia. Por desgracia para ellos, iban a conocer la peor cara del tío de César. Mario, amargado por décadas de menosprecio a manos de la aristocracia, decidió cobrarse venganza. Los senadores más importantes fueron perseguidos como criminales por bandas de alborotadores al servicio de Mario y asesinados a sangre fría. Sus cabezas se expusieron en el foro, clavadas en picas. Roma nunca había conocido un baño de sangre parecido. «Arrojaban los cuerpos decapitados a las calles [...] Masacraban a los padres en sus propias casas, mutilaban a los hijos y violaban a las madres.»

La furia sanguinaria de Mario acabó por desesperar al propio Cinna, y el cónsul ordenó a sus tropas que contuvieran a los matones de su colega. Por suerte para Roma, Mario murió en su cama poco después, a la edad de setenta años. Fue un triste final para un hombre que tanto había hecho por su patria unos años antes. Cinna se hizo entonces con todas las riendas del poder en Roma y trató de utilizarlas para propiciar un nuevo comienzo. Promulgó leyes en beneficio de los nuevos ciudadanos, estabilizó la economía y alivió la aplastante deuda acumulada por el Estado desde la guerra social. Un trasunto de paz descendió sobre Roma durante un tiempo, pero todo el mundo sabía que Sila regresaría pronto, acompañado por un ejército victorioso.

Durante los breves años del gobierno de Cinna, antes del regreso de Sila desde el este, el joven Julio César llegó a la mayoría de edad y comenzó su carrera política. Una de las víctimas de las purgas de Cinna y Mario había sido Cornelio Merula, el *flamen dialis* (o sacerdote de Júpiter). Así, Roma se quedaba sin uno de sus cargos religiosos más importantes, pero pocos estaban capacitados para ocupar el puesto o dispuestos a hacerlo. El cargo, restringido a los patricios, estaba rodeado además por multitud de onerosos tabúes cuyos orígenes se perdían en las sombras de la historia romana. El *flamen dialis* ocupaba el puesto de por vida y no podía abandonar la ciudad más que unos pocos días al año.

Los pies de su cama tenían que estar cubiertos de barro y él debía llevar un gorro puntiagudo en todo momento. Estaba exento de prestar cualquier juramento y se le permitía asistir a las sesiones del Senado, pero no podía llevar ningún nudo en la ropa, poner la vista sobre un cadáver ni montar a caballo. Además, debía desposarse con una patricia, que tenía que acarrear su propia carga de responsabilidades y restricciones. A diferencia de otros matrimonios romanos, el del *flamen dialis* y su esposa era vitalicio.

¿Dónde podían los líderes romanos encontrar a una persona cualificada y dispuesta a aceptar un puesto que, en la práctica, lo convertía en un exiliado de la vida pública y le hacía cargar con un centenar de tabúes tan insólitos como agotadores? Fue entonces cuando Cinna se acordó del sobrino de Mario. César era un patricio de la sangre más noble y, además, no era lo bastante mayor como para protestar o crear problemas. No sabemos cómo reaccionó César cuando se le dio la noticia, pero es de suponer que no fue con alegría. Los sueños de gloria militar y política que pudiera albergar se hacían añicos de repente. Pasaría su vida entera realizando arcaicos rituales y encargándose de aburridas tareas sacerdotales.

Poco antes, su familia había acordado para él un excelente matrimonio con una muchacha llamada Cossutia, perteneciente a una familia adinerada. Sin embargo, como Cossutia no era patricia, no podía ser la esposa del *flamen dialis*. Así que César se prometió ni más ni menos que con la propia hija de Cinna, Cornelia. El matrimonio de César con Cornelia acabó deviniendo una relación de auténtico afecto, pero además vinculó afectivamente a César con el partido político de su suegro, los populistas. Es de suponer que César y su familia fueran conscientes de que si Sila regresaba a Roma y derribaba a Cinna, la vida del joven sacerdote correría grave peligro.

Antes de poder casarse o adoptar sus deberes sacerdotales, César tenía que ingresar en el mundo de los adultos abandonando la sencilla toga juvenil y reemplazándola por la *toga virilis* («toga viril»). Así, alrededor de su decimosexto cumpleaños, César regaló sus juguetes de infancia a los dioses y aceptó sobre los hombros las cargas de la ciudadanía plena. Por las mismas fechas, la muerte de su padre lo convirtió en jefe de su casa. Hasta muy poco antes no era más que un niño que estudiaba poesía griega en su casa con su tutor. Ahora, casi de la noche a la mañana, se veía casado y en el Senado, como sumo sacerdote de Júpiter.

Mientras Cinna gobernaba Roma, Sila luchaba contra Mitrídates en el este. Llegó a Grecia en el año 87 a.C. y al año siguiente capturó Atenas. Luego llevó su ejército hacia el norte, penetró en Macedonia, cruzó el Bósforo y desembarcó en Asia. Mitrídates comprendió entonces que lo mejor era aceptar la derrota, así que se avino a negociar un tratado de paz cerca de Troya. El rey accedió a evacuar los territorios romanos, entregar su flota y pagar una generosa indemnización. Roma, por su parte, reconoció su autoridad sobre el Ponto y concertó una alianza con él. Sila podría haber invadido el Ponto y destruido a Mitrídates, pero habría sido una guerra larga y costosa que le habría costado buena parte de su ejército. Sabía que lo necesitaría cuando regresara a Italia para enfrentarse a Cinna, así que optó por llegar a un acuerdo y luego puso rumbo al oeste.

Cinna intentó reclutar un ejército para hacerle frente, pero sus propios soldados, amotinados, acabaron con su vida. En el año 83 a.C., Sila desembarcó en el talón de Italia, en Brundisium (actual Brindisi), sin encontrar oposición. Los senadores y miembros de la aristocracia que habían sobrevivido a la purga de Mario acudieron en tropel a su campamento. Entre ellos se encontraba Marco Licinio Craso, un hombre de unos treinta años cuyo padre había sido víctima de los partidarios de Mario. Pompeyo el Joven, hijo de Pompeyo Estrabón, también se unió a Sila, acompañado por las tres legiones reclutadas entre los veteranos que su padre había asentado en el Piceno. Testigo de todos estos sucesos, poco podía sospechar un César de apenas diecisiete años que, un día, aquellos dos hombres —Craso y Pompeyo— gobernarían Roma a su lado.

Sila penetró fácilmente en la Campania, donde derrotó a uno de los ejércitos enviados contra él y sobornó al comandante del otro. Un hijo de Mario levantó a algunos de los antiguos partidarios de su padre para hacerle frente, pero se vio bloqueado en la ciudad latina de Praeneste, cerca de Roma. Los populistas *(populares)* de Mario y Cinna comprendieron entonces que su causa estaba perdida, así que abandonaron la ciudad, pero no antes de masacrar a aquellos enemigos suyos que habían cometido la estupidez de no huir de la ciudad. Sila ocupó la ciudad por segunda vez y al poco tiempo acabó con los restos de las fuerzas de Mario en Italia e Hispania. Ahora era el indiscutible dueño y señor del mundo romano, rey de facto si no de nombre.

El baño de sangre que se produjo entonces hizo parecer clementes las purgas políticas realizadas por Mario. Sila ideó un sistema muy sencillo para encargarse de sus enemigos: publicaba en el foro una lista de las personas a las que quería muertas. El que matase a cualquiera de ellas recibiría una generosa recompensa, mientras que las posesiones del muerto pasaban a manos del Estado. Por medio de estas «proscripciones» logró combinar el asesinato y la recaudación de fondos a gran escala. Varios miles de sus enemigos perecieron de este modo, incluidos muchos senadores reformistas, pero la clase de los negociantes, que había apoyado a Cinna y a Mario, se vio especialmente afectada. Muchos hombres que apenas se habían metido en política se encontraron en las listas por la sencilla razón de que eran ricos. Además, Sila promulgó una ley que prohibía perpetuamente a los hijos de los proscritos ostentar cargos públicos. Fuera de Roma, confiscó las tierras peninsulares de sus enemigos para distribuirlas entre sus soldados leales.

Sila estaba decidido a restaurar la preponderancia del Senado a expensas del pueblo llano. Para llevar a cabo este plan, comenzó por proclamarse dictador. A continuación, aumentó el número de senadores y restringió los poderes de los magistrados plebeyos. También cambió la composición de los jurados en beneficio de las clases senatoriales y convirtió el norte de Italia en una provincia para poder estacionar tropas permanentemente cerca de la capital, por si alguna vez llegaba a necesitarlas.

Entre las reformas de Sila tuvo lugar una limpieza de los nombramientos realizados por Cinna, incluido el de César como *flamen dialis*. Seguro que esto fue un alivio para el joven patricio, aunque como sobrino de Mario y yerno de Cinna, seguía estando en peligro. Sila, sin embargo, mostró con el joven una clemencia impropia de él y se limitó a exigirle que se divorciara de la hija de Cinna, Cornelia. Había ordenado a varios de sus seguidores, Pompeyo incluido, que abandonaran a sus esposas a causa de relaciones familiares «inapropiadas» y todos ellos habían cumplido su voluntad a rajatabla. Dadas las circunstancias, era una orden muy comprensible y todo el mundo asumió que César se sometería, pero éste miró a Sila a los ojos y se negó. El dictador y sus seguidores quedaron perplejos. Por tozudez, por audacia o por simple amor, César estaba desafiando a un hombre que había enviado a la muerte a millares de compatriotas. Con este acto, perdió todo cuanto poseía y se vio incluido en la lista de proscripciones. La historia de su desafío a Sila es uno de los pocos episodios de la juventud de César que han llegado hasta nosotros, pero resulta muy demostrativa de su personalidad.

César era valiente, pero no tan tonto como para quedarse en Roma para dejar que lo mataran. Huyó inmediatamente a la montañosa región de Sabina, en el sur de Italia y allí se ocultó. Casi todas las noches cambiaba de escondrijo para evitar a los agentes del dictador, que estaban peinando la campiña. Por si la vida de fugitivo no fuera bastante complicada, César había contraído la malaria y sufría de anemia, fiebres y agotamiento. Finalmente, una noche, cuando trataba de ganar un nuevo escondrijo, fue interceptado por un sicario de Sila llamado Cornelio. Para comprar su libertad, se vio obligado a pagar el equivalente de seiscientos euros actuales, seguramente todo lo que tenía. Ya no era más que un refugiado arruinado y gravemente enfermo, cuya cabeza tenía precio y que, para colmo, se veía perdido en las montañas y valles de Italia. Aun así, no se rindió. Por suerte para él, tenía poderosos amigos y defensores en Roma. Varias de las vírgenes vestales intercedieron ante Sila en su nombre, así como el primo de su madre, Aurelio Cotta, y uno de los más firmes partidarios de Sila, Mamerco Lépido. Tantas veces suplicaron a Sila que le perdonara la vida y le permitiera volver a Roma, que finalmente el dictador cedió, quizá movido por una secreta admiración hacia el joven que había tenido la audacia de desafiarlo. Pero entonces, proféticamente, Sila declaró:

> Recordad: este joven que tanto os habéis empeñado en salvar, destruirá un día la aristocracia que, junto a mí, os habéis esforzado por preservar. Porque en este César veo yo a muchos Marios.

César pudo reunirse con Cornelia, pero la más elemental prudencia aconsejaba ausentarse sin perder un instante de la Roma de Sila. Decidió recuperar el tiempo perdido dando comienzo a su carrera militar, y así, a los diecinueve años, se incorporó al estado mayor del propretor de Asia, Marco Thermo. En aquel momento, Thermo estaba asediando la ciudad griega de Mitilene, en la isla de Lesbos, el último reducto de la rebelión antirromana inspirada por Mitrídates. El propretor ordenó a César que se dirigiera al reino de Bithinia, en el norte de Asia Menor, y regresara con barcos para el asedio. Bithinia era aliada de Roma y su rey Nicomedes, aunque de mala gana, se vio obligado a colaborar en el esfuerzo bélico de los romanos. César tuvo éxito en su misión... Puede que demasiado, de hecho, pues empezó a circular el rumor de que, durante su visita, se había convertido en el amante de Nicomedes. Aunque él negó tajantemente estas acusaciones, lo perseguirían durante el resto de su vida.

En el mundo clásico, la homosexualidad se veía de manera diferente que en la sociedad actual. A los griegos y a los romanos no les importaba lo que hiciera un hombre en la cama con sus subordinados. Lo vergonzoso no era mantener una relación homosexual, sino convertirse en el elemento sometido de la misma. Los romanos podían comprar esclavos para servirse de ellos con fines puramente sexuales y, mientras no lo hicieran en las calles, todo el mundo lo consideraría un asunto del dominio privado. Pero que un adulto libre se dejara utilizar como objeto sexual por otro hombre era algo impensable. César podía ignorar airosamente un insulto mejor que la mayoría de los romanos, pero más adelante se enfurecería cuando sus enemigos políticos lo acusaran de comportamiento indecoroso con Nicomedes. La acusación pasó incluso a formar parte de las canciones subidas de tono que sus soldados cantarían años más tarde, al regresar victoriosos de la Galia: «César conquistó la Galia, pero Nicomedes conquistó a César.»

Sus enemigos lo bautizaron como la «reina de Bithinia» y llamaron a Nicomedes su *paedicator*, lo que quería decir que César era su subordinado sexual. El hecho de que César afirmara bajo juramento que estas acusaciones eran infundadas sólo sirvió para alimentarlas. Como es lógico, no hay forma de saber lo que pudo pasar entre César y Nicomedes en privado, pero no parece muy probable que el joven romano, al margen de sus inclinaciones sexuales, hubiera arriesgado su reputación por un flirteo con una figura tan importante.

Quizá impelido por el insulto, César se consagró al ataque contra Mitilene con vengativo celo. Las naves proporcionadas por Nicomedes eran esenciales, puesto que la ciudad se alzaba en una pequeña isla situada a poca distancia de la costa de Lesbos, lo que entorpecía enormemente la maniobrabilidad de las legiones. Pero, con infatigable determinación, las fuerzas romanas encabezadas por César atacaron la ciudad. Su valentía personal ante el peligro se convirtió en el marchamo de una forma de batallar que emplearía en numerosos escenarios, de Egipto a Britania. Incluso en sus últimos años, conquistada ya la Galia y sometida Roma, no dudaría en unirse a sus hombres en primera fila. Por los servicios prestados en Mitilene, Lépido le otorgó la codiciada *corona civica.* Esta sencilla guirnalda de roble no tenía un aspecto demasiado impresionante, pero expresaba que César era un soldado extraordinario que, gracias a su valor, había salvado las vidas de sus camaradas en el campo de batalla. Cuando el portador de una corona cívica entraba en cualquier fiesta o festividad romana, todos los presentes, incluidos los senadores, debían ponerse en pie como expresión de respeto. Fue un singular honor para un hombre tan joven como César, y lo ayudó a despegar en su carrera política y militar.

Tras la caída de Mitilene, César sirvió durante un corto tiempo a las órdenes del procónsul Servilio Isáurico en Cilicia, en una de las habituales campañas que lanzaba Roma contra la piratería en el Mediterráneo oriental. Cilicia, una región del sureste de Asia Menor, con sus incontables calas y cuevas costeras, era un paraíso para los piratas, que se cebaban en los barcos mercantes y habían hecho del secuestro un lucrativo negocio. Pero en el año 78 a.C., llegó desde Roma la noticia de la muerte de Sila. Pocos años antes, y para sorpresa de todos, Sila había renunciado al cargo de dictador y se había retirado a una vida de depravaciones en su finca de Campania. Sus enemigos afirmaban que, al igual que al rey Herodes en el Nuevo Testamento, los gusanos lo habían devorado desde dentro. Al margen de la causa de su muerte, la desaparición de Sila significaba que César podía regresar a Roma y sumar un éxito cívico en el foro a su historial militar. Los políticos romanos ya estaban empezando a moverse para reemplazar al finado Sila, entre ellos el cónsul Marco Lépido, quien había suplicado por la vida de César cuando éste era un fugitivo. Lépido había abandonado el partido senatorial de Sila para unirse al movimiento populista, un acto que, casi podemos asegurar, obedecía más al cálculo político que a sus convicciones personales. Con la ayuda de otros líderes populistas, Lépido pretendía dar un nuevo golpe para arrebatar a los seguidores de Sila el control de Roma. Sumamente impresionado por el joven César, el cónsul le ofreció un importante cargo en su futuro gobierno, pero César, aunque era un ferviente populista, evaluó a Lépido y llegó a la conclusión de que ni su plan ni él le inspiraban confianza. Su instinto político dio en el blanco, puesto que el plan de Lépido acabó siendo un rotundo fracaso, del que César saldría intacto.

Al año siguiente, hizo su entrada en el mundo de los tribunales romanos al presentar cargos de corrupción contra el antiguo gobernador de Macedonia, Cneo Cornelio Dolabella. Una de las consecuencias de la acelerada expansión de Roma en el siglo II a.C. fue la necesidad de crear un sistema de gobierno eficaz y justo para su vasto imperio. Por desgracia, Roma no estaba preparada para esta tarea. Su sistema de gobierno, apropiado para una ciudad-Estado de pequeñas dimensiones, apenas bastaba para dominar la península Itálica. Más allá de las fronteras de ésta, el mundo de las provincias era campo abonado para una orgía de explotación.

Lo más habitual para los políticos romanos era que, tras servir en alguna de las magistraturas principales en Roma, los enviaran a las provincias para ejercer como gobernadores durante un período de un año. Las sumas necesarias para ascender en el gobierno romano y asegurarse un retiro confortable eran tan cuantiosas que, con frecuencia, los romanos importantes veían este periodo de gobierno provincial con ojos codiciosos. Era, en pocas palabras, la oportunidad de enriquecerse rápidamente sin apenas control. Como es natural, los gobernadores tenían importantes responsabilidades —presidir los tribunales, defender su provincia contra los invasores y sofocar las revueltas internas, entre otras—, pero la mayor parte de su tiempo lo dedicaban a esquilmar las provincias que les habían sido encomendadas. Había muchas formas de hacerlo, como por ejemplo vender al mejor postor las decisiones judiciales o solicitar donaciones «voluntarias» a los nativos. Y no eran sólo los gobernadores los que se llenaban los bolsillos en las provincias, sino también los ciudadanos romanos acaudalados a los que se otorgaba la concesión de la recaudación de impuestos. El Estado romano no disponía de una agencia fiscal central, sino que ofrecía en pública subasta la tributación. Así, si un grupo de ciudadanos deseaba recaudar los impuestos de la provincia de Asia, sólo tenía que ganar esta subasta y adelantar a la tesorería de Roma la suma establecida. Así, el derecho a recaudar los impuestos (y recuperar su inversión) quedaba en sus manos. Como es lógico, el objetivo de estos *publicani* (recaudadores de impuestos) era exprimir al máximo las provincias y sacarle todo el margen posible al dinero adelantado. Los agentes locales de estos recaudadores, como el San Mateo de los evangelios cristianos, se convirtieron en las figuras más despreciadas del imaginario romano.

Los súbditos provinciales del imperio tenían pocas razones para sentirse agradecidos a los romanos. Disfrutaban de los beneficios de la famosa *Pax Romana*, incluida la estabilidad política, el comercio y la existencia de un excelente sistema de vías de comunicación, pero la explotación del perpetuo desfile de gobernadores y hombres de negocios romanos que pasaban por allí les provocaba un amargo resentimiento. Las quejas y demandas de los habitantes de las provincias no solían prosperar, puesto que los ciudadanos que las juzgaban en Roma eran los mismos que habían sangrado las provincias en el pasado o aspiraban a hacerlo en el futuro. Y, puesto que la ciudadanía plena era, salvo en raros casos, un sueño imposible para los nativos de las provincias, éstos no tenían la menor esperanza de llegar a convertirse en beneficiarios de la civilización romana.

Como la mayoría de los gobernadores, Dolabella había hostigado y extorsionado a sus súbditos provinciales durante su mandato. Esta vez, sin embargo, los macedonios decidieron no aceptar los hechos consumados y contrataron al joven César como representante ante los tribunales. En la antigua Roma no existían los abogados profesionales. Cualquier hombre instruido podía tomar las riendas de un caso, como fiscal o como abogado defensor. La de los tribunales era una vía muy frecuente para que un aspirante a político empezara a labrarse una reputación, al margen del resultado final de los casos. Lo importante era impresionar a las multitudes que solían congregarse para asistir a las audiencias, celebradas en las grandes salas del foro o al aire libre cuando hacía buen tiempo.

La instrucción retórica recibida por César iba a ponerse a prueba, puesto que tendría que enfrentarse a dos de los más famosos abogados del momento, incluido su primo Cayo Aurelio Cotta. César utilizó todas las técnicas de elocución y persuasión que conocía, sin excluir el humor cuando fuera necesario. Su discurso fue un tremendo éxito, hasta el punto de que el propio Cicerón, que se encontraba entre el público aquel día, lo consideraría una obra maestra de la oratoria. Según él, el estilo del discurso fue tan perfecto y su ejecución tan vigorosa que resultó como ver un hermoso retrato pintado con palabras.

Al igual que el tío de César, Mario, y procedente del mismo pueblo, Marco Tulio Cicerón era un *novus homo* (hombre nuevo), es decir, un ciudadano sin antepasados entre la nobleza. Pero a diferencia de Mario, Cicerón decidió dejar su huella en el foro en lugar de en el campo de batalla. Comenzó su carrera acusando de corrupción a Cayo Verres por su actuación como gobernador de Sicilia. A pesar de que Verres no escatimó en sobornos, recurrió a sus numerosos y poderosos amigos y empleó los servicios del famoso abogado Hortensio, no pudo escapar de las pruebas expuestas cuidadosa y astutamente por el joven abogado. Verres se retiró al exilio en el sur de la Galia (con la mayoría de sus ilícitas ganancias), mientras Cicerón apuntalaba su fama de orador publicando los discursos que había dado durante el juicio bajo el título de *Verrine Orations*.

Como es natural, César perdió el caso. El problema no estuvo en su argumentación, sino en el hecho de que los jurados, que eran todos senadores, no estaban dispuestos a condenar a un hombre tan poderoso de su propia clase.

Su actuación durante el juicio de Dolabella fue tan brillante que al año siguiente se le pidió que acusara al famoso Cayo Antonio, que había saqueado Grecia durante la guerra contra Mitrídates. Los actos de Antonio eran tan obscenos, incluso desde el punto de vista de los romanos, que su abogado defensor tuvo que recurrir al veto de un tribuno de la plebe para salvarlo de una condena segura. César había perdido de nuevo el caso, pero se había consagrado como un maestro de la oratoria, al que se le abría un brillante futuro político por delante.

Al poco tiempo se produjo un acontecimiento muy feliz en su casa, el nacimiento de su primer vástago, una niña llamada Julia. César era un padre dedicado, pero también un hombre de extrema ambición que sabía que el único modo de salir del arroyo de Subura era hacer uso de sus dotes de orador y sus servicios militares a la república. Por ello, al poco del nacimiento de Julia, volvió a abandonar la ciudad para ir a Rodas a estudiar bajo la tutela de Apolonio, el retórico griego que también había enseñado a Cicerón. Rodas, situada junto a la costa sureste de Asia Menor, en el mar Egeo, era un famoso centro de educación superior. Allí se podía asistir a las lecciones de algunos de los más importantes nombres de la filosofía y la ciencia griegas, incluidos Apolonio y el filósofo estoico Posidonio. No tenemos constancia de que César estudiara con este último o llegara siquiera a conocerlo, pero es muy probable que tuviese acceso a sus obras, como la perdida *Historia*. En este libro, Posidonio describía sus viajes entre los celtas de la Europa occidental. Hablaba de su política, de sus guerreros, de sus reyes, de sus dioses y de sus druidas, información que sería de incalculable valor para César cuando, veinte años más tarde, invadiera la Galia.

Pero nunca llegó a Rodas. En el año 75 a.C., al filo del invierno, su nave fue atacada por los piratas cilicios en algún punto de la costa suroeste de Asia Menor, cerca de Mileto. Junto al acostumbrado cargamento y los pasajeros comunes, que serían enviados al mercado de esclavos, los piratas descubrieron con enorme satisfacción que había caído en sus manos un miembro de la aristocracia romana. La piratería había sido un problema en el Mediterráneo al menos desde que Homero escribiera sobre ella en la *Odisea*, pero nadie había encontrado el modo de ponerle coto. Una ciudad podía limpiar las aguas circundantes si llevaba a cabo un esfuerzo concertado, pero los piratas sólo tenían que trasladar su base a otras costas. Mientras pudieran contar con escondrijos seguros lejos de las zonas más pobladas, podrían seguir atacando con impunidad. César trató a sus secuestradores con un afable desdén que los sorprendió y divirtió a la vez. Estaban acostumbrados a prisioneros aterrorizados que suplicaban misericordia, pero César se comportaba más bien como si los piratas no fueran más que una distracción de menor importancia en su ajetreada agenda. Se sintió ofendido cuando sugirieron un rescate de veinte talentos y él mismo subió la suma hasta cincuenta (unas trescientas mil monedas de plata). Envió a varios miembros de su séquito a Mileto para reunir el dinero mientras él se quedaba con los piratas, dos esclavos y un compañero. Vivió con los piratas durante cuarenta días, compartiendo su comida e incluso sus juegos atléticos. Compuso poemas para ellos y los llamó bárbaros incultos al ver que no los apreciaban. Les daba órdenes y mandaba a uno de sus esclavos a silenciarlos cuando no lo dejaban dormir de noche. Hasta hacía bromas constantes, diciendo que cuando fuera libre los crucificaría. Los piratas estaban encantados con su joven y valiente invitado, y seguramente lamentaron que llegara desde Mileto el barco con su rescate. Un risueño César se despidió de ellos desde la embarcación.

Al desembarcar en Mileto, César, sin perder un instante, reunió algunos barcos y parte de la milicia local y partió hacia la base de los piratas. Los sorprendió en sus barcos y capturó a la mayoría de ellos. Se apoderó de todo su botín, incluidos los cincuenta talentos que acababa de pagar por su rescate. A continuación los arrojó, cargados de cadenas, a la bodega de su nave y partió hacia la cercana ciudad de Pérgamo para reunirse con su gobernador, Marco Junco. Al enterarse de que Marco estaba en Bithinia, César dejó a los piratas en sus celdas y se marchó en su busca para obtener su permiso oficial y poder castigarlos. Junco escuchó el informe de César, pero al final decidió vender a los piratas como esclavos y quedarse los beneficios. César no estaba de acuerdo, así que abandonó Bithinia y regresó precipitadamente a Pérgamo, antes de que los agentes del gobernador llegaran para hacerse cargo de los prisioneros. Tal como les había prometido durante su cautiverio, los sacó de sus celdas y los hizo crucificar de inmediato.

La crucifixión es uno de los castigos más crueles que jamás se hayan ideado. Los cartagineses fueron sus inventores, pero los romanos generalizaron su uso. Aun así, siempre se consideró de mal gusto hablar de ella en la buena sociedad. Era un castigo reservado exclusivamente a los criminales y los esclavos, puesto que, además de un medio de ejecución, lo era de tortura y de intimidación. Se empezaba por flagelar al condenado para humillarlo y debilitarlo, antes de obligarlo a cargar con una pesada viga de madera llamada *patibulum.* Al llegar al patio de la prisión o a un punto situado en las afueras de la ciudad, se le quitaba la ropa y se lo sujetaba a la viga con clavos y cuerdas. A continuación, utilizando unas cuerdas, se subía el *patibulum* a un grueso poste clavado al suelo. A veces había un pequeño asiento para que el torturado pudiera sentarse, pero aun así, la agonía solía prolongarse durante días antes de que el reo sucumbiera al agotamiento y el dolor. Suetonio no es sarcástico al decir que César, por misericordia, rebanó el pescuezo a cada uno de los piratas antes de subirlos a la cruz.

Pasado este episodio, César reanudó su viaje a Rodas, pero el destino no le deparaba una vida de estudio. Mitrídates volvió a alzarse en armas contra Roma, así que abandonó rápidamente las clases y navegó hasta Asia Menor para ofrecer sus servicios. La tibia respuesta del gobernador romano de la provincia a la amenaza de Mitrídates impulsó al impaciente César a reclutar por su cuenta la milicia local y a tomar las riendas de las operaciones. Una vez más, mostraba su poca disposición a atenerse a las reglas cuando hacía falta actuar con rapidez. Sin contar con el permiso del Senado ni del gobernador de Asia, César se lanzó contra los aliados de Mitrídates y los obligó a abandonar la provincia. El mismo año, más tarde, fue asignado al estado mayor del pretor Marco Antonio, padre de su futuro lugarteniente, donde sirvió en una nueva campaña contra los piratas de las costas de Asia Menor.

A los veintisiete años, César recibió la noticia de que lo habían elegido pontífice en Roma. La pertenencia a este colegio de élite no representaba ningún obstáculo para su carrera militar y política, al contrario de lo que le ocurriera como *flamen dialis*. Estos sacerdotes, dirigidos por el *pontifex maximus*, ejercían como reguladores de las prácticas religiosas oficiales y como asesores del Estado en cuestiones sagradas. Además, los pontífices podían ser elegidos para las principales magistraturas y dirigir ejércitos en el campo de batalla. A la muerte del primo de su madre, el cónsul Cayo Aurelio Cotta, había quedado una vacante en el colegio. Es posible que Aurelia desempeñara un papel crucial en la elección de su hijo como sucesor de Cotta, pero sean cuales fueren las maniobras políticas que condujeron a este desenlace, es indudable que el hecho evidenciaba el ascenso de la estrella de César en el panorama político romano.

César regresó a la urbe al conocer la noticia de su elección como pontífice. Tras pasar de Asia a Grecia, se embarcó en una pequeña nave con sólo dos amigos y diez esclavos a los remos para cruzar el Adriático. El problema de los piratas seguía existiendo, así que César optó por la discreción, confiando en que una travesía nocturna lo ayudaría a impedir que se repitiera su anterior captura. Hora tras hora, la embarcación cruzó las aguas hasta aproximarse en silencio a la costa de Italia. De improviso, César avistó una hilera de mástiles delante de ellos y ordenó en voz baja a sus hombres que se aprestasen para luchar. No había escapatoria. El portador de la corona cívica estaba decidido a combatir hasta el último aliento a estos nuevos piratas. Se quitó la ropa de viaje y se ciñó un puñal al muslo, preparado para abatir al primer bandido que pusiera el pie en su pequeña nave. Pero al aproximarse a los mástiles, César se dio cuenta de que lo que había visto en la oscuridad era, en realidad, una hilera de árboles de la costa de Italia. Con una vigorosa carcajada, y acompañado por su aliviada tripulación, César desembarcó para iniciar su larga marcha hacia Roma.

II

La senda hacia el poder

> *César alcanzó gran popularidad en Roma por sus méritos como orador, mientras que el pueblo llano lo amaba por la cordialidad con la que los trataba. Era cautivador para tratarse de alguien tan joven.*
>
> Plutarco

Al mismo tiempo que César arribaba a Italia, al otro lado de la península un gladiador estaba iniciando una guerra. Espartaco era un nativo de Tracia que había crecido entre las tribus de pastores nómadas que recorrían con sus rebaños las montañas del norte de los Balcanes. Capturado y vendido como esclavo, su físico y su fuerza llamaron la atención de un empresario itálico llamado Léntulo Batiato, que se dedicaba a entrenar gladiadores cerca de Nápoles. Como la mayoría de los gladiadores, Espartaco era esclavo. Por toda Italia había escuelas de gladiadores, aunque la región próxima al Vesubio era una de las más famosas. Para conjurar el peligro potencial que representaban los grupos numerosos de gladiadores, con su entrenamiento militar, estas escuelas solían estar muy fuertemente custodiadas.

Si un gladiador apuntaba maneras, empezaba a luchar en espectáculos locales para divertimento del público. Algunos de ellos llevaban armadura ligera y sólo utilizaban un tridente y una red, mientras que otros empuñaban escudos, espadas o cimitarras. Como los gladiadores eran caros de entrenar y de mantener, las muertes en la arena no eran habituales. Los heridos en combate levantaban un dedo para pedir clemencia. El público juntaba los dedos índice y pulgar para mostrar que estaba satisfecho con el espectáculo, pero, al contrario de lo que muestra el cine de Hollywood, para pedir la muerte levantaban el pulgar, no lo bajaban. Estos espectáculos se anunciaban con profusión para atraer grandes grupos de espectadores, como podemos ver en una inscripción del siglo I a.C.

> EL GRUPO DE GLADIADORES DEL EDIL AULO SUETTIO CERTO
> LUCHARÁ EN POMPEYA EL 31 DE MAYO.
> TAMBIÉN HABRÁ LUCHAS DE FIERAS.
> SE COLOCARÁN TOLDOS A DISPOSICIÓN DEL PÚBLICO.

Pero los rugidos de la multitud no eran suficientes para Espartaco. En el año 73 a.C., setenta gladiadores y él se fugaron de su escuela armados con cuchillos de cocina. Al otro lado de las puertas, por pura casualidad, se encontraron con unos carromatos que llevaban armas al recinto. Tras apoderarse de ellas, huyeron a las montañas cercanas, donde eligieron tres líderes, entre ellos Espartaco y su amigo Crixo.

Los esclavos de las zonas rurales del sur de Italia empezaron a acudir a su campamento y así, al cabo de poco tiempo, contaba con varios miles de hombres. El Senado envió dos ejércitos para encargarse con una campaña rápida de lo que consideraba una chusma desorganizada, pero Espartaco y sus hombres, maniobrando con disciplina y sigilo, derrotaron a ambas fuerzas y, para colmo, estuvieron a punto de capturar en la bañera a uno de sus comandantes. Una vez derrotadas las fuerzas que se habían enviado contra él, Espartaco se convirtió en el señor de la campiña itálica. Sin embargo, era lo bastante inteligente como para comprender que, por muchas batallas que perdieran los romanos, a la larga acabarían por ganar la guerra. Decidió, por tanto, dirigirse hacia el norte y cruzar los Alpes, para que sus camaradas pudieran regresar a su patria, fuera ésta la Galia, Germania o Tracia. Sin embargo, sus hombres prefirieron quedarse y saquear Italia.

El Senado necesitaba un comandante nuevo y decidido para dirigir la guerra contra Espartaco, así que eligió a Marco Craso, antiguo aliado de Sila y uno de los hombres más ricos de Roma. Muchos jóvenes aristócratas se unieron a Craso en esta campaña, incluido Catón el Joven, un hombre que un día se convertiría en el más implacable de los adversarios de César. Craso devolvió la disciplina al ejército sacando del olvido un antiguo castigo para los hombres que habían arrojado las armas y huido. Escogió a quinientos de ellos y los dividió en cincuenta grupos de diez. De cada grupo se escogió por sorteo a uno de ellos, que fue ejecutado ante los ojos del resto del ejército: es decir, que fueron, literalmente, diezmados.

Espartaco decidió que su ejército tendría más posibilidades de sobrevivir si pasaba a Sicilia, donde las rebeliones de esclavos se habían convertido casi en una tradición en los últimos años. Creía que, con la ayuda de los nuevos reclutas que encontraría allí, podría resistir indefinidamente, así que se retiró a la punta de Italia y allí negoció con piratas el traslado de su ejército a Sicilia. Por desgracia para él, los piratas se quedaron con el dinero y se hicieron a la mar, dejando a sus tropas abandonadas en la costa. Craso se aprovechó de la situación construyendo una muralla de casi sesenta kilómetros de longitud con la que esperaba dejar atrapado a Espartaco, pero éste logró abrirse paso con la mayoría de sus fuerzas. Craso temió que Espartaco marchara entonces sobre Roma, pero los antiguos esclavos se dividieron en grupúsculos y para los romanos fue mucho más fácil aplastarlos. Tras varias derrotas, Espartaco sacrificó su propio caballo para no poder escapar y condujo a su ejército en una batalla final contra los romanos al sur de Nápoles. Al finalizar aquel día, Espartaco yacía muerto en el campo de batalla y sólo una pequeña parte de sus fuerzas había podido escapar hacia el norte. Allí fueron interceptados por Pompeyo, quien acabó con ellos. Posteriormente se atribuiría el mérito de haber acabado con la revuelta, lo que haría enfurecer a Craso. Seis mil de los soldados de Espartaco, capturados antes, fueron crucificados a lo largo de la Vía Apia, entre Capua y Roma: aproximadamente, un hombre torturado y colgado de una cruz cada treinta metros a lo largo de más de ciento cincuenta kilómetros.

Aunque no lo sabemos con certeza, es posible que César luchara en la campaña contra Espartaco, puesto que había sido elegido tribuno militar por el pueblo de Roma a su regreso a Italia. Este cargo representaba el comienzo formal de su carrera política.

La forma de gobierno romana era la de la *res publica* («estado del pueblo») o, en términos modernos, una república dirigida por magistrados electos a beneficio de todos los ciudadanos. En teoría, los funcionarios de la *res publica* gobernaban por consenso popular y hasta el más humilde hijo de un granjero podía ascender a la cúspide del poder político. En la práctica, Roma era gobernada por una pequeña élite de familias aristocráticas que manipulaban con total desvergüenza el sistema político y se reservaban celosamente los puestos ejecutivos más importantes.

La ciudad contaba con diferentes asambleas en las que los ciudadanos podían reunirse y expresar su opinión respecto a los candidatos a un puesto o las propuestas legislativas. Pero para participar en estas asambleas, los hombres —pues las mujeres, como es natural, no podían votar— tenían que estar físicamente presentes en Roma. Esto tenía sentido cuando Roma era una pequeña ciudad cuyos ciudadanos vivían en una demarcación de dimensiones limitadas, pero a medida que la república iba creciendo, los ciudadanos que vivían en las colonias o en las provincias fueron quedando excluidos del sistema electoral. Además, los magistrados ejercían un control absoluto sobre los temas que se podían tratar en las asambleas.

La asamblea centuriada era de origen militar, así que se reunía en el campo de Marte, en el lado exterior de las murallas de la ciudad. Esto era indispensable, porque todos los asuntos militares debían llevarse a cabo más allá del *pomerium* (la frontera sagrada de la ciudad). Esta asamblea era la responsable de elegir las magistraturas principales, pero el poder electoral en su seno estaba totalmente descompensado a favor de los ciudadanos más pudientes. Además, esta asamblea poseía el derecho a declarar la guerra y juzgar las apelaciones en los casos de pena capital, pero carecía de atribuciones legislativas. Por su parte, la asamblea tribal, que podía promulgar leyes, era más igualitaria. Los romanos estaban divididos en treinta y cinco tribus, urbanas y rurales, cada una de las cuales contaba con un voto. Pero como sólo había cuatro tribus urbanas, los ciudadanos de las regiones rurales podían dominar la legislación si eran capaces de ausentarse de sus granjas. En la práctica, los granjeros pobres acudían a la asamblea tribal sólo en raras ocasiones. Esta asamblea elegía a los magistrados secundarios y podía escuchar las apelaciones en caso de condenas no capitales. Por último, la asamblea plebeya estaba compuesta exclusivamente de plebeyos y, a partir del año 287 a.C., contó con la capacidad de promulgar legislación vinculante.

Pero el más poderoso cuerpo político de la república romana era el Senado. Este grupo de élite comenzó siendo un consejo aristocrático que asesoraba a los reyes, pero en los primeros tiempos de la república ya se había transformado en un colegio independiente formado por los hombres más poderosos de la ciudad. Trescientos hombres acaudalados, entre patricios y plebeyos, conformaban el Senado, que preparaba la legislación antes de presentársela al pueblo, dirigía la política exterior y emitía decretos. Aunque estos decretos no tenían poder vinculante, en la práctica se cumplían por respeto a la tradición. Los magistrados más importantes de la república pasaban a ser miembros vitalicios del Senado, a menos que quedaran en la ruina o fueran expulsados por comportamiento inapropiado.

En el seno del Estado romano había una serie de magistrados que se encargaban de gestionar las diferentes áreas del gobierno civil y militar. Muchos hombres ambiciosos como Julio César aspiraban a ascender en el seno del ejército hasta alcanzar los puestos más elevados del gobierno de la república. Todos ellos debían seguir una vía establecida en su progresión, conocida como *cursus honorum*, o «senda de los honores».

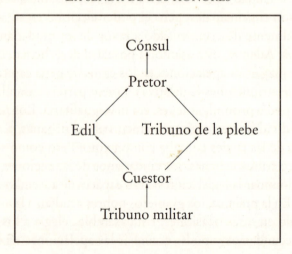

LA SENDA DE LOS HONORES

Aproximadamente al cumplir los diecisiete años, un joven ingresaba en el ejército, donde servía diez años en puestos de creciente importancia. Al poco de finalizar este periodo, un soldado que se hubiera distinguido podía ser elegido como uno de los tribunos militares que servían en cada legión. Éste era el primer paso en la senda de los honores y el que César acababa de conseguir.

Al acercarse a la treintena, si un hombre tenía aspiraciones políticas, trataba de ser elegido entre los cuestores que servían a la república, tanto en el interior como en el exterior. Los cuestores se encargaban de administrar los asuntos cotidianos del gobierno, como la gestión del tesoro y la organización del abastecimiento de Roma. Como todos los magistrados, los cuestores no cobraban por su trabajo. Este hecho tenía el efecto premeditado de limitar el acceso a quienes tenían medios independientes de sustento. Los magistrados sólo servían durante un año, por lo que no llegaban a especializarse en ningún campo. En esencia, se trataba de aficionados que dependían en gran medida del consejo y el consentimiento de sus superiores, especialmente los miembros del Senado.

Tras un año de servicio como cuestor, un hombre ambicioso podía ser elegido edil. Estos magistrados se encargaban de supervisar los edificios públicos, los templos, el suministro de aguas o las funciones policiales, entre otras cosas, incluidos los juegos públicos. El Estado ponía cierta cantidad de dinero para estos juegos, pero muchas veces los ediles más ambiciosos lo complementaban con sus propios recursos para ganarse el favor del pueblo y utilizarlo para continuar su ascenso a lo largo de la senda de los honores. Quienes carecían de fondos suficientes podían pedir dinero a los prestamistas, que siempre estaban dispuestos a ayudar a los políticos prometedores. Pero un edil que gastara imprudentemente o no consiguiera seguir ascendiendo después de haber quedado endeudado podía verse en la ruina o perseguido por los acreedores durante muchos años.

Los plebeyos más ambiciosos también podían hacer campaña para ser elegidos entre los diez tribunos de la plebe que se elegían en la asamblea popular. A los tribunos, cuya persona era inviolable, les estaba encomendada la protección de los derechos de la plebe. Los tribunos contaban con una de las herramientas más potentes de toda la república, la de revocar las decisiones de cualquier magistrado o asamblea con una sola palabra: *veto*. Esta palabra podía invalidar leyes, decretos del Senado y elecciones. El potencial de abuso de los poderes tribunicios era tremendo, aunque la tradición y la presión de los compañeros de colegio minimizaban la tentación, o al menos lo hicieron hasta finales del siglo II a.C.

El penúltimo paso en la senda de los honores era la pretura. En este cargo, un magistrado podía realizar tareas militares, servir al Estado en el exterior o ejercer funciones judiciales. Además, el pretor poseía el *imperium,* o capacidad suprema de mando. Este poder representaba la autoridad administrativa total, lo que incluía el derecho a imponer la pena capital. A los funcionarios que poseían el *imperium* los acompañaban a todas partes los *lictores,* quienes portaban un hacha rodeada por un haz de varas atadas. Estos *fasces* eran el símbolo visible del derecho del pretor a usar la fuerza (y de ellos deriva la palabra «fascismo»).

En la cúspide de la senda de los honores se encontraban los dos cónsules electos, revestidos también del *imperium*. Todos los años, la asamblea centuriada elegía a dos hombres para ocupar el cargo supremo del gobierno civil y militar de la república. El principal cometido de los cónsules era dirigir a los ejércitos romanos, pero también podían presidir las audiencias judiciales y proponer leyes a las asambleas. Si un cónsul se encontraba en el extranjero al finalizar su mandato, el Senado podía, si así lo deseaba, prorrogar su autoridad otorgándole poderes proconsulares. Aunque lo normal era que los dos cónsules colaboraran amigablemente, siempre existía la posibilidad de que un enfrentamiento entre ellos paralizara los engranajes del Estado.

La mayoría de los antiguos cónsules regresaba al Senado y pasaba el resto de su vida como respetados ex cónsules. Muchas veces servían también como gobernadores de las provincias ocupadas, aunque existían otros dos cargos a los que podían aspirar los más distinguidos. El primero de ellos era el del censor, de los cuales se elegían dos cada cinco años para un periodo de dieciocho meses. Los censores se encargaban de elaborar un censo de la ciudadanía y de purgar el Senado de sus miembros indignos.

La última magistratura de la república romana, la dictadura, sólo hacía su aparición en las circunstancias más desesperadas. Cuando el Estado se veía enfrentado a un gran peligro, el Senado podía recomendar que se escogiera un dictador para un periodo de seis meses. El dictador ostentaba poderes civiles y militares supremos, sus decisiones eran inapelables y, finalizado su mandato, no tenía ninguna responsabilidad por lo que hubiera realizado. Elegía a un maestro de la caballería como ayudante, aunque todos los demás magistrados permanecían en sus puestos y bajo su mando. El paradigma del dictador romano fue el patricio Cincinato, quien, según la tradición, fue elegido dictador en el año 458 a.C. en medio de una guerra desesperada. Accedió de mala gana, condujo los ejércitos romanos a la victoria y luego, tras dieciséis días, renunció al cargo para volver a sus campos.

No sabemos con exactitud qué hizo César durante su tribunado militar, pero es razonable pensar que pudo servir contra Espartaco a las órdenes de Craso. Si es así, habría obtenido una valiosa experiencia luchando frente a un astuto enemigo. La suposición de que sirvió a las órdenes de Craso resulta especialmente tentadora si tenemos que cuenta que muy pronto se convertiría en uno de los partidarios más importantes del político más rico de Roma.

El periodo que siguió a la muerte de Espartaco (71 a.C.) conoció una pugna por el poder entre Craso y Pompeyo, un duelo de gigantes que estuvo peligrosamente cerca de desembocar en una guerra civil a escala total. Pompeyo había regresado de sus campañas en Hispania furioso con el Senado por su falta de apoyo. Una vez en Italia, encontró conveniente no licenciar a sus tropas, esgrimiendo como excusa la amenaza de la revuelta de esclavos, aún no sofocada del todo. Acampó con sus veteranos a poca distancia de Roma y entonces preguntó al Senado si tendría la deferencia de permitirle presentar su candidatura al consulado para el año siguiente, a pesar de que, a sus treinta y cinco años, no había ocupado ni uno solo de los cargos de la senda de los honores. Además, dejó muy claro que estaba dispuesto a derogar muchos de los privilegios de que disfrutaba el Senado desde tiempos de Sila. Amenazados por el ejército de Pompeyo, los desesperados senadores se volvieron hacia Craso, el único que contaba con fuerzas veteranas en suelo itálico. La situación era ideal para éste. Si derrotaba a Pompeyo, cosa que estaba dentro de lo posible, podría entrar en Roma como héroe y los *optimates* del Senado lo alabarían como salvador de la república. Pero Craso, un astuto hombre de negocios, evaluó los riesgos y tomó un camino inesperado: unirse a Pompeyo. El Senado, privado de defensores, tuvo que presenciar impotente cómo Pompeyo y Craso eran elegidos cónsules en el año 70 a.C.

Los dos nuevos magistrados, actuando con un sorprendente espíritu de colaboración, decidieron licenciar simultáneamente sus ejércitos. Su primera medida de gobierno fue despojar a los senadores del poder exclusivo de servir como jurados en los casos de corrupción. A partir de ese momento se verían obligados a compartir este privilegio con los acaudalados hombres de negocios que formaban la segunda clase del estado, la de los *equites* (caballeros). No es que esto contribuyera demasiado a aliviar los abusos que sufrían los súbditos provinciales de Roma, pero proporcionó a los cónsules la gratitud de los romanos ricos que no pertenecían al Senado. Más importante, desde el punto de vista del pueblo, fue la medida introducida por Pompeyo y Craso de devolver a los tribunos de la plebe el poder que Sila les había arrebatado una década antes. De nuevo, los magistrados de la plebe podían, por razones nobles o no tanto, imponer su veto a cualquier acto del gobierno romano. Por último, Pompeyo y Craso presionaron a los dos censores para que expulsaran por «indignidad» a unos sesenta miembros del Senado, miembros que, casualmente, eran sus adversarios políticos.

Durante todo este tiempo, César se distinguió como activo partidario de Pompeyo y Craso. Esto no tenía nada de extraño si tenemos en cuenta que se había posicionado claramente en el campo de los populistas frente a los *optimates*. Apoyó decididamente a los cónsules en su campaña para devolver el poder a los tribunos de la plebe. También habló a favor de una ley encaminada a amnistiar a los partidarios de la fallida revolución de Lépido (78 a.C.). Este asunto era una cuestión tanto política como familiar, puesto que entre los exiliados se encontraba su cuñado Lucio Cinna, pero también expresa una característica que más adelante distinguiría a César de sus contemporáneos, la capacidad de misericordia que los romanos llamaban *clementia* y que tanto se evidenciaría en los años futuros en el trato deparado a sus más encarnizados rivales.

En el año 69 a.C., César ascendió el segundo de los peldaños en la senda de los honores al ser elegido cuestor. En este cargo se le podría haber asignado un tedioso cometido en Roma, como supervisar el suministro de agua u organizar la importación de grano para alimentar la ciudad, pero César maniobró para conseguir un puesto mucho más ventajoso con el propretor de Hispania Ulterior. La elección como cuestor le proporcionaba finalmente un puesto en el Senado con derecho a voto. Sin embargo, antes de que pudiera partir para Hispania, la tragedia se abatió sobre él con la muerte de su amada tía Julia, matriarca de la familia y viuda de Mario. Entre los romanos era costumbre honrar a las mujeres ancianas y respetadas, como Julia, con una oración funeraria compuesta a su medida. Como tanto su marido como su hijo estaban muertos, este deber recayó sobre los hombros de César. Pero como la figura de Mario aún era vilipendiada por la aristocracia gobernante, un funeral discreto habría sido la decisión más prudente para un senador joven y ambicioso. En cambio, César hizo algo totalmente inesperado y muy audaz. La mañana del funeral, César se dirigió a la plataforma de los oradores en el foro, acompañado por una procesión que portaba las efigies del propio Mario. Éstas se guardaban en los atrios de las casas romanas y era costumbre sacarlas durante las exequias, en honor a los parientes y antepasados del fallecido. La legislación de Sila había prohibido estrictamente la exhibición pública de las imágenes de Mario, considerado *persona non grata*. A algunos de los presentes allí aquel día les ofendieron los actos de César, pero éste había calculado a la perfección el efecto que podían tener las imágenes de Mario unos quince años después de su muerte. Aunque el antiguo general y siete veces cónsul aún era considerado un tirano, un asesino y un enemigo de los valores senatoriales por los *optimates*, el pueblo conservaba un lugar de honor en su corazón para el hombre que había salvado Roma de los bárbaros del norte. Los antiguos veteranos que Mario había sacado del arroyo para servir orgullosamente en las legiones lloraron y vitorearon al paso de las imágenes. Era como si el propio Mario se hubiera levantado de la tumba y estuviera marchando de nuevo por el foro. Si existía alguna duda con respecto a la filiación populista de César, quedaba disipada de un valiente plumazo.

César subió a la tribuna y se situó frente a la enorme multitud que se había congregado. En una conmovedora oración por su tía Julia, rebosante de orgullo familiar, recordó tanto a los senadores y a los plebeyos quién era:

> La familia de mi tía Julia desciende de reyes por parte de su madre y de dioses por la de su padre. Los Marcii Reges, la familia de su madre, son herederos de Anco Marcio, cuarto rey de Roma, mientras que los Julios, a los cuales pertenece nuestro clan, descienden de la mismísima diosa Venus. Mi familia, pues, ostenta la santidad de los reyes, que gobiernan a los hombres, y de los dioses, que gobiernan a los reyes.

Lejos de ofenderse por este audaz discurso, al pueblo de Roma le encantó. Allí había un hombre que había crecido entre ellos, en los barrios bajos de Subura, que era el sobrino de su héroe Mario y que anunciaba al mundo entero que él, un descendiente de reyes y dioses, estaba de su lado. Era evidente para todos que César era un hombre de tremendas dotes, que podía llegar muy alto en el gobierno si era capaz de superar la oposición de los *optimates*. Y si lo hacía, el pueblo de Roma sabía que tendría en él a un poderoso defensor.

La tragedia volvió a cernirse sobre César al poco de la muerte de su tía Julia con el inesperado fallecimiento de su joven esposa Cornelia. Llevaba casado con ella desde que su suegro Cinna y Mario lo eligieran para convertirse en *flamen dialis*, en plena adolescencia. La había querido tanto que arriesgó la vida al desafiar a Sila para que pudieran estar juntos. Y Cornelia le había dado su única hija, Julia, que contaba ahora siete años de edad. César estaba desolado, pero sabía que su carrera dependía de que abandonara Roma para servir en Hispania como cuestor. Probablemente dejara a la joven Julia al cargo de su propia madre, Aurelia, quien ya había tenido una importante presencia en la vida de su nieta y que, en ausencia de su padre, la criaría como una romana de bien. Pero había un último honor que podía ofrecer a Cornelia antes de entregarla a la pira funeraria y depositar sus cenizas en el mausoleo familiar. Aunque era algo insólito, César volvió a subir a la tribuna de oradores del foro para pronunciar un panegírico. Esta vez no hubo imágenes ni elaboradas ceremonias, sólo un hombre de luto y con el corazón roto que habló de su novia de juventud y del amor que le había profesado. Los panegíricos por hombres y mujeres mayores eran habituales, pero nadie había hecho nunca un discurso en las exequias de una joven. Las palabras de César no han llegado hasta nuestros días, pero su efecto en los presentes en el foro aquella mañana fue muy profundo. Puede que se parecieran al conmovedor epitafio que, más adelante, escribiría un ciudadano romano en Egipto por su fallecida esposa:

COMPETÍ CONTIGO, AMOR MÍO, EN DEVOCIÓN, VIRTUD, FRUGALIDAD Y AMOR... PERO SIEMPRE PERDÍ. LES DESEO A TODOS EL MISMO DESTINO.

A quienes habían oído el discurso por su tía Julia les había impresionado su confianza y su orgullo, pero las dulces palabras pronunciadas en los funerales de su esposa retrataban a un hombre emocional y de profundos sentimientos.

César partió al fin hacia la provincia de Hispania Ulterior para servir como cuestor a las órdenes del gobernador Antistio Veto. En esta tierra salvaje, delimitada por el Atlántico al oeste y por las montañas al este, se le encomendó la complicada tarea de viajar entre las comunidades nativas para ejercer como juez de litigios y resolver disputas. Cuando llegaba a un pueblo, los litigantes se presentaban ante él buscando justicia en asuntos fiscales, disputas de propiedades y mil problemas más. Aunque se trataba de un trabajo tedioso, le proporcionó la ocasión de darse a conocer entre los súbditos provinciales como un hombre que los trataba justamente en sus disputas con Roma. Aunque estuviera en los linderos del mundo civilizado, para un político romano resultaba muy interesante establecer relaciones amigables con los nativos. El tiempo y los esfuerzos invertidos en Hispania le serían muy rentables en el futuro.

Un día, cuando estaba escuchando casos en la antigua ciudad fenicia de Gades (la actual Cádiz), navegó hasta la cercana isla de Cotinussa para visitar el templo de Hércules. Allí contempló el vasto Atlántico que se extendía hasta el infinito en dirección oeste. Para los romanos, al igual que para los griegos, los cartagineses y los fenicios antes que ellos, éste era el auténtico fin del mundo. Pero César, como todos los hombres instruidos del mundo antiguo, sabía que la Tierra era una esfera y que si navegaba en dirección oeste durante el tiempo suficiente acabaría por llegar a la fabulosa tierra de los seres, o chinos. Al entrar en el templo de Hércules vio una estatua de Alejandro Magno, que había muerto más de dos siglos antes apenas superada la treintena. César, que por entonces contaba la misma edad, se lamentó por no haber hecho aún nada cuando el gran Alejandro ya había conquistado todas las tierras situadas entre Grecia e India. Desesperado, abandonó el templo, pero su turbación se vio agravada aquella misma noche cuando soñó que él, como Edipo, tenía contacto carnal con su propia madre. César, que no era un hombre de naturaleza supersticiosa, buscó sin embargo el consejo de una adivina de la zona, que interpretó su perturbador sueño bajo una luz muy favorable. Su madre, le dijo la adivina, era en realidad la propia Tierra, así que el sueño profetizaba que un día gobernaría el mundo entero, como lo hiciera Alejandro Magno.

Puede que fuera esta inagotable ambición la que lo llevó a abandonar Hispania antes del final de la cuestura y volver a Roma atravesando el norte de Italia. Allí, entre las ricas tierras del valle del Po colonizadas por los celtas cuatrocientos años antes, había varias colonias romanas. A todas las ciudades y tierras situadas al sur del Po se les había concedido la ciudadanía romana veinte años atrás, pero, con la excepción de dos colonias ubicadas al norte del río, a la mayoría de los esforzados habitantes de la Galia Cisalpina (esto es, la «Galia de este lado de los Alpes») no se los consideraba romanos de pleno derecho. Era una situación ideal para fomentar el resentimiento e incluso la insurrección armada, igual que ocurriera en la guerra social de la generación anterior. César estaba al corriente de esto, claro, y decidió impulsar su carrera en el bando populista respaldando a los descontentos itálicos del norte del Po. Mientras atravesaba la región se dedicó a entablar relaciones amistosas y a escuchar con simpatía a los infelices ciudadanos y granjeros. Es muy probable que en Verona conociera al poeta Cayo Valerio Cátulo, por entonces un mero adolescente. Si viajó a la cercana Mantua, como parece probable, tal vez se encontrara con una familia que se mudaba del campo a la ciudad, entre cuyos miembros se contaba un bebé llamado Publio Virgilio Maro, quien sería conocido algún día como Virgilio, el mayor de los poetas romanos. A pesar de todos los contactos que hizo, es poco probable que César pretendiera fomentar una rebelión armada. Un acto así sólo serviría para lanzar las legiones sobre los colonos y no sería útil para sus fines a largo plazo. No obstante, lo que sí consiguió fue consolidarse como patrono de los celtas y los romanos de la Italia septentrional. También esto le daría unos extraordinarios dividendos en la siguiente década, cuando reclutara miles de soldados en esta región para la guerra de las Galias y el posterior conflicto civil.

César regresó a Roma en el año 67 d.C. y se sumergió de lleno en su vida social y política. No era habitual que un hombre de su posición se mantuviera soltero, así que desposó con una joven llamada Pompeya. Era una elección muy importante, puesto que se trataba nada menos que de la nieta de Sila, además de una mujer cuya familia estaba conectada por ambas ramas con la causa de los *optimates*. Puede que César estuviera tratando de consolidar su posición tendiendo vínculos familiares con la oposición política, a pesar de seguir siendo un populista dedicado. También es posible que, simplemente, amara a Pompeya y reconociera la extraordinaria ironía que suponía contraer matrimonio con el hombre que había intentado matarlo y cuyo legado tanto estaba esforzándose por destruir.

El mismo año, se presentó voluntario para el puesto de conservador de la Vía Apia. Ésta, una de las más importantes y famosas de las calzadas romanas, discurría a lo largo de más de trescientos kilómetros entre Roma y Capua (una ciudad situada cerca de Nápoles), antes de virar hacia el este para dirigirse al puerto de Brundisium, en el Adriático. Era una conexión crucial entre Roma y las ricas regiones de la Campania, pero también la principal ruta hacia las tierras de Oriente. Cuando un ejército partía o regresaba de Grecia, Asia o Egipto, casi siempre pasaba por Brundisium. Como todas las vías romanas, la Vía Apia era una maravilla como obra de ingeniería y como herramienta propagandística. La construcción de estas calzadas se iniciaba cavando una profunda zanja para colocar unos cimientos de roca, que luego se cubría de grava para facilitar su drenaje y finalmente se pavimentaba con las losas prácticamente indestructibles por las que discurrían el comercio y los ejércitos. A diferencia de los primitivos caminos de barro que se podían encontrar en la mayor parte del Mediterráneo, las vías romanas estaban hechas con vocación de permanencia y raras veces se sometían a los caprichos de la topografía. A menos que se lo impidiera la presencia de montañas infranqueables o ciénagas impenetrables, los romanos construían sus calzadas en línea recta, como flechas lanzadas a través de la campiña. Eran, de hecho, un testimonio en piedra para el mundo que proclamaba: Roma no se somete. Dos mil años después, la Vía Apia y otras muchas sobreviven aún en los territorios que conformaran en su día el Imperio romano, de Escocia a Siria. El mandato de César como conservador de esta importante vía de comunicación le proporcionó una valiosa experiencia en ingeniería y construcción, además de brindarle la oportunidad de trabajar en estrecha colaboración con muchas comunidades importantes del sur de Italia, con las que estableció lazos. De hecho, gastó ingentes sumas de su propio dinero para asegurarse de que las necesidades de transporte de los pueblos de la región se veían servidas.

La supervisión de la Vía Apia durante este año no impidió a César participar en la vida política de Roma. Los numerosos intentos fallidos de los romanos por controlar la piratería en el Mediterráneo habían desembocado finalmente en hambrunas generalizadas, en una inusitada propagación de los secuestros y en la asfixia del comercio marítimo. El pueblo de Roma estaba tan indignado por la incapacidad del Senado para acabar con la piratería que un tribuno de la plebe propuso un decreto extraordinario para encomendar a un solo hombre la tarea de eliminar esta lacra de una vez para siempre. Los poderes que otorgaba el decreto eran pasmosos: autoridad total sobre el Mediterráneo entero y sus costas hasta ochenta kilómetros al interior. Además, el elegido podría seleccionar a quince miembros del Senado para ayudarlo a poner en práctica el plan, podría requisar doscientos de los mejores barcos disponibles y tendría acceso ilimitado al tesoro. Aunque la propuesta no mencionaba nombre alguno, todo el mundo era consciente de que Pompeyo era quien había promovido el asunto desde bambalinas y esperaba ser elegido líder de la guerra contra los piratas. El pueblo de Roma estaba muy ilusionado con la propuesta, pero el Senado, como se puede imaginar, estaba horrorizado. Conceder a un solo individuo los vastos poderes que proponía el decreto equivalía a convertirlo en el virtual monarca de los territorios gobernados por Roma. Para un hombre ambicioso, del gobierno de los mares y las costas al del territorio entero sólo había un paso. Hasta a los más contumaces populistas del Senado les espantaba la idea de que se concediera tal poder a Pompeyo. César fue la única excepción. Sólo él entre todos los senadores se pronunció a favor de la propuesta. Puede que su experiencia con los piratas determinara en parte esta decisión, pero por encima de todo se trataba de una maniobra política. César sabía que el decreto no saldría adelante y que el apoyo de un miembro poco importante del Senado como él no podría cambiar este hecho, pero al significarse en su defensa, se aseguraba de que tanto Pompeyo como el pueblo romano lo miraran con ojos favorables en el futuro.

El resto de los senadores se pronunciaron de manera clara contra la propuesta, advirtiendo a Pompeyo de que si pretendía actuar como Rómulo, acabaría compartiendo el mismo destino que el fundador de Roma. El Senado, pues, rechazó por abrumadora mayoría la propuesta, que pasó entonces a presentarse ante la asamblea popular. Uno de los tribunos intentó vetarla, pero finalmente retiró el veto cuando el populacho prorrumpió en gritos tan fuertes que, según la leyenda, un cuervo que sobrevolaba el foro cayó fulminado del cielo. Finalmente, Pompeyo obtuvo aún más de lo que había pedido: quinientos barcos, veinticuatro senadores como ayudantes y más de cien mil soldados. Era un pobre líder político, pero en el campo de batalla estaba en su elemento. Dividió el Mediterráneo en trece distritos y procedió a realizar un barrido sistemático de un extremo a otro. En cuestión de cuarenta días había limpiado el mar de piratería. Al regresar a una Roma a la que de nuevo fluía libremente el comercio, fue recibido por el pueblo como un héroe. Como es natural, el Senado, que durante décadas había sido incapaz de acabar con la piratería, estaba furioso.

El éxito de Pompeyo contra los piratas lo impulsó a la búsqueda de mayores glorias. En el año 66 a.C., un tribuno de la plebe, sin duda a instancias suyas, propuso que se le concedieran poderes casi ilimitados para reorganizar el panorama político del Mediterráneo oriental. Hacía ya tiempo que Roma no prestaba la debida atención a los problemas que representaban los regímenes hostiles o inestables de Asia Menor y Siria, más allá de asegurarse de que el Senado y los *equites* podían estrujar al máximo estas regiones. Pero en aquellos momentos, Mitrídates volvía a causar problemas en Asia Menor y los Estados de Oriente Próximo reanudaban sus perennes rencillas. Roma se enfrentaba a la imperiosa necesidad de imponer una paz permanente en la región.

Los *optimates* del Senado se oponían de pleno a la concesión de un nuevo mando para Pompeyo, pero no pudieron hacer nada frente a la decisión del pueblo (y especialmente de los *equites*, que sabían que la estabilidad en Oriente era buena para los negocios). César volvió a hablar a favor de la medida, lo mismo que Cicerón Finalmente, Pompeyo se salió con la suya y pudo reemplazar en el mando al antiguo cónsul Lúculo, que, aunque había tenido bastante éxito contra Mitrídates, no conseguía llevar la situación a una conclusión satisfactoria. Sin embargo, las ambiciones de Pompeyo iban mucho más allá de resolver la espinosa situación heredada de Lúculo. Empezó por dirigir sus tropas contra Mitrídates y rodear al ladino y viejo rey cerca de Armenia, donde pudo destruir por completo su ejército. Mitrídates escapó con unos pocos leales y huyó a Crimea, donde supuestamente estaba reclutando un inmenso ejército para marchar sobre

Italia cuando lo sorprendió la rebelión de su propio hijo, Farnaces. Atrapado en una fortaleza situada a orillas del mar Negro, el último gran enemigo de Roma se quitó la vida.

Pompeyo, entretanto, había entrado en Armenia y en el Cáucaso, donde dominó a varias tribus de las montañas, quizá con la idea de abrir nuevas rutas comerciales hacia el Lejano Oriente. A continuación se volvió hacia el sur, hacia los restos del imperio seléucida en Siria y el reino de los árabes nabateos, un rico Estado que controlaba desde Petra las lucrativas rutas de las especias que unían la región con Yemen y el sur de Arabia. Pero antes de llegar a Petra lo distrajeron las disputas de los macabeos de Judea y tuvo que desviarse hacia Jerusalén. Roma había apoyado desde tiempo atrás la independencia de Judea para que sirviera como contrapeso al poder de Siria en la región, pero una disputa entre dos hermanos, Hircanio y Aristóbulo, había desembocado en una guerra civil. Los dos contendientes recurrieron a Pompeyo, quien se pronunció en favor del más débil y más fácilmente controlable de los dos, Hircanio. Aristóbulo se sometió de mala gana, pero los partisanos judíos que se oponían a la interferencia romana se hicieron fuertes en el monte del templo, donde resistieron durante tres meses a las legiones. Finalmente, Pompeyo atacó la montaña sagrada durante el Sabbath y masacró a los sacerdotes rebeldes ante sus propios altares. El general romano entró en el templo y, en un acto de osadía, pisó el prohibido sanctasanctórum del mismo, aunque dejó intacto el tesoro de los judíos.

A lo largo de tres años, Pompeyo había conquistado gran cantidad de tierras nuevas y reorganizado la totalidad de la geografía política de Oriente Próximo, sin el tedioso y a menudo fútil proceso de recabar la aprobación del Senado. El rey de Armenia, Tigranes, permaneció en el trono para servir como amortiguador frente al poderoso imperio de los partos de Mesopotamia. El viejo Estado seléucida fue dividido y Siria se convirtió en una nueva provincia romana. Nominalmente, el reino judío conservó su independencia, aunque reducido apenas a la región de Jerusalén, a Galilea y a algunas zonas próximas. Con un coste mínimo para el tesoro, Pompeyo había llevado la paz al Mediterráneo oriental por primera vez en varios siglos, además de acumular en el proceso enormes riquezas, tanto para Roma como para sí mismo. La lección no pasó inadvertida para César. Liberado de la interferencia del Senado, un general capaz podía realizar verdaderas proezas, que cimentarían su prestigio en Roma, le asegurarían un lugar en la historia y lo harían fabulosamente rico.

Mientras Pompeyo se encontraba en el este, César no permanecía ocioso. Como patricio que era, no podía aspirar a convertirse en tribuno de la plebe, así que tomó el camino alternativo de la senda de los honores al ser elegido edil en el año 65 a.C. Los ediles servían como funcionarios civiles en la urbe durante un año, con responsabilidades que iban desde las reparaciones urbanas al mantenimiento de los templos, pasando por la lucha contra el crimen. Además, era un puesto muy atractivo para los políticos ambiciosos, porque les correspondía la preparación y supervisión de las festividades públicas. Dos de los ediles organizaban la semana de fastos con la que se honraba a la gran diosa Cibeles en abril y los quince días consagrados a Júpiter en septiembre. Con frecuencia, si un edil aspiraba a impresionar al populacho con vistas a futuras elecciones, gastaba, además del dinero del Estado, ingentes sumas procedentes de su propio bolsillo. César superó en esto a todos sus antecesores, aunque para ello tuvo que recurrir a los prestamistas. Engalanó el foro entero y la cercana colina Capitolina, y celebró banquetes públicos, espectáculos de fieras y representaciones teatrales para todo el pueblo de Roma. Uno de sus colegas en el colegio de los ediles era Marco Calpurnio Bíbulo, un *optimate* de corazón que, durante muchos años, se convertiría en una espina en su costado. De hecho, más adelante, Bíbulo se quejaría de que todo cuanto hiciera como edil había quedado eclipsado por César, quien se había atribuido los méritos de ambos.

De hecho, este eclipse se acentuó, cuando, además de las dos fiestas tradicionales, César organizó a sus propias expensas unos juegos de esplendor sin precedentes en honor a su fallecido padre. Encargó que se enviaran a la ciudad a no menos de trescientos veinte de los mejores gladiadores, lo que hizo temer a no pocos romanos que se repitiera la historia de Espartaco. Pero, como siempre, César controló con mano firme los acontecimientos.

Con el tiempo, había ido desarrollando un gran aprecio por todas las cosas buenas de la vida que se le habían negado en la paupérrima Subura. Se convirtió en un ávido coleccionista de arte, con una clara predilección por la joyería, la escultura y la pintura. Su sentido de la perfección, combinado con su extravagancia, lo llevó a construir una cara casa de campo en el lago Nemi, cerca de Roma, que luego echó abajo al darse cuenta de que no estaba a la altura de sus exigencias. Las deudas que estaba acumulando, tanto como edil como en su vida privada, eran asombrosas.

El golpe maestro de su mandato como edil lo realizó en una sola noche. Cuatro años antes, en las exequias de su tía Julia, había sacado en procesión las imágenes familiares de Mario, para mortificación de los *optimates* del Senado. Ahora hizo construir efigies más elaboradas del personaje y volvió a reunir los deslumbrantes trofeos obtenidos por Mario ante los germanos que Sila había retirado. Acompañado por sus seguidores, y aprovechando la oscuridad de la noche, llevó todos estos objetos prohibidos hasta la colina Capitolina y los colocó junto al incompleto templo de Júpiter. A la mañana siguiente, al salir el sol, toda Roma pudo ver los trofeos de Mario, relucientes sobre el foro. El rumor corrió como la pólvora por toda la ciudad y la multitud se congregó en la colina Capitolina para maravillarse con el brillante espectáculo y la audacia del edil. Los *optimates*, horrorizados, gritaron que César estaba colocándose al margen de la ley al exhibir aquellos objetos prohibidos a la vista del público. Pero el pueblo llano, que amaba a Mario, rompió a llorar y vitoreó a su sobrino. Sus gritos y sus aplausos llenaron la ciudad. El Senado convocó una reunión de emergencia, con la asistencia de César, donde el advenedizo edil fue atacado por Lutatio Cátulo, líder de los *optimates*: «César ya no está intentando socavar la república en secreto, sino que está atacando el Estado abiertamente con máquinas de guerra.»

César se levantó y respondió tranquilamente que sus actos no eran ninguna amenaza para el Estado. Aunque este discurso no ha llegado hasta nosotros, debió de ser una obra maestra de la oratoria, puesto que todo el Senado, hasta entonces hostil, quedó convencido de la nobleza de sus intenciones (incluidos los *opti-*

mates). Los partidarios de César en el foro, entusiasmados por lo ocurrido, le pidieron que no cejara nunca en su oposición al Senado. A pesar de que era un simple edil de treinta y cinco años, los populistas empezaban a ver en él a alguien capacitado para convertirse en el hombre más importante de Roma.

Sin embargo, algunas fuentes antiguas sugieren que tal vez los *optimates* tuvieran buenas razones para temer a César. El biógrafo Suetonio menciona una conspiración contra el Estado realizada durante el mandato de César como edil, encaminada a acabar de manera sangrienta con el gobierno del Senado. Suetonio cuenta que los dos cónsules electos para el año 65 a.C., Publio Autronio y Publio Sila, fueron inhabilitados antes de que ocuparan su puesto por cargos de corrupción. En su lugar se eligió a Lucio Torcuato y al primo de César, Lucio Cotta. Los dos cónsules originales decidieron vengarse asesinando a sus sustitutos en su toma de posesión, antes de entregar el poder a Marco Craso como dictador. La idea era que Craso reorganizaría el gobierno y luego devolvería el poder a Autronio y a Publio Sila. El principal colaborador del dictador Craso no sería otro que el propio César. Según Suetonio, la conspiración se vino abajo cuando Craso perdió los nervios en el último minuto y César no dejó que la toga le cayera por debajo del hombro, señal acordada para que diera comienzo la matanza.

Pero hay algunos argumentos que nos hacen pensar que es poco probable que César estuviera involucrado en esta conspiración, si es que llegó a existir en realidad. Para empezar, las fuentes citadas por Suetonio incluyen al furibundo historiador anticesariano Tanusio Gémino, así como su eterno rival y colega edil, Marco Bíbulo. En segundo lugar, Cicerón, que en años posteriores nunca perdería la ocasión de vituperar a César, jamás lo acusó de estar involucrado. Además, César era un hombre audaz, sin duda, pero es poco creíble que participara en una insurrección mal planeada que, entre otras cosas, implicaba el asesinato de su propio primo. Un día, César desafiaría al Senado y empujaría al país a la guerra civil, pero todo cuanto sabemos sobre su naturaleza resta credibilidad a teorías conspirativas de este tipo. Durante años se había mostrado cauto y había avanzado paso a paso para construir sus credenciales como líder militar y líder populista sensato. Aunque, como es natural, en años posteriores sus enemigos mirarían con lupa su carrera y lo acusarían de tener planes revolucionarios desde la cuna, César no era el tipo de hombre que se arriesga innecesariamente participando en un golpe de Estado violento.

Por aquella misma época existía un plan mucho más verosímil para incrementar el poder de Craso y César, centrado en el antiguo reino de Egipto. Craso tenía una deuda pendiente con Pompeyo desde que le robara los laureles de la victoria contra Espartaco. Aunque habían hecho las paces y colaborado como cónsules en el año 70 a.C., el rico romano había tenido que observar impotente cómo el pueblo romano aclamaba a su rival por haber limpiado el Mediterráneo de piratas, derrotado a Mitrídates y conquistado Oriente Próximo. Craso comprendió que, a pesar de sus vastas riquezas, necesitaba un premio espectacular que ofrecerle a Roma si alguna vez pretendía igualar a Pompeyo a los ojos del Senado y del pueblo llano. Vio una oportunidad de oro en Egipto, el único reino del Mediterráneo oriental que Pompeyo había dejado intacto. Hacía tiempo que Roma se entrometía en los asuntos internos de Egipto, pero el reino del Nilo seguía siendo independiente... e inmensamente rico.

En el siglo I a.C., Egipto distaba mucho de la poderosa civilización que había sido en épocas anteriores. Las gloriosas dinastías del tercer milenio a.C. habían erigido las pirámides y la esfinge, mientras que el segundo milenio había conocido un imperio egipcio extendido desde el Éufrates hasta Nubia de la mano de monarcas tales como Ramsés II. Sin embargo, en los siglos posteriores, el declive interno y el gobierno de extranjeros debilitaron el reino hasta permitir que cayera en manos de Alejandro Magno en el siglo IV a.C. Tras la muerte de Alejandro, su general Tolomeo se apoderó del valle del Nilo y estableció una dinastía de gobernantes helenos en el trono de Egipto —los Tolomeos—, que reinarían desde la ciudad cosmopolita de Alejandría. En el año 80 a.C. murió Tolomeo XI. En su testamento, legaba el reino a Roma, aunque el Senado fue incapaz de decidir si debía procederse a la anexión. Los egipcios habían mantenido una precaria independencia desde entonces, a pesar de que los alejandrinos despreciaban a su nuevo rey, Tolomeo XII (apodado Auletes, es decir «flautista»), por mostrarse demasiado amigable con Roma.

Craso propuso entonces que Roma convirtiera finalmente a Egipto en una provincia romana. Era una propuesta razonable si tenemos en cuenta que Roma podía atribuirse legalmente la posesión del reino atendiendo al testamento de Tolomeo XI y que la anexión proporcionaría gran cantidad de oro al tesoro. Craso quería enviar a César a Egipto para encargarse de los detalles de la anexión, plan que contaba con el decidido apoyo del interesado. Un encargo así le proporcionaría un enorme apoyo popular en Roma, además del medio de terminar con todas sus deudas. Pero el Senado decidió, no sin razón, que por mucho que le disgustara Pompeyo, si permitía a Craso apoderarse de Egipto, su poder crecería demasiado. Los *optimates* también se oponían a cualquier maniobra que aumentara la creciente influencia de César. La propuesta salió derrotada en la asamblea popular a causa de las maniobras de los *optimates* y de la elocuente oposición de Cicerón, que defendía celosamente los intereses de su patrón, Pompeyo.

El año 64 a.C. se inició con Pompeyo aún en el Mediterráneo oriental, Craso en Roma contando su dinero y César planeando silenciosamente su siguiente paso en su ascenso por la escalera de la política romana. Pero la estrella emergente del momento era Marco Porcio Catón, quien, aunque cinco años más joven que César, acababa de ser elegido cuestor. César había pasado su cuestura en Hispania, pero a Catón se le encargó administrar la tesorería en Roma. Sus antecesores en el cargo habían desempeñado una relajada actividad supervisora. Se contentaban con dejar que los contables profesionales se encargaran del papeleo cotidiano y de los aburridos quehaceres de los ingresos y los gastos, sin más actividad que alguna que otra visita de inspección ocasional o una charla amistosa con el supervisor de turno. Sin embargo, Catón no era el típico cuestor. Hombre caracterizado por su disciplina y su sentido del deber, además de sincero profesante de la filosofía estoica, había pasado las semanas transcurridas desde su elección estudiando con detenimiento hasta el más pequeño detalle de la gestión del tesoro.

Cuando, al iniciarse su mandato, llegó al tesoro, los contables y burócratas esperaban otro joven político sin auténtico interés en el puesto que los dejaría ocuparse como siempre de sus repetitivas tareas, como recaudar los fondos del Estado. Pero Catón atravesó las puertas del tesoro como un auténtico vendaval. Puso inmediato fin a la corrupción y sermoneó implacablemente a los burócratas por sus procedimientos inapropiados y su negligencia en la contabilidad. Para los agentes del tesoro, la cuestura de Catón fue una pesadilla. Intentaron apelar a los demás cuestores para que contuvieran a su implacable colega, pero nadie podía resistir a la furia justiciera de Catón. El nuevo cuestor no tardó en llevar su cruzada más allá de los muros del tesoro, al descubrir que muchos miembros de la nobleza romana tenían deudas con el Estado que, de algún modo, se habían olvidado de pagar. Empezó a presentar cargos sin reparar en la importancia política de los implicados. Hasta exhumó los expedientes de aquellos que habían recibido dinero durante las proscripciones de Sila, casi veinte años antes, a quienes acusó de asesinato (sin argumentos totalmente sólidos, todo hay que decirlo). Los abogados inundaron los tribunales encargados de resolver estos casos, así que hubo que nombrar jueces especiales entre los antiguos ediles (incluido César) para resolverlos. Ningún miembro respetable del Senado podía admirar a los viejos y sanguinarios sicarios de Sila, que vivían cómodamente en el retiro de los frutos de sus rapiñas, pero hasta la llegada de Catón nadie se había atrevido a atacarlos. Durante el largo y doloroso año que se prolongaron estos juicios, los fantasmas del pasado quedaron finalmente exorcizados. César, que tenía pocas razones para estimar a Catón, no pudo sino aprobar la decisiva actuación del cuestor.

III

Conspiración

Catilina planeaba ignorar las leyes de Roma, derribar al gobierno y sembrar el caos por todas partes.

Plutarco

Al año siguiente llegaron buenas noticias, cuando la sobrina de César, Atia, dio a luz a un niño llamado Octavio, el futuro emperador Augusto. Pero fuera de los asuntos familiares, los sucesos del año 63 a.C. lo convirtieron en el más agitado y formativo de las primeras fases de su carrera política. César había servido durante diez años como *pontifex* (sacerdote), encargado de supervisar los asuntos religiosos del Estado romano, pero no era más que uno entre los doce o más miembros menores del colegio de los pontífices. El sacerdote más importante de Roma era el *pontifex maximus*, que además de dirigir a los pontífices, se encargaba de supervisar a las vírgenes vestales y de publicar decretos referentes a la vida religiosa que tenían carácter de leyes. Además, el *pontifex maximus* actuaba como portavoz de los sacerdotes ante el Senado. Vivía en una residencia estatal llamada la Domus Publica, y tenía su lugar de trabajo en la Regia del foro. Este antiguo edificio, situado frente al templo de las vestales, albergaba los archivos, así como numerosos objetos sagrados de gran antigüedad. A comienzos del año 63 a.C., el cargo estaba en manos de Quinto Metelo Pío, un viejo y distinguido romano que había sido uno de los principales partidarios de Sila. A su muerte, aquel mismo año, se esperaba que un hombre de elevada edad e impecable reputación lo reemplazara, como dictaba la costumbre. Los dos candidatos para el puesto, Quinto Lutecio Cátulo y Publio Servilio Isáurico, encajaban perfectamente con esta descripción. César los conocía bien a ambos, a Cátulo desde que lo condenara por exhibir los trofeos de Mario en la colina Capitolina dos años antes, y a Isáurico por haber sido su antiguo comandante en Asia Menor.

Pero en una de las decisiones más arriesgadas de una vida llena de decisiones poco convencionales, César decidió presentarse como candidato. Aún se encontraba en la treintena y el puesto más elevado que había ocupado era el de un modesto edil. Competir por el prestigioso puesto de *pontifex maximus* con dos de los más respetados miembros del Senado era una temeridad casi increíble. Y, sin embargo, César era cualquier cosa menos un necio. Debió de evaluar detenidamente la escena política del momento y sopesar sus opciones antes de decidir que el premio compensaba el riesgo. A pesar de las numerosas deudas que ya acumulaba, pidió prestado más dinero para cubrir de regalos a los electores que escogerían al jefe de los sacerdotes. Sólo diecisiete de las tribus romanas elegían al *pontifex maximus*, y César sólo necesitaba el apoyo de nueve de ellas para ganar. Como el sistema electoral favorecía a las tribus urbanas, podía concentrar sus esfuerzos en un grupo de votantes relativamente pequeño. Técnicamente, este tipo de sobornos eran legales, y en la práctica se aceptaban mientras el sobornador no fuera sorprendido entregando dinero en mano, y si César tenía una virtud era la de la discreción. Sus partidarios y agentes engrasaron los bolsillos de tantos votantes que Lutecio Cátulo empezó a temer seriamente por el resultado de la elección. El viejo senador, enterado de la desesperada situación financiera de César, le ofreció al joven candidato una considerable suma si retiraba su candidatura. César respondió estirando al límite su capacidad de crédito y multiplicando los sobornos. La mañana de las elecciones, la madre de César, Aurelia, estaba deshecha en lágrimas por la situación en la que se había colocado su hijo. Si perdía, sus acreedores lo llevarían a la ruina y sería el fin de su carrera política. Al abandonar la casa de Subura, César besó a su madre y, con el semblante serio, le dijo: «Madre, hoy verás a tu hijo convertido en pontífice máximo... o en fugitivo.»

A medida que empezaban a llegar los votos, se hizo evidente que César superaba a los otros dos candidatos por amplios márgenes, incluso en sus propios distritos. Al finalizar el día, regresó a casa como pontífice máximo. Al poco, abandonaba su pequeña casa del barrio de Subura para mudarse, junto con su madre y su hija, sus criados y treinta y siete años de recuerdos, a la Domus Publica, en pleno centro de Roma. Su apuesta había salido bien. Arriesgándolo todo, había hecho su apuesta y había conseguido convertirse en uno de los líderes del panorama político romano.

El éxito cosechado por César al convertirse en el sumo sacerdote de Roma no frenó su carrera legislativa y judicial. Uno de sus principales aliados en la tarea de desmontar el sistema *optimate* que Sila y sus camaradas habían construido con tanto cuidado, fue un tribuno de la plebe llamado Tito Labieno. Al igual que Pompeyo, Labieno procedía de la abrupta región del Piceno, situada junto a la costa adriática de Italia, y era un fervoroso partidario del ausente general, que por aquel entonces seguía reorganizando la realidad política del Mediterráneo oriental. Labieno tenía la misma edad que César y quince años antes había servido durante breve tiempo a su lado en Cilicia, en la lucha contra los piratas bajo las órdenes de Isáurico. Ya había colaborado con César para cambiar las normas que regulaban la elección del pontífice máximo y permitir que se eligiera por votación popular en lugar de por cooptación entre los miembros del colegio, como dispusiera Sila. Conseguido esto, se dispusieron a emprender nuevos planes destinados a arrebatarle el poder al Senado. Sin embargo, la reforma era un asunto arriesgado. Los populares hermanos Graco, respetables miembros de la nobleza, habían sido asesinados el siglo anterior al tratar de cambiar la estructura de poder en Roma. El mismo destino podía aguardar perfectamente a César.

Craso y sus partidarios habían promovido recientemente una ley de reforma agraria y distribución de tierras, pero contaba con poco apoyo entre la nobleza y recibió la puntilla por parte de la mordaz oratoria de Cicerón. Entonces, César y Labieno atacaron a los *optimates* de una forma inesperada: presentaron cargos de alta traición contra un viejo senador y *optimate* llamado Cayo Rabirio. El mismo año que naciera César, Rabirio había participado en el asesinato de un tribuno de la plebe rebelde llamado Saturnino. En aquel momento, el Senado había emitido un decreto por el que autorizaba a Mario a restaurar el orden por cualquier medio. Mario encarceló a Saturnino y sus seguidores en la colina Capitolina, pero antes de que el Senado tuviera tiempo de decidir su destino, una turba entre la que se encontraba Rabirio irrumpió en el lugar y asesinó a Saturnino. Ni Mario ni el Senado mostraron objeción alguna a este linchamiento. De hecho, Rabirio contaba con su apoyo. Ahora, casi cuarenta años después, César y Labieno acusaban al senador de asesinar a un inviolable tribuno de la plebe. En realidad, a ninguno de ellos les importaba un comino lo que Rabirio hubiera hecho con Saturnino tantos años antes. Su actuación estaba concebida como un desafío directo al Senado y a su capacidad de emitir decretos que permitían condenar a ciudadanos romanos sin un proceso legal.

Para evitar un juicio prolongado que podían muy bien perder, César y Labieno recurrieron a una arcaica forma judicial en la que el caso era resuelto por dos jueces, uno de los cuales era elegido por sorteo para emitir sentencia. El procedimiento estaba anticuado desde hacía mucho tiempo, pero los romanos respetaban tanto la tradición que raramente rechazaban una costumbre, por muy antigua que fuese. No precisamente por casualidad, César fue elegido uno de estos dos jueces (y encima el que dictaría la sentencia). Como es lógico, Rabirio fue declarado culpable y sentenciado por César a ser crucificado en el campo de Marte, junto a las murallas de la ciudad. Por suerte para él, esta ancestral forma de juicio permitía una apelación directa a la asamblea centuriada, que se realizó sin perder un instante. Los romanos de clase más humilde, que conformaban el grueso de la asamblea, estaban tan furiosos con los *optimates* que confirmaron la sentencia de muerte de Rabirio, pero Metelo Céler, uno de los abogados del viejo senador, recordó entonces otra arcaica costumbre. Como la asamblea centuriada era de origen militar, existía una antigua norma que exigía que, durante sus reuniones, ondeara una bandera sobre la colina del Janículo, al oeste de la ciudad. Esta bandera indicaba que los samnitas, los etruscos y otros muchos enemigos vencidos tiempo atrás no se disponían a atacar la ciudad. Metelo corrió hasta el Janículo y arrió la bandera, con lo que impidió que se realizara la votación de manera legal. La asamblea se retiró y Rabirio se salvó de la cruz. Su juicio se repitió ante un tribunal convencional, pero esta vez, con Cicerón como abogado defensor, fue absuelto. Sin embargo, César y Labieno habían conseguido lo que pretendían. El Senado sabía ahora que debía cuidarse mucho de emitir decretos que violaran los derechos de los ciudadanos. Aunque César no deseaba en realidad la muerte de Rabirio —es posible, de hecho, que alentara la bajada de la bandera del Janículo—, había jugado cruelmente con la vida de un anciano para granjearse el favor del pueblo llano.

El juicio de Rabirio fue sólo uno de los episodios legales en los que participó César durante el año 63 a.C., puesto que continuó con su ya tradicional defensa de los oprimidos súbditos provinciales frente a la rapacidad del Senado. En esta misma época actuó como fiscal de Marco Junco, el hombre que, en su calidad de gobernador de Asia, había tratado de vender como esclavos a los piratas que secuestraran a César en su día. Los bitinios, como los macedonios antes que ellos, habían sufrido mucho a manos de la administración romana, y ahora pidieron a César que defendiera su caso. Si tenemos en cuenta la facilidad con la que sus enemigos políticos aludían al asunto del fallecido rey de Bitinia, Nicomedes, César demostró mucho valor al darles la ocasión de volver a sacarlo a la luz. Pero era una cuestión de honor. Como afirmó él mismo durante el juicio:

> A causa de mi amistad con el rey Nicomedes y de aquellos que presentan ahora esta acusación contra ti, Marco Junco, no he podido negarme a hacerme cargo del caso. Porque los allegados a alguien no deben dejar que su muerte haga caducar su lealtad. Desgraciados seríamos si abandonáramos a nuestros amigos en momentos de necesidad, aunque los autores de las ofensas fueran de nuestra propia familia.

También ofreció sus servicios como acusador del *optimate* Cayo Calpurnio Pisón por haber ejecutado injustamente a un galo durante su mandato como gobernador en la Italia del norte, antes de ejercer como defensor de un aristócrata númida llamado Masintha. Durante su discurso en defensa de Masintha, César se enardeció de tal modo que incluso llegó a coger de la barba al príncipe númida Juba, que se encontraba en el juicio para oponerse a Masintha y representaba los intereses de su padre. César perdió el caso, pero ocultó al convicto númida en su propia casa durante dos años, hasta que pudo sacarlo de incógnito en una litera cubierta y enviarlo a Hispania. El príncipe Juba, que nunca olvidó el ultraje cometido por César, se convertiría en uno de sus más implacables enemigos.

El año 63 a.C. marcó también el ascenso de Cicerón, uno de los más brillantes adversarios de César, a la máxima magistratura de Roma. Este hombre, procedente de una pequeña ciudad de las colinas al sur de Roma, se había abierto camino hasta la cúspide del Senado, superando increíbles escollos gracias a su gran inteligencia y su proverbial elocuencia. No era un héroe militar como Mario o Pompeyo, no pertenecía a una intachable familia patricia como Sila ni poseía las vastas riquezas de Craso, pero cuando se ponía en pie en el Senado para tomar la palabra, toda Roma se detenía para escucharlo. En una época de extraordinarios oradores, Cicerón era el mejor. Pero a pesar de estos talentos, es muy poco probable que hubiera pasado de ser un magistrado de nivel medio de no ser por la fortuita amenaza representada por un aristócrata llamado Catilina.

Catilina, al igual que César, pertenecía a una ilustre familia patricia que había conocido malos tiempos recientemente. Había servido junto con Cicerón y Pompeyo a las órdenes del padre de este último en la guerra social. Además, como ferviente partidario de Sila, había participado con entusiasmo en las sanguinarias proscripciones que éste había desencadenado sobre Roma, pero no sabemos mucho más sobre él hasta que sirvió como gobernador de África en el año 68 a.C., después de la pretura. En el año 66 a.C. se presentó al consulado, pero una acusación por corrupción procedente de su mandato en África lo inhabilitó para el cargo. Parece ser que, como venganza, conspiró para asesinar a los cónsules electos, pero no se pudo encontrar pruebas contra él. Respaldado por Craso, volvió a competir por el consulado en 63 a.C., el mismo año que Cicerón presentaba su candidatura para el cargo. La mayoría de la nobleza consideraba a Cicerón un orador extraordinario y un administrador competente, pero ascender al consulado a un hombre nuevo de una desconocida familia rural era como invitar a tu propia montura a cenar. Catilina consiguió el respaldo de muchos senadores, incluidos César y Craso, que preferían en el puesto a un aristócrata de mediana habilidad, a quien se podía controlar con más facilidad. Cicerón, a su vez, inició una campaña de rumores contra Catilina centrada en las tendencias revolucionarias de su rival, que provocó la suficiente preocupación entre los senadores como para que dejaran de lado sus reticencias de clase y le permitieran imponerse.

Catilina no se rendía con facilidad. Durante el consulado de Cicerón, volvió a presentarse como candidato para el consulado del año siguiente. Esta vez, el punto clave de su programa era una cancelación general de deudas, una idea radical que tenía mucho atractivo para los asfixiados granjeros y los senadores que habían gastado más de lo que debían, como César, pero era anatema para los poderosos acreedores de la clase ecuestre, como Craso. Por segunda vez, Cicerón esgrimió la idea de que Catilina era un hombre inestable y una amenaza para el orden romano, y por segunda vez logró forzar su derrota en las urnas. La confianza de Catilina en el sistema político se había agotado. Comenzó a planear una auténtica revolución para derrocar al Estado y asesinar a sus rivales, principalmente a Cicerón.

El plan de Catilina consistía en reunir fuerzas entre los estratos más pobres y la nobleza desafecta y marchar sobre Roma a finales de año. Una vez allí, incendiaría la ciudad, asesinaría a sus enemigos y se establecería como gobernante único, mientras la cabeza de Cicerón observaba muda desde lo alto de una pica, en el foro. Pero había medido mal la situación. Aunque había mucho descontento entre las diferentes clases, pocos deseaban un retorno a los sanguinarios días de Sila. Craso, que tenía informadores en todos los palacios y en todas las calles de Roma, no tardó en enterarse del plan y envió información a Cicerón en una carta anónima. El cónsul acudió presurosamente al Senado y lo convenció de que declarara el estado de emergencia. Se organizó una guardia para custodiar las murallas y mantenerse alerta al menor signo de la proximidad de ejércitos revolucionarios, pero como Cicerón carecía de pruebas sólidas, Catilina siguió libre y acudiendo a las reuniones del Senado. Entre los líderes romanos, algunos empezaron a pensar que el cónsul estaba exagerando el asunto con el fin de cimentar su propia posición y atribuirse el papel de defensor de Roma. Catilina aguardó unos cuantos días, tan inocente en apariencia como un corderito, pero entonces, secretamente, envió nuevas órdenes a sus seguidores para que provocaran levantamientos simultáneos por toda Italia. Éstos distraerían al Senado y así el podría llevar su ejército contra la ciudad.

Cicerón volvió a enterarse de sus planes casi al instante y esta vez recurrió a su talento oratorio para ganar el caso. Delante mismo del conspirador, describió cuidadosamente su plan al Senado, antes de volverse hacia el propio Catilina:

> Márchate, pues, Catilina, para bien de la república, para desdicha y perdición tuyas y de cuantos son tus cómplices en toda clase de maldades y en el parricidio; márchate a comenzar esta guerra impía y maldita.

Catilina escuchó imperturbable las invectivas de Cicerón. El Senado estaba preocupado, pero no terminaba de dar crédito a las acusaciones del cónsul. Completamente frustrado por la incapacidad de los senadores para ver el peligro que tenían delante de los ojos, Cicerón se retiró a dormir. Pero al día siguiente Catilina se había esfumado. No tardó en reaparecer entre sus tropas en Etruria, al norte de Roma.

Sus compañeros de conspiración en Roma no fueron tan cuidadosos como su líder. Se pusieron en contacto con una delegación de la tribu céltica de los alobroges, que por aquel entonces se encontraban de visita en Roma. Los belicosos alobroges habían sido derrotados totalmente por Roma sesenta años antes y desde entonces sus tierras, al suroeste del lago Leman, formaban el extremo septentrional de la provincia romana de la Galia Cisalpina. Al igual que la mayoría de los súbditos provinciales de Roma, agonizaban bajo el peso de gravosos impuestos y grandes deudas, que se veían incapaces de pagar. Los conspiradores creyeron que esto los convertía en los aliados perfectos de una revuelta contra Roma, así que escucharon con simpatía sus quejas antes de revelarles los planes revolucionarios de Catilina. La propuesta era tentadora, sin duda. Si Catilina vencía, podían librarse de sus deudas y además obtener un considerable botín luchando en una guerra civil entre los romanos. Pero los galos sopesaron las probabilidades de éxito de la revuelta y finalmente se decantaron por informar a Cicerón. El cónsul arrestó a los principales conspiradores y convocó una reunión de emergencia del Senado. A comienzos de diciembre, hasta los senadores más renuentes tuvieron que reconocer que Catilina y los descontentos que lo seguían estaban haciendo planes para derrocar al Estado romano. Los conspiradores fueron entregados a varios senadores (uno de ellos el propio César) para que los custodiaran en sus casas.

En cuanto a Cicerón, por fin empezaba a cosechar las alabanzas del Senado que tanto había anhelado. En la siguiente reunión de la cámara, convocada para decidir la suerte de los senadores arrestados, acabó ruborizado por los panegíricos que se le prodigaron como salvador del Estado. En el generalizado fervor antirrevolucionario, algunos de los *optimates* pensaron que sería un buen momento para proceder a una limpieza de la casa, implicando a otros líderes populistas en el levantamiento. Apareció un testigo que aseguraba que Craso y César habían estado en contacto con Catilina y pretendían utilizar su influencia en favor de éste. Era un burdo intento de manchar a los jefes de la facción populista con el hedor de la revolución de Catilina. En este momento, César no era más partidario que antes de apoyar insurrecciones violentas, mientras que lo último que podía interesar a Craso era una cancelación de deudas generalizada. El propio Cicerón, a pesar de la natural enemistad que profesaba a César y a Craso, se dio cuenta de que las cosas estaban descontrolándose rápidamente. Aunque creyera que César podía haber conspirado con Catilina, no quería que el Senado perdiera el tiempo con cazas de brujas. Los principales conspiradores estaban en sus manos y preparados para recibir su castigo. Si lograba hacer justicia con rapidez, su lugar en la historia de Roma quedaría garantizado y los senadores no volverían a cuchichear preguntándose si este hombre nuevo estaba realmente capacitado para gobernar Roma. Tras asegurarse de que se retiraban las acusaciones contra Craso y César, convocó a los senadores a un debate referente al castigo de los arrestados.

Cicerón quería que los sicarios de Catilina fueran ajusticiados de inmediato, pero su situación como cónsul era delicada. Como habían demostrado César y Labieno hacía poco en el caso de Rabirio, al pueblo romano no le gustaban los líderes que promovían el asesinato de ciudadanos en circunstancias legales cuestionables. Los conspiradores estaban bajo custodia y no representaban una amenaza inmediata para Roma, así que el exilio u otro castigo severo podía ser una alternativa razonable. Por consiguiente, Cicerón tenía que estar totalmente seguro de que contaba con el apoyo del Senado antes de ordenar ejecución alguna. Incluso hizo poner por escrito versiones abreviadas de las deliberaciones del Senado y ordenó que se repartieran entre el pueblo, para que toda Roma supiera que había actuado con el total respaldo de los líderes de la ciudad.

El cónsul abrió el debate con un resumen de la situación antes de volverse hacia los senadores de mayor edad para solicitar su opinión. Todos ellos, incluido el otro cónsul, Décimo Silano, compitieron en celo para pedir la pena más severa posible *(ultima poena)*, que, cualquiera podía entender, era la ejecución sumaria. Cuando terminaron de hablar los magistrados superiores, le llegó a César el turno de tomar la palabra.

Comenzó lo que todos consideraron una obra maestra de la oratoria recordando a los senadores que las decisiones tomadas bajo la influencia de la cólera se revelan muchas veces equivocadas. Señaló varias ocasiones pasadas en las que el Senado había actuado con sabiduría dejándose guiar por la prudencia y no por la pasión, lo que había reforzado su posición y la del Estado entero. Aceptaba que los conspiradores eran culpables y declaró no sentir la menor simpatía por unos hombres que habían tratado de derrocar al gobierno romano. «Desde mi punto de vista, senadores, no existe castigo demasiado severo para estos individuos.»

Pero también subrayó que lo más importante en su situación era cómo juzgarían la actuación de los senadores el pueblo llano y la posteridad:

El problema es que la gente sólo recuerda lo último que ha ocurrido. Los hombres menos reflexivos no tendrán en cuenta las iniquidades de estos criminales, sino el castigo que reciban... si resulta inusualmente severo.

César alabó a los magistrados que habían hablado antes que él por su encendida condena de los conspiradores, pero también les recordó que la muerte, en realidad, no era un castigo, sino sólo el final del sufrimiento. Expuso sus dudas sobre la legalidad de condenar a muerte a ciudadanos romanos sin un juicio con todas las garantías. El exilio, señaló, así como otros duros castigos, había sido desde antaño una alternativa aceptable en la ley romana. «Pensad —urgió a sus colegas— que hoy podríais estar estableciendo un importante precedente. Un cónsul como Cicerón —prosiguió— y unos hombres como vosotros nunca abusarían de su poder, pero podría aparecer un futuro tirano, como Sila en su día, que podría aprovecharse de nuestra decisión de hoy en beneficio de sus malvados fines.» Para finalizar, César recomendó que se enviara a los conspiradores a diversas ciudades de Italia, donde quedarían encerrados el resto de sus vidas. Sus propiedades serían confiscadas y se prohibiría a los demás senadores incluso sugerir que se los pusiera en libertad.

Las palabras de César impresionaron profundamente a los senadores. Aquel hombre, que aún no había servido siquiera como pretor, había presentado un impecable argumento de clemencia para los conspiradores. El Senado comprendió que su advertencia sobre la reacción del pueblo llano era muy juiciosa. Aunque a la mayoría de sus miembros les importara un comino lo que pudiera pensar el hombre de la calle sobre sus actos, también sabían que si autorizaban la ejecución de los conspiradores sin un juicio previo podían provocar una insurrección a gran escala. Además, recordaron que Catilina y sus ejércitos se encontraban aún al norte de Roma. Una ciudad amotinada, unida a un populista radical y a sus soldados, podía convertirse en una fuerza irresistible, capaz de destruir el poder del Senado.

Silano, que a comienzos del debate había reclamado la pena máxima, se desdijo ahora y afirmó que lo que en realidad quería decir era lo mismo que había propuesto César, el exilio perpetuo. Otros magistrados importantes, incluido el hermano de Cicerón, Quinto, convinieron en que la propuesta de César era una idea excelente. El Senado parecía dispuesto a pronunciarse a favor del exilio cuando se levantó Catón. Si los dioses romanos hubieran creado deliberadamente un oponente capaz de rivalizar con César en brillantez, audacia y tenacidad, éste habría sido Catón. Comenzó su discurso reprochando a Silano, que era su cuñado, que se inclinase como un junco en la dirección en la que soplaba el viento, pero reservó sus palabras más duras para el propio César. Afirmó que lo que estaba intentando en realidad, so capa de clemencia, era destruir al Estado romano. César, aseguró, sólo intentaba salvar a los miembros de una conspiración de la que seguramente él formaba parte. Censuró a los débiles senadores por sucumbir a una manipulación tan burda y mostrar compasión frente a los conspiradores. La clemencia era el peor mensaje que se podía enviar a Catilina y al ejército que en aquel mismo momento estaba reclutando.

> Cuanto más duro sea vuestro castigo, más menguará su valor. Si detectan el menor signo de debilidad por vuestra parte, caerán sobre nosotros con ferocidad.

Catón instó al Senado a ejecutar a los conspiradores sin perder un momento y a confiscar sus propiedades.

Llegados a este punto del flamígero discurso de Catón, alguien trajo un mensaje del exterior de la cámara y se lo entregó discretamente a César. Catón aprovechó la situación para afirmar que César estaba recibiendo información secreta de Catilina y le exigió que leyera la nota ante el Senado. Se produjo un enorme revuelo, pero en lugar de leer el mensaje en voz alta, César, con toda tranquilidad, le pasó la nota a su adversario. De hecho, se trataba de una carta de amor procedente de Servilia, una mujer casada con la que César estaba manteniendo un tórrido romance. Servilia era hermanastra de Catón, además de esposa del inconstante Silano (y madre del joven Bruto, futuro asesino de César). Catón leyó la nota con creciente azoramiento y finalmente, asqueado, se la arrojó a César y continuó con su discurso.

A pesar de esta inconveniente interrupción, el discurso de Catón tuvo el efecto deseado. Cicerón quiso someter a votación las propuestas de César y de Catón, pero aquél trató de salvar la cara proponiendo un compromiso. Se produjo un revuelo tan feroz que los *equites* convocados para proteger la sesión se abalanzaron sobre César con las espadas desenvainadas, creyendo que era una amenaza para los senadores. Cicerón lo salvó de la debacle haciéndolo salir escoltado de la cámara por su propia seguridad. Lo último que podía convenirle era que César fuese asesinado en plena sesión del Senado bajo su consulado. Acto seguido, el Senado aprobó la ejecución inmediata de los conspiradores.

No hubo apelación y los reos fueron conducidos, uno a uno, al escenario de su ejecución. Lo más probable es que este antiguo edificio del foro, llamado el Tuliano, fuese una sólida construcción levantada sobre un manantial. Era una estructura circular con un foso que descendía a una pequeña y oscura sala subterránea en la que reinaba una atroz peste a cadáver. Los conspiradores fueron obligados a descender a la húmeda y malsana cámara, donde los esperaba un *carnifex* (verdugo) para estrangularlos. Una vez muertos todos, Cicerón pronunció las palabras rituales —«Han vivido»— a la multitud congregada alrededor del Tuliano.

Tras la ejecución, César se ausentó del Senado durante el resto del año. Con esta actitud discreta estaba intentando salvar su carrera política en lugar de enfangarse en mezquinas disputas con los *optimates*. Se consagró a preparar su mandato como pretor, el siguiente paso en la senda de los honores, para el que había sido elegido el mismo año. Catilina y su ejército, tal como había previsto Catón, perdieron rápidamente el ánimo y trataron de escapar luchando de Italia. Sus menguantes fuerzas fueron interceptadas cuando trataban de cruzar los Apeninos. El Senado concedió a un alborozado Cicerón el título de *pater patriae* («padre de la patria»), que ostentaría con orgullo durante el resto de su vida. Pero para su consternación, cuando los tribunos del año siguiente empezaron a tomar posesión en diciembre, algunos de ellos cargaron contra el Senado aduciendo que la ejecución de los conspiradores, tal como previera César (y ahora, tal vez, fomentara), había sido un acto inconstitucional. El pueblo llano estaba tan furioso contra Cicerón y los senadores como bien dispuesto hacia César, al que consideraba el campeón de sus derechos. En estas circunstancias, el partido populista decidió castigar a Cicerón con un último insulto. Cuando, el último día de su cargo, el orgulloso cónsul se levantó para dar su triunfal discurso de despedida antes de renunciar al puesto, un tribuno de la plebe llamado Metelo Nepos interpuso su veto y le prohibió pronunciar palabra. Al frustrado Cicerón sólo se le permitió realizar una escueta y rutinaria declaración en la que decía haber cumplido con su deber de manera honorable..., aunque fue incapaz de resistirse a la tentación y añadió rápidamente que sus actos habían salvado la ciudad de la ruina.

César regresó a la palestra política en su primer día como pretor con una venganza. El templo de Júpiter en la colina Capitolina, elevado sobre el foro, había ardido por los cuatro costados en el año 83 a.C., pero no se habían realizado intentos serios de reconstruirlo hasta que se le encomendara el trabajo al antiguo enemigo de César, Lutecio Cátulo, en el año 78. Sin embargo, en el año 62, cuando César asumió su cargo, Cátulo sólo había reconstruido parcialmente el principal templo de Roma. En su doble papel de sumo sacerdote de Roma y pretor, César convocó una asamblea popular en el foro la primera mañana de su mandato. En aquel momento, los senadores se encontraban sobre el foro, en la colina Capitolina, festejando el comienzo del nuevo consulado. Al mirar hacia abajo, vieron que se congregaba una gran multitud bajo sus pies y César se situaba en la plataforma de los oradores. El nuevo pretor se dirigió al pueblo para lamentar que, tras catorce años e ingentes fondos gastados, Lutecio Cátulo no hubiera conseguido aún reconstruir la piedra angular de la religión y el poder de Roma. Procedió entonces a insinuar que el dinero público estaba distrayéndose a los bolsillos de Cátulo. Por tanto, proponía que el contrato para la reconstrucción del templo se entregara a Pompeyo, cuyo regreso desde Oriente estaba próximo, un hombre que, a diferencia de los egoístas, perezosos y arrogantes *optimates* del Senado, había demostrado su capacidad de acción. El pueblo proclamó a gritos su aprobación. Los senadores bajaron corriendo de la colina y Cátulo exigió que se le permitiera dirigirse a la multitud. César le concedió este privilegio, aunque no sin acompañarlo de la premeditada ofensa de no dejarlo subir a la plataforma de los oradores. No le había perdonado que, tres años antes, lo condenara por haber exhibido las imágenes de Mario ni que se hubiera opuesto a él durante el debate de Catilina. Al ver que los seguidores del Senado iban a disolver violentamente la asamblea, la declaró clausurada él mismo. Su mensaje estaba claro. El pretor Cayo Julio César, revestido ahora del poder supremo del Estado romano, el *imperium,* no iba a permitir que los *optimates* lo subestimaran.

Sus ataques contra los *optimates* continuaron al poco tiempo con el decidido apoyo a los planes del recién elegido tribuno Metelo Nepos. Pompeyo había sobornado a Nepos para que le sirviera como agente en previsión de su regreso a Roma, previsto para ese mismo año. Cuando, durante el invierno, Catilina y su ejército seguían constituyendo una amenaza, Nepos había propuesto que se concedieran amplios poderes al conquistador de Asia para destruir a los conspiradores y restaurar el orden en Italia. El Senado, que ya había recorrido aquella senda con Pompeyo, decidió que ya era hora de meter en vereda al ambicioso general piceno. Era un juego peligroso, puesto que Pompeyo contaba con el respaldo de un ejército enorme y podía, si lo deseaba, marchar sobre Roma y proclamarse dictador. Pero Catón y los demás *optimates* lo habían tratado el tiempo suficiente como para saber de qué pasta estaba hecho. Pompeyo quería gloria, respeto y ser reconocido como el mayor general de la historia de Roma, pero, a diferencia de Mario o de Sila, no había dado la menor muestra de querer gobernar la urbe como un tirano sanguinario.

La mañana que Nepos sometía su propuesta a votación ante el pueblo, Catón se lo encontró junto a César en el foro, sentados en la plataforma del templo de Cástor y Pólux, rodeados por un nutrido séquito de matones y gladiadores de permiso. Otros hombres habrían optado por la prudencia y se habrían retirado en silencio mezclándose con la muchedumbre, pero

Catón, junto con su amigo y compañero Minucio Thermo, se abrió camino entre la turba y trató de provocar a César preguntándole si todos aquellos guardias eran para protegerlo de él. Hasta a la multitud populista le encantó la valentía del *optimate* y le pidió a gritos que no se retirara. Ésta fue una de las pocas ocasiones en su vida en que César perdió los nervios, al darse cuenta de que no controlaba la situación que con tanto cuidado había organizado. Catón tomó asiento entre César y Nepos, mientras la fascinada multitud esperaba a ver qué sucedía a continuación.

Nepos indicó a su escribano que leyera la propuesta en voz alta, pero en cuanto empezó, Catón se puso en pie y, con voz aguda, bramó: «¡Veto!». El escribano se detuvo sin saber muy bien cómo proceder, así que Nepos cogió la propuesta para leérsela él mismo a la multitud. Catón se la arrebató de las manos. Nepos comenzó a recitarla de memoria, pero Thermo le puso la mano en la boca para que no pudiera hablar. Finalmente, Nepos indicó a sus matones, situados alrededor del templo, que intervinieran. Los gladiadores y los mercenarios acudieron corriendo con las espadas y los garrotes en las manos, y mientras el aire se llenaba de gritos y chillidos, todo el mundo, incluido César, se retiró precipitadamente... Todo el mundo salvo Catón. El obstinado tribuno se mantuvo inmóvil hasta que un senador llamado Murena, al que él mismo había acusado en su día de corrupción, acudió en su defensa y, protegiendo al maltrecho tribuno con su toga, se lo llevó al interior del templo.

César y Nepos se habían excedido. Mientras en el foro una multitud cada vez más grande perdía el control y la violencia y el caos se extendían por toda la ciudad, el Senado se reunía y otorgaba poderes a los cónsules para que restauraran el orden en la ciudad a cualquier precio. Nepos escapó de la ciudad para reunirse con Pompeyo, mientras César, al comprender que había permitido estúpidamente que un mitin populista se transformara en un absurdo motín, se despojó de su túnica de pretor, despidió a los lictores que lo protegían y se retiró a su casa. Pero poseía un extraño talento para sacar ventaja de una mala situación. A la mañana siguiente, cuando una turba insubordinada de populistas se presentó en la puerta de su casa gritando que estaban preparados para marchar contra el Senado y devolverle el puesto de pretor, César, con toda tranquilidad, les dijo que no pensaba hacer tal cosa y los disolvió sin mayores incidentes. El Senado, agradecido por la prudencia que había demostrado, lo hizo llamar de inmediato a la cámara, donde lo cubrió con un sinfín de alabanzas. Es más, retiraron el decreto de emergencia y suplicaron a César que volviera a ocupar su puesto de pretor, cosa a la que accedió graciosamente. Catón, cuyos cardenales aún estaban recientes, debió de pensar con asombro que sólo César podía recibir la adulación del Senado después de haber estado a punto de incendiar la ciudad.

Tras reconciliarse con el Senado, César se contentó con pasar el resto de su mandato como pretor cumpliendo discretamente con sus tareas en Roma y evitando toda controversia. Pero ciertos sucesos, tanto en su vida pública como en la privada, no tardaron en volver a lanzarlo a la palestra política. Derrotados Catilina y sus hombres en el campo de batalla, los conspiradores supervivientes fueron capturados y entregados a un investigador especial nombrado a tal efecto, llamado Novio Níger. El caballero Lucio Vettio, un antiguo cataliniano que había traicionado a los conspiradores a cambio de una importante suma, se presentó ante él asegurando que tenía cartas del propio César que lo involucraban en la conspiración. Esto no era más que la reaparición de antiguas acusaciones, pero César estaba harto de tales ataques contra su dignidad e integridad. Poniéndose en pie ante el Senado, se defendió de manera soberbia invocando el testimonio del propio Cicerón, quien aseguró que le había transmitido de inmediato toda la información que poseía para ayudarlo a detener la conspiración. El Senado declaró su apoyo a César, pero éste estaba decidido a proporcionar un escarmiento público a sus últimos enemigos. Empleó su poder como magistrado para detener a Vettio en el foro, confiscar sus propiedades y arrojarlo a prisión. En cuanto a Novio, se limitó a enviarlo a la cárcel por permitir que un caso contra un pretor se presentara sin pruebas ante su tribunal. Pasaría mucho tiempo antes de que nadie se atreviera a volver a molestarlo.

El jugoso escándalo que se abatiría a continuación sobre César le haría olvidar las acusaciones de conspiración. Todos los años se celebraba en la urbe una antigua celebración religiosa para mujeres llamada la Bona Dea. No conocemos el nombre de esta «buena diosa», pero lo más probable es que fuese una divinidad de la naturaleza conocida como Fauna, a la que se veneraba por toda Italia. En la versión romana de esta fiesta, las vírgenes vestales reunían a varias mujeres en la casa de uno de los magistrados principales de la ciudad para pasar una noche de celebración y amistad. Los hombres tenían estrictamente prohibida la entrada. El año anterior se había celebrado en casa de Cicerón, y esta vez, la anfitriona era la madre de César, Aurelia, y el escenario la casa del pontífice máximo. Por todo el mundo mediterráneo se celebraban festividades femeninas similares. Los rumores que solían generar, propagados siempre por los hombres, aseguraban que estas celebraciones secretas eran en realidad una excusa para entregarse a actos de licencioso desenfreno, pero lo cierto es que, simplemente, ofrecían a las mujeres la oportunidad de relajarse sin la agotadora presencia de los hombres. Eran veladas de música y baile, celebradas en escenarios decorados con parras, en las que el vino corría en abundancia —aunque disfrazado de leche, puesto que la ley romana no veía con buenos ojos que las mujeres bebieran—. Como es natural, la mujer de César, Pompeya, estaba presente en la fiesta junto a las principales matronas romanas. A comienzos del día, una sonriente Aurelia había echado a César de la casa, diciéndole que se llevara consigo a todos los hombres, orden que éste obedeció gustoso.

Avanzadas las celebraciones, cuando ya se habían apurado muchas copas de vino, apareció una sirvienta de Aurelia acompañada por una joven y tímida doncella que se ocultaba entre las sombras. La madre de César la invitó a bailar, pero la recién llegada, cubierta con numerosos velos, declinó la invitación con una voz sorprendentemente profunda. La sirvienta acababa de llevarse a la misteriosa recién llegada cuando alguien empezó a gritar que había sorprendido a un hombre en la sagrada celebración. Aurelia ordenó al instante que cesara la fiesta y que se atrancaran todas las puertas de la casa. El edificio fue registrado de arriba abajo y, localizado el intruso, se lo despojó de su disfraz y se lo arrojó a la calle.

La noticia sobre el sacrilegio se propagó como un incendio por toda la ciudad. El culpable era un hombre llamado Publio Clodio Púlquer, un joven e irreverente aristócrata romano que, a la cabeza de los «bohemios» de la urbe, se divertía burlándose de la autoridad y la tradición. Incluso, se había cambiado el nombre de su familia (Claudio) por el de Clodio, por considerarlo «más elegante». Hacía tiempo que estaba enamorado de la esposa de César, Pompeya, o al menos había decidido que sería muy divertido seducirla si era posible. Con esta idea en mente, se disfrazó de doncella y entró en la casa del pontífice. Estaba intentando abordar a Pompeya en su dormitorio, a solas, cuando lo sorprendieron. La indignación cundió por toda Roma, en parte por el sacrilegio cometido contra los dioses y en parte porque era público y notorio que Clodio mantenía relaciones incestuosas con sus propias hermanas. Además, era uno de los preferidos de la facción populista urbana a causa de su firme defensa de sus intereses y de su propensión a fastidiar continuamente a la encorsetada y digna clase senatorial.

La respuesta de César fue tan firme como inmediata. Envió a Pompeya una carta de divorcio, a pesar de que no estaba confirmado que hubiera participado a sabiendas en el escándalo. Cuando se le preguntó cómo podía abandonar a su esposa sin tener pruebas fehacientes del escándalo, respondió que la mujer de César debía estar por encima de toda sospecha. Aunque amara a Pompeya, no podía permitirse el lujo de convertirse en el hazmerreír de sus enemigos políticos por un asunto de infidelidad conyugal. Pero tampoco podía enajenarse la amistad de los populistas, para quienes Clodio era un héroe, así que renunció a la venganza personal y a tomar medidas legales. César sabía que Clodio, a pesar de su temeridad, podía serle muy útil en el futuro si mantenían buenas relaciones. Así que, al poco tiempo, se marchó de Roma para servir como gobernador de su vieja conocida, la provincia de Hispania Citerior, dejando que fueran otros, incluidos Cicerón y los líderes del Senado, los que llevaran a Clodio a los tribunales.

Al tiempo que César se preparaba para partir hacia Hispania, un triunfante Pompeyo regresaba al fin a Roma tras seis años de conquista y reorganización política del Mediterráneo oriental. Para sorpresa de todos y alivio del Senado, el general licenció casi inmediatamente a sus tropas y les ordenó que volvieran a sus casas. Entró en Roma acompañado sólo por unos pocos amigos, como si regresara de unas largas vacaciones. Le habría sido muy fácil repetir la actuación llevada a cabo veinte años antes por su mentor, Sila, entrar en Roma como un vendaval, proclamarse dictador y acabar con sus enemigos políticos. Sin duda es lo que esperaba Craso que hiciera, puesto que envió a sus hijos y (lo que es aún más significativo) su dinero lejos de Roma tan pronto como Pompeyo tocó tierra en Brundisium. Pero Catón había entendido mejor que nadie la mente y los objetivos de Pompeyo y por ello se había opuesto a las propuestas de Nepos pocos meses antes. Pompeyo creía haberse ganado el derecho a ocupar la posición de primer hombre de Roma por lo que había conseguido, así que no necesitaba para nada un golpe sanguinario. Esperaba entrar en Roma como un héroe, cumplir sus objetivos legislativos y disfrutar del resto de su vida como respetado estadista y líder del Senado. Si las cosas se torcían, siempre podía convocar a sus leales veteranos por toda Italia, aunque no tenía ni la intención ni el deseo de hacerlo.

Sin embargo, cuando finalmente se presentó en Roma y, varios meses más tarde, presentó sus propuestas legislativas ante el Senado, descubrió lo obstinados y obstruccionistas que podían llegar a ser los *optimates*. Sus dos proyectos eran muy razonables: la ratificación de las decisiones que había tomado en Oriente y la concesión de tierras a sus veteranos, que sin duda se las habían ganado. Los senadores se las arreglaron para exiliarlas al limbo de los procedimientos burocráticos hasta que un exasperado Pompeyo las presentó ante la asamblea popular. Pero allí, los *optimates* utilizaron a sus aliados para bloquear a Pompeyo, hasta que éste, frustrado, decidió retirarlas a la espera de un momento más propicio. Sila nunca habría permitido que lo derrotaran de este modo, pero Pompeyo había perdido la voluntad de combatir, al menos de momento.

Mientras Pompeyo aún estaba de camino a Italia, César había partido precipitadamente hacia Hispania. Las deudas que había estado acumulando desde sus tiempos de edil estaban alcanzando tan colosales proporciones que no le quedó más remedio que recurrir a Craso en busca de ayuda. El hombre más rico de Roma se ofreció a avalarlo ante los banqueros de Roma, pero aun así se imponía una rápida salida de la ciudad, pues una hueste de enfurecidos acreedores le pisaba los talones. César no se detuvo hasta llegar a los Alpes. En una apartada aldea de las montañas, uno de sus compañeros de viaje miró las tristes chozas que los rodeaban y se preguntó con cinismo si en semejante villorrio habría luchas por el poder. Con unas palabras inquietantemente parecidas a las del Satán de *El paraíso perdido* de Milton, César respondió:

Antes sería el primer hombre aquí que el segundo en Roma.

Sus hazañas en Hispania anuncian sus futuras conquistas en la Galia. César sabía que su carrera política dependía de su éxito en la provincia. Por un lado, debía hacerse notar si quería poder presentar su candidatura al consulado, y por otro, estaba desesperadamente necesitado de liquidez para poder pagar sus enormes deudas. Por suerte para él, la península Ibérica, además de rica en metales preciosos, era el lugar perfecto para cosechar glorias militares. Comenzó ordenando a los bandidos lusitanos, que desde tiempo atrás infestaban las cadenas montañosas al norte de la actual Lisboa, que abandonaran sus hogares ancestrales para establecerse en las llanuras. César sabía perfectamente que no lo harían, pero su negativa le proporcionó la excusa que necesitaba para atacarlos. Tras reclutar rápidamente más tropas, condujo a su ejército a las colinas. Las tribus nativas esperaban derrotar al nuevo gobernador romano con la misma facilidad con que habían despachado a sus incompetentes antecesores, así que enviaron a sus familias a lugar seguro y se prepararon para la guerra. A continuación, trataron de distraer a su enemigo enviando por delante a sus rebaños, con la esperanza de que se lanzara sobre este fácil botín y así pudieran atacarlo mientras estaba distraído. Pero César no había ido a Hispania a por unas pocas vacas. Ignorando la presencia del ganado, continuó con su avance hasta infligir una rápida derrota a los bandidos. Persiguió a los supervivientes hasta la costa atlántica, donde buscaron refugio en una isla cercana. Entonces, César envió parte de sus tropas tras ellos en las pocas embarcaciones de que disponía. Los soldados se vieron obligados a desembarcar a cierta distancia de la isla y avanzar sobre las aguas, pero les esperaba una sorpresa. En el Mediterráneo, las mareas sólo hacen variar el nivel del mar unos pocos centímetros, pero en la costa atlántica las aguas pueden llegar a elevarse más de un metro. Los soldados romanos quedaron atrapados en la isla, donde los bandidos acabaron con todos ellos, salvo uno. César maldijo su mala suerte y mandó mensajeros a Gades en busca de más barcos mientras él mantenía la isla bloqueada. Cuando llegaron, los romanos cruzaron el canal y derrotaron con facilidad a sus enemigos. Los rebeldes nativos empezaban a descubrir que podía ser frustrantemente persistente en la guerra.

A continuación, envió su nueva flota contra la problemática tribu de los callaicos, situada en el extremo noroeste de Hispania. Estos orgullosos celtas nunca se habían sometido a Roma, pero cuando vieron acercarse la flota de César desde el puerto de Brigantium, quedaron tan sorprendidos por la novedad que representaba un ataque naval que depusieron las armas sin perder un instante. César había logrado la pacificación de la Hispania occidental en unas pocas semanas, lo que significaba llevar la paz y la estabilidad a una región que era, desde hacía décadas, una espina en el costado de Roma. Pero su destreza no se limitaba al campo de batalla. Puso fin a las incesantes disputas entre las ciudades nativas y reorganizó las deprimidas finanzas de la provincia, haciendo especial hincapié en las amargas desavenencias entre los acreedores romanos y los deudores hispanos. No podía permitirse el lujo de enemistarse con los *equites* que prestaban dinero a los habitantes de la provincia, así que una medida similar a la cancelación de deudas prometida en su día por Catilina era impensable. En su lugar, lo que hizo fue limitar la cantidad de dinero que podían exigir los acreedores a dos tercios de los ingresos anuales de los deudores. Seguía siendo algo exorbitante, pero al menos permitía a los nativos escapar de la ruina total.

César no escapó a la muy romana tradición de enriquecerse

durante su periodo como gobernador. Los historiadores clásicos posteriores, muchos de los cuales eran hostiles a su figura, asegurarían que impuso gravosas contribuciones a las ciudades nativas y que saqueó algunas de ellas para apoderarse de sus riquezas. Sea cierto o no, parece indudable que terminó su periodo de gobierno en Hispania como un hombre rico. Además, compartió generosamente los beneficios con sus hombres, quienes lo aclamaron como *imperator*, el codiciado título de conquistador que confería el derecho a recibir un triunfo público al regresar a Roma. Por si esto fuera poco, en Hispania se granjeó la amistad de influyentes hombres de negocios, incluido Lucio Cornelio Balbo, un nativo de Gades. El rico e importante Balbo había recibido años atrás la plena ciudadanía de manos de Pompeyo y trabajaba en estrecha colaboración con el general piceno, pero con el tiempo se convertiría en un importante partidario de César.

Al retirarse las nieves invernales, César regresó rápidamente a Roma para iniciar la campaña por el consulado, el último peldaño de la senda de los honores. Por sus victorias en Hispania, el Senado le había concedido a regañadientes un triunfo, algo con lo que llevaba años soñando y que cimentaría su reputación como comandante militar de éxito. El triunfo era el máximo honor que Roma podía conceder a un general, así que no se otorgaba a la ligera. El Senado estaba lleno de *optimates*, que detestaban a César y las políticas populistas que representaba. Sabían que el desfile del triunfo sólo serviría para alimentar su popularidad entre las masas. Pero, a pesar de su animosidad, los *optimates* compartían con el resto de Roma la admiración genuina por este excelente soldado. Pocos de sus enemigos odiaban tanto a César como para negarle el merecido fruto de sus victorias, por mucho que obrara en su detrimento. César montaría en un carro tirado por cuatro caballos y, ataviado con una túnica reluciente, recorrería el campo de Marte acompañado por una guardia de honor formada por lictores. Los trofeos de sus victorias, apilados en carromatos, marcharían por delante de él, así como algunos prisioneros especialmente notables, cubiertos de cadenas y con la cabeza gacha. No obstante, ni siquiera en ocasión tan gloriosa se arriesgarían los romanos a ofender a los dioses. Durante todo el desfile, un esclavo marcharía en el carro con él, susurrándole al oído: «Recuerda que eres mortal.» Los soldados de César entonarían canciones subidas de tono mientras su comandante recorría el foro hacia la colina Capitolina, en cuya cima realizaría un sacrificio a Júpiter.

Pero César se enfrentaba a un dilema. Como general en espera del triunfo, tenía que permanecer extramuros de Roma. Si cruzaba las puertas de la ciudad antes de la mañana del desfile, perdería su *imperium* como comandante, así como el derecho a recibir el triunfo. Al mismo tiempo, la ley romana establecía que los candidatos al consulado tenían que comparecer en persona dentro de la ciudad, como ciudadanos privados, antes de las elecciones. César envió un mensajero al Senado para preguntar si, por aquella vez, podían hacer una excepción y permitirle presentar su candidatura al consulado fuera de la ciudad. Los senadores debatieron la propuesta. Muchos de ellos estaban dispuestos a concederle a César lo que pedía, pero cuando Catón vio que la cámara amenazaba con votar a favor de su enemigo, invocó un antiguo privilegio que le permitía tomar la palabra y hablar sin interrupciones hasta que se le antojara. Como el Senado sólo podía reunirse durante el día, Catón utilizó este ardid para ganar tiempo hasta que el sol se ocultó por detrás del Tirreno. Dado que era el último día en que se podía debatir el asunto, Catón y sus aliados *optimates* podían felicitarse por haber podido posponer un año la candidatura de César al consulado. Y en un año podía pasar cualquier cosa. Un triunfo era un honor increíble, que se recordaba durante generaciones, así que ningún romano en sus cabales lo sacrificaría por la oportunidad de presentarse a cargo político alguno, aunque fuera el de cónsul.

Pero a primera hora de la mañana siguiente, César salió de su tienda en el campo de Marte con una prístina toga blanca y se encaminó con paso tranquilo hacia las puertas de la ciudad que había justo al norte de la colina Capitolina. Los pocos que estaban despiertos a aquellas horas debieron de quedarse boquiabiertos al comprender lo que se disponía a hacer. Al cruzar las puertas de la ciudad, César atravesaba sus fronteras sagradas y, de este modo, renunciaba a su triunfo. Nadie podía creer que renunciara voluntariamente a un honor de tal magnitud, pero, una vez más, demostraba tanto a sus enemigos como a sus amigos que era un hombre único.

Uno de los candidatos para el consulado del año 59 a.C. era ni más ni menos que el *optimate* Bíbulo, el antiguo enemigo de César y colega suyo como edil y como pretor. Era como si no pudiera librarse nunca de su amenazante sombra. Para garantizar la derrota de su antiguo rival, César hizo un astuto pacto con otro de los candidatos, Lucio Lucceio, un hombre que contaba con amplios recursos económicos pero poco apoyo electoral. Lucceio se avino a sobornar a los votantes para que apoyaran a César y a él mismo. De este modo, se aprovecharía de la fama y la popularidad de César, lo que aumentaría considerablemente sus probabilidades de salir elegido. La respuesta de los *optimates* no fue combatir la elección de César —cosa que sabían fútil—, sino asegurarse de que se elegía a su lado a un cónsul que obstruiría, confundiría y, con suerte, bloquearía cualquier acción reformista que César pudiera emprender. Como es natural, el hombre perfecto para la tarea era Bíbulo. Los *optimates* distribuyeron sobornos sin escatimar en gastos. Incluso contaron para una acción flagrantemente ilegal como ésta con la aprobación del testarudo Catón. Todo era, tuvo que admitir éste a regañadientes, por el bien de la república.

Los *optimates* también estaban pensando en el año que vendría tras el consulado de César. Normalmente, a los cónsules salientes se los recompensaba con el prestigioso cargo de gobernador en alguna de las provincias más importantes y ricas. Con el fin de cortarle las alas a su enemigo, lograron que el Senado aprobara un decreto por el que los cónsules del año 59 a.C., concluido su mandato, se encargarían de la supervisión de los bosques y los pastos. Esta absurda tarea garantizaría que César no se beneficiara de un gobierno provincial ni tuviera tropas a su disposición tras su consulado.

Finalizadas las elecciones, César había obtenido fácilmente el primer puesto, mientras que el segundo se lo había arrebatado Bíbulo a un ahora empobrecido Lucceio. César era dolorosamente consciente de que su consulado, la cúspide de su trabajoso ascenso por la senda de los honores, no serviría de nada si no conseguía poderosos aliados, y de prisa. Sin embargo, los *optimates* estaban decididos a acabar con su carrera política y militar a cualquier precio. Lo condenarían a un consulado intrascendente, seguido de un año dedicado a la inspección de pastos. La única esperanza de César de conseguir una magistratura productiva, seguida de glorias militares, estribaba en alcanzar un acuerdo mutuamente beneficioso con uno o más de los principales actores de la escena política que le permitiera imponerse a los conservadores, atrincherados en el Senado. Pero ¿quién estaría dispuesto a afrontar una extenuante batalla contra los *optimates*? O, para ser más exactos, ¿quién tenía más que ganar en una situación como ésa? La respuesta es evidente: Pompeyo. Desde que comenzara su carrera como joven lugarteniente de Sila, el Senado se había burlado a sus espaldas de aquel piceno, sin abstenerse además de aprovecharse de su talento militar cuando lo necesitaba. Hacía poco que Pompeyo había cosechado un fracaso al intentar que se ratificaran sus decisiones en Oriente Próximo y se concedieran tierras a sus veteranos. Necesitaba a un magistrado hábil como César, capaz de entender las sutilezas de los juegos del poder en el Senado y en el foro. La segunda opción era más peliaguda: Craso. El magnate despreciaba a Pompeyo y había colaborado en varias ocasiones con los *optimates* para desbaratar sus planes. Pero el Senado seguía viendo a Craso como un miembro de la clase de los *equites*, un arribista a quien no se le podía conceder auténtico poder, especialmente el mando militar que tanto ambicionaba. Tras su anterior alianza con Pompeyo, los *optimates* se habían decantado por una política consistente en mantener constantemente enfrentados a estos dos populistas. Fue entonces cuando César reveló otra faceta de su genio al conseguir, con habilidad y tremenda perspicacia, que estos dos amargos enemigos se unieran en una causa común. También intentó obtener el apoyo de Cicerón, pero el antiguo salvador de la república, tras unos momentos de vacilación, rehusó. Creía que debía mantener una neutralidad estratégica para preservar la armoniosa concordia entre las diferentes facciones romanas. Pero el problema es que esta concordia era, única y exclusivamente, un producto de su imaginación.

De este modo, el mayor general de Roma y el más rico de sus ciudadanos se unieron a un cónsul de talento y ambición supremos en un pacto de tres hombres *(triumviri)* para hacerse con el poder en la república. Con un juramento solemne, administrado por César como sumo sacerdote de Roma, se comprometieron a no llevar a cabo acción alguna a la que se opusiera cualquiera de los demás. Los *optimates* no comprendían a qué estaban a punto de enfrentarse: acababa de nacer el Primer Triunvirato.

IV

CÓNSUL

César tenía una naturaleza bondadosa y no se enfurecía con facilidad, pero a pesar de ello respondía a los ataques de sus numerosos enemigos. [...] Su venganza los perseguía sin que ellos lo supieran.

DION CASIO

César era inusualmente alto para ser romano y de tez clara, a pesar del tiempo que había pasado bajo el sol del Mediterráneo. Además, poseía unos penetrantes ojos negros y era en extremo meticuloso, hasta el punto de que se depilaba todo el cuerpo con regularidad. Podía ser bastante vanidoso, sobre todo en lo referente a su calvicie. Como muchos otros hombres a lo largo de los tiempos, trataba de ocultarla peinándose desde los lados de la cabeza, pero, como todos esos hombres, no engañaba a nadie. En sus últimos años solía llevar una corona de laurel, no tanto porque se enorgulleciera de sus victorias militares como para ocultar la creciente escasez de su cabello. Sin embargo, no parece que eso importara mucho a las romanas. Sabemos que fue un reconocido mujeriego y mantuvo romances con muchas de las más hermosas mujeres de la urbe, en especial la cuñada de Catón, Servilia. Como Servilia fue la madre de Bruto, algunos historiadores se han preguntado si César podría ser el padre de su propio asesino. Sin embargo, esto es poco probable, puesto que sólo contaba quince años cuando nació Bruto.

César tenía una salud delicada y sufría tanto de terribles dolores de cabeza como de recurrentes ataques de epilepsia. En el mundo antiguo se conocía a esta última enfermedad como el «mal de las caídas» o la «afección divina», puesto que sus víctimas se desplomaban presa de unos ataques que, vistos desde fuera, podían parecer fruto de una posesión divina o demoníaca. El mundo antiguo estaba muy familiarizado con este mal, sobre todo por los textos médicos de los griegos. Incluso en los evangelios, Jesús cura a un muchacho aquejado de una grave epilepsia, a quien todos creían poseído por un espíritu malvado. La epilepsia no atacó a César hasta la edad adulta, y pareció hacerlo con especial frecuencia durante sus campañas militares. Pero, como dice Plutarco:

> Nunca permitió que su debilitada salud entorpeciera su avance, sino que, al contrario, empleó la vida de soldado como terapia. Marchaba incansablemente, se alimentaba de comida sencilla, dormía al raso y soportaba todas las penurias de los soldados. De este modo, fortalecía su cuerpo frente a la enfermedad.

César no permitió que ningún problema de salud interfiriera en los preparativos para ocupar el consulado del año 59 a.C. Aparte de su alianza con Pompeyo y Craso (un secreto celosamente guardado de momento), César buscó la colaboración de otros senadores y magistrados que podían ayudarlo a contrarrestar el previsible ataque de los *optimates*. Por encima de todo, necesitaba un tribuno de la plebe cooperativo e intrépido, que estuviera dispuesto a utilizar su veto para bloquear a sus enemigos y ayudarlo a aprobar leyes en la asamblea popular. César estaba resuelto a seguir la tradición y empezar presentando sus propuestas de reforma en el Senado, pero sabía que sus probabilidades de éxito eran limitadas. Si quería que se aprobaran sus edictos de reforma, casi podía garantizar que tendría que pasar por encima del Senado y apelar directamente al pueblo. Uno de los tribunos que ofrecía sus servicios al mejor postor era Publio Vatinio, pero hasta César (que no era reacio a repartir sobornos generosos) se asombró al enterarse de las cantidades que pedía Vatinio. Como diría más tarde Cicerón: «El tribuno Vatinio no hacía nada gratis.»

La mañana del 1 de enero del año 59 a.C., César se convirtió en el primer cónsul de Roma, el más importante magistrado del mayor imperio conocido jamás por Europa. Contaba exactamente con un año para imponer pacíficamente la revolución que necesitaba de forma desesperada el mundo romano. A su lado se encontraba su colega, Bíbulo, que no había desaprovechado ninguna ocasión para repetir que pensaba impedir sus planes a toda costa.

César tomó prestado un truco que Cicerón había utilizado durante los debates catilinarios y ordenó que todos los procedimientos del Senado y de la asamblea popular quedaran registrados y se publicaran a diario. De este modo, ni los populistas ni los *optimates* podrían esconderse tras un velo de secretismo, sino que se veían obligados a hablar y a actuar como si toda Roma estuviera presente. A continuación, ofreció a Bíbulo la proverbial rama de olivo reviviendo una antigua costumbre. Los cónsules de Roma se alternaban como jefe del ejecutivo cada mes, de modo que César llevaba el símbolo del poder, los *fasces*, en enero y Bíbulo lo hacía en febrero y en los meses alternos a partir de entonces. Incluso en los meses en los que Bíbulo contaba con la preponderancia, César, como primer cónsul, podía hacer que lo precedieran sus propios lictores. No obstante, ordenó que marcharan por detrás de él cuando Bíbulo ejerciera de cónsul principal, como muestra de respeto por su colega. En un mundo de rituales y simbolismos, era la clase de gestos pequeños pero significativos que apreciaban los romanos, pero César no tardaría en descubrir que, con los *optimates*, este tipo de concesiones eran una pérdida de tiempo.

La primera acción importante de César como cónsul fue proponer un reparto de tierras. Este tipo de legislaciones incendiarias habían sido la ruina de muchos políticos reformistas que lo habían precedido. Pero ninguno de sus predecesores había presentado jamás una propuesta tan detallada, impecablemente razonada y hábilmente elaborada. Más que nunca, la ciudad de Roma amenazaba con reventar por las costuras a causa de la presencia de granjeros sin tierras y soldados licenciados (entre ellos los veteranos de Pompeyo), que estaban drenando los cofres públicos y alimentando la inestabilidad. César explicó tranquilamente al Senado que si estos ciudadanos y sus familias se trasladaban a las tierras que poseía el Estado por toda

Italia, el beneficiario en última instancia sería la propia Roma. Como concesión a la nobleza, las ricas tierras públicas de Campania, alrededor de la bahía de Nápoles, quedarían exentas de la medida, puesto que proporcionaban importantes ingresos a la tesorería y a muchos senadores acaudalados. Se nombraría una comisión —formada por ciudadanos procedentes de todos los estamentos de la urbe— para encargarse de los detalles, y César se abstendría de participar en ella para no incurrir en un conflicto de intereses. Nadie sería expulsado de sus tierras a la fuerza. Todas las ocupaciones de facto serían reconocidas sin necesidad de pasar por tediosos procedimientos burocráticos. Las tierras adicionales que pudiera necesitar la comisión se comprarían a precio tasado, pero sólo si sus propietarios deseaban venderlas. El dinero se obtendría de los impuestos y los tributos conseguidos por las conquistas de Pompeyo en el Mediterráneo oriental. El reparto de tierras no costaría al erario romano un solo denario.

Terminada su exposición, César conminó a los senadores a presentar sus objeciones. Si alguien encontraba fallo alguno en cualquiera de los artículos de la propuesta, se comprometía a cambiarlo o eliminarlo. Uno a uno, pidió a los respetables miembros del Senado que expresaran su opinión. Nadie, ni siquiera Catón, pudo hacer una sola crítica a este modelo de legislación clara y necesaria. A pesar de ello, los *optimates* no estaban dispuestos a permitir que César se saliera con la suya. Conocían perfectamente la desesperada situación de los menesterosos de Roma, pero también sabían que una ley como ésta aumentaría aún más la popularidad de su enemigo. A pesar de los enormes beneficios que podía brindar a los ciudadanos, estaban decididos a detener a César. Varios senadores, a pesar de no expresar críticas, recomendaron que la votación se pospusiera. Entonces, Catón comenzó a hablar largo y tendido, hasta que se hizo evidente que planeaba continuar hasta la puesta de sol, cuando el Senado tendría que disolver la reunión. En este punto, César perdió la paciencia. Había presentado la mejor propuesta de reparto de tierras de la historia de Roma y había descubierto que la nobleza prefería un statu quo insostenible a la más pequeña innovación. Ordenó a uno de sus lictores que detuviera a Catón y lo arrojara a una celda. Como cónsul, estaba en su derecho de hacerlo, pero fue una imprudencia. Los *optimates*, en señal de solidaridad, siguieron a Catón a la prisión. Hasta algunos de los senadores más moderados quedaron horrorizados por esta quiebra del protocolo y se levantaron para marcharse. Cuando un enfurecido César preguntó a uno de ellos, Marco Petreio, por qué se marchaba, el senador repuso: «Prefiero estar en la cárcel con Catón que aquí contigo.»

Estas palabras hicieron recapacitar a César, que ordenó que liberaran a Catón, puesto que lo último que necesitaba era un mártir *optimate*. Antes de disolver la asamblea, informó al Senado de su decisión: había intentado colaborar por ellos para obtener su aprobación, tal como exigía la costumbre, pero ahora acudiría directamente al pueblo de Roma.

Cuando presentó su propuesta en la asamblea popular, invitó a Bíbulo a dirigirse al pueblo y exponer cualquier argumento en contra que pudiera tener. El colega de César se negó obstinadamente a decir nada, aparte de murmurar que no pensaba permitir innovación alguna ese año. César se volvió hacia la muchedumbre y suplicó que le pidieran a Bíbulo que apoyara su propuesta. «La ley se aprobará —exclamó—, pero sólo si él la apoya.»

En ese momento, Bíbulo perdió la compostura y, volviéndose hacia el gentío, gritó mientras abandonaba la asamblea: «No tendrás tu ley este año... ¡Ni aunque lo pidáis todos vosotros!»

César podía aducir ahora, con Roma entera como testigo, que había hecho todo lo que había podido para colaborar con los tozudos *optimates* e incluso había hecho concesiones a su colega de consulado. Pero la comedia no había terminado aún. César pidió entonces a Pompeyo y a Craso que se adelantaran y dieran su opinión sobre la propuesta. Pompeyo se mostró especialmente vehemente en la defensa del reparto de tierras y prometió tomar la espada para defender a César contra el obstruccionismo de los senadores. La muchedumbre, encabezada por los cientos de veteranos de Pompeyo que habían acudido al foro aquella mañana, prorrumpió en rugidos de aprobación. Al ver cómo llovían las aclamaciones sobre los tres hombres de la plataforma, Catón, que observaba la escena desde lejos, comprendió de repente lo que había hecho César. El cónsul populista había forjado una alianza sin precedentes, delante mismo de sus narices, con los dos hombres más poderosos de Roma. Aparte del apoyo de millares de ciudadanos y de las ingentes riquezas que Pompeyo y Craso podían poner a su disposición, su respaldo desactivaría los intentos de los *optimates* por retratar a César como un revolucionario decidido a destruir la tradición romana. El hombre de la calle, que ya sentía simpatías por él, lo vería ahora no como la solitaria voz de la reforma radical, sino como el líder de un poderoso partido político con amplio apoyo popular.

Entretanto, Bíbulo, aunque en modo alguno comparable a César, era sin duda un tenaz adversario. Cuando los *optimates* y él se dieron cuenta de que el triunvirato de César llevaba las de ganar en cualquier batalla legislativa librada a lo largo de aquel año, comenzaron a preparar el escenario para anular las leyes que se aprobaran. Bíbulo buscó tribunos de mentalidad similar y, una vez contó con tres de ellos, urdió una hábil estrategia. Como uno de los deberes de los cónsules era determinar qué días del año quedarían dedicados a los dioses como festividades sagradas, Bíbulo declaró simplemente que todos los días que restaban hasta el final del consulado de César eran sagrados. Como estaba prohibido celebrar asambleas en los días sagrados, no se podría aprobar ninguna ley. Todo el mundo era consciente de que Bíbulo estaba abusando de sus poderes como cónsul, pero, aun así, había conseguido colocar una losa sobre los planes de César que, técnicamente, podían paralizar su acción legislativa hasta que los *optimates* recuperaran una posición de ventaja. En público, César se burló de Bíbulo y de sus ridículas maniobras, pero entre sus amigos y aliados confesó que, a largo plazo, representaban una seria amenaza.

César seleccionó un día para que la asamblea votara la propuesta de reparto de tierras, y la noche antes los partidarios del triunvirato inundaron el foro para garantizar la presencia de una multitud entusiasta. Al día siguiente, cuando el cónsul estaba dirigiéndose a la asamblea desde la escalinata del templo de Cástor y Pólux, vio que Bíbulo, acompañado por Catón y otros, marchaba con paso decidido hacia él. La multitud abrió paso al segundo cónsul, en parte por respeto a su cargo y en parte porque no pensaban que se atreviera a llevar la contraria a César en medio de sus partidarios. Sin embargo, Bíbulo demostró su valor al abrirse paso hasta la plataforma, donde procedió a reprender a César. Instantes después, el gentío estalló y se abalanzó sobre Bíbulo y los *optimates*. Alguien encontró una cesta de excrementos de animal y la vació sobre la cabeza del segundo cónsul. Maltrecho, amoratado y cubierto de estiércol, Bíbulo huyó del lugar seguido por Catón mientras el gentío apaleaba a sus *fasces*. César no tuvo el menor problema en aprobar su ley de reparto de tierras, de cuya comisión fueron nombrados presidentes Pompeyo y Craso.

Bíbulo, ultrajado por el trato recibido a manos de César, apeló al Senado al día siguiente para que le parara los pies a su colega cónsul. Pero los senadores no se atrevían a actuar contra el triunvirato, respaldado como estaba por el pueblo llano. Frustrado y avergonzado, Bíbulo se retiró a su casa, de donde no volvería a salir hasta finalizado el año. Su conspicua ausencia como segundo cónsul se convirtió en la comidilla de Roma: la documentación, que tradicionalmente venía firmada por los dos cónsules del año, diría a lo largo de éste: «Realizado durante el consulado de Julio y de César». Al poco tiempo apareció en las calles una cancioncilla cómica:

César ha hecho algo, pero no Bíbulo.
No recuerdo nada del año de Bíbulo.

Tras la aprobación de este primer reparto de tierras, los peores temores de los senadores se convirtieron en realidad. César comprendió en seguida que las restricciones que había impuesto a su legislación significaban que no habría tierras disponibles para todos los necesitados de la ciudad. Como consecuencia de ello presentó ante el pueblo una nueva propuesta de ley, que sumaba a la distribución la hasta ahora sacrosanta tierra de Campania. Catón se opuso, como es natural, pero las familias romanas con tres hijos o más recibirían ahora una parcela de esta preciada región en la que podrían plantar repollos y criar a su descendencia. Para la clase dirigente fue muy doloroso ver que lo que consideraban un patrimonio privado se repartía entre la chusma de Roma, pero el asentamiento de las familias más pobres en territorios agrícolas resultó inmensamente beneficiosa para el Estado en su conjunto. Para asegurarse de que los senadores no interferirían con las distribuciones de tierra cuando él hubiera abandonado el cargo, César adjuntó una cláusula adicional a la ley, por la que todos los futuros candidatos a las magistraturas tendrían que jurar ante los dioses que no promoverían legislaciones contrarias a la suya.

Con Bíbulo fuera de juego y la mayoría de los *optimates* intimidados de momento, César y sus colegas se lanzaron de lleno a cumplir con sus planes. Algunas de sus propuestas fueron de un egoísmo vergonzoso, pero la mayor parte de la legislación que promulgaron era muy necesaria. Pompeyo llevaba ya dos años en Roma sin que el Senado ratificara su reorganización del Mediterráneo oriental. No se puede ignorar la importancia de este hecho, puesto que al este de aquella región se encontraba el poderoso imperio parto. Partia, situada entre los desiertos de Mesopotamia y las enormes fronteras montañosas de China, era un agresivo reino militar, perfectamente capaz de hacer frente a las legiones de Roma. Sus indómitos guerreros habían hecho ya algunas incursiones en Armenia y se encontraban peligrosamente cerca de territorio romano. Los romanos más sabios no ignoraban que, cuatro siglos antes, otro imperio persa había conquistado rápidamente la totalidad de Asia Menor, Siria y Egipto, antes de invadir Grecia. Lo último que necesitaba Roma era un Mediterráneo oriental débil y desorganizado, pues eso equivaldría prácticamente a extender una invitación a los partos.

Pompeyo había impuesto la paz en Asia Menor y había firmado importantes tratados con Tigranes de Armenia, reino que podía servir como crucial amortiguador entre Roma y Partia. Además, el general romano había eliminado a los siempre problemáticos príncipes seléucidas de Siria y había convertido en provincia romana esta rica tierra. Si sumamos a esto a los macabeos de Judea como Estado clientelar, los romanos contaban ahora con una sólida frontera oriental, extendida desde el mar Negro hasta los desiertos de Arabia…, pero sólo si el Senado ratificaba las decisiones de Pompeyo. Si no lo hacía, era muy probable que los partos se aprovecharan de la inestabilidad reinante para intervenir.

La mayoría del Senado creía que no tenía sentido resistirse al triunvirato en este asunto, pero el viejo Lúculo, un conocido hedonista que había saqueado gran parte de Asia Menor antes de que Pompeyo lo reemplazara, salió a la palestra para hablar contra la propuesta. César lo cortó en seco enumerando todos los crímenes que había cometido en el este, acompañándola de la implícita y poco sutil amenaza de una acusación en firme si no guardaba silencio. En este punto, el anciano cayó de rodillas delante de César, llorando y suplicando perdón. Fue una exhibición vergonzosa que sorprendió al cónsul. Él sólo pretendía que Lúculo renunciara a su oposición, no que se humillara como un esclavo. Tanto para los populistas como para los *optimates* fue impactante ver a un respetado antiguo cónsul postrado a los pies de César. Lúculo abandonó discretamente la cámara y la propuesta se aprobó, pero la escena perduró largo tiempo en el recuerdo de los senadores.

Cuando el historiador griego Heródoto llamaba a Egipto «el regalo del Nilo», quería decir que el río más largo del mundo proporcionaba al desierto una fertilidad con la que otras civilizaciones sólo alcanzaban a soñar. Los ricos nutrientes transportados todos los años por sus aguas desde el centro de África hasta las llanuras aluviales de Egipto habían alimentado a sus habitantes y enriquecido de manera fabulosa a sus gobernantes mientras los antepasados de los romanos vivían aún en chozas de adobe a la orilla del Tíber. Los romanos pudieron haber conquistado el reino décadas antes, pero el hecho de que no lo hicieran se debe seguramente a las vastas riquezas invertidas por los Tolomeos en sobornar a las diferentes facciones romanas. También es posible que Egipto fuese un reino diferente a todo lo conocido por los romanos. Hispania, Sicilia e incluso Grecia eran tierras parecidas, en clima y en cultura, a Italia. Pero caminar bajo las colosales pirámides y contemplar unas ruinas que eran más antiguas para los romanos de lo que lo son las ruinas romanas para nosotros, debió de llenar de asombro y temor a los hijos de Rómulo.

César y Craso debían de haber superado ya cualquier atisbo de este sentimiento cuando, seis años antes, propusieron la anexión de Egipto como parte de su plan para aumentar los ingresos del Estado. El Senado había frustrado el plan entonces, pero ahora que César era cónsul, estaba preparado para volver a sacar la cuestión egipcia. Roma contaba con ciertos derechos a la sucesión de Egipto gracias al testamento de Tolomeo XI, pero su sucesor, el impopular Tolomeo XII (el Flautista) había logrado mantenerse veinte años en el poder gracias a sus extravagantes sobornos y a las estrechas relaciones comerciales que mantenía con Roma. El primer cónsul promovió una legislación que ratificaba la autoridad de su gobernante actual y la alianza con Roma después de dos décadas de olvido por parte del Senado. Esta rápida solución fue posible en parte porque César no quería arriesgarse a abordar la complicada anexión de un reino tan grande en un momento tan decisivo de su carrera política, pero, según parece, el factor principal fue el colosal soborno pagado por Tolomeo al cónsul y a Pompeyo.

César completó su legislación sobre Oriente con una inteligente medida para resolver el caos recaudatorio que sufría la provincia de Asia. Varios años antes, los recaudadores de impuestos habían pujado en exceso para hacerse con la concesión de su administración. Al descubrir que era imposible pagar lo prometido al tesoro, pidieron al Senado una generosa rebaja de una tercera parte del montante. Como es natural, Craso respaldó la propuesta, puesto que una de sus principales actividades era ésta, pero la oposición, encabezada por Catón, la rechazó y mantuvo la cuantía de la deuda. Un año después, los recaudadores seguían con el agua al cuello, incapaces de satisfacer sus deudas con el Estado. César resolvió el asunto presentando ante la asamblea popular una propuesta de reducción de deuda. Al igual que hiciera dos años antes en Hispania, con un rápido y hábil movimiento lograba aliviar los problemas financieros de una provincia lejana. La legislación no benefició especialmente a los nativos de Asia, puesto que los recaudadores ya los habían sangrado hasta la última moneda, pero al menos dejaba a los recaudadores romanos y a sus inversores en una posición mucho más solvente. Casualmente, el propio César era uno de estos inversores. Pero el auténtico beneficio para él no era el dinero extraído de la propuesta, sino el apoyo y la aprobación de los *equites*. Los éxitos legislativos de César, a pesar de los beneficios prácticos para Roma, provocaron un escalofrío a Cicerón. «Deberíamos tener todos mucho miedo —dijo el orador en una carta a su amigo Ático—. Se diría que está convirtiéndose en un tirano.»

A finales de la primavera del 59 a.C., Pompeyo había alcanzado casi todos sus objetivos. Su monumental reorganización del Mediterráneo oriental había sido ratificada y sus veteranos habían recibido tierras como recompensa a su lealtad. César se dio cuenta de que era un momento de crisis para el triunvirato, puesto que Pompeyo podía perfectamente decidir que ya no tenía por qué utilizar su considerable fuerza política para impulsar los fines de Craso y de César. Para conjurar esta posibilidad, el cónsul urdió un plan que parece más propio de una corte medieval europea que del foro romano. Ofreció al cincuentenario Pompeyo la mano de su propia hija Julia, que por entonces apenas contaba veinte años de edad. Fue un duro golpe para el leal partidario de César Servilio Caepio, que estaba prometido a Julia y tenía previsto casarse con ella en cuestión de días. Pero por mucho que César apreciara a Caepio, necesitaba más a Pompeyo. Éste aplacó en parte la furia de Caepio ofreciéndole la mano de su propia hija, Pompeya. Aunque el matrimonio había sido arreglado apresuradamente por su padre, Julia no tardó en enamorarse de Pompeyo, quien por su parte se comportó con ella como un devoto esposo. El cónsul podía descansar tranquilo, sabiendo que mientras Julia y Pompeyo estuvieran juntos, seguiría contando con el indispensable apoyo de su colega. A continuación, César desposó a Calpurnia, hija de Lucio Pisón, que sería su sucesor en el consulado. Al observar esta intrincada telaraña de alianzas familiares, Catón proclamó que era lamentable que el poder en Roma estuviera basado ahora en el tráfico de mujeres.

El siguiente desafío para César no llegó de la mano de Pompeyo, sino de la de Cicerón. En primavera, el antiguo cónsul Cayo Antonino fue acusado de corrupción por su administración de Macedonia, años atrás. Como Antonino había sido colega de Cicerón durante el consulado del año 63 a.C., el orador se sintió obligado a defender ante los tribunales a su antiguo colega. A pesar de que el triunvirato era favorable a la acusación, sus miembros no se molestaron con Cicerón por ejercer de abogado defensor. Era muy comprensible. Pero Cicerón no pudo resistir la tentación de apartar a un lado los detalles del caso para criticar abiertamente a César y a sus colegas. Las palabras de su cáustico alegato no han llegado hasta nosotros, pero fueron lo bastante mordaces como para herir a César hasta la médula. Se había esforzado diligentemente por complacer y adular a Cicerón, a quien había ofrecido participar del poder y siempre había tratado con la deferencia que el quisquilloso estadista creía merecer. Por ello, al oír cómo hablaba contra él para deleite de los *optimates*, se sintió traicionado y decidió que ya estaba harto del más famoso de los abogados romanos. Todo el mundo sabía que César era de naturaleza templada y clemente, pero también que tenía un límite, y cuando éste se sobrepasaba, podía responder de maneras tan ingeniosas como temibles.

Publio Clodio, el mismo que había escandalizado a Roma al colarse en la fiesta de la Bona Dea tres años antes, era enemigo jurado de Cicerón. Puede que fuera un radical indisciplinado que no creía más que en burlarse del sistema y alimentar sus propias ambiciones, pero también era capaz de guardar rencor como nadie. Cicerón había sido su acusador en la denuncia presentada, en vano, por su sacrilegio. A su vez, Clodio había hecho de fastidiar, ofender y denigrar a Cicerón a la menor ocasión la misión de su vida. Además, el año anterior había tomado una decisión inaudita, al tratar de renunciar a su condición de patricio para poder presentarse a tribuno de la plebe. El orgullo que sentían casi todos los patricios por su antigua sangre no significaba nada para el iconoclasta Clodio si podía impulsar su carrera política y sus venganzas personales sólo con abandonarla. Pero el intento fue frustrado en el año 60 a.C. por la acción concertada de sus numerosos enemigos.

Ahora, gracias a la animadversión entre César y Cicerón, Clodio estaba a punto de ver su sueño convertido en realidad. Aunque su objetivo de convertirse en plebeyo era casi imposible de alcanzar por medios convencionales, existía una alternativa. Si lo adoptaba un plebeyo, perdería para siempre su condición patricia. Pero incluso esto era complicado, porque requería un examen ante el colegio de pontífices y la aprobación final de la antigua asamblea de los *comitia curiata*. César resolvió la cuestión religiosa recurriendo a su autoridad como pontífice máximo y luego convocó a sus treinta lictores a una reunión improvisada de los *comitia curiata* para que aprobaran la singular adopción. Incluso Pompeyo actuó como augur en la ceremonia. Clodio, que por entonces contaba cuarenta años, fue adoptado por un plebeyo de veinte llamado Publio Fontio. El asunto, un auténtico escándalo, no resistiría el más elemental examen ante cualquier tribunal, pero había permitido a César subvertir la tradición y convertir a un entusiasmado Clodio en plebeyo en cuestión de horas. El antiguo patricio inició casi de inmediato su campaña por el tribunado.

A pesar de la petulante satisfacción sentida por César al conceder sus deseos a Clodio a despecho de la tradición, había experimentado un grave error al actuar tan precipitadamente por rabia hacia Cicerón. Lo que él pretendía era darle una lección y acallar sus críticas, no molestar ni causar problemas serios a un hombre al que respetaba sinceramente. Por su parte, Pompeyo advirtió a Clodio de que no debía utilizar sus poderes tribunicios para atacar a su viejo amigo Cicerón. Pero Clodio era uno de esos individuos indisciplinados que, por naturaleza y por convicción, no se someten ante nadie, ni siquiera ante César o Pompeyo. El triunvirato esperaba que, al ayudar a Clodio a conseguir lo que deseaba, éste, agradecido, los ayudaría en el futuro contra los *optimates*..., pero la única voz a la que respondía Clodio era la suya propia.

La administración provincial romana había tocado fondo en tiempos del consulado de César por culpa de la mala gestión criminal, la explotación y el aplastante peso de los impuestos. Como habían comprendido muchos romanos de elevadas miras desde tiempos de Aníbal, un imperio con millares de kilómetros de extensión y poblado por millones de personas no podía aspirar a la seguridad y a la prosperidad si se dirigía en beneficio exclusivo de unos pocos acaudalados. César decidió cambiar esto de una vez para siempre, no por altruismo ni por aprecio a los nativos oprimidos, sino porque Roma no podría alcanzar todo su tremendo potencial como Estado de primer orden a menos que transformase la manera en que gobernaba sus territorios no itálicos. La monumental *lex Julia de repetundis* —ley juliana sobre la extorsión— contenía un centenar de epígrafes increíblemente detallados sobre la administración de las provincias, los procesos de acusación contra los gobernadores corruptos, la supresión de los sobornos y en general, una serie de medidas encaminadas a contener los excesos de los senadores en estos territorios. El texto completo de la ley se ha perdido, pero Cicerón la describió como *justissima atque optima* («la más justa y la mejor») y ni siquiera Catón pudo encontrar motivos de queja en ellas. Esto enfureció de tal modo al senador *optimate* que, en años posteriores, cada vez que se refería a lo que todos los demás conocían como ley juliana, él era incapaz de adjuntarle el nombre de César. Se trató de una ley tan bien elaborada y tan eficaz que se utilizó como base del gobierno provincial a lo largo de toda la historia de Roma y pervivió incluso hasta tiempos de Bizancio.

Aunque César hubiera proporcionado a Roma el marco legal que necesitaba para gobernar su imperio de manera responsable durante muchos siglos, esto no iba a servirle de mucho desde el punto de vista personal si los *optimates* se salían con la suya. Cuando concluyera su consulado, volvería a ser un ciudadano privado y perdería la inmunidad legal que le confería su condición de magistrado. Al comienzo del nuevo año, Catón y sus aliados golpearían. Lo llevarían ante los tribunales y castigarían su insolencia acusándolo de todos los crímenes que se les ocurrieran hasta acabar con su carrera política. Dirían que había actuado contra la tradición y había pisoteado la sacrosanta constitución romana para llevar a la práctica sus planes radicales. Bíbulo declararía que ninguna de las leyes promulgadas por César era válida, puesto que él había declarado festivo casi todo el año. Nadie creía realmente que los dioses consideraran poco propicios los días del consulado de César, pero técnicamente, Bíbulo estaba en lo cierto. Si los tribunales se ceñían a la letra de la ley, todo lo conseguido por César se desvanecería como el humo.

Es cierto que César se había burlado de la constitución violando costumbres sagradas, ignorando al Senado y hasta usando la fuerza para alcanzar sus revolucionarios fines. Sus partidarios habrían respondido aduciendo que no podía hacer otra cosa, puesto que la alternativa era dejar que el Estado siguiera hundiéndose en el caos so pretexto de preservar la tradición. La Roma de Cincinato y Escipión, argumentarían, era cosa del pasado y cuanto antes lo comprendiera el Senado, mejor para todos. La antigua república fundada por Rómulo había dejado de existir cuando la pequeña ciudad del Tíber se adueñara de vastos territorios a lo largo de la costa Mediterránea. El Senado seguía tratando de gobernar este reino como un patrimonio privado, basándose en normas arcaicas e ignorando el hecho de que, en su Roma, el auténtico poder lo representaban los generales respaldados por ejércitos profesionales. Otros líderes similares a Mario, Sila y Pompeyo no tardarían en convertir el Senado en una mera anécdota irrelevante si no abría los ojos y accedía a imponer un sistema de gobierno responsable y reformado del imperio. César había tratado de realizar algunos de los cambios necesarios para propiciar un nuevo orden. Cambios dolorosos, sí, pero también absolutamente necesarios. Además, era sólo el principio. Quedaba mucho trabajo por delante para establecer una nueva forma de gobierno constitucional, si no se quería que Roma se transformara irremediablemente en una tiranía gobernada por generales implacables.

Sin embargo, la preocupación más inmediata de César era impedir las acusaciones que recaerían sobre él al terminar su consulado y, al mismo tiempo, seguir impulsando su carrera política. La solución más evidente era obtener poderes proconsulares como gobernador de una provincia, en lugar de un año supervisando los bosques y los pastos de Italia, como pretendía el Senado. Como gobernador, disfrutaría de otro año de inmunidad judicial. Era crucial, además, que esta provincia le permitiera expandir los territorios del Estado, puesto que como general conquistador podría obtener tanto la gloria militar como las riquezas que necesitaba para financiar su carrera política. Como dijo su contemporáneo Salustio: «Deseaba desesperadamente grandes poderes, un ejército y una nueva guerra en la que pudiera brillar sin obstáculo su talento». El problema era encontrar la guerra apropiada. Pompeyo ya había llevado la paz al Mediterráneo oriental y no apreciaría que el más joven de los triunviros tratara de robarle la gloria en esta región. Aunque le permitiera luchar allí, la única opción viable era una invasión del imperio parto. César era lo bastante inteligente como para comprender que una guerra como ésa podía muy bien ser la última para él. Egipto poseía un enorme potencial, pero Roma acababa de firmar un acuerdo con el rey Tolomeo. El resto de África estaba en paz, a menos que quisiera cruzar el interminable Sáhara o remontar el Nilo para invadir las lejanas Nubia o Etiopía. Hispania era rica, pero ya estaba en manos romanas, aparte algunas tribus montañosas paupérrimas. Por tanto, la única oportunidad de obtener gloria y fortuna era la Europa transalpina.

En tiempos de César, la frontera septentrional de Roma discurría desde los Pirineos hispánicos hasta las profundas y azules aguas del lago Leman, pasando por el sur de la Galia. Desde el lago pasaba por los picos nevados de los Alpes hasta el norte de los Balcanes y, tras atravesar Macedonia y Tracia, llegaba al mar Negro. Más allá de estas fronteras se encontraban el intranquilo reino de Dacia, sobre el Danubio, los vastos bosques de Germania, las ricas tierras de las indómitas tribus galas e incluso la legendaria isla de Britania. Pero César no podía declarar la guerra sin más a un reino del norte y marchar contra él desde las puertas de Roma. Necesitaba que lo nombraran gobernador de una provincia fronteriza con las tierras de los galos, los germanos o los dacios y desde allí esperar una de las inevitables incursiones que éstos lanzaban periódicamente sobre territorio romano. Como gobernador, estaría en su derecho de responder a los bárbaros para darles una lección. Y si se adentraba un poco más de lo necesario en territorio enemigo y los nativos respondían atacando a sus tropas, lo que lo obligaba a continuar con sus campañas, en fin, así era la guerra…

Sus planes para lanzar una campaña en el norte comenzaron tratando de conseguir el gobierno de la Galia Cisalpina. Esta populosa región del valle del Po, en el norte de Italia, estaba en una posición ideal, puesto que era la puerta hacia la Galia, al oeste, hacia Germania, al norte, o hacia el Danubio, al este. Además, no debemos olvidar que sólo hay un corto trecho entre los Apeninos y la propia Roma. De hecho, el gobernador de esta provincia comandaba las legiones más próximas a la urbe. Quien controlara la Galia Cisalpina podía utilizarla como base para atacar las regiones de más allá de los Alpes, sin perder de vista los sucesos de Roma. Era una región que César conocía bien y a la que había defendido en el pasado. Había hecho muchos amigos entre los celtas romanizados del Po, y contaba con numerosos clientes entre los colonos romanos de ciudades como Milán y Verona. Pero el aspecto más atractivo de la Galia Cisalpina, desde su punto de vista, eran sus ingentes recursos en términos humanos. Quienquiera que controlase esta fértil región contaba con un suministro prácticamente inagotable de jóvenes valientes y capaces para alimentar sus legiones.

A finales de la primavera del 59 a.C., el tribuno Vatinio, generosamente sobornado por César, presentó ante la asamblea popular una propuesta para concederle al cónsul el gobierno, no sólo de la Galia Cisalpina, sino también de la provincia montañosa del Illyricum, situada en la costa oriental del Adriático, frente a Dacia. Este mando se prolongaría cinco años, hasta el 54 a.C. Con el respaldo de Pompeyo, y ante la indignación del Senado, la propuesta se aprobó. Al poco tiempo, Pompeyo consiguió impulsar la aprobación de una medida de importancia trascendental, por la que se concedía además a César el gobierno de la Galia Transalpina. Esta rica tierra se conocía simplemente como la Provincia (en latín, *Provintia*), de donde deriva el nombre actual de Provenza. Al norte de esta provincia se encontraban las tierras aún por conquistar de los «galos de pelo largo» (como solían llamarlos los romanos) y fue allí donde César decidió iniciar su guerra.

Las vastas tierras tribales de la Galia, que se extendían entre la Provincia romana, el Atlántico y el canal de la Mancha, eran inmensamente ricas y sumamente problemáticas. Los aeduos, aliados de Roma desde antaño y una de las principales potencias de la región, estaban en guerra con los secuanos y sus aliados germanos al norte de la provincia. Los secuanos habían llamado al caudillo germano Ariovisto para que los ayudara a luchar contra sus enemigos galos, pero, como en muchas otras ocasiones a lo largo de la historia, los secuanos recibieron más de lo que esperaban. Ariovisto atacó a los aeduos, pero también les arrebató amplias regiones a los secuanos, con las que construyó su propio reino en la Galia. Esta maniobra desbarató el frágil equilibrio de poder de la región e impulsó a los aeduos a enviar a Roma a un druida llamado Diviacíaco para pedir ayuda a Cicerón y a otros personajes importantes. Pero los agentes de Ariovisto llegaron antes y, con el apoyo de César, consiguieron para él el título de amigo del pueblo romano. De este modo, la Galia oriental quedaba a merced de los germanos que, llegados desde el otro lado del Rin, amenazaban a los aeduos y a las demás tribus galas de la región. La cosa llegó a tal punto que los helvecios, al norte del lago Leman, hicieron planes para trasladarse a territorio romano para escapar de la amenaza de los germanos. Para satisfacción de César, el Senado se encontraba de repente con una provincia invadida por los galos, tras de los que venían los germanos. César comprendió que era su oportunidad para demostrar al pueblo romano que podía obtener victorias gloriosas, igual que su tío Mario en su momento. Las antiguas historias sobre el saqueo de Roma a manos de los galos (390 a.C.) y la invasión de los cimbrios y los teutones, menos de cincuenta años antes, parecían de repente terriblemente aterradoras para todos los habitantes de Italia. Se enviaron embajadores a la Galia y se reclutaron ejércitos para hacer frente a las innumerables hordas que avanzaban contra la frontera. Mientras, César hacía cuanto podía por mantener viva en la mente del pueblo la imagen de la amenaza. No obstante, el peligro para Roma era real, muy real.

Conseguidos los poderes proconsulares, César podía concentrarse en preparar la campaña y en resolver algunos asuntos en Roma antes de su partida. Sin poder evitarlo, se jactó ante los *optimates* de haber obtenido lo que deseaba y de que utilizaría sus nuevos poderes como gobernador y general para «saltar sobre sus cabezas». Al poco tiempo se descubrió un complot para asesinar a Pompeyo en el que alguien intentó incriminar a César, aunque es muy poco probable que éste incurriera en un comportamiento tan elemental, y menos contra un hombre al que seguía necesitando muchísimo. Sin embargo, los *optimates* y Cicerón hicieron todo lo posible para proyectar la sombra de la sospecha sobre César. En diciembre del 59 a.C., Clodio inició por fin el tribunado que tanto tiempo había ambicionado y procedió a adular a la plebe con inauditas promesas de repartos de grano gratuitos que saldrían de los bolsillos del Estado. Esto lo ayudó a conseguir apoyos para su venganza personal contra Cicerón, al que obligaría a partir al exilio al año siguiente. Aunque César no profesara demasiado amor a Clodio, debió de sentir una gran satisfacción por dentro cuando, el 31 de diciembre de 59 a.C., después de que él hubiera dado su discurso de despedida como cónsul, y al levantarse Bíbulo para hacer lo propio, se vio silenciado por el veto de Clodio. No obstante, pronto estaría lejos de las mezquinas rencillas de la política romana. Había llegado a la urbe la noticia de que los helvecios estaban a punto de entrar en la Galia romana. César hizo el equipaje sin perder un instante, se despidió de su familia y partió para enfrentarse al mayor desafío de su vida.

V

GALIA

La Galia está dividida en tres partes: la primera está en manos de los belgas, la segunda de los aquitanos y la tercera de los pueblos que se llaman celtas en su lengua y galos en la nuestra.

CÉSAR

Hace mucho tiempo, en las montañas de Europa central, surgió un pueblo conocido como los celtas. Hablaban una lengua emparentada con el griego, el latín y el sánscrito, pero su forma de vida era muy diferente a la de sus primos civilizados del sur y del este. Los celtas no tenían ciudades, imperios, libros ni templos monumentales. Eran una federación de tribus ferozmente independientes que practicaban con deleite una forma de hacer la guerra basada en el heroísmo y destacaban en las artes de la poesía, la escultura y la metalurgia.

Hacia mediados del siglo IV a.C., al mismo tiempo que Atenas luchaba en las guerras médicas y Roma expulsaba a los últimos reyes etruscos, los celtas abandonaron su patria alpina y se propagaron como un incendio por Europa y por Asia. Uno de los primeros grupos en hacerlo migró hasta la península Ibérica, donde, al fundirse con los grupos nativos, engendró la cultura celtíbera. Otros celtas se desplazaron hacia el oeste, hacia los campos y los bosques de las actuales Francia, Inglaterra e Irlanda. Algunos grupos se instalaron en el valle del Po, mientras otros se dirigían hacia el este y hacían lo propio en Bohemia, Transilvania y el norte de los Balcanes. Estos celtas errabundos fueron los que atacaron el templo de Apolo en Delfos (279 a.C.), al mismo tiempo que varios miles pasaban a Asia Menor, donde perdurarían durante siglos como los «gálatas» del Nuevo Testamento, que, como muchos otros celtas, sirvieron como mercenarios de éxito en los ejércitos de Siria y Egipto.

Por tanto, en tiempos de César, los celtas estaban ampliamente extendidos por toda Europa y las regiones mediterráneas. Los de Hispania e Italia habían sido sometidos al control de Roma y servían como formidables soldados en sus ejércitos, pero los celtas de las islas Británicas y de la Galia al norte de la Provincia seguían siendo libres, César decía que la Galia estaba dividida en tres partes, pero en realidad lo estaba en cinco. En el valle del Po, al norte de Italia (la Galia Cisalpina para los romanos), las tribus célticas dominaban desde antiguo la región situada entre los Alpes y la costa Adriática. Los galos de la región hablaban la misma lengua y veneraban a los mismos dioses que sus parientes de las regiones del Loira y el Sena. Los galos itálicos habían sido sometidos por los romanos más de un siglo antes de César y su proceso de romanización estaba bastante avanzado, pero seguían siendo celtas de corazón. La segunda parte de la Galia era la Provincia, que se extendía desde la costa mediterránea a la altura de los Pirineos, más allá de Massalia (la actual Marsella), hasta el lago Leman, pasando por los Alpes y el Ródano. Allí vivían los tectosages, los vocontios y, especialmente, los allobroges, en la región de la actual Lyon: feroces guerreros todos ellos, pero sometidos desde antaño a la influencia de las civilizaciones griega y romana. Los pueblos galos de la Provincia estaban adaptándose perfectamente a la vida como clientes de los romanos.

Las últimas tres partes de la Galia, donde los guerreros luchaban a la antigua usanza y los druidas realizaban sacrificios humanos a los dioses, se encontraban más allá de las riberas mediterráneas, al norte y al oeste. Aquitania, que se extendía al norte de los Pirineos y a lo largo del río Garona hasta la actual Burdeos, era una región relativamente pequeña pero de tierras muy productivas, donde vivían tribus como los elusates y los tarusates. La cuarta y más amplia región de la Galia era la enorme zona situada entre el Garona y el montañoso Macizo Central al sur, el Atlántico al oeste, el Rin al este y el Sena al norte. En ella vivían docenas de las tribus galas más organizadas, como los arvernos, los aeduos, los secuanos y los helvecios al sur y al este, los carnutes alrededor de Chartres, los venetos en Bretaña y los parisios alrededor de Lutecia (la actual París). Cientos de kilómetros al norte de la Provincia se encontraban las fabulosas tierras de los belgas, la última región de la Galia. Los belgas eran los más feroces, más duros y más intransigentes de todos los galos. Tribus tales como los nervios, los remos y los treveros ocupaban los bosques y valles del norte de Francia, la Renania alemana, Luxemburgo, Holanda y la región a la que darían su nombre: Bélgica. De norte a sur y de este a oeste, las tierras libres de la Galia se extendían a lo largo de más de ochocientos kilómetros de caudalosos ríos, impenetrables ciénagas, gélidas montañas y tenebrosos e interminables bosques.

Durante siglos, el mundo clásico había conocido las historias de los galos que le traían los mercaderes y los exploradores. La propia Massalia era el eje central de una vasta red comercial que transportaba latón, oro, ámbar y esclavos por los ríos de la Galia hasta el norte de Francia, Germania, Britania, Irlanda y el mar del Norte. Los celtas, a su vez, importaban con avidez las mercancías mediterráneas, en especial el vino. En las décadas anteriores a la llegada de César, los mercaderes romanos habían establecido puestos comerciales permanentes entre las principales tribus galas. Estos puestos avanzados se encontraban muchas veces en fuertes construidos sobre colinas, conocidos en latín como *oppida*. Desde fortalezas tales como la Alesia de los aeduos y la Gergovia de los arvernos, los líderes y los guerreros de la Galia gobernaban sobre sus tribus.

La mayoría de los galos eran simples granjeros, pero la rica aristocracia militar formaba una clase de élite que luchaba contra sus enemigos de una manera más parecida a la de los héroes griegos de Troya que a la de los legionarios romanos. Para un guerrero galo, el honor y la valentía eran esenciales. Combatían con enérgico coraje (a veces desnudos, para intimidar a sus enemigos), pues consideraban la guerra como una oportunidad de cosechar gloria eterna y de conseguir cabezas enemigas con las que decorar sus paredes. Era muy difícil organizarlos en una fuerza coordinada, puesto que preferían el combate singular a las acciones colectivas disciplinadas.

Por lo general, los galos vivían en granjas aisladas o pequeñas aldeas, donde cultivaban pacíficamente sus cosechas y cuidaban de su ganado. Las casas solían ser estructuras redondas o rectangulares hechas de ramas entrelazadas y selladas con barro. El hogar central, provisto de un agujero en el techo para que saliera el humo, servía tanto para calentar la vivienda como para preparar la comida. Las mujeres se ocupaban de la vida doméstica y la crianza de los hijos, y puede decirse que, en su conjunto, gozaban de más libertad que sus contemporáneas griegas y romanas. En las ciudades, los artesanos creaban obras de arte de asombrosa sofisticación y belleza, con figuras de animales abstractas cuyos ecos aún resonarían, mil años después, en los manuscritos cristianos irlandeses. Pero también producían manufacturas de orden práctico: armas y armaduras que no tenían rival en el mundo mediterráneo. De hecho, los romanos habían adoptado desde hacía mucho tiempo la espada corta gala llamada *gladius*, origen de la palabra «gladiador».

Los galos eran politeístas y veneraban a gran variedad de dioses, al igual que los griegos y los romanos. Entre ellos destacaba la divinidad que César equipara al dios romano Mercurio, conocida entre los galos como Lugus («el Brillante»). Se pueden encontrar inscripciones dedicadas a él por toda Galia, así como en otras tierras célticas. Los irlandeses, para quienes era Lug, bailaban para él en la festividad estival de Lughnasadh. Aparte de éste, entre los incontables dioses galos estaban Belenus (el dios de la curación), Matrona (la madre divina), Cernunnos (una divinidad animal) y Epona (una diosa equina, adoptada posteriormente por la caballería romana). A estos dioses se les ofrendaban sacrificios en los templos de toda la Galia, así como en pequeños santuarios desperdigados entre las aldeas y los bosques. El culto estaba bajo la supervisión de los druidas, una casta sacerdotal que también existía en Britania e Irlanda. Los autores clásicos, a menudo deseosos de proyectar una luz negativa sobre los celtas, aseguraban que los druidas solían realizar sacrificios humanos. La arqueología ha confirmado que se produjeron este tipo de holocaustos, pero eran sucesos muy poco habituales, realizados sólo en las circunstancias más extremas (y practicados también por los propios romanos). La instrucción de un druida, según nos relata César, de prolongaba hasta veinte años. Creían apasionadamente en la reencarnación y eran muy respetados en todas las comunidades galas. Estos sacerdotes podían llegar a interponerse entre dos ejércitos y ordenar que se detuviera una batalla. Junto con la clase se los poetas profesionales conocidos por los celtas como *bardoi* (de donde deriva la palabra «bardo»), los druidas actuaban como fuerza unificadora entre las tribus galas, siempre pendencieras y belicosas.

La tribu gala de los helvecios llevaba mucho tiempo instalada en el valle alpino delimitado por el lago Leman al oeste, la cordillera del Jura al norte, el Rin al este y los imponentes Alpes alrededor del Mont Blanc al sur. Durante años habían batallado para contener a las feroces tribus germanas que, como la de los suebos, ejercían una implacable presión sobre su territorio. Originalmente, los celtas controlaban la zona del norte de los Alpes, pero desde el siglo II a.C., el empuje de los germanos estaba expulsando de allí a las tribus galas nativas. Los helvecios habían conseguido resistir esta presión gracias a su número y a su habilidad en la guerra, pero hacia el año 60 a.C., hasta los más valientes guerreros helvecios estaban cansados de las constantes batallas contra los germanos. Además, su creciente población estaba sometiendo a una enorme presión a los granjeros de la tribu, que se veían casi incapaces de producir comida suficiente para alimentar a todo el valle.

En el año 61 a.C., un rico noble helvecio llamado Orgetórix propuso una solución al doble problema de guerra constante y exceso de población que sufría la tribu: una migración en masa. Su idea era que la tribu entera abandonara la región para instalarse en las ricas tierras del suroeste de la Galia, cerca del Atlántico. Sí, admitió, ya había allí una tribu gala, los santones, que sin duda se resistirían a su llegada, pero no eran rivales para los poderosos guerreros helvecios, que se habían criado desde la niñez combatiendo contra los bárbaros germanos. Los helvecios, encantados con la idea, iniciaron los preparativos. Decidieron permanecer en su valle otros dos años para darse tiempo a acumular los excedentes de grano con los que recorrer los más de cuatrocientos kilómetros de viaje que los esperaban. Además, invitaron a otros vecinos celtas a unirse a ellos, incluido un grupo de boios que, hacía poco, habían sido expulsados de sus tierras, en Europa oriental, por los germanos y los dacios. Estos dos años les darían tiempo para negociar tratados de paz con sus rivales, los aeduos y los secuanos, situados ambos al oeste, de modo que no los hostigaran durante su migración.

Sin embargo, Orgetórix tenía planes que iban mucho más allá de una simple migración a lo largo de la Galia. Ya era una voz muy importante entre los helvecios, pero él ambicionaba gobernar la tribu como rey. Su sueño era forjar una alianza con los poderosos aeduos y secuanos para apoderarse de toda la Galia. De este modo, con el pretexto de negociar las condiciones de paso de los helvecios durante su viaje, conspiró con los líderes de estas dos tribus para conquistar todo el país. En aquel momento, una importante facción de los aeduos era la que dirigía Dumnórix, hermano del druida Divicíaco, que había servido como embajador de su pueblo en Roma. Divicíaco era un decidido prorromano, pero su popular hermano, Dumnórix, despreciaba el imperio del sur. Dumnórix vio la alianza propuesta por Orgetórix como una oportunidad para contrarrestar la reciente influencia romana en la Galia y aumentar su propio poder (no en vano Dumnórix en galo quiere decir «rey del mundo»). Con los helvecios y los secuanos de su lado, podían formar un poderoso imperio galo que se extendiera entre los Alpes y el mar. Al igual que hacían César, Craso y Pompeyo casi al mismo tiempo, los líderes galos formaron una alianza secreta, sellada también con la entrega en matrimonio de la hija de Dumnórix a Orgetórix.

Pero una verdad eterna de las conspiraciones es que nunca permanecen mucho tiempo en secreto. Los planes de Orgetórix fueron revelados a los líderes helvecios por sus espías y el ambicioso aristócrata fue detenido. Lo llevaron ante la asamblea tribal para juzgarlo por sus actos, pero, en una maniobra digna de un político romano, Orgetórix inundó la asamblea con sus partidarios y logró la anulación del juicio. Los ancianos helvecios, indignados por este atentado a la tradición, decidieron castigar a Orgetórix y empezaron a reunir guerreros para asaltar su fortaleza. En ese momento, inesperadamente, Orgetórix murió. Algunos dijeron que se había suicidado, pero la mayoría de los helvecios, así como César, sospecharon que se trataba de juego sucio.

A pesar de que Orgetórix estaba muerto y su conspiración había saltado por los aires, los helvecios seguían decididos a continuar con sus planes y abandonar su valle en busca de un nuevo hogar al otro lado de la Galia. Tras hacer acopio de las provisiones y los medios de transporte que necesitarían para su larga marcha, decidieron romper para siempre con su antiguo hogar incendiando todos los fuertes de las colinas, las ciudades y las aldeas. De este modo, nadie sentiría la tentación de volverse atrás aunque la migración fuera demasiado dura. La tribu partió el 28 de marzo del año 58 a.C., cuando las últimas nieves del invierno se fundían en los valles inferiores. Sólo había dos posibles rutas de salida para ellos. La primera era un paso angosto que atravesaba las montañas del Jura al noroeste, por desfiladeros que sólo permitían el tránsito de un carromato y que, además, desembocaban en las tierras de los secuanos. Pero un camino tan lento y peligroso podía ser utilizado por unos pocos enemigos decididos que bloquearan los pasos o atacaran desde arriba. La segunda alternativa era dirigirse hacia el suroeste para salir del valle hasta llegar a la frontera de los allobroges, en la ciudad de Leman. Los líderes de la tribu decidieron que esta ruta era preferible, puesto que podían cruzar el Ródano por puente o incluso vadearlo, en caso necesario. El problema era que el lago Leman marcaba el comienzo del territorio romano. Sin embargo, los helvecios estaban convencidos de que podrían persuadir a los allobroges de que permitieran pasar por sus territorios a unos compatriotas y cruzar el norte de la Provincia en dirección al Atlántico. Y si los allobroges no cooperaban, siempre podían convencerlos por la fuerza de las armas.

La guerra en tiempos de César era una actividad sanguinaria y directa en la que los hombres mataban a sus adversarios a puñaladas y golpes. También era una parte normal y natural de la vida. Si una ciudad poseía tierras fértiles, cosechas abundantes o mercancías valiosas, siempre habría un enemigo dispuesto a arrebatártelas. Si una ciudad vecina era débil, lo normal era tratar de conquistarla o, al menos, sojuzgarla para convertirla en vasalla. Si se quería mantener la independencia, era necesario un ejército fuerte. En esto, los romanos eran como los griegos, los germanos, los celtas y todos los pueblos del mundo antiguo. Pero, a diferencia de los demás, los romanos habían perfeccionado un sistema militar que les permitiría conquistar el mundo.

Las claves del legendario poder de la maquinaria bélica romana eran la flexibilidad y la organización. Puede que los romanos sintieran un profundo amor por la tradición y siguieran celebrando festividades religiosas mucho tiempo después de que su significado hubiera caído en el olvido, pero eran mucho más rápidos a la hora de aprender nuevas formas de luchar y de desprenderse de tácticas militares obsoletas. Si los partos los derrotaban en el campo de batalla usando un nuevo tipo de lanza, al poco tiempo las forjas romanas estaban trabajando a destajo para producir una copia de la nueva arma. Sin embargo, lo que en última instancia hizo invencibles a los romanos no fueron sus armas ni sus líderes (puesto que los generales romanos, al igual que sus políticos, eran, en esencia, aficionados), sino su genial uso de las unidades en combate. Homero cantaba a héroes que se desafiaban a combates singulares en las llanuras de Troya, pero el ejército romano era una máquina.

Nuestras fuentes sobre el ejército romano en los primeros tiempos de la república son escasas, pero sabemos que a finales del siglo III a.C., había desarrollado ya las características básicas que lo definirían durante los siguientes siglos. En su corazón se encontraba la infantería pesada, formada por hombres cuyo patrimonio les permitía costearse las armas y la impedimenta. Desde su creación, el ejército romano estaba formado por ciudadanos que luchaban más o menos voluntariamente para proteger la ciudad y ganarse una parte del botín de guerra. Cada soldado llevaba una armadura de metal sobre una camisa. La mejor era la cota de malla formada por anillos de hierro entrelazados, pero era tan sumamente cara que la mayoría se veía obligada a utilizar una armadura rígida más barata. La cabeza se protegía con un casco acolchado, a menudo equipado con piezas para proteger las mandíbulas o coronado con un penacho de plumas. Las piernas obtenían cierta protección gracias a unas grebas que cubrían los muslos, pero los romanos preferían dejar las extremidades casi descubiertas para aumentar la movilidad. Cada soldado llevaba más de un *pilum* (o jabalina), lanza que se utilizaba para el combate cuerpo a cuerpo más que como arma arrojadiza. Era un arma pesada, de más de metro y medio de longitud, con una gran cabeza afilada, diseñada para atravesar el escudo del enemigo y ensartarlo. Si no alcanzaba el cuerpo, al romperse dificultaba el uso del escudo y el soldado romano podía sacar su segunda jabalina para volver a intentarlo. La espada romana era corta y se usaba para apuñalar y no para asestar tajos. Además, cada soldado romano llevaba un gran escudo de más de un metro de altura y casi sesenta centímetros de anchura. Estaba hecho de varias capas de madera cubiertas de cuero grueso y se llevaba atado sobre el brazo izquierdo. Su peso superaba los diez kilos. Este recio escudo proporcionaba una protección efectiva frente a casi todos los golpes, pero además era útil como arma ofensiva, para derribar a los enemigos.

Sin embargo, por bueno que fuese el equipo del soldado romano individual, lo que ganaba o perdía las batallas era la organización del ejército y la disciplina en el campo de batalla. El ejército estaba dividido en legiones de entre cuatro y seis mil efectivos. Estas unidades avanzaban por el campo de batalla dispuestas en tres líneas de treinta unidades llamadas manípulos. De este modo, una legión romana en orden de batalla se parecía mucho a un tablero de ajedrez. A diferencia de las líneas continuas de otros ejércitos, los huecos entre los manípulos proporcionaban gran flexibilidad a los romanos en terreno abrupto. Cada manípulo estaba formado por dos centurias (compuestas a su vez por cien hombres), dirigidas por un centurión y un portaestandarte. Los manípulos de la primera línea eran los *hastati* («lanceros»), soldados jóvenes que eran los primeros en trabar contacto con el enemigo. Tras ellos venían los *principes* («primeros hombres»), compuestos de guerreros curtidos de entre veinte y treinta años, a los que seguían los *triarii* («los de la tercera línea»), los soldados más expertos. Un comandante habilidoso podía utilizar con gran eficacia este sistema de «tablero de ajedrez», desplazando sus fuerzas por el campo de batalla según sus necesidades. Las legiones incluían también contingentes de infantería aliada y escuadrones de caballería. La estructura básica del ejército romano perduraría hasta el final del dominio romano en Europa.

César se enteró del plan de los helvecios y de su fecha de partida mientras se encontraba acampado a las afueras de Roma, a mediados de marzo. En aquel momento, Clodio estaba ocupado causando toda clase de problemas en Roma (especialmente a Cicerón), pero el excónsul no tenía tiempo que perder en la política romana. Viajó a velocidad de vértigo desde Roma hasta la punta septentrional de la Galia romana y llegó a la ciudad de Leman, capital de los allobroges, antes de que prácticamente nadie se enterara de que había salido de Italia. De camino allí, inició el reclutamiento de tropas en la Galia Transalpina, porque en aquel momento sólo había una legión en la Provincia. Sin perder un instante, ordenó que el puente sobre el Ródano fuera demolido en Leman y luego esperó a que los helvecios se acercaran. Estaba impaciente por obtener una victoria que le permitiera reforzar su posición política en Roma, pero también tenía razones legítimas para hacer frente a los helvecios. Su marcha a través de la Provincia provocaría el caos en las tierras de los allobroges, puesto que era muy poco probable que los helvecios se contuvieran y no hubiera saqueos. Además, una vez que estuvieran en su nuevo hogar, en el sur de la Galia, representarían un peligro constante para las ciudades romanas del Mediterráneo y de los alrededores, como el importante centro de Tolosa (la actual Toulouse). Para colmo, los territorios alpinos que pensaban abandonar serían, casi con toda certeza, ocupados por los germanos, quienes representarían un peligro aún mayor para la paz en el sur de la Galia. Y, por último, César no ignoraba que los helvecios habían humillado a los romanos cincuenta años antes, al derrotarlos en batalla y obligar a los supervivientes a pasar por debajo de un yugo. El sentido de la justicia romano exigía una retribución.

Los helvecios enviaron en seguida a dos de los hijos de sus ancianos a parlamentar con César en Leman. Éstos presentaron su caso aduciendo que no buscaban una lucha con los romanos, sino sólo paso libre a través de sus tierras. César respondió que tendría que pensar sobre ello y que regresaran el 13 de abril, cuando tendría una respuesta para ellos. Como es lógico, ya había tomado una decisión, pero necesitaba ganar tiempo para que sus tropas llegaran a Leman y así reforzar sus defensas. En cuanto los embajadores helvecios se hubieron marchado, hizo gala de uno de sus mayores talentos, el de ingeniero militar, y construyó a la velocidad del rayo un enorme muro de tierra de treinta kilómetros de longitud para separar el valle alpino de los helvecios de territorio romano. Esta fortificación prefigura otras obras posteriores, como el Muro de Adriano en Escocia. Extendida desde el Jura hasta el lago Leman, con más de cinco metros de altura, dotada de un foso delantero y fuertes a lo largo de todo su perímetro, se alzaba como una barrera impenetrable para la migración de los galos.

Cuando, en la fecha señalada, regresaron los líderes helvecios, quedaron boquiabiertos al encontrarse con una barricada tan alta como tres hombres que cruzaba de un lado a otro la totalidad de la llanura. Apenas un mes antes el paso parecía expedito, pero ahora aquel advenedizo general romano se había atrevido a estabular a decenas de miles de guerreros galos. César les dijo a los embajadores lo que a esas alturas ya evidenciaban los hechos: que rechazaba su petición de atravesar el territorio romano y que utilizaría la fuerza para repelerlos si era necesario. Los helvecios no estaban dispuestos a rendirse tan fácilmente, así que empezaron a sondear las defensas romanas día y noche en busca de un punto débil. Pero César no creía en los puntos débiles. En la muralla, sus hombres repelieron todos los intentos del enemigo por abrirse paso, mientras sus tropas en el río y en el lago detenían a todo el que intentaba cruzar sigilosamente.

A estas alturas, los helvecios estaban tan furiosos como totalmente frustrados por las insólitas tácticas defensivas utilizadas por César. Desesperados, decidieron probar la opción del angosto paso de montaña que cruzaba el Jura y la tierra de los secuanos. Pero como los secuanos podían bloquear fácilmente este paso o atacarlos en el descenso, optaron por no aventurarse hasta contar con el permiso de sus líderes. No es de extrañar que éstos, al igual que había hecho César, les prohibieran el paso por sus territorios, creyendo como él que sembrarían el caos en cualquier región en la que entraran. Entonces, los helvecios recurrieron al antiguo compañero de conspiración de Orgetórix, el líder de los aeduos, Dumnórix, para que intercediera ante ellos. Dumnórix, además de estar en términos amistosos tanto con los secuanos como con los helvecios, tenía fama de ser justo y generoso. Accedió gustoso a lo que le pedían, pero como la mayoría de los políticos, tenía sus propias razones para colaborar. En este caso su ardiente deseo de aumentar su ya considerable poder en la Galia oriental actuando como intermediario entre tribus hostiles. Con su intermediación, los helvecios accedieron a entregar importantes rehenes a los secuanos como garantía de buen comportamiento. Si saqueaban las tierras por las que pasaran, los secuanos podrían ejecutar a estos rehenes. Los secuanos, a su vez, también entregaron rehenes a los helvecios para garantizar que nos los traicionarían y los atacarían mientras estuvieran cruzando su territorio.

César no tardó mucho en enterarse de los nuevos planes de los helvecios y comprendió al instante que se enfrentaba a un problema mucho mayor que repeler a una tribu de furiosos galos en un muro bien guarnecido. Si los helvecios lograban llegar a la Galia central podían provocar un caos incalculable que amenazaría la Provincia, desestabilizaría el país entero y acabaría provocando incursiones germanas en la región. Las tropas de que disponía no bastaban para hacer frente a esta amenaza, así que dejó al mando de la muralla a su antiguo camarada Labieno, que ejercía como lugarteniente suyo en la Galia, y partió a galope hacia el norte de Italia, donde había dejado tres legiones en reserva. Además, aprovechó los lazos de patronazgo que tendiera en su día con los galos itálicos para reclutar otras dos legiones entre los celtas nativos de la región. Con cinco legiones de galos romanizados, partió al encuentro de sus salvajes parientes del otro lado de los Alpes.

No había tiempo para una cómoda marcha por el Mediterráneo, por la ruta de Massilia y Ródano arriba hasta las tierras de los allobroges. En su lugar, en un movimiento típico de César, llevó sus tropas más allá de la actual Turín y se adentró en los Alpes por veredas y pasos que ningún otro general romano se habría atrevido ni a considerar. Las tribus salvajes de las montañas intentaron bloquearle el paso, pero César se abrió paso luchando hasta ganar el valle del Ródano. Ya empezaba a conseguir que sus jóvenes reclutas creyeran en él (y en ellos mismos) haciendo que se movieran más de prisa de lo que nadie consideraba posible.

En el tiempo que había tardado en traer sus tropas desde Italia, los helvecios habían salido de las montañas, cruzado las tierras de los secuanos y entrado en las de los aeduos. Como se esperaba, su avance no estuvo desprovisto de saqueos e incendios, lo que llevó a los aeduos a enviar a César un mensaje en el que solicitaban su intervención. Como los aeduos estaban desde hacía mucho tiempo en términos amistosos con los romanos y los habían ayudado en sus guerras contra los allobroges y los arvernos del sur de la Galia, tenían buenas razones para esperar una respuesta favorable. Los helvecios, según ellos, estaban arrasando sus tierras, esclavizando a sus hijos y sembrando el caos y la devastación a poca distancia de la frontera romana. César no podría haber estado más satisfecho. Al fin tenía la excusa perfecta para intervenir en la Galia: una petición de ayuda formal de un antiguo aliado de Roma. Hasta los más obstruccionistas senadores no tendrían más remedio que dar su aprobación si César intervenía para proteger los intereses romanos en la Galia. Es más, si no lo hacía, es muy probable que lo acusaran de haber descuidado sus deberes como gobernador. Y también Dumnórix estaba contento, puesto que la invasión de los helvecios y la consiguiente intervención romana fomentaban el caos que necesitaba para subvertir el orden establecido.

César cruzó rápidamente el Ródano y se dirigió hacia el norte, a la región de la actual Lyon. En el perezoso río Saona, miles de guerreros helvecios junto con sus familias estaban tratando de cruzar a la orilla occidental a través de un improvisado puente formado por almadías. Los galos, que no eran grandes ingenieros, habían tardado veinte días en construirlo. César los observó desde lejos hasta que tres cuartas partes de la tribu hubieron cruzado, y entonces actuó. Tras bloquear fácilmente el puente para impedir que sus compatriotas acudieran en su socorro, las legiones se volvieron hacia los galos que habían quedado en la orilla oriental y empezaron a exterminarlos. Muchos de los helvecios cayeron en el sitio, mientras otros lograron escapar, exhaustos, a los bosques. Para los galos que observaban desde el oeste, fue un ataque cobarde y deshonroso. Pero a César no le interesaban las ideas galas sobre la guerra heroica. Superado ampliamente en número, estaba decidido a vencer por cualquier medio. Muchas veces se mostraría clemente con un enemigo vencido, pero sólo después de la batalla.

Masacrada o dispersa la cuarta parte de los helvecios, César marchó sin perder tiempo en pos del resto, que ya había partido hacia el corazón de las tierras de los aeduos, al norte. Aunque los invasores galos habían tardado veinte días en construir un puente sobre el Saona, él lo hizo en sólo uno. Los helvecios estaban tan acobardados por la destrucción de una parte de su tribu y por la increíble velocidad de los romanos que enviaron a un respetado anciano llamado Divico para parlamentar con César. Cincuenta años antes, Divico era un joven comandante del ejército helvecio que derrotó a los romanos y acabó con uno de sus cónsules. El galo presentó una oferta muy razonable a César: si se avenía a firmar la paz con los helvecios, se asentarían en cualquier región razonable de la Galia que él escogiera. Pero si insistía en hacerles la guerra, debía recordar que sólo por medio de artimañas había logrado derrotar a una pequeña parte de su pueblo a orillas del Saona. Los helvecios, señaló atinadamente, habían aprendido de sus antepasados a luchar con el coraje de los hombres de verdad y no utilizaban estratagemas. Habían aplastado fácilmente un ejército romano medio siglo antes y eran perfectamente capaces de volver a hacerlo.

César escuchó educadamente a Divico y luego respondió que era muy consciente de la derrota que les habían infligido los helvecios en el pasado. Por esa misma razón, los romanos estaban decididos a buscar venganza. Además, no podía permitir que se asentaran pacíficamente entre las tribus galas después de los problemas que habían causado. Sin embargo, continuó, era un hombre generoso y permitiría que los helvecios regresaran a sus casas si le entregaban rehenes para garantizar su buen comportamiento futuro. Además, pagarían importantes reparaciones a los aeduos, cuyas tierras habían devastado. Como César esperaba, Divico enrojeció y replicó que los helvecios nunca le entregarían rehenes, sino todo lo contrario. Dicho lo cual, el embajador galo salió hecho una furia del campamento romano.

Los helvecios tenían buenas razones para mostrarse confiados, puesto que, a pesar de que ya habían perdido una cuarta parte de sus efectivos, seguían disponiendo de fuerzas considerables, muy superiores en número a los romanos. Por esta razón, César se decantó por una estrategia muy prudente y decidió seguirlos a distancia mientras seguían adentrándose en las abruptas tierras de los aeduos. Los romanos utilizaban casi exclusivamente caballería extranjera en sus guerras, por lo que César había reclutado cuatro mil jinetes entre los galos de la Provincia y los aeduos. Como capitán, nombró nada menos que al líder aeduo Dumnórix, un hombre del que no tenía razones para desconfiar, puesto que no estaba al corriente de sus tratos secretos con los helvecios. En un momento determinado, mientras la caballería seguía de cerca a los helvecios, Dumnórix ordenó a sus hombres que atacaran la retaguardia del enemigo, contraviniendo las órdenes de César. El terreno era desfavorable para los caballos, así que los helvecios lograron poner en fuga a la caballería aliada. Tal como Dumnórix esperaba, esta victoria alentó enormemente a los helvecios, todo lo contrario que a los romanos.

Además, César se enfrentaba a serios problemas de abastecimiento. Como las tropas romanas acostumbraban a vivir de la tierra durante sus campañas y dependían de las requisas de grano entre las tribus vecinas, César contaba con que sus aliados aeduos le suministraran la mayor parte de las provisiones que necesitaba. Pero los aeduos respondían con constantes excusas —el tiempo era demasiado frío, el grano no estaba maduro aún, había problemas con los transportes— para explicar sus demoras. Al cabo de algún tiempo, el general romano comprendió que su ejército se encontraba en una posición peligrosa, lejos de sus bases y sin fuentes de abastecimiento fiables. Convocó un consejo de líderes aeduos, incluidos su amigo Divicíaco y el hermano de éste, Dumnórix. Entre estos líderes se encontraba el magistrado aeduo llamado Lisco, quien advirtió a César de que algunos de sus compatriotas conspiraban contra él. Lisco le explicó que, como líder electo de los aeduos, estaba haciendo todo lo posible para entregar el grano a los romanos, pero que ciertas figuras poderosas y anónimas de la tribu estaban haciendo inútiles sus esfuerzos. Estos conspiradores aducían que si ayudaban a César a derrotar a los helvecios, los romanos se quedarían con la Galia para ellos.

César sospechó al instante de Dumnórix. Disolvió la asamblea, pero retuvo a Divicíaco y lo interrogó en privado sobre las intenciones de su hermano. Divicíaco se vino abajo entonces y confesó que también había oído historias parecidas sobre Dumnórix, pero no había podido traicionarlo por lealtad familiar. Le contó a César que Dumnórix odiaba a los romanos y aspiraba a convertirse en rey de los aeduos. Su hermano era una figura carismática, adorado por el pueblo, quien lo veía como un campeón de sus derechos frente a la nobleza conservadora. César debió de llenarse de asombro al ver lo mucho que se parecía la política en Roma y entre las tribus bárbaras. Convocó a Dumnórix y le dijo que estaba al tanto de sus traiciones. Cualquier otro general romano habría ordenado al punto que lo decapitaran, pero César, por respeto a su hermano Divicíaco, perdonó a Dumnórix y lo puso bajo custodia.

Entretanto, la situación de su ejército no dejaba de agravarse a medida que se adentraba en las colinas y los bosques de la Galia central. Necesitaba desesperadamente atraer a los helvecios a una batalla en la que pudiera sacar el máximo partido a sus tropas, inferiores en número. La oportunidad no tardó en presentarse cuando sus exploradores le informaron de que los helvecios habían acampado en la base de una colina, unos doce kilómetros hacia el norte. Si conseguía colocar parte de sus tropas en la cima de aquella colina podría atacar al enemigo desde una posición ventajosa. Luego podría avanzar con el resto de su ejército desde la dirección opuesta y atrapar a los helvecios entre los soldados que descendían de lo alto y la fuerza principal, situada en el valle. Era un plan perfecto, pero dependía de la velocidad y el sigilo. Aquella noche, envió a Labieno y a dos legiones con orden de dirigirse a marchas forzadas hacia la ladera opuesta a la que albergaba el campamento de los helvecios. En absoluto silencio, ocho mil hombres ascendieron por las cuestas y entre los árboles hasta llegar a la cima, desde donde pudieron divisar al fin las fogatas de los helvecios. Al mismo tiempo, César avanzó por el valle con el resto del ejército hasta situarse a escasos dos kilómetros del enemigo. A continuación, envió a uno de sus veteranos más expertos, Publio Considio, para confirmar que Labieno estaba preparado para cerrar la trampa. Al poco, Considio regresó a galope al campamento romano con la noticia de que había visto gran cantidad de tropas galas sobre la colina que Labieno tendría que haber tomado. César maldijo su suerte y se retiró con su ejército a una pequeña loma cercana, donde se preparó para esperar el inevitable ataque enemigo. Hora tras hora, las tropas romanas aguardaron el comienzo de su primera y quizá última batalla. Pero el día se fue alargando y el ataque no se produjo. Finalmente, apareció en el campamento un mensajero de Labieno para preguntar por qué César no había lanzado el ataque, puesto que él tenía órdenes estrictas de no hacer nada hasta ver que el contingente principal asaltaba el campamento enemigo. Resultó que Considio se había confundido y que las tropas de Labieno llevaban varias horas en lo alto de la colina sin que nadie las detectara. Y, para colmo, entretanto, los helvecios habían levantado el campamento y se habían alejado en dirección norte.

Hay que reconocerle a César que, en *La Guerra de las Galias,* nunca vacila en revelar los numerosos errores que cometió a lo largo de sus campañas. Era un genio militar, pero la niebla de la guerra puede confundir hasta a los mejores generales. En aquel momento se encontraba en una situación realmente delicada, puesto que a sus tropas sólo les quedaban dos días de provisiones y acababan de ver cómo su comandante dejaba escapar una oportunidad de oro. El orgullo herido de César se curaría con el tiempo, pero sabía que tenía que encontrar comida cuanto antes. Su única oportunidad se encontraba más de treinta kilómetros al norte, en el fuerte de la colina de Bibracte, capital de los aeduos. Esta enorme ciudadela, que se erguía majestuosa sobre los campos circundantes, contenía grano suficiente para alimentar a sus tropas durante muchas semanas. De modo que

César interrumpió la persecución de los helvecios y tomó el camino de Bibracte.

Los helvecios se enteraron de su cambio de planes casi al instante gracias a los desertores galos que habían decidido que la de los romanos era una causa perdida. Además, ya estaban al corriente del fiasco romano de la pasada noche y creían que el enemigo estaba al borde del pánico y podía ser vencido con facilidad. Sus líderes lanzaron su ejército en pos de César y atacaron su retaguardia antes de que pudiera llegar a Bibracte. Mientras la caballería aliada contenía su asalto durante unos minutos preciosos, César estacionó rápidamente cuatro de sus legiones en lo alto de una colina empinada, junto con todo su equipo y el resto de sus provisiones. El ejército romano aguardó en formación mientras decenas de guerreros helvecios marchaban valle arriba y se situaban frente a los romanos, inferiores en número. Los helvecios sabían que los soldados romanos estaban cansados y hambrientos, y que en su mayoría eran inexpertos y jóvenes granjeros de la Provincia y del norte de Italia. Los torvos guerreros helvecios, veteranos de incontables victorias contra los germanos, se plantaron frente a las tropas romanas y las contemplaron con una mezcla de desprecio y sed de venganza.

César se disponía a librar la primera gran batalla de su vida. Como es lógico, había dirigido numerosas escaramuzas de menor importancia en Hispania y había supervisado la anterior emboscada contra los helvecios, pero nunca había sido responsable de las vidas de millares de hombres en una batalla campal. Tanto él como todos los que se encontraban en aquella colina sabían que si no conseguían la victoria había pocas probabilidades de que volvieran a ver sus hogares. Lo primero que hizo César tras preparar a sus hombres fue soltar a su caballo y asegurarse de que sus hombres lo veían hacerlo. El caballo de César era un animal único, con unos cascos hendidos que casi parecían pies humanos. En el momento de su nacimiento, una pitonisa había declarado que su amo gobernaría algún día el mundo, así que César había criado el animal con el máximo de los cuidados. El animal lo adoraba y el sentimiento era recíproco por parte de su amo, que un día erigiría una estatua de la bestia en el templo de su deidad ancestral, Venus. Pero en aquel momento ordenó que se lo llevaran, junto a las monturas de los demás oficiales. César quería que sus hombres supieran que afrontaría con ellos lo que fuera que el destino les deparara. Finalmente, utilizó sus dotes oratorias para dar una corta pero eficaz arenga a sus tropas, y la batalla dio comienzo.

A los helvecios no les gustaba tener que combatir contra un enemigo situado en terreno elevado, pero su superioridad numérica era tal que debían de sentirse confiados. Daban por supuesto que los romanos utilizarían su posición para obligarlos a marchar colina arriba para atacarlos. Por consiguiente, quedaron totalmente sorprendidos al ver que los legionarios descendían a paso ligero hacia ellos. Cuando se encontraban a pocos metros de los guerreros helvecios, los romanos lanzaron sus letales jabalinas. Algunos de los helvecios cayeron, pero la mayoría de las jabalinas acabaron clavadas en los grandes escudos de madera. Varias andanadas más bastaron para que los escudos de los helvecios quedaran inutilizados por culpa de las pesadas puntas de hierro. Frustrados, la mayoría de los guerreros de las primeras filas arrojaron sus escudos y se prepararon para luchar sin protección. Esto proporcionaría una tremenda ventaja a los romanos, que en aquel momento desenvainaron las espadas y cargaron en formación cerrada contra los helvecios.

Los galos, incapaces de resistir la carga romana y muchos de ellos gravemente heridos, retrocedieron sin dejar de luchar hasta el fondo del valle y luego por la ladera opuesta. Los romanos habían conseguido ganar la primera parte de la batalla, pero ahora, al verse obligados a luchar colina arriba, su avance se ralentizó. En ese momento, los boios y demás aliados de los helvecios, que habían permanecido en reserva valle arriba, atacaron su flanco derecho. Esto obligó a César a dividir su ya reducido ejército para atacar a los helvecios en la colina y para hacer frente a las tropas frescas que atacaban su costado, pero a pesar de ello logró mantener sus líneas mientras la batalla se convertía en una agotadora lucha por la supervivencia que se prolongó hasta la tarde. Finalmente, las defensas helvecias se vinieron abajo y parte de sus fuerzas se batieron en retirada hacia los bosques del norte mientras los demás ofrecían una última y desesperada defensa alrededor de sus carromatos. Al perderse en el este las últimas luces del día, los romanos habían derrotado a los guerreros helvecios, que, al decir de César, ni una sola vez dieron la espalda a los romanos para huir.

Los romanos capturaron a varias hijas del líder helvecio Orgetórix entre los carromatos del campamento enemigo, así como a uno de sus hijos, pero varios miles de sus compatriotas habían logrado escapar. No obstante, una vez hechas las cuentas, al menos la mitad de los helvecios que con tanta confianza hicieron frente a los romanos aquella mañana habían muerto o estaban prisioneros. Los que habían escapado buscaron refugio entre la tribu de los lingones, al norte, pero César ya había enviado mensajeros advirtiendo a éstos de que si ayudaban de algún modo a los helvecios se los trataría como enemigos de Roma. Cerrada la vía de los lingones y con las legiones de César a la espalda, los helvecios no tardarían en ser exterminados. Pero las tropas de César estaban exhaustas, y había tantos heridos que no podrían haber perseguido a los helvecios ni aun en el caso de haberlo deseado. César tardó tres días enteros en ocuparse de los heridos y en enterrar a los muertos antes de partir hacia el norte en pos de los galos.

Los emisarios helvecios encontraron al ejército de César de camino hacia el norte. Se arrojaron a sus pies suplicando clemencia y le aseguraron que no tenían comida y sólo buscaban la paz. César respondió que estaba dispuesto a concedérsela si regresaban a sus valles y allí servían como baluarte frente a la expansión germana. Se les entregarían grano y semillas suficientes para que pudieran empezar de nuevo, siempre que ellos le proporcionaran rehenes como garantía de sus buenas intenciones y devolvieran a cualquier esclavo procedente del ejército romano. Los emisarios accedieron a todas sus exigencias y partieron hacia su campamento. Pero durante la noche, parte de la tribu, creyendo que César los sacrificaría a todos una vez que hubieran depuesto las armas, escapó y trató de ganar el Rin para buscar refugio entre los germanos. Los romanos los alcanzaron y César, que no era partidario de ofrecer su clemencia dos veces, los esclavizó o ejecutó a todos.

Entre los restos del campamento helvecio, César encontró unas tablillas escritas en lengua celta pero con caracteres griegos.

Los druidas tenían prohibido poner por escrito sus secretos, pero los galos corrientes utilizaban los alfabetos griego, etrusco y romano para anotar toda clase de información, desde informes fiscales a epitafios, pasando por mensajes eróticos y hechizos. Las tablillas encontradas por César eran un censo de todos los helvecios y sus aliados, en el que se afirmaba que más de trescientas mil personas, entre hombres, mujeres y niños, habían partido del lago Leman unas semanas antes para buscar un nuevo hogar en la Galia occidental. César procedió entonces a realizar su propio censo y descubrió que apenas una tercera parte volvería a casa.

César había obtenido la primera gran victoria militar de su carrera y podía informar al Senado de que la Provincia e Italia estaban por fin a salvo de los saqueadores helvecios. Tradicionalmente, los esclavos capturados en una guerra eran propiedad del comandante victorioso, así que César obtuvo una elevada suma vendiendo sus prisioneros a los ávidos mercaderes de esclavos que, como siempre, seguían a los ejércitos en sus campañas. Pero los romanos no eran los únicos que estaban satisfechos con la derrota de los helvecios. César escribe que los representantes de la mayoría de las tribus galas convergieron en su campamento para expresarle su gratitud por la victoria obtenida sobre sus rapaces compatriotas. Sin duda, la satisfacción por una importante victoria romana en el corazón mismo de la Galia no fue tan unánime como dice César, pero es muy posible que la desaparición de los helvecios supusiera un alivio para la mayoría de las tribus. La perspectiva de que miles de guerreros helvecios corrieran libres por el país era aterradora hasta para las tribus galas que odiaban a Roma. Los galos tenían que admitir que, hasta el momento, el poderoso imperio del sur no había mostrado la menor intención de expandir su autoridad al norte de la cuenca mediterránea. Puede que las legiones entraran de vez en cuando en la Galia para castigar a una tribu levantisca o para defender a un aliado, como habían hecho con los aeduos, pero siempre regresaban a las cálidas tierras de la Provincia al llegar el invierno. Y nada inducía a pensar que César fuera a comportarse de manera diferente.

Convencidos de que Roma no tenía planes para la conquista de la Galia, los líderes tribales preguntaron a César si podían mantener una reunión privada con él para discutir un importante asunto de su mutuo interés. Tras elegir como portavoz al amigo de confianza de César, Divicíaco, juraron ante los dioses celtas que ninguno de ellos revelaría lo que estaban a punto de contar. Divicíaco explicó entonces a César que dos de las tribus galas más importantes, los secuanos y los arvernos, habían conspirado con los germanos para hacerse con el poder en el resto de la Galia, para lo cual habían invitado al brutal caudillo germano Ariovisto a que interviniera contra los aeduos y sus aliados. Al principio las cosas habían ido bien, puesto que sólo un pequeño grupo de guerreros germanos había cruzado el Rin. Pero Ariovisto se había negado a regresar a Germania cuando ya no lo necesitaban y, más aún, había traído a más de cien mil de sus bárbaros compatriotas para establecerse en la Galia. Había obligado a muchas de las tribus galas a entregarle niños como rehenes, y ahora, cuando los galos se oponían a sus deseos, torturaba a sus hijos e hijas de maneras inefables hasta doblegarlos. Cada año que pasaba, más y más germanos cruzaban el Rin y pronto toda la Galia estaría en manos de estos bárbaros. Las tribus de los galos no podían hacer frente a los germanos sin ayuda. Muchas de ellas, de hecho, estaban haciendo planes para emigrar, igual que los helvecios, lo que amenazaba con provocar una situación de inmensa inestabilidad en toda Europa occidental que, sin duda, tendría su reflejo en territorio romano. La única esperanza de los galos era que los romanos intervinieran y expulsaran a los germanos. Hasta los delegados secuanos de la reunión estaban a favor de que César acudiera en su ayuda. Si la anterior solicitud de auxilio enviada a los romanos por los aeduos había sido muy conveniente para los planes de César, una súplica de protección frente a los germanos por parte de una confederación entera de tribus galas era un sueño hecho realidad.

En la relación de este consejo enviada por César a sus lectores romanos, no escatima esfuerzos para explicar por qué necesitaba luchar contra los germanos en la Galia. La anterior guerra contra los helvecios no había levantado controversia, porque los galos eran una clara amenaza para la Provincia, pero las incursiones germanas desde el otro lado del Rin tenían lugar muy lejos del territorio romano. César nos presenta su caso paso a paso, como el abogado que es. Primero, los galos, y especialmente los antiguos aliados de Roma, los aeduos, habían solicitado formalmente su ayuda. Segundo, el acto de maltratar a los rehenes de Roma era un ataque contra la propia Roma. Tercero y más importante, Ariovisto estaba llevando a sus guerreros a la Galia por millares. Sólo era cuestión de tiempo, subraya César, que se desplazaran al sur y amenazaran la Provincia, e incluso la propia Italia, como hicieran los temidos cimbrios y teutones medio siglo antes. Los germanos podían estar muy pronto ante las puertas de Roma si nadie los detenía.

César olvida convenientemente mencionar el hecho de que él mismo había sido uno de los principales valedores de Ariovisto cuando el líder germano buscó la amistad de los romanos. No obstante, por cínico que fuera en su exposición en este punto, tenía toda la razón al afirmar que los germanos eran una amenaza para Roma. Desde hacía muchos años, las tribus germanas venían desplazándose continuamente en dirección sur desde sus hogares del norte de Europa. Gracias a su potencia demográfica y a su sin par destreza militar, habían conseguido expulsar a los celtas del sur de Germania y ahora amenazaban la Galia. Los Alpes no supondrían una barrera real para ellos si decidían entrar en Italia. Pero si César podía detenerlos en el Rin, Roma estaría a salvo durante muchos años.

Los germanos que vivían en los sombríos bosques y las lejanas costas del norte de Europa eran un gran misterio para los romanos. De hecho, aparte de unas pocas y ocasionales menciones por parte de mercaderes y exploradores, la de César es la primera descripción exhaustiva sobre los pueblos germanos de que disponemos. Al igual que los galos, los germanos nunca se vieron a sí mismos como una nación, sino más bien como una serie de tribus independientes que compartían una lengua y una cultura y pasaban guerreando la mayor parte del tiempo. César habla por propia experiencia cuando los describe como guerreros feroces, sin apenas interés por la agricultura y por lujos tales como el vino. En su lugar, se enorgullecían de su valor en la batalla y de la resistencia que adquirían al bañarse en sus helados arroyos desde la infancia. Eran especialmente habilidosos luchando a caballo y se mofaban de cualquiera que usase silla. Quienes traicionaban a su pueblo o demostraban cobardía en la guerra, podían ser condenados a muerte por los guerreros de la asamblea tribal y ahorcados de un árbol o ahogados en una ciénaga.

Los germanos tenían reyes tribales, pero el auténtico poder estaba en manos de caudillos militares como Ariovisto, capaces de inspirar y recompensar a los guerreros que decidieran seguirlos. Veneraban a multitud de dioses y eran especialmente devotos de las ceremonias de adivinación realizadas por sus sacerdotisas, que cortaban ramas de árboles, les arrancaban la corteza y las arrojaban sobre un lienzo blanco. Si los augurios prometían buena fortuna, podían seguir adelante. Pero si las ramas no se mostraban propicias, todo tenía que posponerse, incluso las batallas.

César estaba decidido a probar la diplomacia con los germanos antes de lanzarse a la guerra. Invitó a Ariovisto a un encuentro en un lugar neutral situado a medio camino entre sus dos ejércitos, pero el líder bárbaro envió un mensaje en el que decía que si César quería parlamentar, tendría que acudir al campamento germano. Ariovisto añadía con altanería que no era asunto de César lo que él, o cualquier otro germano, pudiera estar haciendo en la Galia. Sin dejarse provocar, César respondió con una carta en la que se exponían las tres condiciones de paz entre Roma y Ariovisto. Primero, no traería más germanos desde el otro lado del Rin. Segundo, liberaría a todos los rehenes galos. Y tercero, no volvería a hacer la guerra a ninguna otra tribu gala. Añadía que si no se cumplían estas condiciones el honor lo obligaría a defender los intereses de los galos en el campo de batalla. Es muy significativo que César no le exigiera al germano que regresara al otro lado del Rin. Al contrario que a los helvecios, a él sí se le permitiría quedarse en la Galia con su pueblo.

Sin embargo, a Ariovisto no le parecieron unas condiciones generosas. Envió otro mensaje en el que preguntaba a César quién diablos se creía que era para hacer exigencias y amenazarlo con la guerra por hacer lo mismo que los romanos habían hecho por todo el Mediterráneo. Roma conquistaba todas las tierras que se le antojaban y nunca pedía permiso para hacerlo ni aceptaba interferencias de terceros. No liberaría a los rehenes galos, y si César sabía lo que le convenía, retiraría sus tropas a la Provincia antes de que le enseñaran una sangrienta lección sobre la imbatibilidad de los germanos.

Mientras leía el mensaje de Ariovisto, César fue informado por las tribus norteñas de los aeduos y los treveros de que otro pueblo germano, los harudes, estaba saqueando sus tierras. Además, un nutrido contingente de germanos estaba congregándose en las orillas orientales del Rin para cruzar al otro lado y penetrar en la Galia. Convencido de que Ariovisto estaba detrás de estas nuevas amenazas, César comprendió que si dejaba que más germanos se reunieran con Ariovisto en la Galia, la tarea de expulsarlo podía tornarse imposible. El tiempo de las conversaciones había pasado, así que, sin perder un instante, partió hacia la fortaleza gala de Vesentio (la actual Besançon), a medio camino del Rin, para apoderarse de esta estratégica y bien aprovisionada plaza antes de que pudiera hacerlo Ariovisto. Sus fuerzas marcharon sin descanso de día y de noche hasta llegar a ella, y dejaron una guarnición para defenderla de los germanos.

Cruzando bosques sombríos y silenciosos, diferentes a cualquier otra cosa que los romanos hubieran visto, César llevó a su ejército hacia el Rin y hacia Ariovisto. Sus hombres tuvieron que marchar por bosques tan densos que los árboles tapaban la luz del sol durante días enteros. Al cabo de un tiempo, un frío pánico empezó a extenderse entre las filas del ejército. Los pocos que habían visto a los germanos hasta entonces susurraban alrededor de las fogatas del campamento que eran gigantes, feroces en la batalla, con ojos de mirada tan penetrante que era imposible mirarlos a la cara. Algunos de los jóvenes de familias acaudaladas a los que César se había traído de Roma para que adquirieran experiencia en la guerra empezaron a acordarse de las razones por las que los necesitaban en sus casas. A otros, demasiado orgullosos para marcharse, los sorprendieron llorando en sus tiendas o intercambiando con sus compañeros los últimos y siniestros rumores que corrían sobre el enemigo. Al poco tiempo, los mismos temores empezaron a circular entre los soldados normales y corrientes, a quienes les dio por escribir sus últimas voluntades. Hasta los soldados más veteranos y expertos, centuriones curtidos y comandantes de caballería que habían luchado por todo el Mediterráneo, empezaron a sentir cómo les subía reptando un frío pánico por los huesos. Algunos trataron de disimular su miedo aduciendo que no eran los germanos lo que los preocupaba, sino el bosque impenetrable o las incertidumbres del avituallamiento. Otros se atrevieron incluso a murmurar que no se acercarían un paso más a los germanos, dijera lo que dijera César.

César comprendió que este motín podía llegar a ser el mayor desafío que jamás hubiera afrontado. Si no podía controlar a su propio ejército, estaba acabado como líder militar. Sería el hazmerreír de Catón y los *optimates* en Roma, lo que supondría el fin de su carrera política. Pero, como era su costumbre, César abordó la crisis de manera audaz e inesperada. Sin perder un instante convocó, no a sus oficiales y tribunos, sino a las docenas de centuriones veteranos que conformaban la auténtica columna vertebral de su ejército. Estos equivalentes romanos a los sargentos de los ejércitos actuales eran soldados muy veteranos, que dirigían la vida en el campamento y durante las marchas y, lo que es más importante, se colocaban a la cabeza de sus hombres en las batallas. César sabía que si conseguía convencerlos el resto del ejército los seguiría. A los jóvenes tribunos ricos de la nobleza de Roma podía controlarlos o incluso prescindir de ellos, pero a los centuriones los necesitaba de su lado.

En lugar de negociar o de prometerles recompensas, como habrían hecho otros generales romanos, abordó a los centuriones con una pasión furiosa: «¿Quiénes os creéis que sois —inquirió— para cuestionar adónde os dirijo? Sois soldados romanos, miembros del mayor ejército de la historia del mundo. Vuestro trabajo es obedecer las órdenes de vuestro comandante y conducir a vuestros hombres adonde yo lo considere conveniente. Puede que no tengamos que luchar contra Ariovisto si ese necio atiende a razones, pero aunque no sea así, ¿de qué tenéis miedo? Mario destruyó un ejército de germanos mucho más numeroso en tiempos de vuestros abuelos. Y vosotros habéis derrotado a los helvecios, una tribu que había rechazado a los germanos incontables veces antes. Ariovisto es un cobarde que se oculta en las ciénagas y que ataca como un bandido, saliendo de los bosques. En el campo de batalla se desmoronará ante nuestro ejército. ¿No vais a seguirme? Bien, haremos el equipaje y marcharemos contra Ariovisto esta misma noche. Si no conocéis el significado del deber y el honor romano, si sois unos cobardes, quedaos aquí. Marcharé solo con la Décima legión, muchachos valientes que siempre han estado a mi lado y venceremos solos a los germanos mientras vosotros volvéis arrastrándoos a casa cubiertos de oprobio.»

Las palabras de César avergonzaron de tal manera a los centuriones que declararon al instante su deseo de seguirlo hasta el fin del mundo. A continuación, los legados y oficiales se apresuraron a explicar que su vacilación había sido en realidad un malentendido y que su lealtad a César era inquebrantable. César aceptó de buen grado sus explicaciones y dio el asunto por zanjado. Cuando aquella noche levantaron el campamento, ni un solo hombre quedó atrás. No obstante, César tuvo la prudencia de pedirle a Divicíaco que trazara un nuevo camino hacia los germanos sin pasar por el denso bosque, a pesar de que esto añadiría otros ochenta kilómetros a su viaje.

Tras una semana de marcha, el ejército romano acampó cerca de Ariovisto y del Rin. El líder de los germanos envió un mensaje para decir que ahora estaba dispuesto a reunirse con César, aunque, en una demostración de prudencia, mandó numerosos emisarios al campamento romano para negociar las condiciones del encuentro. Su demanda principal era que César no llevara infantería al encuentro, sólo una escolta de caballería. Como sabía perfectamente el germano, la caballería de César estaba formada exclusivamente por galos, quienes no tenían por qué cumplir todas las órdenes de su comandante ni arriesgarse en exceso para protegerlo. Para remediarlo, César hizo que varios miembros de su fiel Décima legión montaran en los caballos de los galos y lo acompañaran a la reunión. Los legionarios se rieron y dijeron que César debía de tener mucha fe en ellos, puesto que estaba degradándolos a vulgares soldados de caballería, pero en el fondo de su corazón, los conmovió sinceramente que les confiara su vida.

Al llegar al escenario convenido para el encuentro, un montículo situado en el centro de una llanura cercana, Ariovisto, que estaba muy nervioso, insistió en que cada uno de ellos acudiera acompañado sólo por diez hombres y que César y él conversaran a caballo. El romano comenzó diciéndole a la cara lo que le había expuesto anteriormente por mensaje: que los germanos debían poner fin a su migración y tratar a los aeduos de manera razonable. Ariovisto replicó con desdén que estaba actuando conforme a las leyes de la guerra y que haría lo que quisiera con lo que él consideraba la parte de la Galia que le pertenecía. No necesitaba la aprobación de César y con mucho gusto dejaría que los ejércitos zanjaran la cuestión en el campo de batalla. A continuación dejó escapar una información muy interesante: había recibido mensajes privados de los *optimates* del Senado de Roma en los que se sugería que se alegrarían mucho si los germanos masacraban a César y a su ejército.

Si Ariovisto pretendía poner nervioso a César con esta revelación, no lo consiguió. Siguió insistiendo en que los germanos debían atenerse a sus términos si deseaban quedarse en la orilla occidental del Rin. Mientras se producían estas conversaciones, el general romano recibió el mensaje de que los jinetes de Ariovisto estaban hostigando a su caballería en un extremo de la llanura, arrojándoles piedras y alguna que otra jabalina. Como es lógico, César sabía que Ariovisto intentaba provocarlo, pero prefirió retirarse con sus hombres a su campamento antes de dejar que lo acusaran de violar una tregua.

Un par de días después, Ariovisto envió un mensaje en el que sugería que volvieran a reunirse o, al menos, que César le enviara algunos emisarios para seguir negociando. César se olía una trampa, pero era reacio a dejar pasar la oportunidad de resolver el asunto por medios diplomáticos, así que mandó a dos de sus hombres de confianza al campamento germano. Nada más llegar, los acusaron de espiar y los cargaron de cadenas.

Curiosamente, por mucho que Ariovisto estuviera tratando de irritar a los romanos, no parecía ansioso por provocar un enfrentamiento a gran escala, al menos de momento. Esto inquietaba sobremanera a César, que no entendía qué podía sacar el germano de la espera, sobre todo si tenemos en cuenta que contaba con superioridad numérica y parecía decidido a batallar. Los germanos ya habían trasladado su campamento tres kilómetros al oeste para impedir que los romanos recibieran provisiones o refuerzos de la Galia. De este modo, las legiones estaban encajonadas entre los germanos y el río, una situación que César habría aprovechando inmediatamente de haber estado en la piel de Ariovisto. Sin embargo, César no tenía miedo, y avanzó durante cinco días consecutivos hacia los germanos tratando de atraerlos a una batalla sin que Ariovisto hiciera otra cosa que enviar algunos escuadrones de caballería. César no podía entender qué estaban esperando los germanos.

El sexto día decidió adelantarlos y establecer un segundo campamento al oeste, para asegurarse de que no podían cortarle el suministro de grano desde la Galia. A fin de garantizar que sus hombres estaban a salvo mientras lo construían, marchó hacia el nuevo emplazamiento en formación triple. Las dos primeras líneas montaban guardia frente a la molesta caballería de Ariovisto mientras la tercera sacaba las palas y levantaba un fortín inexpugnable. Dejó dos de sus legiones en este segundo campamento, a pocos cientos de metros de los germanos, y trasladó las otras cuatro a su posición original. Era una maniobra muy astuta por su parte, puesto que, a pesar de que el enemigo lo superaba ampliamente en número, de este modo había logrado dejarlo atrapado entre sus dos campamentos.

Al día siguiente, Ariovisto lanzó un feroz asalto contra la nueva base romana, pero siguió negándose a empeñar sus fuerzas en una batalla total. Sin embargo, gracias a varios germanos capturados durante el reconocimiento, César empezaba a entender por qué vacilaba Ariovisto. Los prisioneros revelaron que sus sacerdotisas les habían prohibido atacar con el ejército entero hasta la nueva luna. Los guerreros germanos sentían tal respeto por estas pitonisas que se negaban a desobedecerlas por miedo a perder la guerra. César debió de sonreír al enterarse de la noticia, pues los prisioneros acababan de proporcionarle un arma poderosa.

Al día siguiente, dejó los hombres imprescindibles en cada campamento para protegerlos frente a un ataque sorpresa y marchó con el resto de sus fuerzas hacia el campamento de los germanos. Estaba decidido a obligarlos a luchar, dijeran lo que dijeran sus sacerdotisas. De este modo, cuando Ariovisto y sus hombres salieran del campamento, lo harían temiendo actuar contra la voluntad de los dioses. En una cultura en la que la adivinación era un asunto muy serio, esta vacilación podía proporcionarle una decisiva ventaja psicológica.

Al margen de los escrúpulos religiosos que pudieran tener, los germanos lucharon con gran bravura. Acometieron a los romanos a tal velocidad que las legiones no tuvieron tiempo de lanzar sus jabalinas. Éstas fueron abandonadas y las espadas salieron de las vainas, y así comenzó una feroz refriega cuerpo a cuerpo entre millares de hombres. Los germanos, en formación cerrada y protegidos por sus escudos, comenzaron a empujar a los romanos hacia atrás, hasta que algunos legionarios saltaron sobre ellos para arrancarles los escudos. El sangriento conflicto se prolongaba indeciso mientras los vivos luchaban sobre los cuerpos de los muertos. Finalmente, un joven oficial llamado Publio Craso, hijo del triunviro, reunió sus fuerzas a un extremo de la línea y logró repeler a los germanos. En este momento crucial, los romanos comprendieron que la batalla era suya.

Los germanos se batieron en retirada en dirección al Rin, aunque muy pocos de ellos lograron ganar la otra orilla. Algunos, como Ariovisto, consiguieron cruzar en bote, pero la mayoría cayeron en la ribera, alcanzados por la caballería romana, o se ahogaron en un fútil intento por cruzar el río a nado. Los romanos estaban tan enfervorecidos por la victoria que no perdonaron a casi nadie, mujeres y niños incluidos. Ariovisto perdió a dos de sus esposas y a una de sus hijas a manos de sus enemigos. El propio César marchaba a la cabeza de la caballería que perseguía a los germanos cuando, por auténtica casualidad, se encontró con uno de los emisarios que habían capturado a traición los germanos días atrás. El joven estaba siendo arrastrado por sus captores cuando los romanos cayeron sobre ellos. César cuenta que se alegró tanto de encontrar a su amigo sano y salvo como de haber ganado la batalla. El agotado pero feliz oficial le explicó a su comandante que los germanos habían querido quemarlo vivo, pero los augurios de las sacerdotisas, por tres veces, les habían recomendado que esperaran.

Concluida la batalla, la noticia de la derrota de Ariovisto se propagó como la pólvora entre las tribus germanas de la orilla oriental. Como la mayoría de los germanos detestaba al ambicioso caudillo, no dudaron en acabar con todos los refugiados que pudieron encontrar. De este modo, en cuestión de pocos meses del año 58 a.C., César había vencido en dos grandes batallas a los galos y a los germanos, los dos enemigos más temidos por Roma. Era una notable hazaña en la historia militar romana, pero sólo era el comienzo de sus planes. Los aliados galos que le habían pedido que los salvara de los helvecios y de Ariovisto, inmensamente agradecidos, estaban preparados para escoltarlo de regreso a la Provincia con todos los honores. Pero César prefirió levantar un campamento invernal para sus tropas en las tierras de los secuanos, bien al norte de su propia frontera, al mando del cual dejó a Labieno. En ese momento, los galos empezaron a comprender lo que estaba sucediendo. Este campamento militar, enclavado en el interior de su territorio, no servía a otro propósito militar que ejercer como base avanzada para la primavera siguiente. Los romanos estaban en la Galia para quedarse.

VI

LOS BELGAS

El enemigo nunca cejaba, ni aun cuando no tenía
esperanza alguna de victoria. Cuando caían los de la
primera línea, los que los seguían se adelantaban y se
subían a los cuerpos de sus camaradas para luchar.

CÉSAR

Una vez derrotados los germanos y sólidamente instaladas las legiones en sus cuarteles de invierno en el centro de la Galia, César regresó al norte de Italia. Los gobernadores debían estar presentes en los territorios bajo su jurisdicción al menos parte del año, fueran cuales fuesen las guerras que estuvieran librando más allá de sus fronteras. Siempre había casos que resolver y decisiones que tomar: revisar solicitudes de ciudadanía, supervisar las obras públicas, crucificar a los criminales, etcétera. César se encargaba de estos asuntos administrativos durante las campañas con la ayuda de numerosos secretarios y mensajeros. Incluso cuando cabalgaba entre campamentos, siempre mantenía un escriba a mano para poder dictarle notas y despachar órdenes. Pero algunas cuestiones solo podían resolverse en persona. Nunca lamentaba el tiempo que tenía que pasar en el valle del Po, lejos del ejército, puesto que la conveniente proximidad de la provincia a Roma le permitía participar en la política senatorial casi como si estuviera en la propia urbe. Para las comunicaciones confidenciales con sus partidarios en la ciudad utilizaba un código basado en la sustitución de ciertas letras del alfabeto, que garantizaba que cualquiera que pudiera interceptar su correspondencia se viera frustrado en sus intenciones. Durante estos meses de invierno, los cuarteles de César, justo al otro lado de los Apeninos, conocían un constante trasiego de ilustres visitantes procedentes de Roma.

La fuerza emergente en la escena política romana durante la ausencia de César era el impredecible tribuno expatricio, Clodio. Antes de que César partiera a luchar contra los helvecios, Clodio ya había logrado aprobar, para espanto del Senado, un decreto de reparto de grano gratuito. Hasta entonces, la distribución de alimentos en la urbe incluía un sistema de descuentos para los necesitados, pero Clodio estaba estableciendo un trasunto de Estado del bienestar al entregar grano sin coste alguno a buena parte de la población de la ciudad. Hubo que dedicar una parte sustancial de los ingresos del Estado para costear la generosidad de Clodio. Era una burda estratagema para ganarse a las masas, pero funcionó igualmente. Clodio estaba construyéndose con rapidez una enorme base de apoyo popular que podría utilizar en sus numerosos y tortuosos planes.

Pero al contrario de lo que ocurría con los demás populistas o los *optimates*, nadie podía saber por qué decisión se decantaría Clodio en cada asunto concreto. Durante los primeros meses de su tribunado, siguió una línea más o menos populista, aunque su motivación principal parece haber sido la promoción de sus venganzas personales. Logró que se exiliara a Cicerón por la cuestionable ejecución de los partidarios de Catilina (tal como César le advirtiera en su momento). Más aún, consiguió que se derribara su casa para erigir en su lugar un templo a la diosa Libertad. A continuación, con el decidido apoyo de César, urdió un ingenioso plan para eliminar a Catón de la escena política romana. Muchos años antes, Clodio, al igual que César en su día, había caído en manos de los piratas cilicios, quienes habían pedido un rescate por él. En una demostración de arrogancia, Clodio había exigido al rey de la cercana Chipre que pagara el oro solicitado, pero el monarca insular no se mostró demasiado entusiasmado por la idea de costear el rescate de un joven romano tan maleducado. Cuando finalmente los piratas liberaron a Clodio, éste juró que algún día se vengaría del rey. Ahora, Clodio presentó ante la asamblea popular una propuesta de anexión del reino de Chipre.

La propuesta incluía una disposición por la que se concederían a Catón poderes extraordinarios para supervisar la anexión. Ésta era una artimaña especialmente astuta por parte de Clodio, puesto que Catón era, desde hacía mucho tiempo, el principal enemigo de la concesión de poderes extraordinarios. Si se negaba, se lo acusaría de desafiar la voluntad del pueblo de Roma. Al final, Catón tuvo que aceptar a regañadientes y partió hacia Chipre, para deleite de César.

Pero el apoyo que César prestaba a Clodio se desvaneció cuando el volátil tribuno se volvió contra uno de los triunviros y yerno de César, Pompeyo. Clodio intentó asesinar al general piceno y, a pesar de no conseguirlo, lo obligó a encerrarse en su propia casa. Los *optimates* vieron en esta temeridad la posibilidad de separar a Pompeyo de César y de destruir el triunvirato, así que propusieron a Pompeyo que se divorciara de la hija de César, Julia, y se uniera a ellos. Pero Pompeyo se negó y permaneció firme en su lealtad a César, aunque colaboró con los senatoriales para lograr que Cicerón regresara desde el exilio.

César tuvo pronto muchas más preocupaciones que la situación política en Roma. Durante el invierno, mientras su ejército permanecía acampado en la Galia central, las temibles tribus belgas del norte de las actuales Francia, Bélgica y Holanda habían estado observando los acontecimientos y haciendo planes para destruir a los romanos. Los belgas habían llegado a la razonable conclusión de que, dado que los romanos habían conquistado anteriormente la Galia meridional y ahora, a todas luces, estaban emprendiendo la del centro del país, el norte sería su siguiente objetivo. Mejor hacerles frente ahora, concluyeron, antes de que tuvieran tiempo de consolidar su poder en las tierras situadas al sur del Sena. Además, los belgas estaban siendo instigados por la nobleza refugiada de la Galia central, molesta con los romanos por haber arruinado sus planes de obtener la supremacía política en la región. Muchos de estos aspirantes a reyes estaban encantados con el caos bélico que había dominado la Galia durante siglos y solían utilizar a unas tribus contra otras para aumentar su propio poder personal. Pero los romanos representaban un factor nuevo e indeseable en sus planes. Si se hacían con el poder en la Galia, el control de los recursos humanos y materiales pasaría de un modelo tribal fracturado a un gobierno centralizado bajo la autoridad de lejanos gobernadores y magistrados. Algunos galos, como Divicíaco, no habían tardado en darse cuenta de que podían beneficiarse de una incorporación al nuevo sistema romano. Tendrían que ceder la independencia de sus tribus, pero los romanos siempre recompensaban a los aristócratas locales que colaboraban con ellos. Sin embargo, los belgas eran una confederación de tribus ferozmente independientes que no querían saber nada de la paz, el comercio ni los frutos de la civilización. Con una sola y notable excepción, las tribus de la región estaban dispuestas a hacer frente a los romanos en el campo de batalla.

La noticia sobre los preparativos militares de los belgas le llegó a César en el norte de Italia a comienzos de la primavera, así que, discretamente y a sus propias expensas, comenzó a reclutar y entrenar a otras dos legiones entre los granjeros celtas del valle del Po. La condición de galos de los reclutas del norte de Italia se evidenciaba en muchos aspectos, incluida su lengua. Hasta tal punto es esto cierto que uno de los grupos de la Galia itálica escogió como sobrenombre para la legión el término *alauda* («alondra» en galo). A comienzos del verano, César envió estas dos nuevas legiones a reunirse con las seis veteranas ya estacionadas en el centro de la Galia. Cuando el primer grano del verano empezaba a madurar, fue tras ellas y tomó el mando del ejército. Lo que nadie pareció haber notado en aquel momento —y César nunca menciona— es que esa fuerza de ocho legiones era dos veces más grande de lo que el Senado había autorizado para el ejército de las Galias. Como César había pagado la mitad de ellas de su propio bolsillo, le eran leales a él antes que al Estado. Aunque celtas por su nacimiento y cultura, los reclutas del norte de Italia estaban equipados con las mejores armas romanas e instruidos perfectamente en las tácticas y la disciplina del ejército romano. Se enorgullecían de llamarse a sí mismos romanos y estaban convencidos de que, un día, César les concedería la codiciada ciudadanía.

César trasladó entonces sus legiones al norte, a la frontera con los belgas. Había encargado a la cercana tribu de los senones que lo mantuviera informado sobre los movimientos de sus enemigos y todo apuntaba a que estaban congregándose para luchar contra él. Esto resultaba especialmente preocupante si tenemos en cuenta que lo único en lo que hasta entonces se habían puesto de acuerdo los belgas era en su perpetua guerra fratricida. Pero ahora habían dejado de lado sus diferencias y estaban preparados para cooperar contra Roma. César sabía que si mantenían esta unidad, su ejército correría serio peligro. Por tanto, se alegró sobremanera al ver que una delegación de la tribu belga de los remos, de la región que rodea la actual Reims (al nordeste de París) llegaba a su cuartel general. Los remos eran la tribu belga más próxima al centro de la Galia y, por consiguiente, la mejor informada sobre los romanos. Sus líderes se habían reunido durante el invierno y habían preparado una estrategia práctica de respuesta a la amenaza romana. Atinadamente, habían calculado que los romanos eran la potencia más fuerte de la Galia y que eran imbatibles en el campo de batalla. Por consiguiente, ofrecieron a César su ayuda frente a sus hermanos belgas. Le proporcionarían la información que pudiera necesitar, además de brindarle provisiones, tropas auxiliares o cualquier cosa que quisiese. En prueba de lealtad, accedieron a entregarle como rehenes a los hijos de sus propios caudillos. César, entusiasmado con la oferta de los remos, les ofreció de inmediato el estatuto de amigos del pueblo romano. Esta firme base de apoyo en el norte de la Galia resultaría de incalculable valor para él a lo largo de toda la guerra.

César se enteró de que los belgas procedían originalmente del este del Rin, pero habían migrado tiempo atrás desde Germania en busca de mejores tierras. Eran un pueblo ferozmente independiente que se jactaba de que sólo ellos, entre todos los galos, habían conseguido rechazar a los temidos cimbrios y teutones durante las invasiones del siglo pasado. Había numerosas tribus entre ellos, pero a las de los bellovacos y los nervios se las consideraba las más valientes. Los bellovacos, que presumían de poder poner en pie de guerra a cien mil guerreros, habían exigido el mando de la guerra contra Roma. Otras tribus, como las de los atrobates, los morinos y los caletos, aportaban decenas de miles de guerreros. Los suesiones, vecinos y amigos de los romanos, le prometieron a César cincuenta mil.

César convocó a su tienda al jefe aeduo Divicíaco y le expuso sus planes para luchar contra los belgas. Era esencial, insistió, impedir que al unir todas las tribus formaran una única fuerza. Para ello, ordenó a Divicíaco que, a la cabeza de los auxiliares aeduos, invadiera las tierras de los bellovacos e incendiara sus campos. Confiaba en que ésta, la más poderosa de las tribus belgas, abandonara la coalición al ver ardiendo sus propios campos. A continuación, él mismo partió al encuentro del enemigo. Como tantas otras veces a lo largo de la guerra de las Galias, demostró una capacidad genial para escoger el escenario ideal para dar la batalla. En este caso, se situó junto a la orilla del río Aisne, en la frontera de los remos, de modo que su campamento estuviera al otro lado, con el río en retaguardia. Allí, en la cima de una colina situada junto al Aisne, levantó un formidable campamento fortificado al sur de un arroyo pantanoso por el que tendrían que acercarse los belgas si pretendían atacarlo. Para asegurar sus líneas de abastecimiento, construyó un puente sobre el río, protegido por un pequeño fuerte en la orilla sur. Hecho todo esto, esperó la llegada de los belgas.

Los líderes del ejército belga, que no eran idiotas, intentaron obligarlo a abandonar su campamento lanzando un ataque contra la ciudad rema de Bibrax, situada a poco más de diez kilómetros de distancia. Los belgas, aunque carecían de las enormes torres y las máquinas de asedio de los romanos, tenían un modo muy eficaz de tomar ciudades. Sus fuerzas la rodeaban y obligaban a los defensores a buscar refugio en el interior con una constante y abrumadora lluvia de rocas. Mientras las murallas estaban desguarnecidas, un grupo de guerreros, protegidos por sus propios escudos, se lanzaban sobre el punto más débil de la ciudad y trataban de socavar rápidamente las murallas. Los feroces ataques contra Bibrax se prolongaron un día entero, pero los defensores lograron repeler al enemigo antes de la caída de la noche, momento en que el comandante remo envió un mensaje a César en el que le advertía de que no sobrevivirían a otro ataque sin ayuda.

César sabía que no podía morder el anzuelo y abandonar sus

posiciones. Sus treinta o cuarenta mil hombres no podrían derrotar un ejército belga al menos cinco veces más numeroso si permitía que el enemigo escogiera el momento y el lugar de la batalla. Por tanto, decidió enviar contra el enemigo algo que éste no había visto nunca. No tenía elefantes, como Aníbal, pero sí unos cuantos arqueros cretenses y honderos baleáricos entre sus auxiliares. Estos soldados procedían de sendas islas situadas a ambos extremos del Mediterráneo, pero compartían la misma puntería desde distancias asombrosas. Cuando, aquella misma noche, entraron a hurtadillas en Bibrax, su mera presencia bastó para alentar a los defensores. Pero a la mañana siguiente, al reanudarse el ataque de los belgas, se reveló su auténtica valía. Los guerreros belgas, situados a una distancia que ellos creían segura, oyeron de repente unos agudos silbidos que cortaban el aire a su alrededor. Entonces, inesperadamente, los hombres empezaron a caer con el cráneo destrozado. Algunos honderos utilizaban piedras lisas, pero otros preferían unas bolas de plomo que resultaban casi imposibles de ver en vuelo y que podían herir seriamente a un hombre aunque no atravesasen su armadura. Las flechas de los arqueros cretenses de las murallas también hicieron blanco entre los guerreros de las filas belgas. Aquella forma de ataque novedosa y letal acobardó por completo a los belgas. Abandonaron el asedio y se precipitaron hacia el campamento de César, quemando todas las granjas que pudieron encontrar en su camino por pura frustración.

Sus fuerzas llegaron al norte de la posición de César y allí levantaron su propio campamento en una amplia loma situada al otro lado del angosto pantano. Unos tres kilómetros separaban ambos campamentos, de modo que los romanos pudieron ver fácilmente las hordas de los belgas desplegadas ante ellos. Aquella noche, las fogatas de los belgas cubrieron la colina como millares de estrellas en el firmamento galo. Aun teniendo en cuenta la costumbre romana de exagerar el número de sus enemigos para dramatizar sus victorias, es indudable que César estaba en una situación de apabullante inferioridad numérica. La visión de los belgas era tan aterradora y su reputación de ferocidad tan formidable que, en un primer momento, César dudó si debía enfrentarse a ellos en el campo de batalla. Pero después de varios días en los que su caballería salió victoriosa de unas cuantas escaramuzas con los jinetes enemigos, decidió arriesgarse a dar una batalla campal. Siguió mostrándose cauteloso, pues no quería arriesgar las vidas de sus hombres sin necesidad, pero sabía que no podría derrotar a los belgas permaneciendo en el campamento. Situó a sus hombres en la colina que se levantaba frente a ellos y que descendía hacia el arroyo formando una pendiente poco pronunciada. A ambos lados de sus líneas hizo excavar una amplia trinchera de protección en ángulo recto, de modo que el enemigo sólo pudiera atacar frontalmente. En la práctica, esto obligaría a los belgas a concentrarse en una franja de terreno no más amplia que sus propias líneas, lo que reduciría sensiblemente el efecto de sus superioridad numérica. En el extremo final de cada una de las trincheras emplazó su máquinas de guerra, tanto para protegerse de un posible movimiento de flanqueo como para lanzar letales andanadas sobre los galos cuando cargaran contra las líneas romanas. Los temibles *scorpiones* (en esencia ballestas de gran tamaño, capaces de lanzar enormes proyectiles con gran fuerza y a enormes distancias) eran una parte especialmente eficaz de esta maquinaria. También es posible que entre las trincheras hubiese algunas *ballistae,* armas que lanzaban rocas capaces de decapitar a un hombre, aunque normalmente su uso se reservaba para el asalto de las ciudades.

Los belgas salieron de su campamento y se situaron frente a los romanos, en su propia colina, al otro lado de aquel arroyo fangoso y cubierto de juncos. Los romanos esperaron; los belgas esperaron. Ninguno de los dos bandos parecía dispuesto a atravesar la angosta ciénaga para atacar al enemigo. Cada poco tiempo, los jinetes de ambos bandos chocaban entre las dos líneas. Ésta era la única distracción mientras las horas iban pasando de manera inexorable. Finalmente, César decidió retirarse con sus hombres a la seguridad de su propio campamento. Era lo bastante inteligente como para no dejarse provocar para entablar una batalla en condiciones desfavorables, pero al parecer, y para su consternación, los líderes y los guerreros belgas tenían la misma sangre fría.

Pero el día no había terminado para los belgas. En cuanto los romanos desaparecieron detrás de sus murallas, sus guerreros realizaron un amplio movimiento de flanqueo empleando las colinas y los árboles para ocultarse. Su plan era vadear en secreto el río Aisne, destruir el pequeño fuerte romano que guardaba el flanco sur y luego caer inesperadamente sobre la retaguardia del campamento enemigo. Por suerte para César, sus exploradores lo informaron a tiempo de las maniobras enemigas y pudo marchar, a la cabeza de un contingente de jinetes, arqueros y honderos, hasta el fuerte del río. Desde allí desplegó sus fuerzas a lo largo de la orilla meridional, donde estaban esperando cuando aparecieron los belgas en la orilla opuesta. Hasta César tuvo que admitir que la batalla del río fue de una ferocidad inusitada. La caballería romana cayó sobre los guerreros belgas cuando aún estaban en el río y acabó con muchos de ellos. Otros murieron bajo las flechas y los proyectiles de los arqueros cretenses y los honderos baleáricos, que habían regresado desde Bibrax. Los pocos belgas que lograron cruzar el río fueron detenidos no sin dificultades por la caballería romana. Pero aun así, los belgas del norte del Aisne siguieron llegando, utilizando los cuerpos de sus camaradas muertos para cruzar el ensangrentado río.

Finalmente, los líderes belgas comprendieron que su plan había fracasado. Se retiraron a su campamento y allí, aquella noche, celebraron un consejo para decidir qué harían a continuación. Como la estrategia de forzar a César a presentar batalla a campo abierto contra su enorme ejército había fracasado, lo más razonable parecía dejar que el romano hiciera el siguiente movimiento. Los belgas decidieron pues que cada tribu volviera a casa y esperarían a ver dónde se producía el ataque romano. Fuera la que fuese la tribu atacada, todos los líderes belgas prometieron que acudirían con todas sus tropas. Tal como César había previsto, los bellovacos estaban especialmente ansiosos por marcharse, puesto que Diviciaco y sus aeduos estaban arrasando sus tierras en aquel mismo momento.

Las fuerzas belgas partieron aquella misma noche hacia sus respectivos hogares, tribu a tribu, en medio de gran desorden y conmoción. Como es lógico, César oyó el estrépito ocasionado por su marcha, pero mantuvo a sus hombres en su campamento por si se trataba de una estratagema para atraerlo a una trampa. No podía creer que un ejército levantase el campamento con semejante escándalo, salvo que fuese algo premeditado. Pero al despuntar el alba, sus exploradores confirmaron que los belgas se habían retirado sin que hubiera el menor indicio de emboscada. César no era de los que dejaban pasar las buenas oportunidades, así que ordenó a su caballería que persiguiera al enemigo que se retiraba. La retaguardia de los belgas ofreció una valiente resistencia para que sus camaradas pudieran escapar sanos y salvos, pero al final del día, gran parte de ella había caído.

Durante los dos primeros años de la guerra de las Galias, César estaba, de manera premeditada, instruyendo a sus tropas conforme a unos niveles inauditos de rendimiento y lealtad personal. Ningún general romano había pedido a sus tropas tanto como él, pero ningún ejército había seguido a su comandante con tanta fidelidad. A César le traía sin cuidado la ascendencia de sus hombres. Lo mismo podían ser patricios que hijos de un cabrero. Lo único que le importaba era cómo se comportaban en el campo de batalla. No se dirigía a ellos con el acostumbrado *milites* («soldados»), sino como *commilitones* («camaradas»). Cuando no estaban en campaña, los mimaba sin ningún rubor, ignorando las violaciones menores a las normas y regulaciones del campamento. Además, les proporcionaba las mejores armas y armaduras, a veces incluso decoradas con incrustaciones de plata y oro. Pero cuando el ejército se ponía en marcha, no había nadie más estricto que él. Los castigos por negligencia eran duros y a los desertores se los ejecutaba sumariamente. Durante sus campañas, adoptó la costumbre de no anunciar con antelación la hora de partida del ejército, como si esperara que los hombres estuvieran dispuestos a seguirlo en cualquier momento. A veces, sobre todo en los días lluviosos o las festividades, cuando los hombres eran más propensos a relajarse, ordenaba levantar el campamento al instante y realizaba largas marchas sin otra razón que aumentar su resistencia. Pero después de una gran victoria, daba a sus hombres una noche de permiso en la ciudad más cercana, asegurando que su ejército luchaba con valentía aun cuando olía a perfume.

Sin embargo, la retirada de los belgas no era un buen momento para relajarse. El enemigo seguía superándolos ampliamente en número y se encontraban en su territorio, en medio de una docena de tribus hostiles decididas a aniquilarlos al menor descuido. El día después de que los belgas emprendiesen el regreso a sus hogares, partió a marchas forzadas desde las tierras de los remos hasta Noviodunum (la actual Soissons) siguiendo el Aisne. La palabra gala *dunum* significa «fortaleza» y aparece en diversos nombres por todo el mundo celta, pero Noviodunum («fortaleza nueva») se merecía el sufijo más que muchas otras. César nos dice que sus fosos eran tan profundos y sus murallas tan altas que le hicieron abandonar la idea de tomar la ciudadela al asalto, como había sido su primera intención, a pesar de la relativa escasez de sus defensores. Estableció un campamento en las cercanías y estudió detenidamente la fortaleza. Al día siguiente, envió soldados con hachas a los bosques para que empezaran a talar árboles. Sus carpinteros construyeron lo que parecían pequeñas chozas sobre ruedas. Cada una de ellas estaba cubierta por encima y por los lados por gruesos tablones, capaces de soportar una lluvia de rocas y flechas. Mientras los galos observaban, presa del asombro, César comenzó a construir unas enormes torres y a llenar los fosos que rodeaban la ciudad. A pesar de que los suesiones nunca habían visto nada parecido, no tardaron en comprender el propósito de aquellas máquinas de asedio y se dieron cuenta de que su fortaleza no podría resistir ante aquella nueva forma de guerra. La ciudad se rindió a César el mismo día y los remos intercedieron a favor de sus vecinos. La norma de César era que si el enemigo le abría las puertas antes de que sus máquinas de asedio tocaran las murallas, se le permitía rendirse pacíficamente y mantener su forma de vida. Sin embargo, si lo obligaban a tomar la ciudad por la fuerza, eran sometidos a las crueles leyes de la guerra.

El primer asedio de la guerra de las Galias fue un gran éxito y nadie se alegraba más que César de no haber tenido que atacar la ciudad. El ejército romano podía tomar cualquier plaza si disponía del tiempo suficiente, pero para ello podía necesitar semanas; semanas que no podía permitirse el lujo de derrochar en verano. Era mucho mejor intimidar a sus defensores hasta conseguir que depusieran las armas y ahorrar a sus hombres el peligro de una batalla. Sí, una ciudad saqueada podía proporcionar a su ejército gran cantidad de botín, sobre todo en forma de esclavos, pero hasta las ciudades que se habían rendido pacíficamente podían resultar sumamente lucrativas gracias a los tributos y los impuestos.

A continuación, César avanzó hacia el oeste, donde se encontraban los territorios de la tribu de los bellovacos, cerca del canal de La Mancha. Ésta, la más numerosa de las tribus belgas, era famosa por su habilidad militar, pero no opuso demasiada resistencia. A unos ocho kilómetros de su principal fortaleza, Bratuspantium, al norte de París, se encontró con un numeroso grupo de ancianos de la tribu, con los brazos extendidos hacia él en un gesto de súplica. Las mujeres y los niños hicieron lo propio cuando llegó a la ciudad. Diviciaco se adelantó para habar en nombre de los bellovacos, quienes, dijo, eran amigos de los aeduos desde antiguo. La culpa era de sus volubles líderes, quienes habían escapado a Britania abandonando vergonzosamente a sus mujeres, hijos y ancianos a merced de César. De acuerdo con su política de clemencia, César accedió a aceptar su rendición si le entregaban seiscientos rehenes y todas sus armas. En un día, y sin derramar una sola gota de sangre, los romanos habían conquistado la más grande de las tribus belgas.

Una tribu tras otra se habían rendido ante él, pero César sabía que aún quedaba la más formidable de todas: los nervios. La tribu de los bellovacos era la más grande de las tribus belgas, pero los nervios eran los guerreros más duros de toda la Galia. Al igual que los espartanos de la antigua Grecia, los nervios se enorgullecían de su austeridad en la vida y de su disciplina en la guerra. En lugar de caballería, utilizaban una infantería pesadamente armada. Sólo ellos, entre todas las tribus de los galos, prohibían a los mercaderes entrar en sus territorios para no dejar que su espíritu guerrero se viera debilitado por el vino y otros lujos importados del Mediterráneo. Despreciaban a los aeduos, a los remos y, ahora, a los bellovacos por haber firmado la paz con los romanos, y juraron que nunca llegarían a un acuerdo con César.

Según los exploradores de la caballería romana, los nervios los estaban esperando en la orilla meridional del Sambre. Habían logrado convencer a sus vecinos, los atrebates y los viromanduos, de que lucharan a su lado y estaban esperando la llegada de los refuerzos enviados por los aduatacios desde el este. Las mujeres, los ancianos y los niños se habían refugiado en una zona segura de las proximidades, rodeada de pantanos, pero todos los hombres capaces se encontraban allí, preparados para luchar. Habían levantado un campamento en el interior de un bosque, al sur del Sambre, para que los romanos no pudieran conocer su número ni vigilar cómodamente sus movimientos. César sabía que se enfrentaría a una fuerza formidable en el Sambre, pero no que estaba metiéndose en una trampa.

Algunos de los rehenes belgas que había tomado a comienzos de la campaña habían escapado y estaban pasando información vital a los nervios. Los romanos, les dijeron, marchaban con sus legiones separadas a cierta distancia y con los carromatos de avituallamiento entre ellas. Si los nervios atacaban estos carromatos después de que la primera legión hubiera llegado al campamento, podrían destruir las reservas de grano de los romanos, rechazar a las tropas que venían detrás y dejar aislada a la primera legión.

César decidió levantar su campamento en una colina situada al otro lado del bosque, pero al acercarse al lugar empezó a sentir sospechas y decidió reorganizar el orden de la marcha y colocar seis legiones en la vanguardia y los carromatos detrás, protegidos por otras dos. A pesar de que los nervios que observaban desde el bosque advirtieron este imprevisto cambio, decidieron seguir adelante con el ataque según lo planeado. Habían dispuesto sus fuerzas bajo los árboles de tal modo que, al sonar las trompetas, pudieran emerger del bosque y acometer a los romanos con toda su impedimenta de batalla. Las seis legiones que habían comenzado a levantar el campamento se vieron sorprendidas por la velocidad y la fuerza del ataque de los belgas. No tuvieron tiempo de formar las líneas ni de organizarse por unidades. Cada soldado romano desenvainó la espada y luchó en el sitio mientras la horda de furibundos belgas cruzaba el río como una exhalación y comenzaba a ascender por la colina.

César nos cuenta que tuvo que encargarse de todo a la vez: tañer las trompetas, detener el atrincheramiento de las tropas, reunir a los hombres, formar una línea, alentar a sus tropas y lanzar un contraataque. No estaba preparado para hacer frente a un ataque sorpresa de tal fuerza y rapidez. De hecho, seguramente su ejército habría sido derrotado de no ser por la instrucción y la experiencia adquiridas a lo largo del último año. No hubo tiempo de convocar a los oficiales para trazar un plan, así que cada uno de ellos organizó a los hombres que tenía cerca y atacó a los belgas. Con un esfuerzo hercúleo y grandes pérdidas para ambos bandos, las tropas romanas del flanco izquierdo lograron rechazar a los atrobates y luego a los viromanduos hasta el otro lado del río, pero los nervios del flanco derecho no cejaron y siguieron presionando a los romanos hasta que éstos tuvieron que retroceder en un vano intento por salvar su campamento. Los galos cayeron sobre las incompletas murallas del fuerte romano, donde dieron muerte a muchos legionarios y amenazaron con flanquear a las fuerzas romanas que ya habían cruzado el río. César había estado corriendo como un loco de un lado a otro del campo de batalla, pero al ver el peligro que se cernía sobre su campamento, saltó de su caballo, empuñó una espada y se unió a la refriega.

Corrió hasta las primeras líneas llamando a los centuriones por su nombre y alentando a las tropas. Les dijo que se desplegaran para poder hacer mejor uso de sus armas. Su presencia insufló nueva vida a sus soldados.

El general romano logró reorganizar sus tropas luchando a su lado, pero a pesar de todo seguían en grave peligro. Sin embargo, poco a poco, las líneas comenzaron a recomponerse y los nervios no consiguieron culminar su maniobra de flanqueo. En este momento crucial, las dos legiones que habían escoltado el convoy de avituallamiento llegaron para reforzar a sus compañeros. Desde el otro lado del río, Labieno vio el peligro en el que se encontraba César y acudió corriendo con sus hombres. Su llegada dio tanta esperanza a los desesperados legionarios que rodeaban a César que hasta los que habían resultado gravemente heridos volvieron a ponerse en pie apoyándose en los escudos para seguir luchando. Ahora eran los nervios los que estaban rodeados por todas partes, pero ni uno solo de ellos huyó o se rindió. A medida que pasaban las horas, los romanos fueron cerrando el círculo, mientras los guerreros enemigos luchaban con todas sus fuerzas e iban cayendo. Al final, los pocos nervios que quedaban con vida llegaron a encontrarse sobre un montículo formado por sus camaradas caídos, de cuyos cadáveres arrancaban las jabalinas romanas para seguir resistiendo.

Cuando por fin terminó la batalla, los soldados romanos se desplomaron exhaustos mientras los oficiales supervivientes empezaban a contar los muertos. César describe la batalla como un monumento al valor y al liderazgo romanos en condiciones atroces, pero no puede disimular el hecho de que su propio descuido había estado a punto de provocar la destrucción del ejército romano de la Galia.

Poco después, los ancianos de la tribu de los nervios salieron de las ciénagas donde habían estado escondidos junto a las mujeres y los niños. Se aproximaron a César sabiendo que no podían esperar clemencia, pero a pesar de ello suplicaron por la vida de los pocos supervivientes. Los nervios, declararon, habían sido destruidos como pueblo. De los seiscientos miembros más importantes de la tribu, sólo tres quedaban con vida. De los sesenta mil guerreros que habían atacado a César al comienzo de la jornada, sólo habían sobrevivido quinientos. Los acontecimientos posteriores demostrarían que los nervios tenían más hombres de los que aseguraban, pero es indudable que su número se había visto drásticamente reducido. Según las antiguas leyes de la guerra, César tendría que haber ejecutado a todos los hombres y vendido como esclavos a las mujeres y los niños. Pero, en un gesto de misericordia que esperaba impulsara a otras tribus belgas a someterse, envió a los supervivientes de regreso a sus hogares y ordenó que ninguna de las tribus vecinas se aprovechase de ellos si no querían sentir la cólera de Roma.

Los aduatucios, que marchaban a reunirse con los nervios para la guerra, se enteraron en seguida de su derrota y decidieron regresar a sus hogares, cerca del delta del Rin. A continuación, la tribu se refugió en una fortaleza rodeada de acantilados por tres de sus lados y con una imponente doble muralla para proteger el cuarto. César nos cuenta que los aduatucios eran un vestigio de la antigua némesis de Roma, los cimbrios y los teutones. Según parece, cincuenta años antes se habían quedado en el norte de la Galia para proteger el ganado y el fruto de sus saqueos. El plan era que los contingentes principales enviarían el botín una vez que hubieran derrotado a los romanos, pero al final fue el tío de César, Mario, quien los derrotó a ellos. De este modo, los seis mil guerreros que habían quedado atrás como guarnición se convirtieron en los aduatucios, abandonados descendientes de los cimbrios y los teutones.

César debía de ser consciente de este hecho cuando se acercó a la ciudadela aduatucia y seguramente sentiría el peso de la historia sobre sus hombros. Mario había salvado Roma de su invasión varias décadas antes. Ahora, su sobrino podía ganarse la gloria escribiendo el último capítulo de esta antigua saga. Para impedir que el enemigo recibiera refuerzos y provisiones, levantó un terraplén fortificado, pero en la fortaleza contaban con grandes reservas de alimentos. Los aduatucios se rieron de los romanos desde sus murallas al ver que estaban construyendo una gigantesca torre. Gritaron que nunca podrían subir semejante monstruo hasta las murallas. César dice que sus burlas cesaron de repente al ver que la torre de asedio empezaba a rodar hacia ellas. Al igual que los suesiones, los aduatucios nunca habían visto una maravilla semejante, pero comprendieron que su ciudad no podría resistir el inminente asalto de los romanos.

Una delegación de la ciudadela se presentó entonces en el campamento de César y le ofreció la rendición de la tribu. Sólo pidieron que se les permitiera conservar las armas para protegerse de sus vecinos hostiles. César aceptó la rendición, pero insistió en que todas las armas se le entregaran al instante. Los aduatucios no tuvieron más remedio que acceder y empezaron a lanzar montones de espadas y lanzas por encima de las murallas. Sin embargo, en secreto, ocultaron una tercera parte de su armamento en el interior de la fortaleza. César ordenó que la tribu permaneciera intramuros durante la noche, pero en lugar de obedecer, sus enemigos, temiendo que los romanos estuvieran preparándose para masacrarlos al día siguiente, salieron en tropel por las puertas cuando faltaba poco para amanecer. Las tropas de César los persiguieron a la luz de las antorchas y acabaron con unos cuatro mil de ellos en una extraña batalla nocturna, pero el resto logró refugiarse de nuevo en la fortaleza. Al alba, los romanos derribaron las puertas con un ariete, irrumpieron en la ciudad e hicieron prisioneros a todos los aduatucios supervivientes, mujeres y niños incluidos, para luego venderlos como esclavos. Los mercaderes que seguían a las legiones pagaron personalmente a César por los cincuenta y tres mil cautivos. Así, los últimos descendientes de los cimbrios y los teutones marcharon al sur para pasar el resto de su vida trabajando en los campos y las canteras del Mediterráneo. César no ofrecía su clemencia una segunda vez.

Sin embargo, los problemas de César en la Galia distaban mucho de haber concluido aquel año. Poco después de la batalla contra los nervios, la XII legión, a las órdenes del protegido de César Servio Galba, había sido enviada a apoderarse de lo que conocemos como paso del Gran San Bernardo, principal acceso a Italia desde los Alpes, antes de que llegara el invierno. Los mercaderes romanos hacía mucho tiempo que lo cruzaban, pero los nativos del área exigían exorbitantes peajes por franquearles el paso. César sabía que si lograba hacerse con el control de este estratégico paso, dispondría de un atajo entre el norte de Italia y la Galia central, que le permitiría ahorrarse muchos días de viaje frente a la habitual ruta de la costa. Galba recibió el encargo a pesar de que su legión andaba corta de efectivos. Al principio, las operaciones en el paso fueron bien, sin más contratiempos que algunas escaramuzas aisladas que los romanos superaron con facilidad. A regañadientes, las tribus locales ofrecieron a sus hijos como rehenes y Galba instaló la mayoría de sus tropas en la aldea alpina de Octodurus, a la sombra de las grandes moles del Mont Blanc y el Matterhorn. Para mantener la paz con los nativos, restringió los movimientos de sus hombres a un fuerte situado a un lado de la ciudad, cuyos habitantes quedaron al otro lado de un caudaloso río. El grano que había solicitado no había llegado aún a las montañas, pero estaba seguro de que no tardaría en hacerlo y, con los almacenes bien provistos, podría disfrutar de un tranquilo invierno en las frías montañas. Sin embargo, la mañana siguiente lo sorprendió con la inquietante desaparición de todos los aldeanos. Al levantar la mirada hacia las cumbres que se elevaban por encima de su campamento, vio miles de guerreros procedentes de todas las tribus vecinas. Los nativos del paso del Gran San Bernardo habían llegado a la conclusión de que los romanos estaban allí para conquistar la región, no sólo para asegurar el paso hacia Italia. Además, estaban furiosos por haber tenido que entregar a sus hijos como rehenes. Como en el campamento no había más que unos pocos miles de legionarios, tenían la esperanza de poder enterrarlos bajo sus rocas y jabalinas en el primer asalto.

Galba sabía que se encontraba en una situación desesperada. Consideró la posibilidad de realizar una retirada precipitada hacia el valle, pero, a la manera de César, decidió presentar batalla a pesar de la inferioridad numérica. El enemigo inició su ataque arrojando rocas y lanzas contra los romanos antes de lanzarse en tropel contra los muros del fuerte. Los legionarios, ampliamente superados en número, no podían permitirse el lujo de abandonar sus puestos en las murallas ni aunque estuvieran gravemente heridos. Los nativos, en cambio, disponían de amplias reservas para reemplazar a cualquier hombre que cayera. En esta imposible situación, un centurión llamado Báculo propuso la descabellada idea de salir del fuerte y atacar al enemigo. En aquellas condiciones, los romanos preferían cualquier alternativa a quedarse esperando a que el enemigo asaltara las murallas. A la señal de Galba, todas las tropas salieron como un vendaval por las puertas y cayeron sobre los nativos. Este inesperado contraataque cogió tan de sorpresa a los guerreros alpinos que emprendieron la retirada valle abajo. Según parece, los romanos se cobraron diez mil hombres en la persecución, y aquella noche regresaron exhaustos a su campamento junto con todas las armas que pudieron recoger de los cuerpos de sus enemigos. Galba se enorgullecía de su victoria, pero sabía que no podría mantener el paso con tan pocas tropas y sin líneas de abastecimiento fiables. Al día siguiente incendió la ciudad entera, reunió a sus tropas y regresó a las tierras bajas de la Provincia.

César nos cuenta en *La guerra de las Galias* que, mientras él estaba ocupado derrotando a los belgas en el verano del año 57 a.C., había enviado a su lugarteniente Publio Craso hacia Normandía y Bretaña para someter a las tribus del canal de La Mancha y la costa Atlántica. Craso regresó al cuartel general e informó de que los venetos, los osismos y los demás Estados marítimos se habían rendido a Roma. César pasa con gran rapidez por este episodio, puesto que los sucesos del año siguiente demostrarían que el sometimiento de las tribus occidentales distaba mucho de haberse completado.

A pesar de ello, en su mensaje anual al Senado declaraba que la Galia estaba finalmente en paz y que incluso algunas tribus germanas de la otra orilla del Rin habían enviado emisarios para declarar su sumisión a Roma. A continuación, César instaló a sus legiones en cuarteles de invierno en el oeste y el centro de la Galia, así como entre los belgas. La maltrecha legión de Galba quedó al sur. Hecho esto, inició los preparativos para partir hacia Italia y el Illyricum, convencido de que la conquista de la Galia estaba prácticamente concluida. Hasta sus enemigos en el Senado estaban tan impresionados que declararon quince días de celebración (una cifra sin precedentes) en honor a las hazañas de César. El consenso entre los senadores moderados, Cicerón incluido, era que César había conseguido lavar los actos inconstitucionales de su consulado con sus victorias en la Galia.

Pero aquel invierno no todo el mundo en Roma estaba tan contento con los éxitos de César. Durante el último año, Pompeyo había estado distanciándose poco a poco del triunvirato. Sin llegar a pasarse al bando de los *optimates*, cada vez mostraba mayores simpatías hacia ellos. Catón y los demás no estaban escatimando esfuerzos por separar a Pompeyo de Craso y de César. La razón principal del descontento de Pompeyo eran los celos ante las victorias de César. Pompeyo nunca se había engañado a sí mismo con respecto a sus dotes como político, pero en cambio se enorgullecía mucho de la magnitud de sus hazañas militares. Las alabanzas que se prodigaban ahora a su compañero de triunvirato le sentaban mal, puesto que todo el mundo parecía haberse olvidado de lo que él había conseguido en Asia. Comenzó a murmurar contra César, a pedir al Senado que no se leyeran en público los despachos que enviaba desde la Galia y hasta a sugerir que se enviara a alguien a reemplazarlo, por ejemplo, él mismo.

Los *optimates* fomentaron al máximo su descontento, prestando oídos a sus quejas y conviniendo con él en que Roma necesitaba un contrapeso para el creciente poder de César. Cuando estallaron revueltas por el abastecimiento de grano en la ciudad (septiembre del 57 a.C.), el Senado aprobó, a instancias de Cicerón, la concesión de poderes extraordinarios a Pompeyo para administrar el suministro de trigo en los territorios romanos durante cinco años. Este nombramiento, como el mandato para acabar con la piratería varios años antes, le confería una autoridad militar superior a la de los gobernadores por todo el mundo romano, incluida la Galia. A muchos senadores les preocupaba genuinamente el suministro de grano, pero los enemigos de César vieron en aquella situación la oportunidad perfecta para poner coto a su influencia y acabar con el triunvirato. La mayoría de los *optimates* detestaban a Pompeyo, pero odiaban aún más a César.

Pocos meses después, Pompeyo descubrió lo limitado que era en realidad el apoyo del Senado cuando trató de utilizar sus poderes para reinstalar en el trono al ahora exiliado rey de Egipto. Tolomeo XII había sido expulsado de Alejandría por sus siempre levantiscos súbditos y había escapado a Roma con ingentes cantidades de oro, que había utilizado para sobornar a senadores y contratar asesinos y utilizarlos contra los delegados enviados a Roma por los alejandrinos para explicar los pormenores del caso. Las intrigas por el trono egipcio alcanzaron tal grado de complejidad que el Senado, harto de la cuestión, se negó a que Pompeyo reconquistara Alejandría para Tolomeo. Temían que si le entregaban el control efectivo de Egipto, así como el del suministro de grano, se convertiría en emperador de facto del Mediterráneo. Pompeyo no se tomó bien el desaire y llegó a convencerse de que había una conspiración, no sólo contra su poder, sino también contra su vida. Hasta hizo traer una guardia armada desde su casa de Piceno para protegerse en las inseguras calles de Roma.

César, como es natural, vigilaba de cerca todos estos acontecimientos desde la Galia Cisalpina. Los frutos del saqueo y de la venta de los belgas esclavizados le habían proporcionado recursos inmensos, que pasó a utilizar con prodigalidad para impulsar sus intereses políticos en Roma. Cualquier candidato a tribuno o magistrado sabía que César financiaría generosamente su campaña si se comprometía a apoyarlo. Además, también estaba trabajando entre bambalinas para reconstruir el triunvirato. Aquel invierno, en el máximo secreto, se reunió con Craso en Ravenna y luego recibió a Pompeyo en la pequeña ciudad de Luca, en la frontera misma de la Galia Cisalpina. Una vez más, volvía a demostrar su consumada habilidad en la política personal al cortejar a sus dos socios y convencerlos para reafirmar un pacto que los beneficiaría enormemente a todos ellos. Se acordó que Craso y Pompeyo volverían a ser cónsules en el año 55 a.C. Unidos a César, formarían un sólido frente contra los *optimates* y cualquier otro que se interpusiera en su camino, incluido Cicerón. El precio de Craso y de Pompeyo serían mandos militares sin precedente tras sus respectivos consulados. Ambos tendrían la oportunidad de conquistar enemigos mucho más gloriosos y lucrativos que los galos de César. Éste, por su parte, quería poder continuar su guerra sin interferencias y volver a servir como cónsul en el año 48 d.C., el primero en el que podía, legalmente, aspirar de nuevo al cargo. La deferencia de César con respecto a sus dos camaradas venció sus reticencias y aquel gélido invierno volvió a reafirmarse su alianza. Poco después, Pompeyo enviaba a Cicerón un mensaje en el que le advertía de que si se oponía a César, lo haría por su cuenta y riesgo.

Cicerón, que era un hombre orgulloso, pero también devoto de su propia supervivencia, accedió no sólo a apoyar a César, sino incluso a hablar en su favor en la cámara del Senado. El orador se tragó su orgullo y pidió una prórroga de los poderes de César en la Galia por cuestiones de seguridad nacional, puesto que un cambio en la dirección de la guerra pondría a Roma en un peligro completamente innecesario. Además, debía enviarse dinero a César para pagar sus nuevas legiones y prolongar durante varios años más el *imperium* de que disfrutaba desde el Illyricum al canal de La Mancha. El Senado accedió a pesar del clamor de los indignados y sorprendidos *optimates*. El invierno del 57 a.C. había comenzado con negros augurios para el futuro político de César, pero ahora que se acercaba la primavera del 56, su futuro parecía más brillante que nunca.

César pasó la mayor parte del invierno en el norte de Italia, aunque también viajó al cercano Illyricum, del que también era gobernador. Desde que decidiera emprender la guerra en la Galia, había dejado la región en manos de sus subordinados, pero mantenía un contacto constante con la provincia y en aquel momento acudió a visitarla en persona. Esa región montañosa de la costa este del mar Adriático había sido en su tiempo un refugio de piratas, además de un Estado colchón entre Roma y Macedonia, pero ahora estaba en paz. César había insistido en que se le concediera su gobierno cuando aún barajaba la posibilidad de una invasión de Dacia, al este, y aunque ahora estaba ocupado en la Galia, conservaba un gran interés por el Illyricum con vistas a futuras campañas más allá del Danubio.

Las malas noticias llegaron desde la Galia a comienzos de la primavera del 56 a.C., justo cuando César acababa de resolver los asuntos de Roma y estaba de viaje por el Illyricum. El joven Publio Craso, que el año anterior había asegurado a César que las tribus marítimas de la costa oeste se habían sometido, avisaba ahora de que sus emisarios habían sido detenidos por estas mismas tribus. Craso había levantado su campamento de invierno en la orilla norte del Loira, cerca del Atlántico. Como la comida escaseaba en la zona, había enviado legados a las tribus cercanas, incluidos los venetos de Bretaña, para requisar provisiones. Y a pesar de que los venetos, apenas unas semanas antes, habían entregado rehenes y asegurado a Craso que se someterían voluntariamente a César, ahora decidían que convertirse en súbditos romanos no era lo que querían. Cargaron a los legados de cadenas y enviaron una embajada a Craso para solicitar un intercambio por sus propios rehenes. A continuación enviaron mensajeros a las demás tribus marítimas para instarlas a unirse a la rebelión contra Roma. La respuesta de éstas fue alentadora. Sin reflexionar demasiado —como, según César, era típico de los galos— los venetos y sus aliados habían emprendido una guerra contra Roma.

A pesar de los antecedentes de los dos años previos, los venetos estaban en buena posición para triunfar sobre Roma en un conflicto prolongado. Como los fenicios y los atenienses antes que ellos, eran un pueblo marino. Habituados a navegar por las peligrosas aguas del Atlántico norte, dominaban el comercio entre la Galia y Britania. Al contrario que los helvecios o los belgas, podían mantener eternamente sus líneas de abastecimiento por mar así como desplazarse de fortaleza en fortaleza si se sentían amenazados. Sabían que no podrían derrotar a los romanos en una batalla campal, pero sí agotarlos utilizando su incontestable dominio de los mares.

En cuanto el mensaje del joven Craso llegó al Illyricum, César ordenó que se construyera una flota de naves de guerra en el Loira y que se reclutaran remeros, marineros y pilotos entre las experimentadas gentes de la Provincia. Concluyó rápidamente sus asuntos en los Balcanes y luego, a comienzos del verano, partió para encontrarse con la flota. Los venetos recibieron noticias sobre la armada de César y comenzaron sus propios preparativos. Aprestaron sus barcos para la guerra y reclutaron más aliados, incluidos los venellos de Normandía y las tribus de los morinos y los menapios de la costa belga. Incluso trajeron guerreros de Britania. Los líderes venetos eran conscientes de la formidable fuerza de la maquinaria bélica romana, pero confiaban en que su propia habilidad náutica en mar abierto, unida al desconocimiento de las costas por parte de los romanos, les permitiría sobrevivir hasta el final del verano, cuando el enemigo se viera obligado a retirarse. Todas las fortalezas de los venetos se levantaban en lenguas de terreno elevado que se adentraban en el mar y que sólo se podían atacar desde tierra firme con la máxima dificultad. Por otro lado, la fuerza de las olas que lamían constantemente la base de las murallas y la potencia de las mareas del Atlántico tornaban improbable un ataque por mar. Todos los fuertes costeros de los venetos estaban bien pertrechados de grano y preparados para soportar asedios prolongados.

César inserta una asombrosa afirmación en *La guerra de las Galias,* justo antes de iniciar la campaña contra los venetos, en la que describe por qué las tribus marítimas se habían levantado contra Roma: «La naturaleza humana anhela siempre la libertad y aborrece el sometimiento al poder de otro.» Este tipo de refrescante honestidad es característica de los autores romanos, desde los primeros tiempos de la república hasta la caída del imperio. Los romanos nunca fingieron estar llevando la libertad o un modo de vida mejor a los pueblos que sometían. Admitían con toda franqueza que con la conquista sólo buscaban aumentar su poder, su riqueza y su seguridad. No tenían ningún interés en difundir la cultura clásica por el mundo si eso no servía a sus fines y les permitía controlar mejor sus provincias. César admite sin tapujos que los venetos, simplemente, estaban luchando por su libertad, como él mismo habría hecho en su lugar. A pesar de lo cual, estaba decidido a aplastarlos.

Era consciente de que una guerra en Bretaña podía provocar la rebelión de las tribus de otras regiones de la Galia si éstas llegaban a creer que estaba distraído con los venetos y sus aliados. Su principal lugarteniente, Labieno, se instaló junto al Rin para impedir que los germanos penetraran en territorio belga. A continuación, envió a Craso a Aquitania, en el suroeste de la Galia, para sofocar cualquier levantamiento de las tribus cercanas a Hispania. Por último, despachó a Quinto Titurio Sabino, con tres legiones, a la cercana Normandía, con la orden de aplastar la revuelta de los venellos. César había colocado a un joven llamado Décimo Bruto al frente de la construcción de la flota romana en el Loira. No debemos confundirlo con el Bruto que un día le asestaría el golpe de gracia, aunque es cierto que este otro Bruto, después de haber recibido numerosos honores de César, participaría también en su asesinato.

Pero para todo esto aún faltaban doce años. Por ahora, Décimo Bruto dedicó sus considerables energías a la tarea de construir y preparar los barcos que César utilizaría para atacar a los venetos. Cuando éste llegó con los soldados que servirían tanto en tierra (para los asedios) como en el mar (a la manera de infantería de marina), la flota ya estaba preparada. Doscientos años antes, los romanos habían aprendido por las malas a luchar en el mar, durante la primera guerra púnica, pero éste fue un conflicto librado con naves similares por dos imperios marítimos. Los venetos, conforme a su plan, desafiaron a los romanos de un modo completamente nuevo. En lugar de regirse por las reglas convencionales de la guerra, los defensores de una fortaleza costera aguardaban pacientemente mientras los romanos construían sus torres de asedio y sus muros para bloquearlos por tierra. Entonces, justo cuando las máquinas de asedio estaban a punto de abrir brecha en sus fortalezas, embarcaban en sus sólidas naves y escapaban por mar a otra fortaleza. César no podía detener a los venetos porque su propia flota era demasiado frágil para sobrevivir al bravo oleaje que rodeaba estas plazas. Fue un juego desquiciante para los romanos que se prolongó a lo largo de todo el verano.

César estaba aprendiendo una lección que los generales romanos habían experimentado muchas veces a lo largo de los siglos anteriores: los nuevos enemigos suelen tener armas y técnicas inesperadas que hay que vencer utilizando el ingenio y la capacidad de adaptación. A diferencia de las naves romanas, diseñadas para luchar en las tranquilas y profundas aguas del Mediterráneo, los barcos venetos tenían el fondo plano, de modo que —como los barcos vikingos— necesitaban muy poco calado. Esto les permitía maniobrar con más facilidad en las calas poco profundas y en los bajíos rocosos, donde las embarcaciones romanas embarrancaban. Los costados de las embarcaciones de César eran bajos para acomodar a los remeros y facilitar los abordajes, mientras que las de los venetos se alzaban muy por encima del agua. De este modo, a los romanos les resultaba casi imposible utilizar sus habituales garfios para abordarlas. Probaron a construir torres en los costados para poder hacerlo, pero sus barcos se volvían inestables y, con todo, las torres no eran lo bastante altas como para conseguirlo. Los barcos venetos estaban hechos de recia madera de roble, con sólidas vigas transversales como apoyo, aseguradas con clavos tan gruesos como el pulgar de un hombre. Los barcos romanos, por su parte, estaban diseñados para ser rápidos y ligeros, puesto que la embestida era una de sus tácticas habituales. Pero cuando embestían un barco veneto, o bien rebotaban o lo único que conseguían era romper su propia proa. Además, los barcos venetos empleaban velas de cuero en lugar de tela, puesto que resistían mucho mejor las duras condiciones de las tormentas atlánticas. Aun así, la flota veneta tenía una única debilidad que César comprendió que podía explotar: como sus embarcaciones carecían de remeros, dependían en exclusiva del viento para desplazarse.

Hacia el final del verano, César había logrado capturar varias fortalezas evacuadas por los venetos, pero no estaba llegando a ninguna parte, ni por tierra ni por mar. Fiel a su naturaleza, decidió fiarlo todo a una gran batalla naval junto a la costa. La flota romana entera, al mando de Décimo Bruto, avanzó al encuentro de los encantados venetos. Ahí estaba por fin la oportunidad de acabar con los romanos. Más de doscientas naves venetas perfectamente pertrechadas se enfrentaron a los romanos en lo que estaban convencidos de que sería una victoria total. Desde lo alto de los acantilados, César observaba las evoluciones de la batalla, del mismo modo en que el rey de los persas, Jerjes, contemplara la lucha entre su flota y la de los atenientes en Salamina cuatro siglos antes. Al principio, los romanos sufrieron los embates de las flechas y lanzas enviadas desde arriba por las naves venetas, pero César se guardaba un as en la manga. Los romanos habían equipado sus naves con varios postes de gran tamaño provistos de un garfio afilado en un extremo. Tras aproximarse a los barcos enemigos utilizando los remos, agarraban con los garfios los cabos de las velas venetas y luego remaban en dirección contraria hasta cortarlos. De este modo, los barcos venetos quedaban sin velamen y, por tanto, inmovilizados. A continuación, varios barcos romanos convergían sobre cada una de las naves inmóviles y, utilizando escalerillas, la abordaban. Fue una batalla agotadora que se prolongó durante todo el día, pero finalmente los venetos emprendieron la huida. En ese momento, los dioses sonrieron a César, pues el viento cesó de repente. Sin aire en las velas, los barcos venetos eran como patos de feria. A la caída de la noche, sólo un puñado de ellos había logrado escapar.

Los venetos sabían que, con su flota destruida y la mayoría de sus guerreros muertos, no podían seguir ofreciendo resistencia. Como el mar ahora era de los romanos y éstos dominaban también por tierra, no les quedaba más alternativa que rendirse. Pero si esperaban clemencia por parte de César, pronto comprendieron su error. No sólo habrían quebrantado su más importante norma al rebelarse después de haberse sometido, sino que habían violado la condición sacrosanta de sus emisarios al hacerlos prisioneros para pedir rescate. Para dar ejemplo, ejecutó a todos sus líderes supervivientes y vendió como esclavos a los demás.

Mientras César luchaba en Bretaña, su lugarteniente Sabino se enfrentaba a los venellos a más de ciento cincuenta kilómetros de allí, en Normandía. Las tribus de la región de Lutecia también se habían sumado a la rebelión de los venellos después de que sus guerreros hubieran asesinado a sus líderes por resistirse a dirigir al pueblo contra el ejército de César. Además, cada día llegaban a Normandía nuevos guerreros procedentes de toda la Galia para sumarse a la lucha. César nos dice que algunos de ellos eran verdaderos patriotas, mientras que otros eran simples rufianes en busca de botín o jóvenes granjeros hartos del trabajo en el campo.

Sabino se negó a enfrentarse a los venellos y sus aliados en una batalla campal y prefirió retirarse a un campamento bien fortificado en la cima de una amplia y empinada colina. Día tras día, los galos salían de su campamento, a tres kilómetros de allí, y se burlaban de la cobardía de los romanos. Al poco tiempo, empezaron a aproximarse a los muros del campamento enemigo y a arrojar basura contra los legionarios que montaban guardia. El descontento empezó a cundir entre las filas de los frustrados romanos, pero todo marchaba conforme al plan de Sabino. El general escogió entonces a uno de sus auxiliares galos y le hizo una oferta: recibiría una gran recompensa si fingía que se pasaba a los venellos y les contaba lo que Sabino le dijera. Aquella noche, el hombre escaló sigilosamente las murallas y se dirigió al campamento enemigo. La historia que les contó era exactamente la que esperaban oír: Sabino era un cobarde rastrero que planeaba retirarse con su ejército entero la noche siguiente para reunirse con César en Bretaña. Los venellos decidieron lanzar un ataque al llegar el día, antes de que pudiera hacerlo. Al amanecer, sus guerreros y los de sus aliados estaban tan entusiasmados por la perspectiva del botín y de la gloria que corrieron con toda la impedimenta de combate los tres kilómetros de ladera que los separaban del campamento romano. Al llegar a la cima estaban exhaustos. Fue entonces cuando Sabino hizo salir a sus hombres por la puerta. Los legionarios, frescos y plenos de moral, hicieron pedazos a los fatigados guerreros galos, cuyos supervivientes fueron luego cazados por la caballería enemiga. La enérgica rebelión de Normandía se evaporó tan rápidamente como se había formado. En palabras del propio César:

> Los galos son, por su naturaleza, muy rápidos a la hora de iniciar las guerras, pero carecen de perseverancia. Si sufren un revés o una calamidad, no son capaces de continuar.

Mientras César y Sabino dirigían sus respetivas campañas, el joven Craso se veía trabado en un cruento enfrentamiento contra los galos de Aquitania, cerca de los Pirineos. Los romanos habían tratado de penetrar en la región desde la Provincia durante las décadas anteriores, pero siempre habían sido rechazados por la habilidad marcial de los nativos. A pesar de una serie de reveses, Craso atacó con sus hombres a la caballería de los sotiates cerca de la actual Burdeos, y luego rodeó su fortaleza con torres y máquinas de asedio. Los sotiates, que eran expertos mineros del cobre, trataron de construir un túnel bajo el ejército romano, pero fue en vano. Tras tomar su ciudad, Craso avanzó contra los vocates y los tarusates, quienes, en una inteligente decisión, habían reclutado a los veteranos hispanos que habían servido a las órdenes de un rebelde romano llamado Sertorio veinte años atrás. Estos soldados conocían la forma de luchar de los romanos y causaron bastantes dificultades a Craso, pero hacia finales de verano éste había logrado pacificar Aquitania entera, desde las montañas hasta el mar.

El propio César concluyó la campaña del año con una rápida incursión contra los morinos y los menapios de la costa de la actual Holanda. Conscientes de que todas las tribus que habían tratado de hacer frente a César habían sido vencidas, los morinos y los menapios recogieron prudentemente sus provisiones y buscaron refugio en el interior de sus impenetrables bosques. César trató de atacarlos repetidas veces, pero sus hombres cayeron en varias emboscadas, mientras que los galos no hacían más que seguir internándose en los bosques. Frustrado, el general romano adoptó la novedosa pero poco práctica estrategia de arrasar el bosque por completo. Pero como el verano estaba terminando, al final acabó por abandonar la tala y, tras incendiar todos los asentamientos de la región, decidió dejar a los morinos y los menapios para otro momento. Dio orden a sus legiones de que levantaran los campamentos invernales a lo largo y ancho de toda la Galia, pero sobre todo en aquellas regiones que habían tomado parte en la rebelión. Las tribus vencidas, no sólo habían sufrido la derrota y una considerable merma de población, sino que, para colmo, ahora se veían obligadas a alimentar al ejército romano con sus escasas provisiones. Deliberadamente, César estaba enseñándoles una lección sobre el precio de la rebelión.

Después de tres veranos en la Galia, César había conquistado —y, en algunos casos, reconquistado— una enorme franja de tierra circular que se extendía desde el lago Leman hasta el valle del Loira y los Pirineos, pasando por el Rin, el mar del Norte, las tierras de los belgas, el canal de La Mancha y Bretaña. Si quedaba alguien entre los galos o los romanos que ignorara aún su objetivo final, ahora debió de comprenderlo. Aseguradas las fronteras de la Galia, César estaba convencido de que la zona central, densamente poblada y próspera, se sometería pacíficamente al dominio romano. Y si había algún problema en el futuro, sólo tenía que enviar sus legiones para cerrar la trampa.

VII

BRITANIA

¡Qué hermosa carta me has enviado sobre Britania!
Me aterraba pensar que tuvieras que hacer frente al mar
y a la costa de esa isla. [...] Me escribes sobre todas las
cosas asombrosas que has visto allí: el país, las maravillas
de la naturaleza, los lugares más interesantes, las
costumbres, las tribus, las batallas... y, como es lógico,
también tu comandante.

Carta de CICERÓN a su hermano QUINTO

César regresó al norte de Italia en otoño del año 56 a.C. para supervisar los asuntos de la Galia Cisalpina y, lo que era más importante, para mantener vigilada la situación en Roma. Catón seguía enrocado en su oposición a César, pero la inmunidad proconsular que revestía al conquistador de la Galia le impedía atacarlo directamente. Así que, en septiembre del mismo año, presentó cargos contra el consejero de confianza de César, Balbo, aduciendo que había obtenido ilegalmente la ciudadanía de manos de Pompeyo dieciséis años antes. La acusación carecía de fundamento, pero era una maniobra típicamente romana, diseñada para atacar al rival a través de un subordinado y obligarlo a derrochar su capital político en trivialidades. El triunvirato respondió presionando a Cicerón hasta que se avino a defender a Balbo ante los tribunales y logró que fuera absuelto

Durante el invierno anterior, el triunvirato había trazado planes para que Pompeyo y Craso fueran elegidos como cónsules. Sin embargo, los *optimates* volvían a estar preparados para demostrar que podían causar considerables problemas a César y a sus colegas aunque no pudiesen bloquear totalmente sus planes. Marcelino, uno de los dos cónsules del presente año, declaró que Pompeyo y Craso habían violado la ley al presentar su candidatura a la magistratura fuera de la temporada de campaña y que, por consiguiente, no podían ser elegidos. La violación era un tecnicismo de menor importancia, pero Marcelino estaba decidido a frustrar los planes del triunvirato mientras estuviera en el consulado. Pompeyo y Craso, sin duda con la connivencia de César, respondieron sobornando a un tribuno de la plebe para que vetara el proceso electivo entero, a fin de que no se pudiera elegir a ningún cargo. Esto provocó la activación de una cláusula de la constitución romana que propiciaría un *interregnum* (gobierno de transición), seguido por una elección especial una vez expirado el mandato de Marcelino. Esta acción brindaba al triunvirato varios meses adicionales para planear una campaña de intimidación y trucos sucios con los que derribar la oposición.

En enero del 55 a.C., al acercarse las elecciones especiales, Catón luchó con uñas y dientes para promocionar a su propio cuñado, Lucio Domicio —un feroz *optimate* con el sobrenombre familiar de Ahenobarbo («barba de bronce»)— como candidato alternativo para el consulado. Mientras Domicio y Catón trabajaban para arañar hasta el último voto durante la noche de las elecciones, Pompeyo ordenó a sus matones que atacaran a los líderes *optimates* en las calles. Catón resultó herido y el hombre que llevaba la antorcha murió, mientras Domicio se ponía a salvo en su propia casa. A la mañana siguiente, el centro de Roma estaba a rebosar de partidarios del triunvirato. Convenientemente, César había permitido que el joven Publio Craso marchara a Roma con un grupo de soldados leales para la elección de su padre. La presencia de cientos de veteranos de César en el foro bastó para asegurar el consulado a Pompeyo y a Craso. Una vez que los colegas de César hubieron sido elegidos, manipularon con facilidad la selección de las magistraturas restantes. Cuando el maltrecho Catón se adelantó para la votación de su candidatura a la pretura, Pompeyo declaró que había oído un trueno y disolvió la asamblea durante el resto del día. Pero los imaginarios augurios no volvieron a interferir cuando el triunvirato sobornó a votantes suficientes como para elegir a su colaborador Publio Vatinio en lugar de Catón.

Pompeyo y Craso pasaron las siguientes semanas fingiendo que no querían nada para ellos mismos, mientras sus colaboradores defendían sus proyectos ante el pueblo romano. El tribuno Trebonio presentó una propuesta para conceder a cada uno de ellos cinco años de gobierno proconsular en Hispania y Siria, respectivamente. Catón se opuso, claro, pero los *optimates* volvieron a ser derrotados por una combinación de sobornos, intimidación y violencia. La elección de Hispania por parte de Pompeyo demuestra su poco entusiasmo por nuevas conquistas, mientras que la de Siria para Craso evidencia que el más poderoso magnate de Roma ya estaba poniendo sus miras en el poderoso imperio de los partos. Craso había amasado una inmensa fortuna en Roma y había dirigido tropas en la guerra contra Espartaco, pero anhelaba una campaña militar comparable a la guerra en Oriente de Pompeyo y a las conquistas de César en el norte. Al poco de aprobarse esta legislación, los triunviros, fieles a sus compromisos, se aseguraron de que se le concedieran otros cinco años a César en la Galia. Una vez resueltos estos asuntos, el resto de su consulado fue bastante tranquilo, aunque el año terminó con una victoria de los *optimates*, cuando Domicio Ahenobarbo obtuvo al fin el consulado, junto con Catón como pretor.

Cuando el mensajero que traía las noticias del norte llegó al cuartel general de César en Italia, éste rompió el sello y leyó rápidamente el despacho. Debió de preguntarse si alguna vez iba a disfrutar de un año pacífico en la Galia. El informe decía que los usipetes y los tencteros, dos tribus germánicas del otro lado del Rin, habían cruzado el río y penetrado en la Galia cerca de la actual Düsseldorf, huyendo de los poderosos suebos. César escribe que los suebos, dueños y señores de la Germania occidental, eran los más numerosos, belicosos y duros de los germanos. Se alimentaban principalmente de leche y carne, mientras que desdeñaban lujos como el vino y la ropa de abrigo. La tribu había sido una espina en el costado de César desde el conflicto con Ariovisto, y ahora estaban empujando a otros germanos hacia las tierras aún no pacificadas de los belgas. Los usipetes y los tencteros se habían trasladado al territorio de los menapios, cerca de la desembocadura del Rin. Luego, tras saquear lo que pudieron encontrar, se encaminaron hacia el corazón de la Galia, al sur.

A causa de estas preocupantes noticias, César decidió partir del norte de Italia mientras la nieve aún cubría las cimas de los Alpes. La incursión germánica en la Galia era especialmente preocupante porque amenazaba con desestabilizar el país entero. César escribe que algunas tribus belgas habían enviado mensajeros al otro lado del Rin para recabar la ayuda de los germanos. Nada más llegar desde Italia, César convocó a los líderes de todas las tribus galas a una conferencia, supuestamente para «tranquilizar su ánimo y alentarlos», aunque seguro que también les hizo severas advertencias contra las posibles traiciones. A continuación, solicitó tropas auxiliares de caballería, las sumó a sus legiones y avanzó rápidamente contra los germanos.

Al poco tiempo, recibía una embajada de los germanos que le aseguró que no tenían el menor deseo de luchar contra él, pero que tampoco eran un pueblo que esquivara el conflicto cuando éste se les venía encima. La única excepción, admitieron de mala gana, eran los temibles suebos, que los habían expulsado a la Galia. Ni los propios dioses podían resistir a tales titanes. Los embajadores dijeron a César que estaban dispuestos a asentarse como aliados de Roma en cualquier lugar de la Galia que él decidiera, pero bajo ningún concepto pensaban volver a cruzar el Rin. Cuatrocientos años después, probablemente los romanos habrían dado saltos de alegría al oír esta oferta, puesto que la política de Roma en tiempos del Bajo Imperio era asentar a las tribus amistosas a este lado de la frontera para protegerla frente a grupos más hostiles. Sin embargo, a César no le interesaba llegar a un compromiso. Como hiciera con los helvecios tres años antes, dijo a los representantes de las dos tribus que no había sitio para ellos en la Galia. Su única opción era volver al otro lado del Rin. Graciosamente, les ofreció su ayuda para asentarse entre los ubios de la orilla oriental del río. Juntos, sugirió, sus ejércitos podrían hacer frente a los suebos.

Como es lógico, los emisarios de los usipetes y los tencteros recibieron esta propuesta con frialdad. Dijeron que tenían que consultarla con sus respectivas tribus y prometieron regresar en el plazo de tres días. Entretanto, pidieron a César que no acercara su campamento al de ellos. Esta petición inquietó al romano, sobre todo porque sus exploradores le habían dicho que la mayoría de la caballería germana se encontraba a varios días de distancia, en una incursión de saqueo. Si lograban mantenerlo alejado hasta el regreso de la caballería, el ejército germano sería una fuerza muy a tener en cuenta.

Al día siguiente, César reanudó la marcha contra el campamento germano y volvió a encontrarse con una embajada germana que le pedía que esperara. Habían estado meditando su oferta, dijeron, y estaban pensando seriamente en asentarse entre los ubios, al otro lado del Rin. César sabía que sólo era una estratagema para ganar tiempo, pero accedió a detener su avance al cabo de seis kilómetros, al llegar a la orilla del río. Los emisarios prometieron entonces no atacar a sus hombres, pero cuando la caballería de César se separó del contingente principal, los germanos cayeron sobre ella. Sorprendidos por la velocidad de la carga germana, los romanos se vieron cogidos totalmente por sorpresa. Los germanos se les echaron encima, desmontaron de un salto y apuñalaron a sus caballos, lo que obligó a los jinetes del ejército romano a luchar a pie. De este modo, los germanos lograron acabar con muchos de ellos, incluidos dos nobles galos a los que César consideraba amigos personales.

Traicionado por los germanos, éste prometió que no les mostraría clemencia alguna a partir de entonces. Cuando, al día siguiente, sus emisarios llegaron al campamento de los romanos para explicar que la batalla había sido fruto de un malentendido y necesitaban unos días más para considerar su propuesta, César ordenó que los arrestaran. A continuación, dirigió personalmente a sus impacientes tropas contra el campamento enemigo. Sus soldados, hostiles a los germanos en el mejor de los casos, eran presa de una amarga furia después de la traición del día anterior. El propio César estaba decidido a dar un terrible escarmiento a sus enemigos, para que nadie más sintiera la tentación de cruzar el Rin. Cuando, aquella mañana, la infantería pesada de los romanos irrumpió en el campamento enemigo, provocó una matanza de una magnitud insólita en los cuatro años de la guerra de las Galias. Algunos germanos trataron de resistir desesperadamente entre los carromatos, pero decenas de miles murieron al huir, incluidas numerosas mujeres y muchos niños. Los pocos que escaparon fueron perseguidos de manera implacable por la caballería romana hasta llegar al Rin, donde se zambulleron y se ahogaron. César no menciona que se hicieran prisioneros.

Tras la aplastante derrota infligida a los usipetes y los tencteros, César decidió cruzar el Rin y penetrar en la propia Germania. Ofrece a sus lectores romanos varias razones para justificar esta acción sin precedentes. Primero, quería demostrar a las tribus germanas que los romanos estaban dispuestos a penetrar en su patria si era necesario y que eran capaces de hacerlo. Hasta entonces, siempre habían sido los germanos los que habían entrado en la Galia, pero la presencia de un ejército romano en la orilla oriental del río enviaría un mensaje muy claro: los ejércitos podían moverse en ambas direcciones. En segundo lugar, la caballería de los usipetes y los tencteros, que no había podido reunirse con sus compatriotas antes de que César los destruyera, se había refugiado ahora entre sus antiguos vecinos, los sugambros. César había enviado a esta tribu un mensaje en el que les exigía que se los entregaran para castigarlos, pero ellos se negaron. Los sugambros habían respondido que, puesto que César pensaba que habían hecho mal al entrar en la Galia, ¿qué le daba derecho a atribuirse ninguna autoridad en Germania? Era un argumento razonable, pero César lo rechazó. El tercer motivo que ofrece para penetrar en Germania es que los desesperados ubios habían solicitado formalmente su presencia para demostrar a los belicosos suebos que contaban con el respaldo de Roma. Según le dijeron, su intachable reputación militar se había propagado hasta el último rincón de Germania desde que derrotara a Ariovisto tres años antes.

La única razón que César no nos ofrece era probablemente la más importante de todas: sería una espectacular maniobra publicitaria. En las décadas transcurridas desde que los cimbrios y los teutones amenazaran con arrasar Italia, los germanos se habían convertido, en el imaginario popular de los itálicos, en una especie de hombre del saco. Tanto los senadores como los plebeyos vivían temiendo el día que la próxima oleada de hordas germánicas cruzara el Rin y tomara el camino del sur para saquear e incendiar sus tierras. Pero nadie, hasta la llegada de César, había considerado la posibilidad de llevar la lucha a sus tierras. César no tenía planes para la conquista de Germania, pero si podía ser el primer general romano que llevara los estandartes de las legiones al otro lado del Rin, pasaría a la historia. Y, de cara al presente, esto mantendría su nombre en boca de los romanos mientras sus colegas Pompeyo y Craso ocupaban el centro del panorama político como cónsules.

Los ubios se habían ofrecido a llevar a los romanos al otro lado del Rin. La imagen de sus legiones cruzando el río en una flotilla de pequeñas embarcaciones no era la que César quería dejar en el recuerdo de los germanos. En cualquier caso, le parecía una mala estrategia, puesto que dejaba a su ejército a merced de un aliado de fidelidad aún no probada. Lo que necesitaba era un medio para cruzar el Rin que fuera seguro, estuviera bajo su control y —quizá lo más importante— resultara impresionante. Fue entonces cuando concibió su audaz plan de construir el primer puente sobre el Rin.

Los romanos llevaban siglos construyendo grandes puentes, pero lo que César proponía era algo sin precedentes. En cuestión de pocos días, pretendía atravesar un río de casi trescientos metros de anchura y hasta siete de profundidad. Por si esto fuera poco, quería hacerlo en plena guerra y en medio de una región vasta e inexplorada. Ésta era una tarea mucho más complicada que levantar un puente sobre el comparativamente pequeño Saona a comienzos de la campaña contra los helvecios. Aquel proyecto sólo había requerido un día, pero cualquier ingeniero competente habría dicho a César que el cruce del Rin, aun en el caso de que fuera posible, requeriría varias semanas de duro trabajo.

Sin embargo, quienes pudieran albergar dudas en el campamento romano no habían tenido en cuenta los conocimientos de ingeniería del propio César ni su talento para conseguir lo aparentemente imposible. Sus soldados se pusieron manos a la obra en la región de la actual Coblenza, talando incontables árboles y convirtiéndolos en pilares y vigas. Luego llevaban estos maderos a la orilla del río, donde los esperaban almadías equipadas con drizas y grúas. La corriente del Rin era tan fuerte que los primeros pilotes hubo que colocarlos en un ángulo agudo con respecto a la dirección de su avance y asegurarlos río abajo por medio de puntales de apoyo. Una vez colocados estos pilotes río arriba, se conectaban por medio de vigas perpendiculares. A continuación, los soldados entraban remando en el río para colocar los siguientes, que unían a los anteriores mediante sólidas traviesas. Por encima de esta estructura se colocaban las planchas y el ramaje entrelazado por las que marcharían las tropas. Para mayor seguridad, César colocó algunos pilotes corriente arriba para actuar como barrera contra cualquier resto flotante que pudiera amenazar su obra.

Desde antes del alba hasta después del anochecer, cada día, miles de soldados romanos trabajaron para construir una sección tras otra del puente sobre el Rin. Los exploradores suebos que observaban desde el otro lado del río, asombrados por lo que estaban viendo, corrieron a llevar la noticia a sus caudillos. César emplazó fuertes guarniciones a ambos lados del gran puente, por si a los galos o a los germanos se les ocurría la idea de tratar de destruirlo para dejar atrapado a su ejército. A continuación, sus hombres y él penetraron en Germania.

La intención de César al cruzar el Rin nunca fue entablar una guerra a gran escala, sólo realizar una breve incursión para intimidar a los nativos, y este objetivo lo alcanzó de manera admirable. Los sugambros, que habían ofrecido refugio a la caballería de los usipetes y los tencteros, se asustaron tanto ante su llegada que evacuaron todos sus asentamientos y se ocultaron en los bosques. César se contentó con incendiar sus vacías ciudades y arrasar sus campos. Hasta los poderosos suebos ordenaron que las mujeres y los niños se ocultaran en los bosques mientras sus guerreros se congregaban cerca del Rin para esperar al ejército romano. Pero después de casi tres semanas marchando sin oposición por territorio germano, César tenía la sensación de haber alcanzado sus objetivos. Volvió con su ejército al Rin y regresó a la Galia. Una vez allí, destruyó el puente para impedir que el enemigo lo utilizara y dejó tras de sí los tenebrosos bosques de Germania.

El verano del año 55 a.C. casi había terminado, pero César estaba decidido a asegurarse un lugar en la imaginación de los romanos realizando una nueva proeza militar antes de la llegada del invierno: una incursión en la mítica isla de Britania. En sus escritos nos cuenta que su principal razón para hacerlo era castigar a los britanos que habían prestado ayuda a las tribus galas durante sus anteriores rebeliones, pero también menciona que un breve reconocimiento de la isla sería de gran ayuda de cara a futuras operaciones allí. Sin duda esto es cierto, pero, una vez más, el auténtico interés de semejante expedición radicaba en la publicidad que generaría en Roma. ¿Cómo iban a competir Catón y los *optimates* —por no mencionar a Pompeyo y Craso— con un hombre capaz de llevar sus tropas a unas tierras que para los romanos eran tan misteriosas como para nosotros la otra cara de la Luna?

El exotismo de Britania para el mundo clásico también aumentaba los peligros de cualquier campaña realizada allí. Los griegos y los romanos habían visitado la Galia, e incluso Germania, durante siglos, pero Britania era casi una completa desconocida. Algunos romanos aseguraban incluso que la isla sólo existía en las fábulas. Por tanto, César convocó a los pocos mercaderes galos que habían viajado hasta allí para averiguar lo que sabían sobre la isla, sin demasiados resultados sustanciales.

> No logró saber el tamaño de Britania, ni los nombres o el número de sus tribus, ni sus tácticas militares ni sus costumbres, ni los puntos en los que era factible llevar a cabo un desembarco con una flota de grandes dimensiones.

La ignorancia sobre Britania no debe sorprendernos si tenemos en cuenta que, para las culturas del Mediterráneo estaba realmente en el fin del mundo. Antes de César, la única forma que tenían los exploradores o los mercaderes de llegar a la isla era un largo y peligroso viaje a lo largo de la Galia o un viaje aún más largo y peligroso a través de las Columnas de Hércules, por las costas atlánticas de Iberia y la Galia y finalmente por el tormentoso canal de La Mancha. César conocía algunos hechos ciertos sobre Britania, recopilados a lo largo de los últimos cinco siglos por los pocos viajeros que habían logrado visitarla y regresar. El principal entre ellos era el científico griego Piteas de Massalia, quien, además, había recorrido Irlanda e incluso Islandia en tiempos de Alejandro Magno. Gracias a él, César sabía que los nativos conocían la isla como Albión, una palabra celta que significa «el mundo superior», aunque desde el siglo I se la llamó Britannia, «tierra del pueblo pintado».

Armado con tan poca información, César decidió que era esencial empezar reconociendo la costa del sur y estableciendo lazos con los líderes tribales britanos. Para aquella tarea, envió a su ayudante de campo Cayo Voluseno en busca de los mejores puertos. Como los acontecimientos se encargarían de demostrar en seguida, el joven hizo un pésimo trabajo porque tenía miedo de abandonar el barco. Al mismo tiempo, envió a un noble galo llamado Commio, de la tribu belga de los atrebates, para reunirse con los reyes de las tribus meridionales. César sabía que era un hombre de confianza y gran valor y discreción, conocido y respetado entre los britanos. Como muchas de las tribus britanas del sur eran de origen belga y hablaban la misma lengua que sus parientes de la Galia, César confiaba en utilizar a Commio para exponer ante los britanos la conveniencia de someterse a Roma sin luchar. Pero aunque Commio era más valiente que Voluseno, no tuvo mejor suerte: en cuanto desembarcó en Britania, los nativos lo cargaron de cadenas.

Tras este poco auspicioso comienzo en su aventura britana, las cosas no tardaron en empeorar. El ejército romano cruzó la Galia hasta una zona situada cerca de la actual Boulogne, donde levantó su campamento y empezó a reunir barcos suficientes para dos legiones más un nutrido contingente de caballería. César estaba tan ansioso por hacerse a la mar que, aprovechando un respiro en las tormentas, partió solo con la infantería, tras dar orden de que la caballería los siguiera a la menor ocasión. Por desgracia, los barcos que debían llevar a la caballería se encontraron con vientos contrarios que les impidieron llegar. Es de suponer que César maldeciría su suerte, pero a pesar de ello decidió lanzar su invasión sin el apoyo de la caballería, confiando en que ésta no tardaría en llegar.

Una clara mañana de finales de verano del año 55 a.C., César se convirtió en el primer romano que veía los blancos acantilados de Dover. Esta impresionante visión debió de dejar boquiabierto al general y a sus tropas, al menos hasta que se acercaron a la costa y repararon en que había miles de guerreros britanos en lo alto de los acantilados, en una línea que se extendía varios kilómetros en ambas direcciones. César comprendió al instante que sería un suicidio tratar de tomarlos al asalto, de modo que echó el ancla cerca de la costa para esperar que llegara el resto de sus transportes. A continuación, navegó durante varios kilómetros por la costa de Kent hasta llegar a una playa en la que parecía más fácil desembarcar, seguramente en las cercanías de la actual Deal. Los guerreros britanos que observaban a los romanos desde lo alto de los acantilados los siguieron por la costa, y cuando las primeras naves llegaron a su tierra, estaban esperándolos.

César no tardó en descubrir que los pesados barcos romanos, que tan mal se habían portado contra los venetos en las aguas poco profundas de la costa de Bretaña, eran aún más inútiles en las playas britanas. Todos los transportes embarrancaron a cierta distancia de la costa. Los britanos, familiarizados con las características de la playa, se lanzaron a galope tendido sobre el lugar y cayeron sobre los soldados romanos del primer barco mientras se afanaban por llegar hasta la costa. Cargados con su pesado equipo e incapaces de mantener el equilibrio en el agua, los romanos no eran rivales para la caballería britana. Pero lo peor fueron los carros britanos, que atravesaron la playa a toda velocidad, asaeteando a los romanos con sus lanzas y abatiendo a todos los que pudieron alcanzar. Los romanos habían leído cosas sobre los carros de guerra en los antiguos relatos de Homero, pero al verlos en la realidad, utilizados contra ellos, sintieron una oleada de terror.

Cuando César vio que su primer desembarco en suelo britano estaba convirtiéndose en un sanguinario fracaso, rodeó a las fuerzas enemigas con algunas de sus naves más ligeras y lanzó

Eneas y su hijo Iulo llegan a Italia.

(© The Trustees of the British Museum.)

Cayo Mario, cónsul en siete ocasiones
y tío de Julio César.

(© Glyptothek, Munich, Alemania
[The Bridgeman Art Library].)

Ruinas del foro romano en la actualidad.

(© Atlantide Phototravel / Corbis.)

El templo de Vesta en el foro romano era el santuario de las vírgenes vestales, las cuales sirvieron a César mientras fue *pontifex maximus*.

(© Ken Gillham / Robert Harding World Imagery / Corbis.)

Figurita de bronce de un lictor, los guardias de César y del resto de magistrados romanos.

(© The Trustees of the British Museum.)

Estatuilla de un legionario en los tiempos de Julio César.

(© The Trustees of the British Museum.)

Julio César.

(© Museo e Gallerie Nazionali di Capodimonte, Nápoles, Italia [The Bridgeman Art Library].)

Pompeyo, compañero político y yerno de César, y posteriormente su mayor enemigo militar.

(© Ny Carlsberg Glyptothek, Copenhague, Dinamarca [The Bridgeman Art Library].)

Craso, uno de los hombres más ricos de Roma y tercer miembro del triunvirato con Pompeyo y César.

(© The Louvre, París, Francia [The Bridgeman Art Library].)

Cicerón, uno de los mejores oradores de Roma y crítico habitual de César.

(© Museo Capitolino, Roma, Italia [The Bridgeman Art Library].)

Moneda de la tribu de los remos de la Galia belga.
(© The Trustees of the British Museum.)

Denario romano de plata con la cara de un guerrero gálo (izquierda) y un carro celta (derecha).
(© The Trustees of the British Museum.)

Cabeza de mujer de gran parecido con Cleopatra, reina de Egipto y amante de César.

(© The Trustees of the British Museum.)

Anillo grabado con retrato de Marco Antonio, el implacable y leal lugarteniente de César.

(© The Trustees of the British Museum.)

La muerte de Catón de Útica de Charles Le Brun (1619-1690).

(© Museo e Gallerie Nazionali di Capodimonte, Nápoles, Italia [The Bridgeman Art Library].)

Octavio, sobrino nieto y heredero de César, quien gobernó el Imperio romano como Augusto.

(© The Trustees of the British Museum.)

Muerte de Julio César de Vincenzo Camiccini (1773-1844).

(© Museo e Gallerie Nazionali di Capodimonte, Nápoles, Italia [The Bridgeman Art Library].)

una continua descarga de flechas, piedras y proyectiles para conseguir que se alejaran de sus hombres. De este modo consiguió aliviar un poco la presión, pero sus legionarios seguían sin atreverse a lanzarse al profundo y embravecido oleaje. En ese momento, el desarmado portaestandarte de la X legión elevó una rápida plegaria a los dioses y gritó a sus camaradas:

—Soldados, seguidme a menos que queráis que esta águila caiga en manos del enemigo. Yo, al menos, pienso cumplir con mi deber para con mi patria y mi comandante.

Dicho y hecho. Saltó al agua y comenzó a avanzar hacia la costa. Para una legión no había mayor desgracia que perder el águila a manos del enemigo, así que los legionarios, de mala gana, saltaron de sus barcos y lo siguieron.

A pesar del renovado empuje de moral que el portaestandarte había dado a las tropas, la lucha en la playa fue una caótica batalla frente a las fuerzas britanas, más maniobrables. Tras lo que parecieron horas de lucha cuerpo a cuerpo, las dos legiones lograron finalmente llegar a tierra firme. Entonces formaron una línea con sus escudos y expulsaron a los nativos de la cabeza de playa. César, que había estado dirigiendo la batalla desde un barco cercano, pudo al fin poner pie en suelo britano y estudiar la desalentadora escena. Muchos de sus mejores hombres flotaban muertos, sobre el oleaje, otros estaban gravemente heridos y su ejército estaba exhausto. Aun así, estaba exultante por haber llegado al fin a su destino, y sólo la falta de caballería lo obligó a permanecer cerca de la playa aquella tarde en lugar de seguir hacia el interior.

Los britanos sabían que no eran rivales para los romanos en una guerra prolongada por tierra, así que los mismos líderes que habían atacado a César en la playa acudieron ahora a él con ofertas de paz. Debía de estar harto de oír a los caudillos celtas derrotados asegurar que la batalla había sido en realidad un malentendido, pero los caudillos britanos le dijeron que era el populacho quien, imprudentemente, los había obligado a emprender una lucha con Roma que no deseaban. Trajeron al prisionero Commio y se lo entregaron, ileso, junto con sus disculpas. Si César hubiera estado en la Galia, con su ejército entero y provisiones en abundancia, posiblemente habría atacado la ciudad más cercana y vendido a sus habitantes como esclavos. Pero sabía que su posición en Britania era, en el mejor de los casos, débil, puesto que el invierno se acercaba a toda prisa y carecía del apoyo de la caballería. Por tanto, aceptó la rendición de los britanos sin pedir más que la entrega de rehenes.

La caballería romana que aguardaba en la Galia partió al fin, cuatro días después de que César llegara a Britania. El viento era suave al partir de la Galia, pero cuando casi habían cruzado el canal, se levantó una violenta tormenta que dispersó las naves en todas direcciones. Algunas terminaron de regreso en la costa gala, mientras que otras se vieron empujadas al oeste de la posición de César. Estas naves hicieron valientes esfuerzos por alcanzar a su comandante, pero, tras soportar una noche tempestuosa en el canal, abandonaron y regresaron a la Galia. En el campamento de César, la misma tormenta se abatió sobre los transportes de tropas anclados en la ribera. Para colmo de mala suerte, lo hizo en plena luna llena, cuando la marea estaba más alta, por lo que su fuerza se multiplicó. César tendría que haber aprendido la lección sobre la furia del océano tras su guerra contra los venetos, pero lo único que pudo hacer ahora fue presenciar cómo sus preciosos barcos se precipitaban unos contra otros y se estrellaban contra las rocas. A la mañana siguiente, al amainar la tormenta, los romanos vieron que varias de las naves habían quedado totalmente destruidas y la mayor parte de las demás estaban maltrechas. Los legionarios bajaron a la playa y contemplaron consternados los restos de su flota. Eran perfectamente conscientes de que su única vía de comunicación con el mundo civilizado acababa de desaparecer. Ahora se enfrentaban a la perspectiva de un largo y frío invierno en Britania, sin apenas provisiones ni suministros, y rodeados de tribus hostiles que podían atacarlos cuando les viniera en gana.

A nadie se le escapaba que la situación de los romanos era desesperada, así que, en secreto, los britanos comenzaron a congregar sus tropas. Durante los días siguientes continuaron visitando el campamento de César para hacer demostraciones de inquebrantable lealtad. Los rehenes prometidos estaban demorándose inesperadamente, pero los britanos aseguraron a César que aparecerían. Entre tanto, no paraban de llegar guerreros a la zona, procedentes de todas las regiones circundantes. Los britanos estaban convencidos de que, si lograban derrotar a César y a sus dos legiones, los romanos no volverían a molestarlos en su isla.

Una lección que César había aprendido de la historia militar de Roma era que los mejores comandantes son los que saben recuperarse de los reveses. De repente, parecía estar en todas partes, reorganizando y alentando a las tropas. Envió expediciones bien armadas a los campos cercanos en busca de grano y ordenó que los soldados recuperaran la madera y el bronce de los barcos en peor estado para reparar aquellos que aún se pudieran salvar. Los pocos transportes que todavía podían navegar se enviaron a la Galia en busca de provisiones, velas, jarcias y anclas. Estaba convencido de que, con unos pocos días de trabajo diligente, la mayoría de las naves volvería a estar en condiciones de cruzar el canal.

Mientras las reparaciones continuaban, envió la VII legión al interior de Britania en busca de comida. Los romanos encontraron un gran campo de cultivo sin cosechar, así que empezaron a recoger el grano. No se dieron cuenta de que los britanos lo habían dejado intacto deliberadamente como cebo. Los atareados legionarios se vieron de repente rodeados por miles de guerreros nativos que cabalgaban a su alrededor en sus caballos o sus carros mientras descargaban sobre ellos una lluvia de jabalinas. A varios kilómetros de allí, en el campamento romano, los guardias de las murallas repararon de repente en la polvareda que se levantaba en la dirección por donde se habían marchado sus compañeros. César comprendió al instante que sus nuevos aliados britanos lo habían traicionado, así que ordenó a sus tropas que lo siguieran a la nube de polvo.

Entretanto, los soldados de la VII estaban descubriendo lo devastadores que podían ser los carros de guerra celtas. Sus conductores no cargaban contra las filas de los romanos, sino que, con un ruido ensordecedor, pasaban como un vendaval frente al enemigo mientras los guerreros que llevaban arrojaban sus lanzas contra ellos. Con un poco de práctica, los britanos podían incluso bajar cuestas con sus carros, girar en redondo en cuestión de un momento e incluso subirse al yugo con el carro en marcha.

A veces, los guerreros saltaban de los carros y atacaban al enemigo desde el suelo mientras los conductores aguardaban para recogerlos al cabo de un momento. En palabras del propio César, los carros proporcionaban a los britanos la movilidad de la caballería con todas las ventajas de la infantería pesada.

Por suerte para sus tropas, César llegó justo a tiempo para empujar a los britanos hacia el bosque e impedir una derrota total. Los romanos regresaron al campamento mientras los jefes nativos enviaban mensajeros a los cuatro vientos para reclutar más tropas con las que echar a César al mar. Durante los días siguientes arreciaron las tormentas, y tanto los romanos como los britanos se vieron obligados a permanecer en sus tiendas, pero al primer respiro, los britanos atacaron el campamento de los romanos con todas sus fuerzas. Sin embargo, al igual que ocurriera en la Galia, los nativos no eran rivales para los disciplinados legionarios formados en apretadas filas delante de sus murallas y acabaron por batirse en retirada. Tras esta derrota, enviaron emisarios para prometer a César el doble de rehenes cuando regresara a la Galia. El general no albergaba mucha fe en sus promesas (y, de hecho, sólo dos de las tribus llegarían a enviar los rehenes), pero no podía perder más tiempo en la isla. Cuando sus naves estuvieron por fin reparadas, las dos legiones romanas volvieron a cruzar el canal para regresar a la Galia. El Senado ordenó veinte días de celebraciones al enterarse del feliz regreso de César, ignorando generosamente el hecho de que había estado a punto de perder la cuarta parte de su ejército en una aventura mal concebida y peor planeada en el fin del mundo.

Catón, como de costumbre, no estaba impresionado por las hazañas de César. Mientras toda Roma celebraba sus victorias en Germania y en Britania, él se levantaba en la cámara del Senado para denunciarlo. El líder *optimate* afirmó que, de hecho, César había provocado la ira de los dioses al atacar a los usipetes y los tencteros en medio de una tregua y que, por tanto, habría que entregárselo a los germanos como castigo. Este discurso era una simple maniobra política, puesto que a Catón le importaban tan poco los germanos como el pueblo llano de Roma, pero provocó una amarga reacción por parte de César. Nadie sabía ponerse en su piel tan bien como Catón, un hecho que éste conocía bien y que utilizó en beneficio propio en no pocas ocasiones. Cuando su carta de respuesta a Catón se leyó ante el Senado, varias semanas después, estaba repleta de crueles ataques e insultos impropios de él. Catón escuchó con toda calma sus invectivas y entonces, con su comportamiento comedido y una sistemática refutación de sus argumentos, consiguió que su enemigo quedara como un niño mimado y vulgar. Hasta los amigos de César acabaron lamentando que hubiera respondido a la provocación del *optimate*. Al final, la acusación quedó en agua de borrajas, pero, como mínimo, Catón logró empañar la gloria de César.

El propio César se encontraba por entonces en la Galia, preparando la invasión de Britania del verano siguiente. Había aprendido la lección de su primera y fallida expedición y estaba decidido a lanzar una segunda, esta vez victoriosa, para vengar la afrenta. Dejar a los britanos con la sensación de que lo habían expulsado de su isla, además de ser una mancha en su expediente militar, podría provocar toda clase de problemas en el futuro. Britania podía convertirse fácilmente en inspiración y fuente de apoyo para los rebeldes galos.

César sabía que tanto sus preparativos como sus naves habían sido inadecuados para su primera invasión, de modo que decidió diseñar un tipo de embarcación totalmente nuevo para hacer la guerra en las tormentosas aguas de la Galia. Los planos que mostró a sus lugartenientes eran una ingeniosa combinación de los barcos romanos y los venetos, con algunas interesantes innovaciones de su propia cosecha. Los costados de sus nuevas naves serían muy bajos, para permitir el rápido desembarco de hombres y de material. Además, las embarcaciones serían más grandes, para poder llevar más carga, sobre todo las monturas de la caballería, y tendrían menos calado, para poder recalar en aguas poco profundas. A diferencia de las naves venetas, dispondrían tanto de velas como de remos, para garantizar que podían desplazarse rápidamente tanto con viento como sin él. César no quería que se repitiera la interminable campaña contra los venetos ni el desastroso desembarco del pasado verano.

Tras instalar a sus tropas en el canal de La Mancha para construir esta nueva flota, partió hacia el sur para pasar el invierno en las provincias itálicas. Recorrió el valle del Po resolviendo disputas legales y supervisando las obras públicas, al tiempo que reforzaba sus lazos con una tierra que, además de una importante base política para él, era la fuente de la mayoría de sus tropas. Durante este recorrido, se enteró de que una tribu alpina, los pirustas, estaba realizando incursiones en la cercana provincia del Illyricum. En aquel momento no suponía más que una pequeña molestia, pero no podía permitir que la situación empeorara y lo distrajera de empresas más importantes en Britania y en la Galia. Sin perder un minuto, se encaminó a las tierras de los pirustas y convocó a sus líderes a una conferencia, donde les advirtió de que, a menos que quisieran que emprendiera contra ellos una guerra como las que había librado contra otras tribus problemáticas de la Galia, deberían poner punto final a sus incursiones y pagar las pertinentes reparaciones. Su reputación era tal que los pirustas no vacilaron un instante: le aseguraron que abandonarían las incursiones, arreglarían todos los daños y le entregarían rehenes para garantizar su buen comportamiento en el futuro.

A continuación, César regresó al norte de Italia, donde lo esperaba un problema más delicado. Hacía ya tiempo que era amigo de la influyente familia veronesa del poeta Cátulo. Cuando pasaba por la región en sus visitas por la Galia itálica, siempre se alojaba en su casa y disfrutaba de su calurosa hospitalidad. El joven Cátulo había cambiado hacía tiempo la rústica ciudad del pie de los Alpes por el cosmopolitismo de Roma, donde se había convertido en un poeta bien conocido en los elegantes círculos literarios de la urbe. Durante aquel año (a cuyo final lo sorprendería la muerte, por cierto) había mantenido un tormentoso romance con una mujer a la que en sus poemas llama Lesbia y que seguramente fuera Clodia, hermana del impredecible Clodio. Desgraciado en el amor, Cátulo no había conseguido tampoco los beneficios que esperaba de un puesto en el personal del gobernador romano de Bithinia. El poeta mantenía además una agria disputa por celos con un vate de tercera llamado Mamurra, quien durante años se había enriquecido a sueldo de César, primero en Hispania y luego en la Galia.

Mientras sus invectivas estuvieran dirigidas exclusivamente contra Mamurra, sus ingeniosos versos no provocarían otra cosa que divertimento:

> ¿Quién puede mirar esto, quién puede soportarlo,
> a menos que sea un vergonzoso y codicioso jugador,
> quién puede soportar que Mamurra se apodere de las riquezas
> de la melenuda Galia y la distante Britania?

Pero últimamente había decidido incluir a César en sus mordientes sátiras:

> Son un par de sodomitas,
> Mamurra inclinado y el vil César detrás.

A la familia del poeta le horrorizaba que su hijo azuzara con semejante crueldad a su antiguo patrono para escarnio popular. Estos poemas ofendían profundamente a César, sobre todo porque traían al recuerdo de todos el supuesto romance con Nicomedes, una amarga calumnia con la que llevaba luchando toda la vida. Pero César no era un hombre de resentimientos, y menos hacia un hombre como Cátulo, cuyos evidentes talentos eran objeto de su admiración. Cuando, aquella primavera, el padre de Cátulo lo convenció de que se disculpara, César lo invitó a cenar el mismo día para que el joven supiera que estaba todo olvidado. Su relación con la familia del joven seguiría siendo tan cálida como siempre.

En el invierno que separó sus dos campañas britanas, César cultivó también una nueva relación con Cicerón. Dos años antes, el triunvirato había presionado al orador para que apoyara sus planes, pero César era demasiado astuto como para tratarlo como una mera herramienta. Durante muchos años, el hombre que había ascendido de la nada hasta el consulado había sido objeto del divertido desdén de la nobleza romana. César comprendió el hambre de respeto de Cicerón y empezó a honrarlo en consecuencia. Durante las campañas de Galia y de Britania, su correspondencia se convirtió en una constante. Cicerón le envió incluso algunas muestras de su poesía, que César comparó con la de los mejores poetas griegos. Además, aquel invierno acogió a su hermano Quinto en su estado mayor como legado militar de primera. Aunque Quinto era un literato que traducía al latín las obras de Sófocles durante los momentos libres que le dejaban sus obligaciones militares, también demostró ser un soldado capaz.

Probablemente fuera durante el viaje de regreso a la Galia, en el año 54 a.C., cuando César volvió a demostrar su talento literario componiendo una obra (ahora perdida) llamada *Sobre la analogía*, en la que recomendaba a los oradores y los escritores la claridad y el lenguaje llano frente a la ornamentación elaborada. Un fragmento de este libro que sí ha sobrevivido expone estas ideas con toda claridad: «Evitad las palabras extrañas y poco familiares como el marinero evita las rocas en el mar.» El hecho de que pudiera dictar esta obra a sus secretarios mientras cabalgaba o marchaba en un carromato, en medio de sus obligaciones militares, resulta aún más digno de mención. César dedicó la obra con genuina admiración —y quizá un toque de ironía— al locuaz Cicerón.

Al llegar al canal, al comienzo del verano del año 54 a.C., comprobó con satisfacción que la flota estaba casi preparada para partir. Sus hombres habían construido seiscientos transportes y veintiocho naves de guerra, una verdadera armada que pronto llevaría veinte mil hombres hasta Britania. Convocó a los líderes de las tribus galas, cada uno de los cuales debía presentarse con un número preestablecido de jinetes. Desde todos los rincones de la Galia, los hombres acudieron al campamento de César para unirse a él en esta gran aventura, impulsados por el hambre de oro, perlas y esclavos. Los únicos que se negaron fueron los belgas treveros que moraban en la frontera con Germania. César necesitaba su contribución, no sólo porque poseían la mejor caballería de la Galia, sino porque no podía permitirse el lujo de dejar una tribu rebelde en retaguardia para que le causara problemas. Una parte de los treveros, dirigidos por Indutiomaro, se había posicionado contra Roma, mientras que la facción cesariana se había reunido alrededor de un noble llamado Cingetórix. Como aún faltaban varias semanas para que la flota estuviera preparada, César atravesó la Galia con su ejército para sofocar la revuelta de los treveros. Indutiomaro se había preparado para su ataque reuniendo a sus hombres en el gran bosque de las Ardenas, pero al aproximarse las legiones, muchos de sus guerreros empezaron a desertar para ofrecer su lealtad a César. Cuando los romanos llegaron al territorio de los treveros, Indutiomaro solicitó los términos de la rendición. César le perdonó la vida —hecho que acabaría por lamentar— y colocó a Cingetórix como líder en su lugar.

Zanjado este asunto, regresó al canal para reanudar los preparativos de la invasión, el más importante de los cuales era asegurarse de que todos los líderes galos de lealtad cuestionable lo acompañaran a Bretaña. César era partidario del principio de mantener a tus amigos cerca y a tus enemigos aún más cerca. A la cabeza de la lista de los potenciales alborotadores se encontraba el aeduo Dumnórix, un hombre que le había causado problemas desde el comienzo de la guerra de las Galias. César sabía a la perfección que Dumnórix era un individuo valiente y un personaje influyente, que no dudaría en tomar el poder en la Galia si se le presentaba la ocasión. El galo se presentó en su campamento y le suplicó que le dejara quedarse en la Galia —tenía miedo a viajar por mar y obligaciones religiosas en su hogar—, pero César no se dejó convencer. Dumnórix cambió entonces de estrategia y empezó a propagar el rumor de que César quería llevarse a Britania a los líderes galos para asesinarlos allí con impunidad. Creyeran o no esta idea estúpida, muchos de ellos empezaron a cuestionar la conveniencia de seguir al romano.

Sin embargo, al llegar el día de la partida, las tropas romanas y sus auxiliares galos subieron a bordo de las naves... con la sola excepción de Dumnórix y un contingente de los aeduos, que habían logrado escabullirse en la confusión y regresaban a sus hogares. Al enterarse, César detuvo la partida y envió un fuerte contingente de caballería en pos de Dumnórix. Sus órdenes eran traerlo de regreso, con vida si era posible, pero detenerlo a toda costa. El líder aeduo era demasiado peligroso como para dejarlo en la Galia mientras el ejército romano estaba al otro lado del mar. Cuando sus perseguidores lo alcanzaron, Dumnórix se vio rodeado y conminado a rendirse. Pero se negó a hacerlo y, mientras lo abatían, gritó:

—¡Soy un hombre libre, hijo de un pueblo libre!

Sus palabras no tardarían en convertirse en un grito unificador para toda la Galia.

Soplaba una suave brisa del suroeste cuando la flota partió aquella tarde en el canal, pero alrededor de la medianoche, el viento amainó por completo. En la oscuridad, las naves avanzaron sobre el oleaje en dirección este, a ciegas. Al levantarse el sol, César vio que se habían excedido y que Britania se encontraba al oeste, en el horizonte, así que ordenó que remaran con todas sus fuerzas hacia allí. Con un enorme esfuerzo, finalmente la flota consiguió llegar a Kent al mediodía. Esta vez, sólo un inquietante viento recibió su llegada. No había un solo britano a la vista. Aquella misma tarde, tras dejar un contingente suficiente en la playa para levantar un campamento fortificado y proteger las naves, César partió hacia el interior de la isla.

En algún lugar cercano al que un día albergaría la ciudad catedralicia de Canterbury, César se encontró por fin con los britanos. Los nativos, mucho más cautos que el año anterior, salían rápidamente de los bosques montados en sus caballos y carros, atacaban las líneas romanas y luego se replegaban de nuevo a los árboles. Las legiones rechazaban estos ataques con facilidad, pero César, que temía una emboscada (y con razón), prohibió que persiguieran al enemigo. En su lugar, los legionarios levantaron un campamento fortificado y se prepararon para continuar la marcha al día siguiente. Pero al alba llegó la noticia de que una inesperada tormenta había vuelto a inutilizar casi todos los barcos en la playa. En lugar de recibir esta segunda catástrofe como un presagio enviado por los dioses, César volvió con su ejército a la costa y ordenó que se le trajeran calafates desde la Galia, junto con todo lo que hiciera falta para reparar las naves. Sin embargo, lo que sí comprendió finalmente era que no podía dejar la flota desprotegida en las playas del mar del Norte. Pasó los diez días siguientes construyendo un refugio para proteger sus barcos de las tormentas y los ataques enemigos. Cuando volvió a abandonar el campamento, lo hizo con la seguridad de que, esta vez, su medio de transporte estaba seguro.

A continuación cruzó Kent en dirección al gran río llamado Támesis. Sabía que en la otra orilla, en algún lugar al oeste de la actual Londres, se encontraba la ciudadela de Casivellauno, rey de los casios. Se había enterado de que Casivellauno dirigía una confederación formada por todas las tribus de la Britania meridional. Este frente unificado era un escollo para sus objetivos, pero estaba decidido a aplastar toda resistencia en el sur antes de regresar a la Galia a pasar el invierno.

En este dramático momento de su informe anual al Senado, publicado más tarde en *La guerra de las Galias,* César interrumpe su propia descripción de batallas y desastres navales para dejar constancia de su talento como etnógrafo y científico. Es evidente que disfrutaba usando lo que había aprendido sobre Britania y sus nativos para azuzar la imaginación de su audiencia romana y así alimentar su propio prestigio. Gran parte de lo que dice ha sido verificado por estudios modernos y excavaciones arqueológicas, pero al margen de su veracidad, lo que está claro es que en Roma quedaron fascinados por su descripción del mundo extraño y maravilloso que había encontrado al otro lado del canal.

César no sabía casi nada sobre Britania cuando planeó su primera invasión (55 a.C.), pero para cuando escribió su informe había visitado la isla dos veces y se había entrevistado con numerosos nativos para reunir información. Comienza su descripción hablándonos de los diferentes tipos de personas que se pueden encontrar en la isla:

> Las regiones del interior de Britania están habitadas por tribus que aseguran ser indígenas, pero las de la costa son emigrantes recientes, procedentes de la Galia belga, que han venido en busca de guerra y botín.

La afirmación de que los britanos del sur tenían estrechos lazos culturales con la Galia es innegable. Las pocas evidencias lingüísticas que poseemos sobre el idioma britano ancestral, antecesor del galés, demuestran que era una variante de la lengua celta que se hablaba en la Galia. Además, los arqueólogos han demostrado que las armas, las manifestaciones artísticas, la ropa, las prácticas funerarias y muchas otras cosas eran similares a ambos lados del canal. Las excavaciones nos ofrecen también abundantes pruebas sobre los vínculos comerciales entre la Galia y el sur de Britania, con la aparición de mercancías tales como el vino. Los britanos, por su parte, exportaban grano, ganado, metales preciosos, perros de caza y esclavos, tanto a la Galia como a otras regiones más lejanas. Podemos estar seguros de que por muy poco que César supiera sobre ellos antes de su primera expedición, al menos los habitantes de las regiones meridionales de la isla estaban al corriente de la existencia de Roma.

César menciona asimismo que conocían la moneda (una afirmación contrastada también por la arqueología) y que su clima era más moderado que el de la Galia (gracias a la entonces desconocida corriente del Golfo). Afirma que la isla tiene una forma más o menos triangular y se muestra razonablemente preciso con respecto a su tamaño, a pesar de que sólo llegó a conocer una pequeña parte del sureste. Menciona que existe otra gran isla llamada Hibernia (Irlanda) al oeste, y nos ofrece una de las primeras descripciones conocidas sobre ella. Parece ser que le interesaba profundamente la variación en la duración del día, de modo que se hizo traer una clepsidra (un ingenioso reloj de agua utilizado por los antiguos para medir el tiempo en toda clase de climas, tanto de día como de noche) desde la Galia. Tras cuidadosos experimentos, descubrió que las noches de verano en Britania eran, en efecto, ligeramente más cortas que en el continente.

Algunos de sus comentarios más interesantes, tanto para los lectores antiguos como para los actuales, son los que hacen referencia a las costumbres de los propios habitantes. Gracias a ellos sabemos que los britanos consideraban sagradas ciertas aves y nunca se las comían. Puede que esto fuera verdad, puesto que en la mitología celta hay incontables relatos sobre aves sagradas. La referencia a las liebres también la veremos confirmada un siglo más tarde, cuando la reina rebelde llamada Boadicea libera una como parte de una ceremonia de adivinación antes de una batalla. Cuenta que todos los guerreros britanos, tanto del norte como del sur, se pintaban la cara con un tinte azulado extraído de las hojas de una planta llamada *vitrium* (isatis), lo que les proporcionaba un aspecto aterrador en el campo de batalla. Finalmente, asegura que en las granjas de los nativos podían vivir hasta una docena de hombres emparentados, que compartían las esposas en un tipo de vida comunal. Sobre este punto no existen paralelismos con otras sociedades célticas primitivas, así que es posible que César malinterpretara la realidad familiar de los britanos o estuviera exagerando deliberadamente para sus lectores romanos, quienes sin duda esperarían este tipo de comportamientos escandalosos por parte de unos bárbaros del otro lado del mundo.

En los primeros compases del otoño, César avanzó con prudencia por la campiña de Kent en busca de Casivellauno y sus aliados britanos. Los nativos atacaron a los romanos durante la marcha, pero siempre con pequeñas incursiones encaminadas a atraer a las legiones al interior de sus grandes bosques. En una ocasión, asaltaron a un pequeño grupo de soldados que estaba levantando el campamento y lograron acabar con varios de ellos, pero finalmente fueron rechazados y no volvieron a intentar ataques tan audaces. Lo que más sorprendía a César era la asombrosa capacidad de los guerreros britanos de dividirse en múltiples grupos de asalto y atacar las líneas romanas en distintos puntos al mismo tiempo. Las legiones estaban entrenadas para luchar en batallas campales o prolongados asedios, no en docenas de escaramuzas simultáneas.

Cuando finalmente llegaron al Támesis, cerca de la actual Londres, César descubrió, gracias a los testimonios de los prisioneros, que únicamente existía un punto por el que se pudiera vadear el río, y sólo con la máxima dificultad. Los guerreros de Casivellauno se encontraban al otro lado del río, esperando a que los romanos trataran de cruzar para caer sobre ellos en el agua. Incluso habían clavado estacas afiladas junto a la ribera para entorpecer el avance de los romanos. Con las tormentas de otoño en el canal cada vez más próximas, César sabía que no tenía tiempo de repetir lo que había hecho en el Rin, ni tampoco contaba con botes suficientes para todos sus hombres, así que intentó una maniobra extremadamente arriesgada. Antes de que los britanos comprendieran lo que estaba sucediendo, miles de sus soldados se lanzaron hacia el río y, chillando como posesos, lo cruzaron caminando con el agua hasta el cuello. El ataque sorprendió de tal modo a los britanos que rompieron filas y huyeron a toda velocidad del lugar.

César se encontraba ya al norte del Támesis (probablemente cerca del actual aeropuerto de Heathrow), pero Casivellauno aún contaba con un ejército importante para hacerle frente. Sin embargo, una vez cruzado el Támesis, la posición del caudillo britano se había debilitado sensiblemente. Fue entonces cuando los reyes del sur de Britania, que desde hacía tiempo estaban resentidos con él, comenzaron a tantear a César para buscar la paz. El más importante de ellos era un príncipe llamado Mandubracio, de los trinovantes de Essex, al nordeste de Londres. Su padre había sido asesinado por Casivellauno y él había tenido que marchar al exilio para salvar la vida. Mandubracio ofreció a César su lealtad, rehenes y todo el grano que pudieran necesitar sus legiones si lo ayudaba a recuperar el trono. César aceptó encantado.

Los desertores le informaron entonces de que el cuartel general de Casivellauno se encontraba cerca, aunque bien protegido por marismas, maleza y fosos. A pesar de ello, los romanos asaltaron la fortaleza desde dos direcciones diferentes y lograron acabar con muchos de los britanos, aunque el propio rey escapó. En un último intento por librarse de los romanos, Casivellauno ordenó a los reyes subordinados que aún le eran leales en Kent que destruyeran la flota de César, aunque el ataque fracasó miserablemente. Casivellauno, que no era ningún necio, comenzó a plantear la posibilidad de firmar la paz por mediación del viejo aliado de César, el atrebate Commio. En otras circunstancias, César le habría sacado más concesiones, pero en aquel momento se enfrentaba a varios problemas acuciantes. No estaba preparado para invernar en Britania, las tormentas de otoño no tardarían en tornar infranqueables los mares y, en un comentario que resulta harto significativo, había «problemas repentinos en la Galia». Acordó rápidamente un tratado de paz, con la habitual entrega de rehenes y la promesa de Casivellauno de que no molestaría a Mandubracio y a los trinovantes. Alcanzados estos términos, sólo quedó marchar rápidamente por Kent hasta la flota que lo esperaba. Entre los daños sufridos por los barcos durante las tormentas y la gran cantidad de rehenes y esclavos que ahora lo acompañaban, César tuvo que dividir sus fuerzas en dos grupos para pasar al otro lado del canal. Seguramente, sus últimas palabras a los reyes britanos serían para pedirles que no incumpliesen lo acordado, puesto que las legiones podían regresar en cualquier momento para castigar a los alborotadores e incluso anexionarse la isla entera. Sin embargo, la realidad es que ningún soldado romano volvería a poner el pie en Britania hasta casi un siglo más tarde.

Las noticias que esperaban a César a su regreso a la Galia no podían ser más preocupantes. Una sequía había mermado gravemente las cosechas y, por consiguiente, alimentar a las tropas romanas acuarteladas entre los galos se había vuelto más costoso que nunca. César se vio obligado a dispersar sus legiones a lo largo de un amplio territorio para reducir la presión sobre las poblaciones locales, lo que provocó que, en caso de problemas, les fuera más difícil prestarse ayuda mutua. La frustración no tardó en convertirse en revuelta abierta entre las tribus de los carnutes (en la región de la actual Chartres), quienes asesinaron a su rey Tesgetio, un firme aliado de Roma. Sólo era cuestión de tiempo, empezaba a temer César, que el país entero saltase por los aires. Tan profunda era su preocupación que, en lugar de viajar al norte de Italia para pasar el invierno, como era su costumbre, optó por permanecer en la Galia con las tropas.

Pero el golpe más devastador recibido en aquel otoño del 54 a.C. fue un asunto personal que omitió en sus informes oficiales al Senado. Al bajar del barco en la Galia, un mensajero le entregó una carta sellada procedente de sus amigos en Roma. Al leerla se enteró de que su amada hija Julia, su única descendiente y esposa de Pompeyo, había muerto al dar a luz unos días antes. El fruto de aquel parto, su nieta, sólo había sobrevivido unos días a la madre. Un general como César no podía permitirse el lujo de desmoronarse delante de sus tropas, pero el dolor que le produjo aquella noticia fue muy profundo. Pompeyo también estaba desconsolado. César organizó juegos de gladiadores y un banquete en su memoria, un honor sin precedentes para una mujer. A pesar de la objeción de los *optimates,* el pueblo de Roma decidió enterrarla en el sagrado suelo del Campo de Marte. Pero los partidarios de César —y sobre todo sus enemigos— eran conscientes de que Julia había sido la argamasa que había mantenido unida su alianza con Pompeyo. Sin ella, temían —o esperaban, según el caso— que los días del triunvirato estuvieran contados.

VIII

Vercingetórix

Los galos sentían tal pasión por la libertad y por la ancestral gloria de la guerra que ni las recompensas de los romanos, ni su alianza, ni la amistad de César podían impedir durante mucho tiempo que volvieran a lanzarse, con todo su corazón y con todas sus fuerzas, a la lucha.

César

El primer golpe de la revuelta gala llegó desde una dirección inesperada. Los eburones eran una tribu poco importante que había desempeñado un papel menor en la guerra contra César, dominados como estaban por vecinos mucho más poderosos que ellos. Su líder, Ambiórix, era un hombre afable que se había mantenido en términos tan amistosos con Roma como se lo habían permitido las circunstancias y a quien César honraba a su vez con su amistad. El general romano había acuartelado a varios miles de sus hombres en el territorio de los eburones, bajo el mando de los generales Sabino y Cotta. Ambiórix, aunque sin duda molesto por tener que alimentar tantas bocas adicionales durante varios meses, accedió a compartir con las legiones el grano obtenido de la magra cosecha de aquel año.

Apenas acababan de instalarse las legiones en sus cuarteles cuando Ambiórix fue abordado por Indutiomaro, el caudillo de los treveros que se había rebelado el año anterior y al que César había perdonado. El descontento trevero había estado buscando apoyos entre los reyes vecinos para actuar contra César, pero fue en el aparentemente pacífico Ambiórix donde encontró al fin un oído favorable. Demostrando una tortuosa inteligencia que nadie hubiera esperado nunca de él, Ambiórix elaboró un ingenioso plan para destruir a los romanos acuartelados en sus tierras y, con un poco de suerte, inflamar la llama de una revuelta que se propagaría por toda la Galia.

Ordenó que algunos de sus guerreros atacaran a un pequeño contingente de romanos que estaba recogiendo leña y luego envió sus tropas contra el inexpugnable fuerte custodiado por los soldados de Sabino y Cotta. Los eburones fueron repelidos con facilidad y entonces Ambiórix solicitó una tregua. Tras deshacerse en disculpas por el asalto, juró que sus sentimientos hacia César y los romanos seguían siendo tan calurosos como siempre. Explicó que los débiles eburones habían sido obligados a atacar a los romanos por las tribus que los rodeaban, involucradas en una conspiración contra Roma de enormes dimensiones. Todos los líderes galos habían acordado caer simultáneamente sobre los aislados campamentos invernales de los romanos, de modo que las legiones no pudieran enviarse ayuda unas a otras. Además, los galos habían alquilado los servicios de hordas de feroces guerreros germanos, que estarían entre ellos en menos de dos días. Suplicó a Sabino y a Cotta que, por su propia seguridad y por las vidas de sus tropas, abandonaran su campamento y marcharan hacia las posiciones de Quinto Cicerón o Labieno, más sólidas. Entre lágrimas, juró por los dioses que se les ofrecería paso libre por su territorio, pero debían darse prisa mientras aún había tiempo de escapar.

Los generales romanos celebraron un rápido consejo en el que los oficiales, tribunos y centuriones presentes se dividieron en dos bandos. Ambas partes estaban de acuerdo en que era muy poco probable que una tribu menor, dirigida por un hombre como Ambiórix, decidiera atacar a los romanos, salvo que hubiese en marcha una rebelión mucho más importante. Pero uno de los grupos, encabezado por Cotta, se oponía a cualquier decisión precipitada y proponía quedarse en el campamento hasta que César ordenara lo contrario. Contaban con numerosas tropas y abundantes provisiones para pasar el invierno, y sus murallas podían contener a decenas de miles de germanos y galos si era necesario. El otro grupo, encabezado por Sabino, advirtió que no tenían tiempo para deliberaciones y debían ponerse a salvo mientras fuera necesario. El Rin estaba cerca y si los feroces suebos decidían cruzarlo para unirse a los galos, era probable que ni siquiera un campamento romano bien fortificado pudiera resistir. En cualquier caso, adujo el general, lo más probable era que César se encontrara ya lejos, en el norte de Italia. Tenían que entrar en acción cuanto antes y sacar de allí las tropas sin esperar sus órdenes. Su única esperanza de supervivencia radicaba en una acción veloz y decisiva.

La discusión se prolongó hasta medianoche, cuando finalmente Sabino afirmó que Cotta iba a conseguir que los mataran a todos por su excesiva prudencia. Cotta decidió doblegarse entonces, aunque no sin proclamar que era una decisión estúpida. Los soldados hicieron el equipaje durante la noche y, a la mañana siguiente, salieron por las puertas del campamento en una larga columna cargada con el botín de cuatro años de guerra. Contaban al menos con las garantías ofrecidas en persona por Ambiórix, un conocido amigo de César. A unos tres kilómetros del campamento, el camino pasaba por un angosto desfiladero, que fue el lugar elegido por Ambiórix para hacer saltar su trampa. Un grupo de guerreros atacó la vanguardia de los romanos mientras otro caía sobre su retaguardia. Los romanos quedaron atrapados en un estrecho valle en el que era casi imposible maniobrar. Sabino, presa del pánico, empezó a correr entre sus aterradas tropas impartiendo órdenes contradictorias, pero Cotta se mantuvo firme y ordenó a los soldados más cercanos que formaran en cuadros defensivos. Sin embargo, la confusión reinante era tal, y los confines del desfiladero tan estrechos, que los cuadrados sólo consiguieron estorbar los movimientos de los romanos, por lo que para los galos fue aún más fácil diezmarlos desde lejos con sus lanzas.

A medida que pasaban las horas, los exhaustos romanos iban cayendo poco a poco. Cotta recibió una herida en la cara, pero siguió dirigiendo a sus hombres con valentía. Sabino, en una decisión completamente estúpida, convocó a Ambiórix para parlamentar, convencido de que aún se podía salvar la situación. El galo accedió, siempre que Sabino y sus oficiales depusieran las armas antes de acercarse a sus líneas. El general romano ordenó a sus reacios soldados que lo hicieran. Ambiórix los recibió con una sonrisa y los brazos abiertos, y luego ordenó a los suyos que los masacraran. Cotta y sus soldados siguieron luchando en el desfiladero, pero el prudente líder no tardó en caer junto con la mayoría de sus hombres. Cuando finalmente se hizo la oscuridad, los pocos romanos que habían sobrevivido al día celebraron un rápido consejo y luego se mataron unos a otros para privar a los galos de la victoria total. Aquella noche, sólo un puñado de soldados romanos logró escapar del terrible valle donde yacían los cuerpos de miles de camaradas suyos. Algunos escaparon por las ciénagas y bosques hasta llegar al campamento de Labieno, donde finalmente pudieron transmitir a César la historia de su aplastante derrota.

Tras destruir el ejército de Sabino y Cotta, Ambiórix partió al instante hacia las tierras de los aduatacios y los nervios. El relato de la masacre inflamó de tal modo a las tribus belgas que se sumaron a la revuelta sin pensárselo un momento. Tras reunir un ejército de unos sesenta mil soldados con los guerreros de otras tribus cercanas, los rebeldes se aproximaron al campamento invernal de Quinto Cicerón, hermano del famoso orador, situado en los bosques del norte de la Galia. El objetivo de los belgas era rodearlo por sorpresa para impedir que recibiera ayuda de César, quien, de hecho, se encontraba en sus propios cuarteles invernales, a poco más de ciento cincuenta kilómetros de allí. Los eburones, nervios, aduatacios y demás galos surgieron en tropel de los bosques y se abalanzaron sobre el campamento de Cicerón con la esperanza de tomar a los romanos con la guardia baja, pero la sorprendida guarnición levantó rápidamente los puentes y resistió con firmeza el primer asalto galo. En ese momento, Quinto Cicerón demostró que era tan buen general como erudito, al inspirar y organizar a los pocos millares de soldados de que disponía ante un ejército unas diez veces más numeroso. En aquella primera y frenética noche del asedio, los romanos levantaron más de cien torres a lo largo de sus murallas y profundizaron los fosos que rodeaban el fuerte. Los puntos débiles del campamento se reforzaron y los legionarios aprestaron sus armas. Todos los hombres de las murallas sabían que se enfrentaban a la batalla de su vida.

Y así dio comienzo una siniestra rutina. Cada mañana, el ejército galo se abalanzaba sobre el fuerte romano, llenaba los fosos, lanzaba una andanada de flechas incendiarias y trataba de tomar los muros al asalto. Al final de la tarde, los exhaustos romanos habían logrado repelerlos, aunque pagando un terrible precio en vidas. Los galos contaban con refuerzos prácticamente ilimitados para rehacer sus líneas, pero los romanos no podían permitirse el lujo de perder un solo hombre, así que los heridos se turnaban para luchar en los parapetos junto a los pocos legionarios que seguían ilesos. Quinto Cicerón estaba en todas partes, tanto de día como de noche, hasta que lo obligaron a tomar un descanso.

Ambiórix y los líderes galos intentaron entonces el mismo truco que tan buen resultado les había dado en el anterior campamento romano (recordemos que Quinto Cicerón no estaba todavía al corriente de lo ocurrido a Sabino y a Cotta). Convocaron un encuentro con los romanos y allí revelaron a Quinto la supuesta rebelión generalizada que se extendía por el norte de la Galia. Los germanos, aseguraron, habían cruzado ya el Rin y se dirigían al campamento romano para atacarlo. Dijeron al comandante enemigo que no tenían nada personal contra él, pero querían que trasladara su campamento invernal al sur para poder alimentar a su propia tribu con el escaso grano de que disponían. Los caudillos galos ofrecieron un salvoconducto a los romanos para ir adonde quisieran, siempre que salieran de su territorio. Quinto Cicerón rechazó de plano su oferta y, valientemente, les aconsejó que se rindieran. César, declaró, se mostraría clemente si lo hacían, pero él nunca negociaría bajo amenazas ni se alejaría un solo centímetro de su campamento.

Los galos, enfurecidos, redoblaron sus esfuerzos para tomar el campamento. Aprovechando lo que habían aprendido aquellos años sirviendo junto a los romanos y los conocimientos de sus prisioneros, comenzaron a construir un muro de asedio alrededor del campamento. El resultado fue una pobre imitación de las fortificaciones romanas, pero bastó para dejar atrapados a los hombres de Cicerón. A continuación, los galos comenzaron a calentar bolas de arcilla y a lanzarlas sobre los tejados de paja de los edificios del campamento, pero los romanos se negaron a abandonar sus puestos para salvar los edificios incendiados. Los galos probaron entonces con torres rodantes para tomar las murallas, pero las tropas romanas los repelieron. Cuando una de las torres logró acercarse lo suficiente para que los galos ganaran el muro de un salto, los romanos los invitaron a probar suerte... pero ninguno de los galos se atrevió a hacerlo. En las legiones romanas, los viejos rivales pugnaban por superarse unos a otros en valentía y honores. Los centuriones Pullo y Voreno, enconados adversarios durante años, lucharon codo con codo en condiciones de terrible inferioridad numérica y se salvaron la vida el uno al otro.

Durante los interminables días y noches de batalla, Quinto Cicerón había estado enviando mensajeros con la esperanza de que alguno de ellos consiguiera atravesar las líneas enemigas y llevarle un mensaje a César, pero todos ellos fueron capturados y torturados hasta la muerte a la vista de los soldados romanos de las murallas. Entonces, un aristócrata nervio del campamento, que seguía siendo leal a César, le propuso un plan. Tenía un fiel esclavo al que estaba dispuesto a enviar aquella noche a las líneas enemigas, con un mensaje escondido en el astil de la lanza. A cambio de su libertad y de una importante recompensa, el esclavo estaba dispuesto a arriesgar la vida entre las tropas galas que asediaban el campamento. Si conseguía cruzar sus líneas, correría como una exhalación hacia el oeste, en busca de César. Cicerón aceptó la oferta de buen grado y, para asegurarse de que nadie podía leer el mensaje si lo descubrían, lo redactó en griego, una lengua que conocían César y él, pero que ningún galo celta podía descifrar.

Pocos días después, en el campamento de Cesar en Samarobriva, un ayudante de campo irrumpió en la tienda del comandante con el mensaje del esclavo. Tras leer unas pocas líneas, César se puso en movimiento como impulsado por un resorte. Ordenó que todas las legiones disponibles en el norte de la Galia se reunieran con él, salvo los soldados indispensables para guarnecer los diferentes campamentos. De momento, para acudir al rescate de Quinto Cicerón no pudo reunir más que dos legiones de efectivos reducidos, unos siete mil hombres en total, pero a pesar de ello se encaminó a marchas forzadas, en medio del gélido invierno galo, hacia el campamento asediado.

Antes había enviado un mensaje a Quinto —también en griego— para avisarlo de que la ayuda ya estaba en camino. Sin embargo, al leal jinete galo que llevaba la carta le entró el pánico al aproximarse al campamento romano, de modo que, en lugar de pasar a galope tendido entre los belgas tratando de ganar las puertas, ató el mensaje a una jabalina y la lanzó con todas sus fuerzas hacia las murallas. Allí permaneció clavada durante dos días, hasta que uno de los hombres de Cicerón la vio y se la llevó a su comandante. Cicerón convocó a sus desesperados soldados y les leyó la carta de César. Los legionarios prorrumpieron en vítores por todo el campamento.

César no tardó en llegar al lugar, pero comprendió en seguida que sería una necedad tratar de atacar directamente a las muy superiores fuerzas enemigas. Por consiguiente, alejó a los belgas de Cicerón con una serie de fintas y maniobras aparentemente cobardes hasta conseguir que la hueste enemiga se colocara en un sitio de su elección, donde pudo aplastarla. Aquel mismo día se abrieron las puertas del campamento de Quinto Cicerón y César las cruzó junto con sus hombres. Apenas quedaba un solo soldado ileso en la guarnición, pero a pesar de ello, todos se prepararon orgullosamente para la revista. Por su parte, César declaró que nunca había estado más contento con sus soldados y honró personalmente a muchos de ellos por su extraordinaria valentía.

Más o menos al mismo tiempo, se enteró de la suerte de las fuerzas de Sabino y Cotta. El golpe fue tan terrible que adoptó la señal de duelo que usaban tradicionalmente los romanos para honrar a sus mejores amigos, dejarse crecer el pelo y la barba. Todos los que lo vieron y oyeron las pocas palabras que susurró comprendieron que Ambiórix y la tribu que lo había traicionado y asesinado a varios miles de sus hombres iban a pagar un terrible precio por sus acciones.

César pasó las semanas restantes del año 53 a.C. y los primeros días del siguiente preparando una campaña punitiva. Había tanto que hacer en la Galia que un viaje de regreso al norte de Italia era impensable aquel año. Envió a Quinto Cicerón, junto con sus maltrechas tropas, a su cuartel general de Samarobriva y comenzó a reclutar nuevas tropas en el norte de Italia para reemplazar a las perdidas por Sabino. Tres nuevas legiones llegaron pronto a la Galia, una de ellas enviada en préstamo por Pompeyo. Esto compensaba de sobra los hombres perdidos ante los eburones y dejaba a César con una fuerza total de diez legiones, unos cincuenta mil hombres. Convocó un consejo de todos los líderes tribales galos para intimidarlos y obtener su sumisión. Varias tribus ignoraron completamente su llamada, lo que a sus ojos equivalía a una declaración de guerra. Gracias a sus espías, César sabía que la noticia de la masacre de las tropas de Sabino había corrido como la pólvora por todo el país, alentando a las descontentas tribus. Muchos de los líderes que habían respondido a su llamada estaban conspirando a espaldas de los romanos. De todas las tribus galas, César sólo confiaba en los aeduos del sureste y en los remos de la Galia belga, los primeros a causa de su larga asociación a Roma y los segundos por su inquebrantable apoyo. Esta modesta lista de aliados, unida a las malas cosechas y al descontento generalizado, debió de darle muchas noches de insomnio durante aquel largo invierno.

Pero también hubo buenas noticias aquellos meses, como la victoria de su principal lugarteniente, Labieno, sobre su viejo enemigo, el trevero Indutiomaro. Tras azuzar a Ambiórix y a los eburones contra Sabino y Cotta, Indutiomaro regresó con su propio pueblo, donde celebró un consejo militar secreto. Depuso a su rival y amigo de César, Cingetórix, invocando una antigua tradición céltica. Cuando los guerreros de una tribu eran convocados al consejo militar, el último en llegar era torturado en público hasta la muerte. Esto, además de fomentar la diligencia en el reclutamiento, sirvió en este caso como pretexto para condenar a muerte al ausente Cingetórix. Indutiomaro no consiguió persuadir a los mercenarios germanos de que cruzaran el Rin para unirse a su causa, pero en cambio logró reunir bajo su bandera a los guerreros descontentos de todas las tribus de la Galia.

Una vez reunidas sus fuerzas, Indutiomaro se encaminó al oeste para destruir el campamento invernal de Labieno. El principal lugarteniente de César en la Galia era uno de los soldados más duros jamás alumbrados por Roma, pero también un astuto estratega. Al ver que se aproximaba el enorme ejército galo, se encerró con sus tropas en el campamento y fingió estar aterrado por los treveros y sus aliados. Los galos ya tendrían que haber aprendido este truco romano con la de veces que lo habían sufrido en sus carnes, pero se envanecieron pensando que habían logrado intimidar al gran Labieno. Cada día, las tropas de los galos se acercaban un poco más al campamento romano, a cuyos defensores intentaban provocar con lanzas e insultos. Los romanos se abstenían de responder, lo que acrecentaba el desdén de los galos hacia ellos. Una tarde, después de haberse pasado todo el día burlándose de los romanos, los galos regresaron en desorden a su campamento para disfrutar de una buena cena y una jarra de cerveza. De improviso, las puertas del campamento se abrieron de par en par y toda la caballería de Labieno cayó sobre los galos, que se dispersaron a los cuatro vientos. Su comandante les había ordenado que no atacaran al ejército enemigo, sino que buscaran a Indutiomaro. El líder de los treveros no pudo hacer otra cosa que mirar con horror y frustración mientras varios centenares de jinetes lo separaban de sus tropas y luego se acercaban a él para acabar el trabajo. En la mejor tradición militar de los galos, el cuerpo quedó abandonado en el campo de batalla, pero su cabeza decoró el muro del campamento romano. Después de la muerte de su rey, los treveros perdieron las ganas de luchar y regresaron a sus casas, al menos de momento.

La campaña de terror y venganza de César en la Galia comenzó en la primavera del año 53 a.C., con el territorio aún cubierto por las nieves. Cuatro legiones se adentraron a gran velocidad en el país de los nervios y devastaron la campiña como castigo por el ataque contra el campamento de Quinto Cicerón. Los romanos se apoderaron de todo lo que no habían quemado, incluidos varios miles de cabezas de ganado y de esclavos, que César distribuyó entre sus hombres. A continuación, avanzaron hacia el sur para atacar a los senones y los carnutes, dirigidos por un rebelde llamado Acco, a quien la velocidad del avance romano cogió totalmente por sorpresa. La rapidez de su rendición y la intercesión de los aeduos los salvó de la devastación sufrida por los nervios. En este caso, César se contentó con tomar rehenes en lugar de saquear la región, puesto que otras presas más importantes lo aguardaban al este, a lo largo del Rin.

Los truculentos menapios, que vivían en el delta del río, eran los siguientes en su lista. Nunca habían enviado representantes a los consejos convocados por César, y siempre que los romanos se acercaban, se ocultaban en sus interminables ciénagas. Sin embargo, esta vez César estaba decidido a darles una lección. Cuando los menapios, como cabía esperar, volvieron a ocultarse en los pantanos, César los sorprendió ordenando a sus legiones que construyeran largas pasarelas para conectar los islotes con tierra firme. Privados de su habitual protección, los menapios quedaron completamente a merced de las legiones, que se apoderaron de todo el ganado de la región e hicieron multitud de esclavos antes de obtener su rendición.

Los poderosos treveros, que habían luchado contra Labieno unas semanas antes, eran un caso más complicado. El principal lugarteniente de César tomó la delantera en el ataque y volvió a engañarlos para imponerles una batalla en condiciones de su elección. El resultado fue una derrota aplastante de los galos y la restauración de Cingetórix en el trono. Un grupo de germanos que se dirigía a la zona con la intención de sumarse a ellos regresó precipitadamente a su país al enterarse de la victoria de los romanos. César estaba tan furioso con los germanos y su incapacidad para aprender la lección que construyó un segundo puente sobre el Rin en cuestión de días y lo cruzó para aterrorizar a las tribus de la región. Al cabo de poco tiempo regresó a la Galia, pero esta vez dejó el puente intacto y fuertemente custodiado, para advertir a los germanos de que regresaría si no se quedaban en su propia orilla.

Con los brutales ataques del verano, fue trazando un círculo cada vez más estrecho alrededor del territorio de los eburones. Más que ninguna otra cosa, César deseaba capturar a Ambiórix y destruir la tribu que había acabado con miles de sus hombres. Con este objetivo en mente, invitó a los galos de todo el país a ayudarlo a saquear las tierras de los eburones. Por mucho que los galos detestasen a los romanos, la oportunidad de apoderarse del ganado, los esclavos y el botín de guerra de una tribu condenada al exterminio era una tentación demasiado grande como para resistirla. Desde el Atlántico hasta el Rin, miles de galos marcharon hacia el territorio de los eburones y procedieron a arrasarlo como una nube de langostas.

A comienzos del otoño, los eburones ya no eran más que un recuerdo. Sus tierras habían sido devastadas por completo y ellos vendidos como esclavos. Su destrucción fue tan completa que, a partir de entonces, su nombre desaparece de la historia para no volver a resurgir. Pero, para decepción de César, Ambiórix logró escapar de las garras de los galos y los romanos que lo buscaban. Con sus últimos cuatro camaradas, el rey de los eburones desapareció para siempre.

La campaña estival terminó con un gran tribunal celebrado por César en las tierras de los leales remos. Algunos líderes rebeldes fueron declarados proscritos, mientras que Acco, principal responsable del levantamiento de los senones y los carnutes, fue sentenciado al *fustuarium*, la forma tradicional de ejecución marcial de los romanos. Ante los ojos de todos los líderes galos, Acco fue ejecutado a garrotazos.

César estableció sus legiones en cuarteles invernales adecuadamente fortificados y partió hacia el norte de Italia. Tras dos años de ausencia, era hora de dedicar la debida atención a los asuntos de la provincia y a sus deberes en Roma, que había descuidado. Esperaba que, por fin, la Galia permaneciera en paz, pero los amargados caudillos galos que regresaban a casa tras el juicio de Acco tenían muy claro cuál era su lugar en el nuevo mundo romano.

El regreso de César al norte de Italia desde la Galia en invierno del año 53 a.C. le brindó la oportunidad de volver a acercarse a la situación política romana. Nunca se había desconectado del todo de los sucesos de Roma, ni siquiera en sus peores momentos en Britania y en la Galia, pero la proximidad a la urbe de su cuartel general le permitía recibir frecuentes visitas, comunicarse más rápidamente con sus partidarios y supervisar la construcción de nuevas obras públicas en la ciudad. Desde el 54 a.C., César había comenzado a engalanar Roma con magníficos edificios utilizando el botín de sus campañas. Su primer proyecto a gran escala fue la basílica Julia, en la parte suroeste del foro, entre el templo de Saturno y el de Cástor y Pólux. Las basílicas romanas eran amplias estancias que se utilizaban con diversos fines, tanto judiciales y comerciales como meramente públicos. Normalmente, estaban formadas por un amplio espacio central, de techo elevado, separado por columnatas de las cámaras laterales, con un ábside semicircular para los oradores al final (como se puede ver, es el antecesor directo de la mayoría de las iglesias cristianas). La basílica de César, con sus más de cien metros de longitud, no sólo era enorme, sino que estaba pavimentada con el mejor mármol y decorada con magníficas obras de arte. Tal como pretendía César, llegó a dominar el foro como centro de actividad y recordatorio permanente de su benevolencia. Además, planificó y financió un foro totalmente nuevo al noroeste de la colina Capitolina, aunque su construcción se demoró durante varios años. Las ruinas de ambos proyectos pueden aún verse en Roma.

Sin embargo, la principal preocupación de César aquel invierno no era la argamasa o el mármol, sino el brusco final del triunvirato y el ascenso de Pompeyo al poder. El golpe final a la red de alianzas políticas que tejiera en su día había llegado el anterior verano, mientras él llevaba a cabo su campaña de venganza en la Galia belga. Un funesto día de junio, Marco Craso, el discreto pero poderoso tercer miembro del triunvirato, cayó luchando contra los partos en Mesopotamia. Hacía tiempo que Craso envidiaba la gloria militar de sus dos colegas, así que, como gobernador proconsular de Siria, no había parado hasta provocar una confrontación con el mayor enemigo de Roma. Invadió el imperio parto a la cabeza de treinta mil soldados de infantería, pero sin apenas caballería, aparte de un contingente de nostálgicos galos traídos al desierto por su hijo Publio. El objetivo de Craso era la ciudad de Seleucia, en el río Tigris, pero cometió el error de tomar un atajo por las quebradas llanuras del norte de Mesopotamia, donde se encontró con diez mil arqueros a caballo del ejército parto. La movilidad y la letal puntería de estos famosos soldados fue la ruina de la infantería romana El joven Craso, que tan bien había servido a César, cayó en combate junto a la caballería gala. Su padre murió también, y apenas una tercera parte de sus fuerzas logró regresar a territorio romano, dirigida por un joven lugarteniente llamado Casio. Fue un final ignominioso para un hombre que había servido a Sila, derrotado a Espartaco y desempeñado un papel crucial en la política y el comercio romanos durante décadas. Su muerte, ocurrida casi inmediatamente después del fallecimiento de Julia, tensó las relaciones de César y Pompeyo hasta el punto de ruptura. Era, como es natural, la oportunidad perfecta para que Catón y los *optimates* cortaran los pocos lazos que aún unían a los dos hombres más poderosos de Roma.

La separación de César y Pompeyo comenzó con un encuentro casual de dos de los más infames alborotadores de la ciudad en la Vía Apia. En enero del año 52 a.C., el veterano agitador y antiguo patricio Clodio regresaba a Roma desde una pequeña ciudad situada al sur de la urbe cuando sus treinta guardaespaldas armados y él se encontraron con su rival Milo, que se dirigía a su pueblo para participar en una ceremonia local. Milo iba acompañado por su esposa, por un amigo llamado Saufeio y por una serie de guardaespaldas que incluía al menos dos antiguos legionarios. Los dos grupos se encontraron cerca de la pequeña aldea de Bovillae. Irónicamente, al otro lado de la calzada había una capilla dedicada a la Bona Dea. Al principio pareció que Clodio y Milo se contentarían con intercambiar algunas puyas y luego seguirían su camino, pero los guardaespaldas de los dos grupos comenzaron una reyerta que terminó cuando uno de los gladiadores le arrojó una lanza a Clodio y lo alcanzó en el hombro. Mientras luchaban en la calzada, algunos de los partidarios de Clodio lo recogieron y se lo llevaron a una cercana posada de Bovillae para que recibiera atención médica. Milo se dio cuenta de que un Clodio herido y ávido de venganza sería una amenaza demasiado grande, así que sus hombres lo sacaron de la cama, lo mataron y dejaron su cuerpo abandonado en el camino. De este modo, Clodio, el hombre que había profanado los misterios de la Bona Dea en la casa de César, encontró su fin en el polvo, a los pies de la capilla de la diosa.

Cuando los partidarios de Clodio se enteraron de su asesinato, estalló un motín en Roma. La sede del Senado resultó incendiada y los *optimates* recurrieron a Pompeyo para que restaurara el orden por cualquier medio. Catón no se avino a apoyar su nombramiento como dictador, pero sí que fuera propuesto como *consul sine collega* («cónsul único»). De este modo, al término de su mandato podría responder ante la justicia por sus actos si era necesario. Tras la elección, Pompeyo comenzó a reclutar tropas en Italia para sofocar la insurrección. Y, como anécdota final, Cicerón se encargó de defender a Milo por el asesinato de Clodio, un hombre que no le había causado otra cosa que problemas a lo largo de los años.

A partir de entonces, los *optimates* empezaron a trabajar sin descanso para separar al ahora encumbrado Pompeyo de César. Con la aprobación del primero, se aprobó una ley por la que se exigía que los candidatos a las magistraturas estuvieran en Roma en el momento de su elección, una medida encaminada a arruinar las esperanzas de César de optar al consulado. César intentó renovar sus lazos familiares ofreciéndose a desposar a la hija de éste y a entregarle a su vez la mano de su sobrina nieta Octavia (hermana del futuro emperador Augusto). Pero Pompeyo optó por casarse con la hija de Quinto Metelo Escipión, uno de los más feroces enemigos de César. Aun así, no rompió completamente con su antiguo colega. Mantuvo relaciones cordiales con él al tiempo que frustraba a los *optimates* con su falta de entusiasmo hacia sus proyectos. Sin duda, Pompeyo estaba celoso de las victorias militares de César y quería demostrarle quién mandaba realmente en Roma, pero a estas alturas aún no se había planteado una ruptura abierta. Un acto así habría provocado la guerra civil entre los dos mayores generales de Roma, un desenlace que no deseaba ninguno de ellos. La posición de César en la Galia estaba asegurada para el futuro inmediato, así como la de Pompeyo en Roma, pero ambos hombres se miraban cada vez con más suspicacia y desconfianza.

El descontento en Roma y, sobre todo, la delicada situación política de César, no pasaron inadvertidos para los galos. Aquel invierno, los caudillos que se reunieron en consejos secretos esperaban que los sucesos de la urbe obligaran a César a quedarse en Italia el verano siguiente. Creían, y no sin razón, que la naturaleza mudable de la política romana garantizaba que César sería convocado por sus enemigos o se vería implicado en una lejana guerra civil, durante la que Roma y él tendrían asuntos más importantes de qué ocuparse que la Galia. Y aunque regresase a la Galia en verano, sus líderes creían poder organizar una revuelta victoriosa si conseguían mantenerlo separado de sus ejércitos estacionados en el norte. Los galos eran conscientes de que aquel año sería su última posibilidad de sacudirse de encima el yugo romano y vivir como un pueblo libre.

La tribu de los carnutes, al sur de París, fue la que dio el primer golpe al asesinar a todos los mercaderes romanos que residían en la ciudad gala de Cenabum. Es posible que la decisión de desafiar a Roma y a César de este modo tan drástico se debiera a razones religiosas, puesto que su territorio se consideraba el centro sagrado de la Galia, el lugar en el que cada año se reunían todos los druidas. Si éstos se sentían amenazados por Roma, como parece probable, seguramente les interesaría atizar los fuegos de la guerra. Con sus contactos por toda la Galia, también serían un elemento vital en cualquier rebelión generalizada. En cualquier caso, con la masacre de los ciudadanos romanos de Cenabum, los carnutes habían dado un paso irreversible hacia la libertad o la destrucción.

Los arvernos, por su parte, eran generalmente prorromanos. Esta grande e importante tribu ocupaba las ricas tierras situadas al norte del montañoso Macizo Central, sobre la Provincia. Habían chocado con los romanos en el siglo II a.C., pero hasta el momento habían demostrado poco interés en las campañas de César y, por ello, los romanos no los habían molestado. Los arvernos habían contribuido obedientemente a las solicitudes de caballería de César y acudían a sus consejos anuales, haciendo oídos sordos a quienes pretendían incitarlos a la rebelión. Como se encontraban cerca del Mediterráneo, se habían acostumbrado desde antiguo a recibir visitantes griegos y romanos y tenían estrechos lazos con el mundo clásico. Sus nobles disfrutaban de un nivel de prosperidad y cultura desconocidos entre las tribus más lejanas del norte. Por último, estaban bajo el mando de hombres cautos y conservadores decididos a mantener el statu quo con Roma.

Pero entre lo arvernos había un joven guerrero llamado Vercingétorix que no encajaba en el molde de esta pacífica tribu. Las monedas lo retratan como una figura imponente, de pelo largo y suelto y el típico bigote tupido de la aristocracia gala. Su padre había intentado encaramarse al liderazgo de la tribu, pero había sido depuesto y ejecutado por tratar de alcanzar un poder mayor del que los ancianos consideraban prudente. Era muy probable que el propio Vercingetórix hubiera servido a las órdenes de César y éste lo considerara un amigo, pero cuando aquel invierno los cantos de sirena de la revuelta llegaron hasta sus oídos, respondió convocando a los guerreros más apasionados de su tribu, cuya imaginación inflamó con el sueño de expulsar a los romanos de la Galia. Como respuesta, su tío Gobannitio y el consejo de los ancianos arvernos lo exiliaron al instante.

Sin inmutarse, Vercingetórix copió una página de la historia de Roma al reunir a los marginados de la sociedad para convertirlos en un ejército, como hicieran en su día Rómulo y Remo. Utilizó estas tropas para deponer a los ancianos líderes de los arvernos y apoderarse de la tribu. Hecho esto, lanzó un llamamiento invitando al país entero a unirse en su cruzada contra César y la ocupación romana. Guerreros de todos los rincones de la Galia acudieron a unirse a su bandera y lo saludaron como nuevo rey. Por primera vez en la historia, los galos dejaron a un lado sus amargas rivalidades y se unieron bajo un único líder.

A pesar del entusiasmo inicial de sus seguidores, Vercingetórix comprendió que no tardarían en convertirse en una turba ingobernable si no aplicaba algo de disciplina romana a su nuevo ejército. Si hay algo que demuestra la capacidad de liderazgo de Vercingetórix es el hecho de que fuera capaz de convertir a miles de guerreros celtas, indisciplinados y ferozmente independientes, en una fuerza militar coordinada. La disciplina era esencial, así que cualquier soldado que cometiera una infracción menor era enviado a casa, cubierto de vergüenza y con las orejas cortadas o los ojos arrancados. Los crímenes mayores se castigaban con la pira. Además, Vercingetórix había aprendido de César que la adquisición y distribución de provisiones era esencial para el éxito militar, así que calculó la contribución que correspondía a cada tribu en términos de caballos, grano o armas y les exigió a todas ellas que cumplieran con sus obligaciones.

César no tardó en enterarse de estas noticias gracias a su red de espías y decidió abreviar su estancia en el norte de Italia. Sus problemas con el Senado y con Pompeyo eran menos peligrosos para su carrera que una rebelión masiva en la Galia. Con sólo un puñado de tropas, pasó a la Provincia en pleno invierno, pero una vez allí se enfrentó a una difícil decisión. Si convocaba a sus legiones desde sus campamentos, tendrían que abrirse camino por el territorio de la Galia luchando sin estar él al frente. Pero, por otro lado, carecía de tropas suficientes para llegar hasta su ejército en el norte.

Por si esto no fuera suficiente, Vercingetórix elaboró un plan digno del propio César para mantenerlo ocupado en la Provincia. Mientras él llevaba parte de su ejército hacia el norte, envió a su principal lugarteniente, Lucterio, hacia el sur. Allí, Lucterio convenció a las pequeñas tribus de la frontera romana de que se unieran a la rebelión y, con esas fuerzas, emprendió una audaz invasión de la Provincia. Vercingetórix no tenía la intención de liberar a los domesticados galos de la costa del dominio romano; simplemente quería sembrar un pánico generalizado en el Mediterráneo que obligara a César a hacer frente a una amenaza inesperada. El plan funcionó a las mil maravillas. Aunque Lucterio nunca llegó a la costa, la mera presencia de miles de salvajes guerreros galos en una tierra que llevaba décadas en paz hizo cundir el pánico entre los nativos. En lugar de buscar el modo de viajar hacia el norte para reunirse con sus legiones, César se veía obligado a organizar una milicia local para expulsar a los invasores galos de la frontera. De este modo, tuvo que perder tiempo aprestando las defensas de la Provincia cuando más urgentemente se le necesitaba en el norte. Aislado por los ejércitos de Vercingetórix y las nieves invernales del Macizo Central, ¿cómo iba a llegar hasta sus legiones a tiempo?

La solución fue típica de él. Todo el mundo sabía que las montañas del Macizo Central estaban cubiertas por dos metros de nieve y eran infranqueables, así que César las cruzó directamente con un pequeño contingente de infantería y caballería.

Los romanos abrieron un camino por las montañas con la máxima dificultad hasta llegar a la frontera de los arvernos. Cogió a los galos totalmente por sorpresa, puesto que éstos creían que las montañas los protegían como una muralla. Ni un solo viajero las había cruzado nunca en invierno.

César ordenó al pequeño destacamento de caballería que lo había acompañado que atacara el desprotegido corazón del territorio de los arvernos, al norte, y sembrara el pánico. Luego, bajó de las montañas, cruzó aceleradamente el territorio de los leales aeduos hasta el de los lingones, donde había acuartelado a dos de sus legiones. Sus tropas quedaron asombradas al ver que había conseguido cruzar las montañas en invierno y había llegado hasta ellos tan de prisa. De inmediato, César envió órdenes a sus restantes legiones para que convergieran sobre su posición. Era una maniobra peligrosa, puesto que hasta los aeduos podían rebelarse si estacionaba cincuenta mil hombres en sus tierras, así que decidió saquear las aldeas rebeldes para conseguir provisiones. De este modo, esperaba alimentar a sus tropas y además desmoralizar a los galos y socavar la autoridad de Vercingetórix.

Primero se dirigió hacia Vellaunodunum, en territorio de los senones, y la rodeó. Informados de lo que les sucedería si se resistían, los habitantes se rindieron y entregaron a César provisiones y animales de tiro, además de seiscientos rehenes. Dos días más tarde, César se encontraba en Cenabum, a la orilla del Loira, donde habían sido asesinados los mercaderes romanos. Sus habitantes ni siquiera se molestaron en preguntar los términos de la rendición, puesto que sabían cuál iba a ser su suerte. En vez de ello, a medianoche, los guerreros salieron por una de las puertas y se dispusieron a cruzar el río para tratar de escapar en la oscuridad. Sin embargo, César, que se esperaba algo así, había estacionado tropas cerca de allí. Sus hombres irrumpieron por las puertas, tomaron la ciudad y masacraron a toda la población. A la mañana siguiente, César distribuyó entre sus tropas todo el botín que contenía y luego la quemó hasta los cimientos.

A continuación se dirigió a la cercana ciudad de Noviodunum para saquearla, pero sus residentes, temiendo sufrir el mismo destino que Cenabum, se rindieron al instante. Se disponían a entregar las provisiones a los romanos cuando alguien en las murallas vio que se aproximaba la caballería de Vercingetórix. Los habitantes de la ciudad cambiaron repentinamente de parecer y cerraron las puertas en las mismas narices de César. Los romanos expulsaron fácilmente a los exploradores galos utilizando su caballería germana, formada por impertérritos jinetes con una merecida reputación de brutalidad. A continuación, César regresó a la ciudad, cuyos habitantes cayeron a sus pies suplicando su perdón. No conocemos cuál fue su respuesta, pero teniendo en cuenta lo que pensaba sobre las segundas oportunidades, es poco probable que se mostrara clemente.

A estas alturas, César había capturado tres ciudades galas mientras Vercingetórix observaba impotente. Cualquier otro líder de la historia de los galos habría sido depuesto (o algo peor) después de tales reveses, pero no Vercingetórix. El respeto que le profesaban las tribus era tal que no sólo sobrevivió a los desastres de aquella primavera, sino que pudo proponer un astuto pero radical cambio de estrategia. Ordenó que todos los pueblos, granjas, aldeas y graneros situados cerca de César se incendiaran, junto a todas las reservas de grano que los galos no pudieran llevarse. De este modo, el ejército romano se vería amenazado por el hambre y sus partidas de avituallamiento tendrían que alejarse más en busca de provisiones, con lo que serían presas fáciles para la caballería gala. Como explicó un sombrío Vercingetórix a los sorprendidos nobles:

> Si este plan os parece drástico o cruel, pensad que será mucho peor que vuestras mujeres y vuestros hijos sean vendidos como esclavos mientras a vosotros os ejecutan, pues ése es el destino de los conquistados.

El consejo accedió entonces, y aquel mismo día los galos prendieron fuego a más de veinte ciudades de la tribu de los bituriges. Los líderes bituriges suplicaron sólo que su capital, Avaricum, fuera perdonada. Era, dijeron, la ciudad más grande de la Galia y no había forma de tomarla a causa de su situación, rodeada de ríos y ciénagas salvo por un acceso fácilmente defendible. Vercingetórix respondió que salvar Avaricum era una estupidez, pero al final acabó cediendo a la presión de los bituriges.

César llegó en seguida a Avaricum y examinó detenidamente la ciudad. Al instante comprendió que no se parecía a ninguna otra que hubiera atacado en el pasado. No se podía acceder a ella salvo por una angosta franja de tierra protegida por inmensas fortificaciones. A pesar de ello, ordenó a sus tropas que iniciaran la construcción inmediata de una enorme rampa de madera y tierra de cien metros de anchura y casi treinta de altura, así como varias torres de asalto. Durante casi un mes, los hambrientos hombres de César lucharon contra las lluvias de finales del invierno y el penetrante frío, mientras muchos de sus camaradas, enviados en busca de provisiones, caían ante Vercingetórix y su caballería. Desde las murallas, los galos, calientes y bien alimentados, rociaban a los romanos con proyectiles, flechas y una constante lluvia de desperdicios. César, un maestro de la psicología militar, alentó a sus soldados ofreciéndoles la oportunidad de levantar el asedio si la tarea era demasiado gravosa para ellos. Su orgullo impedía a los soldados romanos considerar siquiera esta propuesta, así que suplicaron a César que siguiera adelante a cualquier precio.

Al cabo de veinticinco días, la rampa se completó finalmente y quedó a poca distancia de las murallas. La misma noche se desató una tormenta terrible que expulsó de las fortificaciones a todos los centinelas galos, salvo a los más resueltos. César comprendió que se trataba de su oportunidad y ordenó a los hombres situados cerca de la rampa que se comportaran como si no estuvieran deseando más que irse a dormir. Lenta, sigilosamente y a escondidas, las legiones se armaron y se prepararon para asaltar la ciudad. A una señal de César, miles de hombres ascendieron por la rampa y tendieron varios puentes para cubrir el último hueco que los separaba de las murallas. Tras apoderarse rápidamente de éstas, contemplaron a los aterrados habitantes de la ciudad sin clemencia en los ojos. Estaban tan furiosos por haber tenido que trabajar durante casi un mes en semejantes condiciones que dieron muerte a todos los hombres, mujeres y niños que pudieron encontrar. Sólo un puñado de los cuarenta mil habitantes de la ciudad pudo escapar para reunirse con Vercingetórix.

César obtuvo grano y provisiones suficientes en Avaricum para alimentar a su ejército durante las siguientes semanas. Curiosamente, la caída de la ciudad reforzó la posición de Vercingetórix, pues los galos comprendieron que tenía razón al aconsejarlos que la abandonaran. Con renovada energía y dedicación, las tribus de la Galia juraron lealtad a su caudillo para que continuara la guerra contra César.

Los romanos acababan de descargar su terrible furia contra Avaricum cuando se vieron entorpecidos por la situación política de sus aliados aeduos. Tras una amarga disputa, dos nobles de la tribu se habían atribuido el título de magistrado principal para el año entrante. Convictolivato era un joven y ambicioso guerrero que contaba con el apoyo de los druidas, mientras que Coto procedía de una poderosa familia con dilatada experiencia en el gobierno. Normalmente, César no habría interrumpido una campaña por una disputa como aquélla, pero la concordia entre los aeduos era esencial para su éxito. Sus antiguos lazos con Roma y el inquebrantable apoyo que prestaban a su ejército exigían que se personara entre ellos para resolver la disputa. Por otro lado, sabía que la situación requería delicadeza. El bando rechazado podía buscar el apoyo de Vercingetórix y así dividir la tribu. Tras escuchar los argumentos de las dos partes, se decantó por Convictolivato, en gran parte, según parece, porque contaba con el respaldo de las autoridades religiosas. César no quería enajenarse el apoyo de Coto y sus partidarios, pero le importaba aún más no enemistarse con los druidas aeduos.

Una vez zanjado este asunto, el romano pidió a los aeduos más caballería y otros diez mil auxiliares para la guerra contra Vercingetórix. A continuación, envió a cuatro de sus legiones hacia el norte, al mando de Labieno, para controlar la región rebelde de Lutecia, mientras él llevaba las otras seis a la ciudadela de Gergovia, ciudad natal de Vercingetórix, en el interior de las tierras de los arvernos. Por desgracia para él, cuando aún se encontraba a cinco días de la plaza, el río Allier, crecido por las nieves fundidas de las montañas del sur, le bloqueó el paso. Además, Vercingetórix se había enterado de sus planes antes casi que el propio César y había conseguido llegar a los puentes que lo cruzaban, que destruyó para dejar a los romanos atrapados al otro lado del río. Una sola mirada a las aguas del Allier bastó para que César comprendiera que sería un suicidio tratar de vadearlo. El campamento de Vercingetórix se levantaba a la vista de los romanos desde el otro lado del río, desde donde los galos vigilaban cuidadosamente para asegurarse de que los ingenieros de César no intentaban reconstruir los puentes. Aparentemente frustrado, César trasladó su campamento al interior de los densos bosques, lejos del río. A la mañana siguiente, Vercingetórix siguió a los romanos al otro lado del río mientras éstos abandonaban los bosques y se encaminaban hacia Gergovia siguiendo la ribera. Pero aquella noche, sin que los galos pudieran verlos, César y las dos legiones que habían permanecido escondidas en el campamento del bosque se arrastraron hasta el río. Antes de que Vercingetórix fuera informado por sus espías, los romanos habían construido y asegurado un nuevo puente sobre los restos de uno de los que habían destruido los galos. El contingente principal volvió entonces sus pasos hacia el norte y cruzó el Allier. Vercingetórix comprendió que César había vuelto a engañarlo, pero en lugar de aceptar una batalla en condiciones desfavorables, reunió sus fuerzas y marchó apresuradamente hacia las fortificaciones de Gergovia.

Los romanos llegaron a la ciudadela poco después. Al examinarla desde la distancia, César se convenció de que no podría tomarla al asalto ni por asedio. La ciudadela se alzaba en medio de la llanura, sobre una meseta de paredes empinadas de más de un kilómetro y medio de anchura, desprovista de accesos directos en los que emplear máquinas de guerra como las que le habían dado la victoria en Avaricum. Además, tenía los almacenes llenos de vituallas y fácil acceso al agua. César sabía que, de haber dispuesto de tiempo y efectivos ilimitados, habría acabado por tomarla, pero para ello le habrían hecho falta varios meses de ardua labor. Con la mayoría de la Galia en rebeldía y sus aliados aeduos aún divididos, no podía permitirse ese lujo. Así que se encomendó a su buena fortuna y a la calidad de su ejército.

La noche siguiente comenzó por tomar una pequeña colina que se encontraba más cerca de la ciudadela que su campamento principal. Apostó dos legiones sobre ella y luego construyó una alargada muralla entre los dos campamentos para facilitar el tránsito de sus tropas. Cuando las cosas empezaban a marchar bien para él, recibió la noticia de que, no muy lejos de allí, un gran número de guerreros aeduos se habían rebelado abiertamente y habían torturado y masacrado a los romanos que los acompañaban. Sin perder un instante, dejó una fuerte guarnición en los campamentos de Gergovia y cruzó treinta kilómetros como una exhalación para caer sobre los rebeldes. Rodeó a los galos —quienes, con buenas razones, temían la venganza de las enfurecidas legiones—, pero prohibió actuar a sus hombres. En lugar de ello, se dirigió en persona a los aeduos y los convenció de que sus líderes los habían engañado para volverse contra Roma. César sabía perfectamente que no todos los soldados aeduos eran inocentes, pero estaba dispuesto a pasar por alto su traición porque necesitaba desesperadamente su ayuda. En lo que casi se había convertido en una costumbre entre los galos, los amilanados aeduos arrojaron las armas y suplicaron a César su perdón. Juraron lealtad eterna a Roma y regresaron a marchas forzadas, junto con las legiones, hacia Gergovia.

Al poco de regresar, César realizó una inspección del menor de sus campamentos, el más próximo a la ciudadela. Desde allí se percató de que las alturas que separaban su campamento de la ciudad estaban menos defendidas que en días anteriores. Al ver la oportunidad de aproximarse con sus fuerzas a la ciudad y, con un poco de suerte, de aislar a los galos de sus provisiones y sus refuerzos, decidió tomar las alturas aquella misma noche. Como paso previo, vistió a las mulas del campamento y a sus cuidadores con la impedimenta de la caballería y les ordenó que desfilaran ostentosamente entre sus líneas para confundir al enemigo. A continuación, con todo sigilo, trasladó las verdaderas tropas al campamento pequeño, donde procedió a aleccionarlas: pasase lo que pasase, debían detenerse en las alturas y no intentar, bajo ningún concepto, asaltar la propia Gergovia. Pero a causa de la dificultad de las comunicaciones en aquel terreno abrupto y la sed de gloria y botín de sus tropas, los soldados romanos continuaron adelante en su asalto y se lanzaron sobre las murallas. Al principio, algunos de los legionarios consiguieron escalarlas y, por un momento, pareció que podrían tomar Gergovia, pero la balanza de la batalla no tardó en decantarse en su contra. Una lluvia de rocas y lanzas cayó sobre ellos y los pocos que habían logrado subir a las murallas fueron arrojados al abismo. Cuando finalmente César logró replegarse a una posición segura, había perdido casi setecientos hombres, incluidos cuarenta y seis centuriones veteranos.

A la mañana siguiente, el comandante romano reunió a sus soldados y los increpó sin piedad. «Vuestra temeraria estupidez —declaró— nos ha costado una victoria casi segura y ha puesto en peligro todo aquello por lo que hemos luchado. Por si los galos no tuvieran suficientes incentivos para rebelarse, ahora pueden alardear de la derrota de las afamadas legiones de César en Gergovia. No podríais haberle ofrecido a Vercingetórix una herramienta mejor. Lo que yo le pido a mis soldados —concluyó— es disciplina y autocontrol, tanto como valor.»

Pero también era un astuto líder de hombres, así que, una vez reprendidas sus tropas, César se aplicó con denuedo a la tarea de alentarlas y devolverles la confianza. A lo largo de los días siguientes, obtuvieron algunas victorias fáciles en sendas escaramuzas con la caballería enemiga. Aun así, sabía que sus esperanzas de tomar Gergovia se habían desvanecido en las alturas situadas bajo sus murallas. No podía hacer otra cosa que ordenar una humillante retirada a las tierras de los aeduos.

César creía imposible que las cosas empeoraran aún más, pero no tardaron en hacerlo. Los cruciales aeduos decidieron darle la espalda y se unieron a Vercingetórix. En la ciudad de Noviodunum asesinaron a todos los romanos que pudieron encontrar dentro de las murallas, robaron los caballos y las provisiones romanas y liberaron a todos los rehenes que César tenía allí. La comida que no pudieron llevarse la incendiaron junto con la ciudad. El fantasma del hambre volvía a amenazar al ejército de César. Los galos creían, con razón, que si la fortuna no cambiaba pronto para César, se vería obligado a abandonar la Galia y a retirarse a la Provincia. Pero en lugar de volver al Mediterráneo, César se encaminó hacia el Loira, al norte, que los galos consideraban infranqueable. Los romanos encontraron la manera de vadearlo. Tras estacionar su caballería corriente arriba para conseguir que aminorara su fuerza, la infantería pudo cruzarlo con el agua hasta el cuello y las armas por encima de la cabeza.

Entretanto, los rebeldes galos se habían congregado en Bibracte, en las tierras de sus nuevos aliados, los aeduos. Allí confirmaron de manera unánime el liderazgo de Vercingetórix, a pesar de que algunos de los aeduos creían que estaban mejor capacitados para dirigir la alianza. Vercingetórix ordenó que continuaran con la política de tierra quemada para privar a los romanos de provisiones y luego envió fuerzas al sur para que atacaran las fronteras de la Provincia y así obligar a César a retirarse. Los romanos tenían tantos problemas que César apeló a los germanos para pedirles más jinetes, a los que entregó los caballos requisados a sus propios oficiales. Era consciente de que si no realizaba un milagro en los próximos días, la guerra de las Galias había terminado. Se vería obligado a retirarse a la Provincia y a rezar para que Vercingetórix no decidiera atacar la costa o incluso invadir Italia. El Senado, dirigido por Catón y los *optimates*, le arrebataría gustosamente el mando. Pasaría el resto de su miserable vida defendiéndose en los tribunales o exiliado en alguna tierra lejana.

Por su parte, Vercingetórix, consciente de la desesperada situación de César, se preparó para aplastar a su enemigo de una vez para siempre. En algún lugar situado cerca de la actual Dijon, un número muy superior de galos salió de repente de las colinas y se abalanzó sobre las legiones en plena marcha. César apenas dispuso de tiempo para disponer sus líneas, atacadas por todas partes al mismo tiempo. Los galos estaban tan confiados en su victoria que su caballería había jurado atravesar dos veces las líneas romanas o no volver a casa. César corría de un lado a otro alentando a sus hombres en medio de la batalla. Tras una lucha feroz, los legionarios comenzaron a repeler a los galos al mismo tiempo que la caballería germana expulsaba a Vercingetórix de una colina cercana. Los galos, temiendo verse rodeados y atrapados, abandonaron el ataque y se batieron en retirada, pero los romanos fueron tras ellos y los hicieron pedazos. César había obtenido una victoria inesperada cuando más la necesitaba.

Fue entonces cuando Vercingetórix cometió un error fatal. Aturdido por aquella derrota relativamente poco importante, ordenó a sus hombres que buscaran refugio tras las colosales murallas de la cercana Alesia. Cuando el último de los galos hubo cruzado las puertas de esta ciudadela impenetrable, César llegó al lugar y comprendió que era su oportunidad de ganar la guerra. Vercingetórix había encerrado su ejército en una ciudadela rodeada de ríos y acantilados. La ciudad era inexpugnable, pero si César encontraba el modo de cerrar sus accesos, los galos tampoco podrían escapar. De inmediato, ordenó a sus ingenieros que iniciaran la construcción de una enorme muralla de más de quince kilómetros de longitud para rodear Alesia por completo. La Galia entera contempló la escena con una mezcla de asombro y consternación al comprender las intenciones de César. A velocidad de vértigo, una empalizada de cuatro metros de altura, complementada con hondos fosos a ambos lados y protegida por torres de guardia cada veinticinco metros, empezó a aparecer alrededor de la ciudadela. Además, los soldados romanos clavaron miles de afiladas estacas (llamadas «lápidas») a lo largo de la muralla para desalentar los posibles ataques. Y como si esta asombrosa proeza constructiva, realizada en tan adversas condiciones, no fuera suficiente, César levantó en la parte exterior una segunda muralla de casi veinte kilómetros de circunferencia para mantener a raya a cualquier fuerza hostil enviada a socorrer Alesia. Había atrapado a Vercingetórix y su ejército, pero al mismo tiempo había dejado a sus fuerzas encerradas en el interior de un doble campamento circular de gigantescas dimensiones.

Poco después de que la trampa se cerrara a su alrededor, Vercingetórix envió emisarios para reclutar una fuerza de auxilio. Sabía que tenía muy pocas probabilidades de salir de Alesia por sí solo, y como únicamente contaba con treinta días de provisiones, necesitaba ayuda cuanto antes. Su llamada fue respondida por un gigantesco ejército de galos procedentes de casi todas las tribus, pero él, aislado del mundo exterior, no podía saber que la ayuda estaba de camino. Por tanto, convocó una reunión en el interior de Alesia y pidió consejo a los líderes de las tribus allí congregados. Algunos aconsejaron rendirse y apelar a la clemencia de César y otros un asalto inmediato, antes de que fueran demasiado débiles para luchar contra los romanos. Uno de los caudillos, Critognato, llegó a proponer el canibalismo para sustentar a los soldados. Esta última propuesta era impensable para Vercingetórix, pero lo que sí hizo fue expulsar a todos los desagraciados habitantes de Alesia, mujeres y niños incluidos, y enviarlos con los romanos. Cuando los civiles llegaron a la muralla interior de las fortificaciones romanas y suplicaron que les dieran de comer, aunque para ello tuvieran que venderlos como esclavos, César los envió de regreso a Alesia.

En esta hora desesperada llegó por fin el ejército de socorro galo y se lanzó sobre las murallas exteriores del campamento romano. Poco después, Vercingetórix y sus hombres se unieron a la batalla atacando la muralla interior desde Alesia. Del amanecer a la noche se libró una feroz batalla en la que los galos trataron de escalar las murallas romanas desde las dos direcciones, pero César y sus hombres mantuvieron sus posiciones. Con la ayuda de la caballería germana, el general romano logró finalmente hacer retroceder al ejército de auxilio hasta su propio campamento, situado a un kilómetro y medio de allí. Fue una batalla encarnizada. De hecho, en un momento dado, César perdió la espada luchando en primera línea. Finalizada la guerra, volvería a verla, exhibida como trofeo en un templo de los arvernos. Sus hombres trataron de bajarla de allí, pero él sonrió y les ordenó que la dejaran donde estaba.

Los galos de Alesia, desesperados, se habían retirado, pero aún no estaban vencidos. Tras dar a sus hombres un día para descansar y prepararse, Vercingetórix volvió a atacar las murallas interiores con escaleras y garfios de abordaje, pero finalmente fue repelido por un joven oficial romano llamado Marco Antonio. Tras esta segunda derrota, el caudillo de los galos comprendió que a sus hombres sólo les quedaban fuerzas y valor para un último asalto. Gracias a los guerreros oriundos de la región se enteró de que había un punto débil en las fortificaciones romanas, al norte de la ciudad, en un lugar en el que una empinada cuesta les había impedido cerrar del todo la empalizada. Por la noche envió un nutrido contingente de guerreros a este punto, y a la mañana siguiente dirigió en persona un ataque de diversión contra las murallas, principales, al sur. Las fuerzas de socorro volvieron a caer sobre las murallas y miles y miles de guerreros convergieron sobre el campamento romano desde los dos lados en un último y frenético esfuerzo por destruir el ejército de César. Durante unas pocas horas pareció que los galos podían vencer. Entonces César, ataviado con su capa púrpura de comandante, apareció en primera línea para alentar a sus hombres. Un grito se alzó entre las tropas romanas mientras caían sobre los galos con las espadas en alto. Tras una lucha encarnizada, el ejército de auxilio fue destruido.

A la mañana siguiente, Vercingetórix reunió a los supervivientes en Alesia y declaró que se entregaría a los romanos vivo o muerto, como ellos prefirieran. Ordenó que se reunieran todas las armas de la ciudadela y se entregaran a César. Por último, él mismo, montado a caballo, salió orgullosamente por las puertas de la ciudad, se presentó ante su enemigo y, en silencio, cayó de rodillas. Algunos de los oficiales romanos quedaron conmovidos por su humildad, pero si Vercingetórix esperaba clemencia del hombre del que no hacía tanto se dijera amigo, estaba equivocado. César ordenó que todos los defensores de Alesia fueran esclavizados, aparte de los aeduos y los arvernos, a los que perdonó por razones políticas. El caudillo sería llevado a Roma, donde permanecería prisionero durante seis largos años hasta ser exhibido como trofeo en el desfile triunfal de César y luego ejecutado.

Para enorme decepción de sus enemigos en la urbe, el Senado romano declaró veinte días de fiesta como conmemoración por la victoria de César en Alesia. Sin embargo, la destrucción de Vercingetórix y de su ejército no supuso el fin inmediato de la guerra de las Galias. Algunos de los patriotas galos más ardientes siguieron luchando por la independencia. Aun así, la clemencia demostrada por César al perdonar a los aeduos y a los arvernos obró maravillas en la pacificación de estas dos poderosas e influyentes tribus. Sólo en el norte y en el lejano sur siguió habiendo resistencia seria al gobierno de los romanos. Los bellovacos de la zona del canal de la Mancha lucharon valientemente contra las legiones durante el año 51 a.C., pero finalmente César logró aplastarlos. La clemencia volvió a resultarle útil para ganarse a los restos de los belgas, y hasta el recalcitrante Commio acabó por rendirse a Marco Antonio con la promesa de que se le perdonaría la vida.

Sin embargo la fortaleza sureña de Uxellodunum aún se resistía a César. Los tenaces nativos esperaban poder resistir a los romanos hasta que terminara el mandato de César como gobernador. Sin embargo, el general enemigo puso fin a sus sueños socavando el único manantial de que disponía la ciudadela para interrumpir su suministro de agua. Los impotentes habitantes se rindieron a los romanos y suplicaron clemencia a César. Pero esta vez estaba decidido a dar un escarmiento para acabar del todo con la revuelta. Por tanto, perdonó la vida a los que habían luchado contra él en Uxellodunum, pero ordenó que les cortaran ambas manos. La guerra de las Galias había terminado, pero, hasta el fin de sus días, los mutilados de Uxellodunum servirían como advertencia viviente de que la clemencia de César tenía sus límites.

IX

RUBICÓN

Cuando miro a César, con su cabello cuidadosamente peinado, y lo veo rascarse despreocupadamente la cabeza con un solo dedo, soy incapaz de imaginar que este hombre podría hacer algo tan monstruoso como destruir la república.

Cicerón

Tras ocho largos años, la guerra de las Galias había terminado. Pero, tal como diría más tarde el historiador Tácito, era como si los romanos hubieran creado un desierto y lo hubiesen llamado paz. Cientos de ciudades habían sido destruidas, los campos y los bosques de todo el país estaban arrasados y centenares de miles de hombres, mujeres y niños habían sido arrancados de sus hogares y vendidos como esclavos a lo largo de los vastos dominios de Roma. Es difícil calcular las bajas sufridas por los galos, pero puede que la cifra que nos ofrece el propio César, de más de un millón de víctimas, no ande demasiado desencaminada.

La defensa que esgrime César para sus devastadores actos es muy sencilla: la inestabilidad en la Galia era una amenaza para Roma. El único modo de garantizar la seguridad de los pueblos civilizados del Mediterráneo era someter la Galia por completo y fortificar el Rin para detener las tribus germanas en el este. Hay que decir que este argumento lo compartían casi todos los romanos. En los pueblos y las ciudades de Italia, la gente se alegraba de vivir libre del peligro de las invasiones del norte, y no derramó una sola lágrima por los galos o los germanos. Hasta los *optimates*, que se oponían a las conquistas de César en la Galia, lo hacían sólo por las riquezas y el poder personal que éstas le proporcionaban a su enemigo. Ni uno solo de ellos sugirió jamás la posibilidad de devolver sus tierras a los celtas.

Justificada o no, la guerra de las Galias proporcionó enormes beneficios tanto al Estado romano como al propio César. Roma controlaba ahora todas las tierras situadas entre el Rin y el Atlántico, una nueva y rica provincia de más de cuatro mil quinientos kilómetros de circunferencia. Incluso devastada y agotada como estaba, la Galia contribuía al tesoro con diez millones de denarios al año (el denario era, por término medio, el salario diario para un trabajador romano). Y con el tiempo, esta cifra aumentaría considerablemente.

Las riquezas personales obtenidas por César en la conquista eran tan inmensas que le permitieron construir magníficos templos por todos los territorios romanos, desde Hispania hasta Asia, enviar esclavos y soldados por millares a los reyes de todo el Mediterráneo y prestar inmensas sumas a senadores necesitados. Entre tributos y botín, obtuvo tanto oro de la Galia que pudo venderlo en Italia a la mitad de su precio habitual. Pero aún más que el oro, el principal activo extraído de sus campañas en la Galia era el ejército que ahora lo seguía. César nunca había conseguido ganarse el corazón de la nobleza. Los cimientos de su poder eran el pueblo llano al que había servido como magistrado y los soldados que había reclutado y con los que había luchado a lo largo y ancho de toda la Galia. Era el ejército de César —formado por los prácticos, fiables y absolutamente leales soldados que sacara de las granjas y pequeñas ciudades de Italia y de la Provincia— el que decidiría su futuro.

Además, la experiencia de dirigir un ejército en una lejana guerra durante ocho años había convertido a César en alguien muy diferente a los senadores de Roma. Casi todos los políticos romanos habían servido como militares en algún momento de su vida y muchos de ellos habían dirigido ejércitos, pero ninguno, con la posible excepción de Pompeyo, había disfrutado de la autonomía que César había tenido en la Galia. Al otro lado de los Alpes era prácticamente un monarca, ajeno a problemas de facciones, política y tribunales. Como general en la Galia, César no tenía que preocuparse por fastidiosos controles y contrapesos: su palabra era ley. Pero ahora que la guerra de las Galias había terminado, debía regresar al contencioso mundo del Senado y regirse de nuevo por las arcanas reglas de la república. Con razón, muchos en Roma temían que se avecinara una guerra civil.

El principal problema al que se enfrentaba César era que, tan pronto como abandonara su mando militar y su gobierno provincial, perdería la inmunidad judicial garantizada por su *imperium* y se enfrentaría a un sinfín de demandas que, a buen seguro, acabarían con su carrera política. De hecho, Catón llevaba mucho tiempo prometiendo que su gran enemigo se enfrentaría a una acusación judicial ante un tribunal lleno de guardias armados en cuanto licenciara su ejército. César creía haber resuelto este problema por medio de un decreto popular, promulgado dos años antes, que le permitía conservar el control de sus provincias hasta ser elegido cónsul (si todo iba como él esperaba) en el año 48 a.C. Esta transición inmediata le permitiría mantener su inmunidad hasta obtener el consulado y así hacer frente a la oposición de los *optimates* en Roma desde una posición de poder. Pero nuevas leyes amenazaban con despojarlo anticipadamente de sus poderes como gobernador y de sus tropas, además de impedirle presentarse al consulado sin encontrarse físicamente en la ciudad. Si este plan salía conforme a los designios de los *optimates*, lo enterrarían bajo un alud de demandas tan pronto como cruzara las puertas de la ciudad, lo que le impediría concurrir a las urnas. Catón y sus partidarios habían creado la trampa perfecta para César. Ahora sólo debían conseguir que funcionara.

Por desgracia para ellos, su indudable animosidad hacia César no estaba respaldada por fuerzas militares. Despotricar contra un hombre que contaba con un ejército era una pérdida de tiempo si no disponían de fuerzas superiores a las suyas. Eso significaba que tenían que ponerse de acuerdo con Pompeyo. Con el gobierno de Hispania y gran cantidad de tropas disponibles en Italia, Pompeyo era el único que podía hacer frente a César. Aunque los *optimates* lo detestaban sólo un poco menos que a éste, estaban convencidos de que podían manipular al viejo general e indisponerlo contra César para sus propios fines. Una vez que hubieran privado a César de sus soldados y se enfrentara a una acusación criminal, podrían encargarse también de Pompeyo y volver a tomar las riendas de la república.

César pasó el resto del año 51 a.C. en la Galia, recompensando a sus fieles partidarios y organizando el país como provincia romana. A los galos que le habían servido bien les entregó grandes latifundios y un buen porcentaje del botín de guerra. A algunos de ellos les prometió incluso un futuro ingreso en el Senado. Los nobles de confianza recibieron una autonomía local limitada, así como una serie de privilegios que los vincularían a Roma. Al poco tiempo, por propia voluntad, la aristocracia de la Galia empezó a adoptar las costumbres romanas y emplear tutores latinos para sus hijos. Los romanos no podían tolerar los sacrificios humanos llevados a cabo por los druidas, pero aparte de esto, al igual que en las demás provincias, los habitantes de la Galia conservaron el derecho a profesar su religión ancestral siempre que pagaran sus impuestos y no causaran problemas. Los guerreros galos se propagaron por todo el Mediterráneo en el seno de las legiones, al tiempo que los romanos se asentaban en la Galia como mercaderes, terratenientes y miembros de la administración provincial. Los galos, que hasta entonces sólo se habían visto como aeduos, helvecios o venetos, conservaron su identidad tribal durante siglos, pero con el tiempo acabarían por considerarse, por encima de todo, romanos.

Una vez pacificada la Galia, César podía dedicar toda su atención a la política romana. Catón había tratado en vano de obtener el consulado para el año siguiente, pero el elegido fue el igualmente beligerante y capacitado *optimate* Marco Marcelo, quien se entregó con entusiasmo a la causa de la caída de César. La oposición de Marcelo no debe sorprendernos: César había intentado robarle la esposa —su sobrina nieta Octavia— para ofrecérsela como soborno a Pompeyo tras la muerte de Julia. Sin embargo, el primer golpe lo dio César, utilizando una herramienta de propaganda de sorprendente modernidad dirigida al pueblo de Roma. Tal como era costumbre, había presentado al Senado informes anuales sobre sus campañas, que ahora editó y convirtió en unas emocionantes memorias. La publicación de *La guerra de las Galias* cayó como una bomba sobre la escena literaria y política romana, puesto que nadie había leído nunca una historia tan fascinante, redactada con un estilo tan claro y sencillo. Emocionantes batallas contra valientes pero inferiores bárbaros, tierras y dioses exóticos, el triunfo del espíritu romano... Era una obra que tenía garantizado el interés del electorado romano. El tono era aparentemente objetivo, pero resultaba evidente que el héroe del relato era César, quien, con su valor, había salvado Roma de los galos y los germanos. A la población romana le encantó y hasta el propio Cicerón la alabó como una obra maestra de lucidez y objetividad.

Aunque los *optimates* no pudieran ofrecerle al electorado romano emocionantes relatos de sus glorias, tenían sus propias herramientas, no menos poderosas. Marcelo afirmó astutamente que, ya que César había obtenido una victoria tan soberbia y completa sobre los galos, no necesitaba mantener su ejército. Había que licenciar sus fuerzas y elegir un nuevo gobernador, para que César pudiera regresar a casa y presentar su candidatura al consulado como ciudadano de a pie. Además, atacó la base de su poder en la Galia itálica al declarar que los residentes de la colonia cesariana de Comum (la actual Como), al norte del Po, no podrían recibir la ciudadanía. Él personalmente azotó con una vara a un nuevo senador procedente de allí y le dijo que regresara a su casa y le mostrara las marcas a César.

Como bien sabían los *optimates,* conceder la ciudadanía a los habitantes de las regiones itálicas al norte del Po era un elemento clave en la visión de César sobre el futuro de Roma. Para él, había que expandir los beneficios de la pertenencia plena al Estado romano a los territorios que habían demostrado su lealtad y su valía. Casualmente, aquellos nuevos ciudadanos eran sus clientes y sus partidarios, pero examinar sus actos como meras maniobras egoístas no se correspondería con su dilatada trayectoria en defensa de los súbditos provinciales ante los senadores.

César logró bloquear la legislación de Marcelo utilizando tribunos bien pagados para vetar sus propuestas, pero cada vez tenía más claro que los *optimates* no estaban declarando sólo la guerra a sus actos, sino también a su misma dignidad. Para un hombre que había ascendido desde las chabolas de Subura hasta la cúspide del poder en Roma, era más de lo que el orgullo podía soportar. Acertadamente o no, él creía que la conquista de la Galia lo hacía merecedor del título de primer hombre de Roma y no estaba dispuesto a someterse tan sumisamente al Senado como Pompeyo al volver de su campaña en Oriente. En más de una ocasión, durante estos agitados meses, se le oyó decir:

> Ahora que soy el hombre más grande de Roma, sería más difícil empujarme al segundo lugar que empujar al segundo hasta el fondo.

No obstante, tampoco quería dejar que lo empujaran a una rebelión abierta contra el Senado.

Los *optimates* siguieron presionando a Pompeyo para que declarara su oposición a César, pero el veterano general no se comprometió de manera firme con su causa. Aun así, dejó claro que pronto pediría a César la devolución de la legión que le prestara dos años antes y expresó su opinión de que el Senado debía ser obedecido en todos los asuntos. Entretanto, los *optimates* trabajaban para dividir las provincias para el año entrante, a fin de que César se viera privado de su autoridad como gobernador y de su ejército antes de poder presentar su candidatura al consulado. Cuando a Pompeyo se le preguntó qué haría si César trataba de conservar sus legiones, repuso: «¿Qué crees que haría si mi hijo tratara de agredirme con un bastón?»

Era una respuesta que llenó de alegría los corazones de los *optimates*, quienes creían que Pompeyo estaba cada vez más cerca de sus posiciones.

Sin embargo, el Senado no estaba únicamente dividido entre *optimates* y partidarios de César. Muchos senadores, si no la mayoría, estaban en un punto intermedio y preferían evitar la guerra civil. Estos moderados admiraban los logros militares de César, pero también recordaban que había desafiado tradiciones muy queridas durante su consulado. Temían que ahora, con más poder que nunca, pudiera atentar contra los mismos cimientos de la república. Por otro lado, veían a los *optimates* como reaccionarios cuya irracional devoción al statu quo estaba empujando a la rebelión abierta a César y al movimiento populista. ¿Era posible, se preguntaban los moderados, comprar a César o a Pompeyo con la promesa de una nueva campaña contra el imperio parto? Sondearon a ambos bandos y el general piceno demostró especial interés en la oferta, pero en última instancia sólo sirvió para atizar las llamas del disenso, puesto que ninguno de los dos estaba dispuesto a permitirle tal gloria al otro.

César empezaba a convencerse de que su pugna con los *optimates* tendría que zanjarse con las armas en lugar de con la diplomacia. Era un desenlace que deseaba evitar por todos los medios, no sólo porque quisiera la paz, sino porque en el Senado tendría pocos partidarios y en el campo de batalla se vería en inferioridad numérica frente a Pompeyo. Sin embargo, si los gobernantes de Roma estaban decididos a aplastarlo, respondería. En preparación de un posible conflicto militar, transfirió miles de soldados desde la Galia al norte de Italia con la excusa de proteger la Provincia de los bandidos ilirios. No sólo no licenció a sus tropas, sino que les dobló la paga, se aseguró de que estuvieran muy bien alimentadas y regaló a cada soldado un esclavo galo. Y, por si esto fuera poco, siguió acumulando armas y reclutando nuevos soldados a pesar de que la guerra ya había finalizado.

En el frente político, continuó con sus maniobras para tratar de colocar a sus partidarios entre los magistrados romanos del año entrante, el 50 a.C. Consiguió el tibio respaldo del cónsul electo de los *optimates*, Lucio Emilio Paulo, por medio de un enorme soborno de nueve millones de denarios. Paulo, un viejo enemigo de Catilina, estaba desesperadamente necesitado de fondos para poder completar una basílica en el foro. Pero el otro cónsul, Cayo Marcelo, primo del cónsul del año pasado, no se dejó convencer.

Pero, con mucha diferencia, el magistrado más importante que logró comprar César aquel año fue Cayo Escribonio Curio, uno de los nuevos tribunos de la plebe. Curio se movía en el mismo círculo irreverente y bronco que Clodio, hasta el punto de que había desposado a la viuda de éste, Fulvia, después de su asesinato. Sin embargo, poco tiempo antes había decidido convertirse en un firme adversario de César y de los populistas, como su padre antes que él. Pero el joven había acumulado enormes deudas con su pródigo estilo de vida y con la organización de juegos por el funeral de su padre, que incluían un teatro de madera de dos escenarios que se podía convertir en anfiteatro. César se ofreció a saldar sus deudas si Curio cambiaba de bando. El nuevo tribuno accedió gustosamente y, con su tenacidad y olfato político, no tardó en demostrar que César había hecho una inversión muy inteligente.

La primavera del año 50 a.C. comenzó con malas noticias procedentes del este. El antiguo adversario de César, Bíbulo, que en aquel momento servía como gobernador de Siria, estaba teniendo dificultades para mantener alejados a los partos de las fronteras de Roma. Pidió al Senado dos legiones adicionales y éstas le fueron concedidas, pero el problema era dónde encontrar las tropas con tanta rapidez. En un gesto de magnanimidad, Pompeyo se ofreció a enviar una de sus propias legiones a Siria si César hacía lo mismo. Parecía una solución perfectamente justa, sólo que la legión que Pompeyo pretendía enviar era la misma que prestara en su día a César. Esto significaría una pérdida neta de dos legiones para César y ninguna para Pompeyo. Para sorpresa de muchos, César accedió a estos términos, a pesar de que su posición quedaba significativamente debilitada. Más que nada, lo hizo para impresionar a los moderados del Senado y convencerlos de que era un hombre razonable que quería evitar un conflicto militar con Pompeyo. Pero para ganarse la lealtad de unos soldados a los que tal vez tuviera que enfrentarse en el futuro, hizo un sustancial regalo a cada legionario antes de dejarlo partir. Al final resultó que la situación en Siria se calmó muy pronto y las tropas adicionales no fueron necesarias, pero en lugar de devolverle un solo legionario a César, Cayo Marcelo insistió en que permanecieran en Italia a las órdenes de Pompeyo. César aceptó los hechos consumados y respondió reclutando nuevas tropas.

A lo largo de todo este periodo, César nunca descuidó el aspecto personal de la política en su esfuerzo por conseguir el apoyo de los senadores moderados. Un buen ejemplo de esta actividad es Cicerón, quien había estado sirviendo como gobernador de Cilicia, en el este de Asia Menor. Cicerón no tenía espíritu de militar, pero durante el tiempo pasado en la provincia había obtenido varias victorias menores en escaramuzas contra la caballería de los partos y con algunas tribus de las montañas especialmente problemáticas. Inmensamente orgulloso de sus victorias, solicitó al Senado la concesión de un pequeño triunfo a su regreso a Roma. Muchos de los senadores, Catón incluido, pensaban que las acciones de Cicerón no eran merecedoras de tales honores, pero César ordenó a sus seguidores que apoyaran la propuesta. Una vez aprobada, escribió a Cicerón para felicitarlo por su victoria y de paso recordarle que él, y no Catón, lo había apoyado desde el principio.

César iba a necesitar todos los aliados que pudiera encontrar si quería ganar la batalla política que comenzó en marzo y se prolongó durante dos meses. Cayo Marcelo y los *optimates* proponían ahora el envío de nuevos gobernadores para reemplazar a César de inmediato, a fin de arrebatarle tanto la inmunidad judicial como el ejército. César, que se esperaba este golpe, dio instrucciones precisas a su fiel Curio. El tribuno se alzó en su asiento del Senado y sorprendió a todos accediendo a la propuesta de Marcelo... para añadir a continuación que la apoyaría sólo si Pompeyo renunciaba a sus provincias y a sus tropas el mismo día. Arguyó que, por muy malo que fuera tener dos generales armados amenazando al país con la guerra civil, mucho peor era tener uno solo. Si César rendía su ejército, Pompeyo sería el único hombre de Italia que dispusiera de tropas a su disposición. Sólo tendría que dar un pequeño paso, declaró, para pasar de protector de la república a tirano de Roma. Los *optimates* protestaron, pero los senadores moderados comprendieron que la propuesta de Curio tenía sentido y lo aplaudieron calurosamente. El desarme mutuo era una estrategia arriesgada para César, puesto que perdería completamente la fuerza militar que con tanto esmero había estado construyendo a lo largo de los años, pero estaba convencido de que si las condiciones de la partida eran iguales para todos podría batir a los *optimates* en la arena política.

El debate se prolongó durante semanas, pero cada vez que

Cayo Marcelo presentaba su propuesta, Curio interponía el veto. A su vez, cada vez que Curio ofrecía su alternativa, los *optimates* bloqueaban la situación vetando esta posibilidad. Marcelo y los suyos sugirieron una solución de compromiso: dejar que César conservara las provincias y el ejército hasta noviembre de aquel año. Pero César sabía que esto no era más que una estratagema, puesto que seguiría a merced de los tribunales durante casi un año antes de poder ocupar el puesto de cónsul. Por tanto, Curio rechazó la oferta de plano y los debates continuaron. Finalmente, en mayo, Marcelo comprendió que carecía de apoyo suficiente entre los moderados para conseguir que su propuesta saliera adelante, de modo que la retiró. Con su disposición a llegar a un compromiso y su tenaz determinación, César y Curio habían ganado la batalla a los *optimates*, al menos de momento.

César cumplió cincuenta años aquel mes de julio, pero su vigor y su ambición seguían tan firmes como siempre. Patrocinó la candidatura de Marco Antonio al cargo de augur y luego maniobró para que fuera elegido tribuno de la plebe como sucesor de Curio. Aquel mismo verano regresó al norte de Italia y lo recorrió de cabo a rabo para recabar apoyos de cara a un potencial conflicto con el Senado. Sabía que si quería tener alguna posibilidad contra Pompeyo y los *optimates* necesitaba el apoyo decidido y los abundantes recursos humanos de las tierras del Po. Era su primera visita a Italia desde el final de la guerra de las Galias y no podría haber estado más satisfecho con la recepción que se le deparó. La provincia que tanto se había esforzado por equiparar con el resto de la península no escatimó muestras de entusiasmo al héroe conquistador en su regreso a casa. Las puertas de las ciudades y los caminos se engalanaron con guirnaldas a su paso, los niños salían corriendo a su encuentro en las plazas de todas las ciudades y las mesas de los mercados locales rebosaban de las mejores golosinas en los banquetes públicos celebrados en su honor. Finalmente, tras un cálido apretón de manos y una palabra amable para todos, César regresó rápidamente con su ejército para realizar los últimos preparativos de una guerra que creía ya inevitable.

Durante el otoño corrió el rumor de que César y Pompeyo iban a arrastrar pronto a Italia a una lucha sanguinaria. Cicerón, en una carta escrita en octubre a su amigo Ático de Atenas, nos cuenta que incluso se rumoreaba que César había partido de la Galia con cuatro legiones veteranas. Al mismo tiempo, los partidarios de Pompeyo difundían el rumor de que la moral en las legiones de César se tambaleaba y sus soldados anhelaban librarse de su rebelde comandante. Como es lógico, ninguna de las dos cosas era cierta. César seguía en la Galia con su ejército, la mayor parte del cual lo habría seguido hasta las mismas puertas del Hades de habérselo ordenado.

Pero Pompeyo tenía multitud de razones para sentirse confiado. Acababa de recuperarse de una grave enfermedad en Nápoles y al fin regresaba a Roma. La bienvenida que se le prodigó durante el trayecto rivalizó con la recibida por César en el norte de Italia. Las ciudades le ofrecían banquetes todas las noches y arrojaban flores a su paso. Pompeyo siempre había asumido que el pueblo llano lo apoyaba, pero aquel estallido de fervor popular lo convenció de que era imbatible. Empezó a pensar que reclutar soldados para luchar contra César sería muy sencillo. «Lo único que tengo que hacer es dar un pisotón en cualquier punto de Italia para que broten soldados de infantería y caballería hasta de debajo de las piedras.»

Los nubarrones de la guerra se fueron congregando rápidamente a medida que se aproximaba el invierno del año 50 a.C. César siguió preparando su ejército para la lucha al mismo tiempo que se esforzaba denodadamente para impedir el conflicto. Sin embargo, Pompeyo y los *optimates* no estaban dispuestos a hacer concesiones, y menos después del que fue un importante golpe de mano contra su adversario. Labieno, el más fiable y competente de los generales de César durante los largos años de la guerra de las Galias, se había pasado al bando contrario. Por una parte, Labieno estaba convencido que César no tenía ninguna posibilidad contra Pompeyo, pero la fría respuesta de su comandante ante su altanero orgullo también desempeñó un importante papel en su cambio de chaqueta. César había hecho de él un hombre rico y famoso, hasta tal punto que Labieno llegó a creer que la victoria en la Galia era tan obra suya como de

César. El origen común de Labieno y Pompeyo, en la abrupta región del Piceno, junto con las cuidadosas maniobras de seducción llevadas a cabo por los *optimates*, bastaron para cerrar el acuerdo en diciembre. Al margen de las motivaciones de Labieno, lo cierto es que Pompeyo había obtenido un lugarteniente de tremenda capacidad militar, que además estaba muy familiarizado con las estrategias y las tácticas de César. Por su parte, éste aceptó elegantemente la pérdida y envió a su antiguo camarada todo el dinero y las pertenencias que había dejado atrás al abandonar el campamento.

Cicerón regresó entonces precipitadamente desde Grecia en un frenético esfuerzo por hallar una resolución pacífica al conflicto. En una carta escrita a Ático a mediados de diciembre expresó los sentimientos de la mayoría de los políticos moderados y de casi todo el pueblo de Roma.

> El estado actual de las cosas me aterra. Casi toda la gente que conozco prefiere darle a César lo que pide antes que arrojar al Estado a la guerra civil. César es un insolente, de eso no cabe duda, pero en realidad no es tanto lo que pide.

A pesar de que, a título personal, Cicerón deseaba la paz a cualquier precio, estaba convencido de que, al final, su futuro político y la seguridad de la república lo obligarían a apoyar a Pompeyo. A medida que la crisis se aproximaba a su resolución, la mayoría de los moderados se vio en una situación parecida. Harían lo que fuese necesario para alcanzar una solución pacífica entre César y Pompeyo, pero si se veían obligados a elegir un bando, se decantarían por la ley y el orden antes que por la revolución. Por lo que ellos sabían, César podía desencadenar un nuevo baño de sangre contra el Senado, como hicieran Cinna y Mario casi cuarenta años antes. Si llegaba la guerra, la mayoría de los romanos dotados de dinero o de poder político apoyaría, bien que de mala gana, a los *optimates*.

En diciembre se presentó una nueva oportunidad de alcanzar un compromiso, justo antes de que los nuevos magistrados ocuparan sus cargos. Con considerable habilidad, Curio logró finalmente forzar al Senado a votar la propuesta de que César y Pompeyo licenciaran simultáneamente sus ejércitos. Cayo Marcelo y los *optimates* protestaron contra este plan, que acabaría con sus sueños de aplastar a César de una vez para siempre, pero al final, los senadores apoyaron abrumadoramente la medida con trescientos setenta votos a favor y sólo veintidós en contra.

Parecía que, al final, el fantasma de la guerra civil había sido conjurado por los deseos de paz de la mayoría del Senado. Pero si los *optimates* no podían ganar en una lucha justa, lo harían jugando sucio. Tras advertir a los senadores de que César estaba de camino desde los Alpes a la cabeza de diez legiones, Cayo Marcelo, seguido por los *optimates*, cruzó el foro en busca de Pompeyo. Al llegar junto al general le concedió poderes para defender al Estado y derrotar a César por cualquier medio. Le entregó el mando de las dos legiones teóricamente destinadas a la guerra contra los partos y le prometió que se reclutarían nuevas tropas. El hecho de que fuera un acto flagrantemente ilegal y contrario a la voluntad expresa del Senado no impidió que Pompeyo aceptara.

De hecho, César había regresado al norte de Italia con sólo una legión y se enteró de los últimos acontecimientos casi tan pronto como sucedieron. Seguía queriendo impedir el conflicto, pero estaba dispuesto a luchar si era necesario. Todas las piezas estaban en posición hacia finales de diciembre, cuando César se trasladó a Ravenna, cerca del Rubicón, junto con varios miles de soldados. En secreto, llamó a dos legiones desde la Galia y ordenó a otras tres que se mantuvieran preparadas en el sur. Creía que ya no tenía muchas más alternativas, puesto que el Senado parecía dominado por los *optimates* e incapaz de hacer frente a Pompeyo y sus nuevos poderes. A comienzos de enero del 49 a.C. presentó un ultimátum al Senado por carta. En el escrito comenzaba explicando calmadamente todo lo que había hecho por la república desde el comienzo de su carrera, muchos años antes. Luego repetía su oferta de renunciar al mando al mismo tiempo que Pompeyo, es decir, la misma propuesta que aprobara el Senado. Pero, advertía a continuación, si no se le permitía conservar su ejército hasta el momento de convertirse en cónsul, defendería su honor con todos los medios a su disposición.

Hasta los senadores moderados quedaron horrorizados por

la insolencia de César y consideraron esta carta como una auténtica declaración de guerra. Pocos creían que representara una gran amenaza militar, pero la falta de respeto que demostraba hacia el Senado les parecía un ultraje. Tras varios días de acalorados debates, César fue declarado enemigo de Roma. El espurio mando que Cayo Marcelo había otorgado a Pompeyo escasos días antes se veía ahora confirmado legalmente. Los cónsules ordenaron entonces que los partidarios de César, incluido Marco Antonio, fueran expulsados del Senado, pero Antonio se puso en pie de un salto y proclamó a voz en grito que estaban violando la ancestral inmunidad de un tribuno. Invocó a los dioses como testigos de esta indignidad y predijo guerra, muertes y una docena de calamidades más mientras lo sacaban a la fuerza de la cámara. Sin perder un minuto, abandonó Roma en compañía de Curio para reunirse con César en Ravenna.

A pesar de la situación, Cicerón hizo grandes esfuerzos durante los días siguientes para calmar los ánimos y negociar un compromiso antes de que fuera demasiado tarde. El orador anduvo entre los *optimates* y los hombres de César tratando de dar con una fórmula que satisficiera a todas las partes. ¿Aceptaría César licenciar parte de sus tropas y abandonar sus provincias? Sí, le respondieron. Mientras pudiera conservar al menos dos legiones, se retiraría de la Galia. Pompeyo rechazó esta propuesta, pero titubeó cuando los representantes de César respondieron que su jefe estaría dispuesto a ceder si se le permitía conservar una legión y regresar al Illyricum. Por un momento pareció que sería posible llegar a un acuerdo, pero Catón gritó que Pompeyo sería un idiota si aceptaba los trucos de César. Las conversaciones se desmoronaron, y con ellas la última oportunidad de alcanzar la paz.

El 10 de enero, la noticia de lo ocurrido en Roma llegó hasta Ravenna. César esperaba que Cicerón consiguiera hacer cambiar de idea a Pompeyo, pero temía, con razón, que Catón y los *optimates* no lo permitieran. Comprendió entonces que Pompeyo y el Senado reunirían sus fuerzas y marcharían sobre el norte de Italia. Tardarían algún tiempo en traer su inmenso ejército desde todo el Mediterráneo, pero cuando lo hicieran, sería casi imposible batirlos. Así que decidió arriesgarlo todo con lo que menos esperaban sus enemigos: una invasión de Italia a la cabeza de una sola legión. Cualquier comandante romano habría dicho que era una maniobra absurda y condenada al fracaso. Pero César confiaba en que el elemento sorpresa, unido a su legendaria velocidad, desestabilizaría al Senado y obligaría a Pompeyo a abandonar Roma.

Aquella misma noche cabalgó hasta la orilla del Rubicón. Deliberadamente, había pasado el día ocupado en sus quehaceres habituales en Ravenna y había cenado con sus amigos para que los espías del Senado no tuvieran nada inusual de que informar. Vaciló un momento al llegar a la orilla del crecido arroyo, consciente de que una vez que cruzara la frontera de su provincia no habría vuelta atrás, pero al final se zambulló en la guerra civil.

X

GUERRA CIVIL

En todas las cosas de la vida, pero sobre todo en la guerra, el mayor poder está en manos de la fortuna.

CÉSAR

Nadie esperaba que César se atreviera a invadir Italia a la cabeza de unos pocos miles de hombres, pero en cuanto atravesó el Rubicón se lanzó hacia el sur sin la menor vacilación. Su rápido avance cogió totalmente desprevenidos a Pompeyo y a los *optimates* y sembró el pánico en Roma. Era justo el efecto que César esperaba.

Su primera parada fue la antigua ciudad umbría de Ariminum (la actual Rímini), a sólo quince kilómetros del Rubicón. Sila había saqueado esta estratégica encrucijada varias décadas antes, pero César se limitó a ocuparla sin el menor derramamiento de sangre. Allí fue donde Marco Antonio, huido de Roma, se reencontró con su mentor. César aprovechó al máximo este encuentro para motivar a su ejército y justificar sus acciones contra el Senado. «Este hombre es un inviolable tribuno del pueblo, que ha sido maltratado por el Senado y expulsado de la urbe en un acto que desafía flagrantemente todo lo que es bueno y es justo —clamó—. Ni Sila, que no sentía el menor respeto por el hombre de la calle, se atrevió a atentar contra los derechos de los tribunos. ¿Vais a permitirlo? ¿Vais a permitir que un pequeño grupúsculo de nobles egoístas, a los que no les importa un comino el bien del Estado, destruyan siglos de tradición y os arrebaten la libertad? Y en cuanto a mí —exclamó César entre lágrimas de amargura mientras se arrancaba la túnica en un ataque de desesperación—, ¿vais a permitir que Pompeyo y los *optimates* destruyan mi dignidad? Durante nueve años hemos luchado valientemente contra los galos y los germanos... ¡y hemos vencido! ¿Tenéis miedo a hacer frente a Pompeyo y a esa pandilla de cobardes andrajosos? ¿Tenéis miedo de seguirme a la victoria?»

Fue una interpretación magnífica. Los soldados declararon que estaban dispuestos a seguir a César hasta donde fuese necesario para defender su honor y restaurar el legítimo poder de los tribunos. Es posible que parte de su entusiasmo derivara del rumor de que iba a convertirlos a todos en *equites,* pero, aun así, es indudable que lo arriesgaron todo por él. Los había vencido de la miseria y les había enseñado a creer en su capacidad de conseguir lo imposible. Bajo sus órdenes habían derrotado a Ariovisto y sus feroces hermanos; habían navegado hasta Britania, en el otro extremo del mundo, y habían regresado; habían vencido a Vercingetórix y al ejército de la Galia unida... César les había metido más dinero en el bolsillo del que soñaran nunca cuando estaban matándose a trabajar en sus granjas. Estaban decididos a restaurar el mancillado honor de su comandante y ganar para sí una gloria imperecedera... además de una buena cantidad de botín.

Entretanto, en Roma, el caos se había apoderado de las calles. Incontables refugiados afluían a la ciudad desde los campos, alimentando el ya considerable pánico que sentían los ciudadanos de la urbe. Entre la muchedumbre corrían historias sobre extraños portentos: había llovido sangre desde el cielo, caían rayos sobre los templos sagrados, las estatuas de los dioses estaban sudando y una mula había parido un potro. Por todas partes estallaban peleas entre los partidarios de César y los de Pompeyo, mientras las turbas violentas se enseñoreaban de las calles y reinaba la anarquía. Los *optimates* se volvieron a Pompeyo y lo fustigaron por haber permitido que César cruzara el Rubicón. «¿Dónde están los ejércitos que ibas a sacar de debajo de las piedras? ¿Qué vas a hacer ahora?», inquirieron.

Pompeyo tenía una respuesta para ellos, pero no la que esperaban. Su única posibilidad era evacuar Roma y reagruparse en el sur de Italia. Desde allí, probablemente fuera necesario seguir retirándose por mar hacia Grecia. Allí, como hiciera Sila años antes, el Senado podría reunir sus fuerzas y reconquistar Italia. Señaló además que, a la larga, la posesión de Roma no significaba nada. Quienes ganaban las guerras eran los soldados, no los edificios vacíos. Sus ejércitos, aunque dispersos, eran diez veces más numerosos que los de César y, al final, acabarían por aplastar al advenedizo general, tan seguro como que Sila había destruido a Cinna y a Mario. Dicho esto, les advirtió con tono sombrío de que cualquiera que se quedara en la ciudad sería considerado un traidor a Roma. A continuación, partió hacia el sur por la Vía Apia, seguido por casi todos los magistrados y los senadores de la ciudad. Los refugiados y el pueblo llano tendrían que afrontar solos los horrores que los esperaraban, estaban seguros, a la llegada de las tropas de César.

Al poco tiempo, César recibió a dos visitantes enviados por el propio Pompeyo. Según nos cuenta él mismo, le traían un mensaje privado del general en el que expresaba a su antiguo suegro su pesar por la lamentable situación a la que habían llegado las cosas. Pompeyo declaraba que sus recientes actos no eran nada personal contra César, sino el resultado de su perpetuo deseo de servir a su patria, un deseo que siempre había antepuesto a sus intereses personales. Del mismo modo, César tendría que anteponer el bienestar de Roma a su propio orgullo, por muy injustamente que se creyera tratado. Urgía a César a ser razonable y a no dejar que su lastimada dignidad condujera a Roma a la guerra civil.

César, a pesar de sentirse insultado por el tono condescendiente de Pompeyo, envió de regreso a los emisarios con una rama de olivo. Declaraba que también él había antepuesto siempre las necesidades del Estado a sus propios deseos, pero que ahora estaba luchando por los derechos del pueblo romano, así como por su propio honor. Pasaba entonces a proponer que la península Itálica fuera desmilitarizada. Su ejército y él la evacuarían si Pompeyo se retiraba al mismo tiempo a Hispania con sus tropas. Entonces, el Senado y las asambleas populares podrían reunirse en paz para zanjar todos los asuntos pendientes sin la amenaza de las fuerzas militares de ninguno de los dos bandos.

Finalmente, Pompeyo y él se reunirían cara a cara para concretar los detalles de su acuerdo sin la agotadora interferencia de los políticos.

Cicerón, que se encontraba en el campamento de Pompeyo en aquel momento, nos cuenta que el mensaje de César llegó el 23 de enero del 49 a.C. Al margen de lo que hubiera deseado el propio Pompeyo, los *optimates* no le permitieron actuar por su cuenta. Enviaron a César una carta en la que accedían a que Pompeyo se retirara a Hispania en alguna fecha futura, pero sólo si César evacuaba primero Italia. Hasta entonces, seguirían reclutando e instruyendo sus ejércitos para defender al Estado. Y, por supuesto, nunca permitirían que César y Pompeyo se reunieran en privado.

Es fascinante comprobar cómo se veían las negociaciones desde los distintos bandos. César se presenta a sí mismo como la parte injuriada: «Fue una propuesta injusta», exclama. Pero Cicerón le escribió a su amigo Ático: «César estaría loco si no aceptara, sobre todo si tenemos en cuenta la insolencia de sus demandas.» El resultado final fue que las negociaciones no llegaron a buen puerto y las conversaciones entre los dos bandos se interrumpieron.

César envió a Marco Antonio a apoderarse de los pasos montañosos al norte de la urbe mientras él continuaba su avance por la costa adriática. Hacia comienzos de febrero había conseguido tomar tranquilamente toda la región del Piceno, un hecho especialmente humillante para Pompeyo, que era oriundo de allí. Por todo el norte y el centro de Italia las ciudades estaban uniéndose en masa a él, para enorme consternación de los *optimates*. César retrata este apoyo como patriotismo sincero y adhesión a la justicia de su causa, aunque lo cierto es que a la mayoría de los habitantes de las ciudades les traía sin cuidado quién ganara la guerra mientras los dejaran tranquilos. Las ciudades sabían que las tropas de César estaban en el umbral mismo de sus casas, mientras que las de Pompeyo se encontraban aún muy lejos, y de ahí esa repentina oleada de apoyos. En la ciudad umbria de Iguvium, un lugarteniente de Pompeyo, Thermo, tuvo que sacar de la ciudad a sus pocas tropas ante la abierta hostilidad de sus habitantes. Más reveladora aún es la recepción que se le deparó a César en la antigua ciudad de Auxinum. Allí, el consejo municipal se reunió con Attio Varo, gobernador de la África romana, quien ocupaba la ciudad con una guarnición de soldados de Pompeyo. Los miembros del consejo le explicaron que no les interesaba la política de Roma, pero que no creían que fuera prudente resistirse al famoso general César y a su ejército de veteranos. Urgieron a Varo a pensar en su propia seguridad y a salir de la ciudad mientras aún tuviera tiempo. Varo aceptó su consejo y huyó de manera precipitada hacia el sur. Cuando César se enteró de lo ocurrido, expresó calurosamente su gratitud al consejo y le prometió que no olvidaría su apoyo.

En aquel momento Pompeyo se encontraba cerca de Nápoles, tratando de subir la moral de sus partidarios, reclutar tropas entre los granjeros de la región e incluso conseguir el apoyo de los gladiadores de un campo de entrenamiento cercano propiedad de César, todo ello con poco éxito. Cada vez estaba más claro para él, si no para los *optimates,* que la defensa de Italia era una causa perdida. Por tanto, tendría que llegar lo antes posible al puerto fortificado de Brundisium, en el talón de la bota itálica, y desde allí partir rumbo a Grecia. Estaba convencido de que, si contaba con tiempo para reclutar un gran ejército con el que regresar a Italia, acabaría ganando la guerra. Algunos de los *optimates* estaban de acuerdo con ese plan, pero la mayoría detestaba la idea de entregar el control de la península a César, aunque fuese por breve tiempo. Por ello, la atmósfera en el campamento de Pompeyo era agitada mientras los desalentados soldados y senadores se preparaban para partir.

Entretanto, César estaba teniendo mucha más suerte en su marcha hacia el sur. Otra legión procedente de la Galia lo alcanzó cerca del pueblo de Cingulum. De un plumazo, su ejército duplicaba su tamaño. Cingulum le abrió las puertas y le dio la bienvenida, un hecho especialmente grato para César, puesto que se trataba de un asentamiento fundado no hacía mucho por su antiguo camarada Labieno.

Lucio Domicio Ahenobarbo había sido uno de los más feroces enemigos de César durante casi veinte años. Había asistido a sus victorias en la Galia arrebatado de celos. Su abuelo había sido el primero en vencer a los allobroges y a los arvernos setenta años antes, razón por la que consideraba que las tierras del norte le pertenecían por derecho. El Senado lo había nombrado nuevo gobernador de la Galia, pero el cruce del Rubicón había arruinado sus planes. Aunque César lo había vencido en cada uno de sus enfrentamientos anteriores, Domicio no estaba dispuesto a retirarse, ni siquiera mientras el resto de los *optimates* huían a Grecia con el rabo entre las piernas. Con la promesa de otorgarles enormes recompensas, logró rodearse de una nutrida banda de caudillos tribales y guerreros marsos de las montañas del norte de Italia y partió al encuentro de su gran enemigo. Pompeyo le ordenó que se retirara a Brundisium, pero Domicio se negó.

Marchó con varios miles de hombres hasta el estratégico vado de Corfinium. Se trataba de una ciudad situada a menos de ciento cincuenta kilómetros al este de Roma, que, treinta años antes, había sido por breve tiempo la capital de los rebeldes itálicos. El ejército de César llegó al lugar poco después y chocó con los soldados de Domicio, que estaban tratando por todos los medios de derruir el puente que conducía al interior de la ciudad. Los legionarios de César lograron rechazar al enemigo sin demasiadas dificultades. Domicio reunió sus fuerzas en el interior de la ciudad y, tras enviar un mensaje de auxilio a Pompeyo, se preparó para un largo asedio. César pasó los días siguientes rodeando la ciudad de fortificaciones y asegurando sus líneas de suministros. Además, recibió la llegada de una tercera legión desde la Galia, junto con varios miles de auxiliares y trescientos jinetes aportados por el rey celta de Noricum, al este de los Alpes.

Domicio empezaba a desesperar por momentos. No era ningún cobarde, pero la experiencia le decía que no podría contener mucho tiempo a César. Convocó una asamblea con sus soldados y les explicó que Pompeyo no tardaría en enviar ayuda, por lo que debían defender la ciudad con todas sus fuerzas. Pero la realidad era que había recibido un mensaje de Pompeyo en el que éste le advertía de que no contara con recibir ayuda. De hecho,

Pompeyo le recordaba que había actuado imprudentemente contra sus órdenes y le aconsejaba que tratara de escapar de Corfinium antes de que César tomara la ciudad. Según Plutarco, Domicio estaba tan desesperado por la humillación que representaría caer en manos de César que ordenó a su médico personal que le preparara un veneno. Después de bebérselo estoicamente, empezó a lamentar su decisión y a preguntarse si no habría sido mejor salir en secreto de la ciudad o incluso rendirse a César. El médico le dijo que no se preocupara: esperaba que pudiera cambiar de opinión, así que no había puesto veneno en la pócima.

Domicio sabía que escapar con su ejército sería imposible, de modo que decidió huir de Corfinium aquella noche junto con un puñado de sus oficiales. Pero como en un ejército nunca hay secretos, sus soldados se enteraron casi al instante de sus planes y celebraron una reunión secreta. Decidieron que era absurdo morir por honor mientras su general estaba planeando abandonarlos. Aquella misma noche, irrumpieron en el cuartel general de Domicio, lo arrestaron y enviaron un mensaje a César para informarle de que estaban dispuestos a abrirle las puertas y entregarle a su comandante.

César estaba encantado con aquel giro de los acontecimientos, pero le preocupaba lo que podía suceder si sus tropas entraban en Corfinium aquella noche. Era esencial para él presentarse ante el mundo romano no como un proscrito y un saqueador de ciudades, sino como un líder que respetaba la ley y el orden. Por ello, apostó centinelas alrededor de las puertas, pero no les permitió entrar de momento, por miedo a que, en su sed de botín, saquearan la ciudad. El ejército de César aguardó despierto toda la larga noche, más por curiosidad ante la suerte que esperaba a la ciudad y a sus habitantes que por codicia. Al otro lado de las murallas, Domicio y sus oficiales esperaban también. Muchos de ellos barajaron la posibilidad de suicidarse, convencidos de que a la mañana siguiente los sacarían de la ciudad para matarlos. Todos recordaban cómo había tratado Sila a sus enemigos, y sabían que, de haberse revertido la situación, ellos no habrían tenido piedad de César.

Al amanecer, llevaron a Domicio y a sus seguidores ante César. Muchos de ellos eran senadores, tribunos y *equites* que habían dedicado su vida a intentar destruir a César. Ahora se encontraban ante él, cara a cara por primera vez en casi diez años, convencidos de que les había llegado la hora. César se levantó para hablarles. Sin duda, sería una última ocasión de regodearse antes de ordenar a sus hombres que los ejecutaran. Pero César se limitó a mirarlos como un padre severo y a decirles que tendrían que haberse comportado mejor. Entonces se volvió hacia sus hombres y ordenó... que los liberaran. Domicio y sus partidarios se quedaron allí, boquiabiertos, mientras el significado de las palabras de su enemigo empezaba a hacer mella. Seguro que lo habían entendido mal o era una especie de broma cruel. Pero no, César declaró de nuevo que eran libres de ir adonde quisieran, incluso al campamento de Pompeyo si así lo deseaban. Más aún, Domicio podía llevarse el tesoro que tenía en Corfinium para pagar a sus soldados. A pesar de que César estaba necesitado de fondos, quería que Roma supiera que no era ningún ladrón. Una vez despedidos Domicio y sus oficiales, incorporó a los soldados enemigos a sus cada vez más nutridas fuerzas. La captura de Corfinium sólo le había llevado unos días. A continuación, puso rumbo a Brundisium para enfrentarse a Pompeyo.

La noticia sobre la clemencia de César en Corfinium no tardó en propagarse por toda Italia, tal como él pretendía. El 1 de marzo, Cicerón escribió a Ático sobre el asunto:

> ¿Ves a qué clase de hombre nos enfrentamos? Ha actuado contra la república con tal astucia, con tal cuidado, con tal preparación... Realmente creo que, si sigue perdonando vidas y propiedades, acabará por convertir en ardientes partidarios hasta a sus más encarnizados enemigos.

Lo único que faltaba era llegar a Brundisium y cortarle la retirada a Pompeyo. Las legiones de César sortearon los Apeninos por el este en su descenso hacia el talón de Italia, mientras Pompeyo y su ejército pasaban como una exhalación junto al Vesubio y seguían huyendo por la Vía Apia. A pesar de la legendaria velocidad de César, Pompeyo logró llegar a Brundisium antes que él y ocupó las sólidas fortificaciones de la ciudad. Cuando César llegó al puerto, pocos días después, no pudo más que observar con frustración cómo lo miraban los hombres de Pompeyo desde lo alto de las murallas de piedra.

De inmediato comenzó a rodear la ciudad con fortificaciones de asedio, pero la entrada del puerto seguía abierta al Adriático. Pompeyo ya había enviado la mitad de su ejército a Grecia, y cuando regresaran las naves podría partir con el resto a menos que César diera con algún modo de bloquear su acceso al mar. Su enemigo contaba con pocas fuerzas navales, así que un ataque por mar estaba descartado, pero si conseguía construir una barricada sobre el punto más estrecho del puerto, tal vez consiguiera bloquearlo. Pero incluso para los hombres que habían erigido un puente sobre el Rin bloquear un canal amplio y profundo en el mar era una tarea casi imposible. César levantó a ambos lados de la entrada sendos muelles, tendidos el uno hacia el otro. Como las aguas eran demasiado profundas, ancló unas enormes balsas al fondo del puerto y las conectó por medio de pasarelas. Cada una de estas balsas estaba coronada por una torre fortificada, desde la que se podía bombardear cualquier barco que tratara de entrar.

Pero por muy torpe que pudiera ser Pompeyo en la palestra política, como estratega seguía siendo un maestro. Requisó varios mercantes de gran tamaño de la ciudad y los equipó con torres de tres pisos para lanzar ataques contra el bloqueo de César. Cada día, las tropas de Pompeyo remaban hasta los muelles que cerraban el puerto para tratar de acabar con ellos, mientras que, cada noche, las de César procuraban reparar los daños.

Al mismo tiempo que sus tropas luchaban para mantener a Pompeyo en Italia, César aumentaba la presión para tratar de alcanzar una solución diplomática. Estaba totalmente convencido de que si podía encontrarse cara a cara con Pompeyo podrían llegar a un entendimiento que les permitiera a ambos mantener su dignidad y su poder. Le envió a su adversario un mensaje para pedir un encuentro en el que podrían discutir los términos de la paz. El general respondió con frialdad que los dos cónsules electos ya habían partido para Grecia y que él, como humilde servidor de la república, no podía negociar en ausencia de los magistrados supremos.

Tras nueve días de asedio infructuoso y fallidas iniciativas de paz, los barcos que Pompeyo había enviado a Grecia regresaron en busca del resto de su ejército. Tras romper sin dificultades el frágil bloqueo levantado por César, recalaron en los muelles de Brundisium. Pompeyo trazó sus planes con rapidez y, aquella misma noche, veloz y discretamente, preparó a sus tropas para la marcha. Ordenó que se colocaran barricadas y fosos con estacas afiladas al otro lado de las puertas y por las calles para frenar a los soldados de César cuando irrumpieran en la ciudad. A continuación, emplazó una retaguardia de arqueros y honderos en las murallas para proteger la huida del grueso de su ejército. Sus hombres subieron a bordo de las naves y atravesaron las barreras del puerto antes de que César tuviera tiempo de detenerlos. Pompeyo había vencido al maestro de los asedios en su propio juego.

César era ahora amo y señor de Italia, pero la victoria obtenida carecía de valor. Los ejércitos de Pompeyo, aunque dispersos por todo el Mediterráneo, superaban ampliamente en número a los suyos. Carecía prácticamente de flota y no contaba con fuentes de avituallamiento fiables. Pompeyo podía utilizar su dominio del mar para invadir Italia cuando le viniera en gana, sobre todo con su enorme ejército de Hispania. Y lo peor de todo, desde el punto de vista de César, era que no tenía casi senadores de su lado, porque la mayoría de ellos habían marchado con Pompeyo a Grecia. Los pocos que permanecieron en Italia, como Cicerón, sólo le ofrecieron una reacia neutralidad. Había contado con persuadir a algunos magistrados romanos y así dar a sus actos cierta semblanza de legitimidad, pero con la totalidad del gobierno de Roma refugiado en Grecia, no era sino un rebelde más.

César ordenó que se trajeran barcos desde la Galia y desde todos los rincones de Italia para cruzar a Grecia con sus tropas, pero sabía que tardaría meses en reunirlos. Entretanto, no podía dejar Italia expuesta a una invasión por parte de las fuerzas veteranas que Pompeyo disponía en Hispania. Por tanto, decidió golpear primero y marchar hacia la península Ibérica. Además, para asegurarse el suministro de grano, envió tropas a Cerdeña y a Sicilia para arrebatárselas a Pompeyo. Éste había colocado a

Catón al mando de Sicilia, y el más implacable de los enemigos de César estaba gobernándola con su habitual eficacia. Catón esperaba que Pompeyo permaneciera en Italia para defenderla, de modo que, al enterarse de que había partido a Grecia, se sintió traicionado. Y así, cuando Curio desembarcó en la isla al mando de dos de las legiones de César, maldijo el día en que decidiera confiar en Pompeyo y se marchó.

Entretanto, César regresó a Roma por la Vía Apia, donde pasó algunos días resolviendo los asuntos de la ciudad antes de partir hacia Hispania. Su camino pasaba junto a la finca que tenía Cicerón cerca de Formiae, al sur de la urbe, así que decidió hacer una visita al influyente orador. Llevaba semanas escribiéndose con él para tratar de convencerlo de que abandonara su tenaz posición de neutralidad. Cicerón ya no ocupaba ningún cargo, pero gozaba de un inmenso prestigio entre el pueblo romano y muchos de sus senadores. Si César lograba atraerlo a su campo, muchos otros lo seguirían. A comienzos de marzo, le había escrito:

> Estoy especialmente impaciente por verte a mi regreso a Roma. Me hacen mucha falta tu ayuda y tus sabios consejos, pues eres un hombre influyente y popular.

La clemencia demostrada por César en Corfinium había impresionado a Cicerón. Al enterarse de ello, César le escribió:

> Tienes razón al pensar que la venganza cruel está muy lejos de mis intenciones. La clemencia es una virtud que me es muy querida, así que me alegro de que me apoyes en esto. No me importa que aquellos a quienes perdono vuelvan a luchar contra mí. Lo único que deseo es que cada hombre siga los dictados de su propia conciencia.

Ahora, a finales de marzo, César y Cicerón estaban a punto de encontrarse en persona por primera vez en muchos años. Puede que César deseara que cada hombre fuera fiel a sí mismo, pero también quería tener a Cicerón de su lado.

Tras intercambiar cálidos saludos y las acostumbradas preguntas sobre la familia, los dos hombres empezaron a hablar en serio. Cicerón informó abiertamente a César de que sólo empeoraría las cosas si marchaba a Hispania o a Grecia para continuar la guerra contra Pompeyo. Lo que debía hacer era someterse a la autoridad del Senado. De hecho, declaró, pensaba presentar ante los senadores una propuesta de ley para exigirle que lo hiciera. Sutilmente, César le sugirió que lo reconsiderara. Al marcharse, dejó tras de sí a un Cicerón agitado pero decidido. Se había dado cuenta de que César nunca atendería a razones ni se avendría a regirse por las ancestrales reglas del Estado. Cicerón decidió, pues, unirse a Pompeyo, ya que el general, a pesar de sus muchos defectos, era la única esperanza que le quedaba a la república.

El 1 de abril del año 49 a.C, César entró en la ciudad de Roma por primera vez en nueve años. No menciona ninguna visita a Calpurnia durante su estancia en la urbe, pero esto se debe a que ni él, ni ningún otro romano, habrían considerado decoroso escribir sobre su esposa. Convocó al Senado, pero con poco éxito de asistencia, cosa que César olvida mencionar en su relación de los hechos. Allí habló del mal trato que le habían deparado Pompeyo y los *optimates,* de las injusticias sufridas por los tribunos y de su eterno deseo de paz. Concluyó su discurso pidiendo a los senadores que lo ayudaran con las cargas de la administración del Estado, pero advirtiéndoles también de que si se negaban a cooperar, actuaría solo. Al cabo de tres días de tensas discusiones, los senadores accedieron finalmente a enviar una delegación a Pompeyo para entablar negociaciones, aunque ninguno de ellos tuvo el valor de presentarse voluntario para encabezarla. Frustrado, César abandonó el Senado y se dirigió a la asamblea popular, donde recibió una bienvenida entusiasta tras proponer repartos de grano en abundancia y un óbolo monetario para cada ciudadano.

El único hombre en Roma dispuesto aún a hacerle frente era el tribuno Lucio Metelo. César retrata a Metelo como un peón de los *optimates,* pero si realmente lo era, se trataba también de un peón muy valiente. Cuando César se dirigió al tesoro en busca de dinero para sus tropas, Metelo se plantó solo ante la puerta y le negó la entrada. César, el conquistador de la Galia y de Italia, se encontró en la embarazosa situación de tener que enfrentarse a un único y testarudo individuo en el corazón mismo de Roma. Las cosas se complicaban aún más por el hecho de que César se había presentado a sí mismo como defensor de los sacrosantos tribunos. La situación degeneró rápidamente en el absurdo, y César acabó diciendo a Metelo que o se quitaba de en medio o lo mataba. Metelo se hizo a un lado, pero su objetivo estaba cumplido. César echó abajo las puertas del tesoro y se llevó quince mil lingotes de oro, treinta mil de plata y varios millones de monedas de bronce. El pueblo llano, tradicionalmente su base de poder, estaba furioso con él por haber saqueado el erario público y por haber amenazado a un tribuno. Su visita a Roma fue, en conjunto, un miserable fracaso.

De camino a Hispania, César paró en la antigua ciudad griega de Massalia, en la costa gala. Massalia era una vieja aliada de Roma que había recibido el patronazgo tanto de Pompeyo como de César en el pasado. Indudablemente, César era el que más había hecho por ella al eliminar de una vez para siempre la amenaza de los bárbaros y abrir toda la Galia a sus mercaderes, pero si esperaba una bienvenida calurosa se vio decepcionado. Las puertas de la ciudad estaban cerradas y las murallas guarnecidas por soldados hostiles. Cuando exigió una explicación, los ciudadanos enviaron una delegación para decirle que se sentían muy honrados por su presencia, pero deseaban permanecer neutrales en lo que, evidentemente, era un conflicto interno de los romanos. Le prometieron que mostrarían la misma actitud con ambos bandos y no ayudarían a ninguno de ellos.

Seguramente César habría aceptado la neutralidad de Massalia de haber sido sincera. Pero lo cierto es que los mercaderes de la ciudad habían llegado a la conclusión de que César era una mala inversión. Creían que no tenía ninguna posibilidad contra Pompeyo y el poder combinado de los ejércitos senatoriales. Por ello, el general romano no se sorprendió demasiado al enterarse de que su viejo enemigo Domicio Ahenobarbo —a quien había liberado graciosamente apenas dos meses antes— había entrado por mar en el puerto de Massalia y había recibido la cálida bienvenida de sus ancianos. Las murallas de Massalia habían resistido ataques durante quinientos años, y los griegos estaban convencidos de que César también se estrellaría contra ellas. Él mismo era consciente de lo complicado que sería tomar la ciudad, pero no podía dejar una plaza tan poderosa y estratégica en manos de sus enemigos mientras él luchaba en Hispania. Dedicó el mes siguiente a reforzar sus fortificaciones y a preparar el asalto, pero sabía que para terminar el trabajo le haría falta más tiempo del que disponía. Por tanto, dejó a Décimo Bruto, veterano comandante de la campaña naval contra los venetos, al mando de la flota, y a Cayo Trebonio, junto con tres legiones, para asediar la ciudad mientras él marchaba rápidamente hacia Hispania.

En un ejercicio de optimismo, César afirmó que se dirigía a Hispania para luchar contra un ejército sin líder y que al regresar se enfrentaría a un líder sin ejército. Se equivocó en ambas cosas. Las fuerzas pompeyanas del este de Hispania estaban bajo el mando de Lucio Afranio y de Marco Petreyo, dos de los generales más capaces de Pompeyo. Éste, por su parte, utilizó los meses pasados por César en la península para aumentar de manera considerable sus fuerzas en Grecia. César conocía bien Hispania, en cuyas regiones occidentales había servido como cuestor en el año 69 a.C. y de nuevo, como gobernador, ocho años más tarde, pero sus enemigos estaban concentrados en la mitad oriental del país, con la que estaba menos familiarizada.

A finales de la primavera del año 49 a.C., atravesó los Pirineos y penetró en Hispania al oeste de la actual Barcelona, cerca de la ciudad de Ilerda, situada a la orilla del crecido río Sicoris. Afranio y Petreyo estaban acampados cerca de allí, con cinco legiones de soldados veteranos y varios miles de reclutas nativos. César contaba aproximadamente con el mismo número de infantería, pero los superaba ampliamente en caballería. Muchos de estos jinetes eran nobles galos a los que se había llevado consigo porque no confiaba en ellos. Según parece, albergaba dudas sobre sus propios hombres, puesto que pidió dinero prestado a sus centuriones y tribunos para poder ofrecer una paga extra a los soldados. De este modo compraba la lealtad de su ejército con dinero y la fidelidad de sus oficiales con deudas que, en caso de que desertaran, no podrían cobrar.

Tras cruzar el Sicoris, acampó cerca del enemigo. Pero la comida para los animales escaseaba en la orilla occidental del río y se vio obligado a poner en peligro a sus hombres a diario en expediciones de requisa de provisiones en la orilla opuesta. Sus dificultades aumentaron al desplomarse uno de los pocos puentes que cruzaban el río en una torrencial crecida primaveral. Afranio y Petreyo utilizaron la solidez de su posición para hostigar a César a la menor ocasión y cansar a sus hombres. Cuando César comprendió que no podría resistir mucho más tiempo, trató de atraer a los generales a una batalla campal, pero eran demasiado astutos para morder el cebo. Sólo cuando César trató de apoderarse de una colina situada estratégicamente entre la ciudad y su campamento se movieron las fuerzas pompeyanas. Las legiones enemigas habían aprendido a luchar contra las feroces tribus de las montañas de la Hispania occidental, de modo que no se dejaron intimidar por la atrevida carga de las fuerzas de César colina arriba. Los pompeyanos lucharon con ferocidad, sembrando la confusión y el desaliento entre las fuerzas de su enemigo. Tras varias horas de combate, los hombres de César regresaron a su campamento maltrechos y confusos. En la Galia se habían acostumbrado a obtener victorias contra enemigos mucho más numerosos, pero ante romanos decididos y disciplinados se habían desplomado y sucumbido al pánico. Perdieron más de setenta hombres, incluido uno de sus mejores centuriones, y más de seiscientos salieron malheridos. El otro bando también sufrió graves bajas, pero al menos había demostrado que podía hacer frente a César y salir victorioso.

Cuando, pocos días después, llegó a Roma la noticia de las dificultades experimentadas por César, muchos de los senadores que habían permanecido neutrales se volvieron de repente entusiastas partidarios de Pompeyo. Pocos creían ya que César pudiera vencer. Hacía seis meses que había cruzado el Rubicón pero no tenía casi seguidores en Italia, había sido incapaz de tomar Massalia y pronto sería aplastado por los generales de Pompeyo en Hispania. Para colmo, otra crecida primaveral acababa de destruir los puentes que aún quedaban sobre el Sicoris, dejándolo totalmente aislado de los suministros que recibía desde la Galia. En su campamento se rumoreaba que el propio Pompeyo se aproximaba desde África para atacarlos desde el sur.

Pero César siempre sacaba lo mejor de sí mismo cuando se enfrentaba a situaciones aparentemente imposibles. En Britania había visto que los nativos utilizaban unos botes de madera cubiertos de cuero. Este peculiar tipo de embarcaciones, conocidas como «currach», eran fáciles de construir y sorprendentemente estables, así que ordenó a sus hombres que prepararan una pequeña flota de ellas. Pocas noches después, un convoy de carromatos cargados con los botes marchó hacia el norte por el Sicoris hasta un punto situado a unos treinta kilómetros de su campamento. Una legión entera cruzó el río y, en sólo dos días, construyó un puente fortificado sobre la corriente. A partir de entonces, César podría traer hombres y provisiones desde el otro lado del Sicoris cuando se le antojara.

El nuevo puente propició un rápido cambio de fortuna para César. Ahora podía utilizar la superioridad de su caballería para atacar a los pompeyanos y obligarlos a avituallarse sólo de noche. Ordenó la construcción de diversos fosos cerca de su campamento para reducir el nivel del río. Esto le permitiría vadearlo sin tener que desviarse sesenta kilómetros hacia el norte y regresar por la orilla oriental. Además, consiguió ganarse a algunas de las tribus cercanas, que empezaron a suministrarle grano y tropas de refresco. Treinta años antes, los íberos habían estado entre los mayores partidarios del rebelde romano Quinto Sertorio. Sertorio había servido a las órdenes del tío de César, Mario, pero cayó en desgracia y tuvo que escapar a Hispania, donde emprendió una guerra de guerrillas contra Roma. Era un general muy capaz, que llevó la organización militar romana a los nativos hispanos, además de impresionarlos con un don casi mágico para los animales. De joven, Pompeyo había luchado sin demasiado éxito contra él antes de que lo asesinaran. Los hispanos vieron en César a un hombre de similar capacidad que podía aliviar el peso del dominio romano.

Afranio y Petreyo, intranquilos por la marcha de los acontecimientos, decidieron trasladarse hacia el sur en busca de un terreno más favorable. Los pompeyanos cruzaron el Sicoris en la oscuridad utilizando un puente hecho de almadías, que destruyeron al llegar al otro lado. César envió su caballería tras ellos casi en seguida, pero el río seguía tan crecido que ni siquiera los hombres montados podían cruzarlo sin correr gran peligro. Si quería alcanzar al enemigo, no había tiempo de construir un puente para su infantería, así que ordenó a sus hombres que cruzaran el río del mismo modo que la caballería. Como es lógico, algunos de ellos se mostraron reacios a zambullirse en una corriente que había estado a punto de llevarse a los caballos, así que César los dejó para custodiar el campamento. Los restantes se arrojaron al helado río y, con el agua hasta el cuello, iniciaron el cruce. César había colocado mulas de carga río arriba para reducir en la medida de lo posible la fuerza de la corriente, y otras río abajo para recoger a aquellos hombres a los que arrastrara la fuerza de las aguas. El resultado fue que ninguno de sus hombres se ahogó. Una vez al otro lado, logró encontrar un atajo y sus hombres, ansiosos ahora por combatir, lograron adelantarse al ejército pompeyano y atraparlo en una posición desfavorable en la que no podían recibir provisiones.

Ya sólo era cuestión de tiempo que el enemigo se viera obligado a rendirse, pero César estaba decidido a conseguirlo con el mínimo derramamiento de sangre. Aún le esperaba una larga guerra por delante y no quería correr el riesgo de perder hombres sin necesidad. Además, no quería matar soldados romanos salvo que fuera absolutamente necesario. Si mostraba clemencia con sus compatriotas, su posición se vería muy reforzada ante la opinión pública romana. Si no, lo verían como un tirano dispuesto a hacerse con el poder a cualquier precio. Sin embargo, sus legionarios veían las cosas de manera diferente. Desde su punto de vista, se les estaba escapando una ocasión de oro para obtener la victoria a causa de la clemencia de su comandante. Algunos llegaron a declarar que si César no los llevaba a la batalla de inmediato, no volverían a luchar por él.

Los ánimos se calmaron al día siguiente, cuando los hombres de los dos bandos aprovecharon un momentáneo respiro en la campaña para entablar contacto. Los pompeyanos comenzaron a visitar el campamento de César para charlar y muchos de ellos declararon que lamentaban haberse alistado para luchar con

Afranio y Petreyo. Algunos de los hombres de César visitaron también el campamento enemigo. Al poco tiempo parecía como si sólo hubiera un campamento en lugar de dos, y los hombres de ambos bandos compartían anécdotas y pellejos de vino. Los hombres de César se dieron cuenta de que su líder había hecho lo correcto al no atacar a los pompeyanos. A fin de cuentas, todos eran soldados romanos.

Afranio observó la escena con desazón y se encogió de hombros, pero Petreyo ordenó a su guardia personal que expulsara a los hombres de César del campamento y acabara con todos aquellos a los que pudieran alcanzar. A continuación, se dirigió a sus descorazonados soldados y les suplicó que no traicionaran la causa de la república por un rebelde como César, por muy clemente que pudiera parecer. Ordenó a sus legionarios que entregaran a cualquier soldado cesariano que siguiera en el campamento para ejecutarlo de inmediato, pero sus hombres, en lugar de hacerlo, los escondieron en sus tiendas hasta la noche, que aprovecharon para escapar. César, por su parte, envió a los soldados pompeyanos de regreso a su campamento totalmente ilesos. Muchos de ellos decidieron quedarse por su propia voluntad.

A continuación, César reanudó su plan de esperar pacientemente la rendición del enemigo. El predecible resultado no podía demorarse mucho, sobre todo si tenemos en cuenta que los pompeyanos se habían visto obligados a comerse sus animales de carga para alimentarse. Al poco tiempo, Afranio se acercó al campamento de César bajo bandera blanca y declaró delante de los dos ejércitos: «Ambos hemos cumplido con nuestro deber [...] y debemos confesar que estamos vencidos. Lo único que te pedimos es que perdones a nuestros hombres, si te queda algo de compasión en el corazón.» César perdonó de buen grado tanto a los hombres como a los generales. El ejército pompeyano fue disuelto, aunque muchos de sus hombres decidieron unirse a las filas del vencedor. A continuación, éste puso rumbo hacia la costa atlántica, donde ofreció clemencia a todos los pompeyanos que se rindieran. El erudito Marco Terencio Varrón, al que Pompeyo había colocado al mando de la Hispania Ulterior (que es como se llamaba aquella región), le entregó la provincia entera. A la ciudad de Gades, donde César soñó un día que conquistaría el mundo, se le prometió incluso la ciudadanía romana, aunque César se olvida de mencionar que les cobró por este privilegio una suma principesca.

En poco más de un mes de lucha había vencido al mejor ejército que poseía el Senado, pero aún no había hecho frente a las fuerzas que Pompeyo estaba reclutando en Grecia. Desde el punto de vista de éste, la derrota en Hispania era decepcionante, pero en absoluto decisiva. Aún seguía gobernando el Mediterráneo oriental y África, además de contar con la lealtad de todos los romanos importantes. Al acercarse el final del verano del 49 a.C., Pompeyo y su enorme ejército estaban preparándose rápidamente para aplastar a César.

En Massalia, los comandantes de César hacían frente a una decidida resistencia ante las murallas de la antigua ciudad. Décimo Bruto atacó a los massaliotas en el puerto con el mismo tipo de garfios que se utilizaron en la primera guerra púnica contra Cartago, pero los defensores resistieron con tenacidad. Por su parte, Trebonio utilizó la infantería para atacar las murallas con máquinas de asedio, pero también en vano. Semana tras semana, la situación permanecía en tablas, hasta que Pompeyo envió una flota de socorro a los massaliotas, cuya confianza en la victoria aumentó de repente. Pero, en palabras del propio César: «Es propio del hombre entregarse a la confianza excesiva o sucumbir a la desesperación cuando cambian las circunstancias.»

Los massaliotas se entregaron a la confianza. El resultado fue que dispersaron sus tropas en exceso, tanto por tierra como por mar, y sufrieron una derrota que terminó con la huida de los hombres de Pompeyo. Los habitantes de la ciudad se postraron ante las tropas de César para suplicarles que no la arrasaran. César había ordenado a sus oficiales que no permitieran que las tropas saquearan la ciudad, puesto que la destrucción de un aliado tan importante provocaría un considerable menoscabo de su imagen pública. Esto hizo enfurecer a los soldados, pero César confirmo sus órdenes anteriores poco después, al llegar a la zona. Obligó a la ciudad a entregar todas sus armas, su tesoro y parte de sus ricos territorios, pero no sacrificó a los hombres ni esclavizó a las mujeres y a los niños. No obstante, por si acaso los massaliotas cambiaban de idea, César dejó dos legiones allí al partir hacia Italia.

En la ciudad de Placentia, a orillas del Po, César se enfrentó a un motín a gran escala de sus tropas. Dirigidos por los descontentos de la IX legión, los soldados exigieron un aumento de la paga, aunque la auténtica razón de su queja radicaba en que en aquella guerra no había botín, al contrario que en la Galia. Luchaban durante meses para derrotar un ejército o conquistar una ciudad y entonces César perdonaba a sus enemigos y seguía adelante. Sus soldados ansiaban oro, mujeres y esclavos, no clemencia para los vencidos.

El episodio de Placentia supone un fascinante ejemplo de las características psicológicas del liderazgo de César. Él mismo no llega a mencionarlo nunca —seguramente porque no quería que se hiciera público el descontento de sus propias tropas—, pero se conocen los detalles a través de otras fuentes. Estaba librando una guerra contra un imperio dotado de vastos recursos. Lo único que él tenía para hacer frente a Pompeyo y al Senado era su ejército. Si perdía su respaldo, podía dar la guerra por terminada, y sus soldados lo sabían. Por consiguiente, le exigieron concesiones si no quería que se marcharan a casa. Desde el punto de vista de los legionarios, era una petición perfectamente razonable. Estaban arriesgando la vida y el futuro para seguir a César. Si perdía la guerra, no recibirían recompensa. De hecho, los supervivientes tendrían suerte si escapaban con vida.

La mayoría de los generales habría convocado a los líderes de los amotinados para negociar, pero César no. Él ordenó que se congregara el ejército entero y comenzó a hablar. Dijo que se sentía como un padre traicionado por unos hijos mimados y malcriados. Siempre había antepuesto las necesidades de sus hombres a las de él y les había dado todo cuanto les había prometido. ¿Realmente querían ver Italia arrasada como la Galia o Germania? ¿Se creían mejores que los romanos del otro bando? Eran soldados orgullosos que habían emprendido una guerra por una cuestión de principios, no una horda de salvajes decididos a saquear ciudades para obtener botín. ¿Se atrevían a plantearle exigencias? No cedería. Los ejércitos, declaró, no pueden existir sin disciplina. Por tanto, la IX legión sería diezmada como castigo y como advertencia para cualquiera que se atreviera a cuestionarlo en el futuro.

El ejército entero suplicó a César que cambiara de parecer y perdonara a la IX. Se habían equivocado al desafiarlo, confesaron, y le pedían humildemente que no matara a unos hombres que lo habían servido con valentía durante muchos años. César accedió a regañadientes a mostrar clemencia, con la condición de que le entregaran los nombres de los líderes de la revuelta, entre los cuales elegiría a doce por sorteo para ejecutarlos. En esto último se mostró inflexible, aunque perdonó la vida a un inocente y ejecutó al centurión que lo había acusado falsamente por venganza. Había hecho frente a miles de sus hombres y se había ganado su respeto y su lealtad al no ceder ni un milímetro. El ejército dejó de pensar en la insurrección y se preparó para atacar a Pompeyo.

César se enfrentaba a otros problemas en el Mediterráneo occidental. Había colocado al cuñado de Cicerón, Dolabella, al mando de la flota del Adriático, pero los lugartenientes de Pompeyo lo perseguían sin darle un momento de tregua. Cuando el hermano de Marco Antonio, Cayo, acudió en su auxilio, acabó atrapado junto con sus tropas en una pequeña isla de la costa iliria. El hambre se abatió sobre ellos. Algunos soldados lograron escapar a tierra firme en balsas, pero Cayo y el resto de sus tropas se vieron obligados a rendirse.

Pero, con mucho, el mayor revés sufrido por César durante los primeros meses de la guerra civil fue la pérdida de su ejército en el norte de África. Había colocado al antiguo tribuno Curio al mando de tres legiones reclutadas entre las tribus de las colinas itálicas que se habían rendido en Corfinium. Con estos hombres, el audaz pero inexperto Curio había logrado arrebatarle Sicilia a Catón sin derramar una gota de sangre. A continuación desembarcó en la costa de la actual Túnez para atacar a Attio Varo, el gobernador de la provincia, al que César había expulsado anteriormente de Italia. Curio se veía a sí mismo como una especie de nuevo Escipión el Africano, pero en lugar de derrotar a su Aníbal particular, se encontró luchando no sólo contra Attio, sino contra el implacable rey de los númidas, Juba. El rey no había olvidado que, años antes, César lo había humillado públicamente tirándole de la barba en mitad de un juicio. Ahora estaba en posición de hacerle pagar caro aquel insulto.

Curio levantó su campamento cerca de la costa, pero las tribus de la zona envenenaron sus reservas de agua y varios miles de sus hombres sufrieron vómitos y violentas convulsiones. Sin embargo, incluso en estas deplorables condiciones, logró alentar a sus debilitadas fuerzas para que atacaran al ejército de Varo y, en una carga colina arriba, obtuvo una asombrosa victoria. Rebosante de confianza, Curio recibió entonces la noticia de que un pequeño destacamento de fuerzas de Juba se encontraba cerca de allí. Llevó a sus hombres por un caluroso y árido camino costero en busca de lo que creía sería una fácil victoria, pero lo que se encontró fue al ejército entero de Juba. Curio y sus exhaustos soldados fueron rodeados por la caballería númida y masacrados como un rebaño de ovejas. Algunos de los hombres que servían a las órdenes de un amigo de César, Asinio Pollio, lograron escapar en barco a Sicilia, pero todos los que se rindieron a los implacables númidas fueron ejecutados. El propio Curio luchó valientemente hasta el final, pero fue abatido y decapitado, y su cabeza terminó ofrecida como trofeo al exultante monarca.

César no podía permitirse el lujo de pensar demasiado en sus derrotas en el Adriático y África, puesto que Pompeyo estaba aumentando el tamaño de su ejército a velocidad de vértigo. A menos que actuase con rapidez, Pompeyo invadiría Italia a comienzos del año siguiente. Una buena noticia, recibida durante los últimos meses del año 49 d.C., era que sus partidarios en Roma habían conseguido que se le concediera el cargo de dictador. Desde esta posición, como Sila antes que él, podía reorganizar el Estado y actuar con impunidad judicial. Toda Roma temblaba mientras César se aproximaba a las puertas de la ciudad. Temían que, de nuevo como Sila, desencadenara un baño de sangre contra sus enemigos.

Al llegar a Roma de camino a Brundisium, no tenía tiempo que perder en debates ni sutilezas políticas. La ciudad, atrapada entre los bandos en conflicto, estaba sumida en la crisis, con problemas de abastecimiento de alimentos y una economía debilitada. César pasó sólo once días en la capital, pero en este tiempo dejó asentados los sistemas gubernamental y financiero sobre sólidos cimientos. Comenzó por hacerse elegir cónsul para el año entrante, a fin de poder continuar la guerra con una mínima semblanza de respetabilidad constitucional. Como colega en el consulado eligió a Publio Servilio Isáurico, un antiguo partidario de Catón que era además el hijo del que fuera su comandante durante la guerra contra los piratas. A continuación emitió una serie de rápidos decretos, empezando por una distribución de grano para la hambrienta población. Luego asignó nuevos gobernadores para las provincias occidentales, declaró a Juba enemigo de Roma como castigo por la muerte de Curio y dio permiso a los hijos de tres hombres condenados en su día por Sila para concurrir a las elecciones de las magistraturas. Tampoco se olvidó de sus partidarios del norte de Italia: los habitantes de ambas orillas del río Po vieron confirmada de una vez para siempre su condición de ciudadanos romanos. Como aún seguía siendo el sumo sacerdote de Roma, celebró también las grandes festividades en honor a Júpiter, que se habían descuidado a causa de la agitación del pasado año. Fue un raro momento de alegría para el pueblo de Roma en medio de aquellos días de incertidumbre.

Los seguidores que tenía entre los endeudados *equites* y las clases superiores se frotaron las manos aguardando una última medida: una cancelación de deudas generalizada. Pero en lugar de hacer borrón y cuenta nueva con el sistema de préstamos (lo que habría provocado el caos en el frágil sistema monetario), César aprobó una sensata ley que limitaba los pagos al mismo nivel de antes de la guerra, determinado por una comisión imparcial. Los acreedores protestaron, asegurando que era una injusticia, pero la economía se benefició en gran medida de su moderación.

Lo más importante de todo es que no hubo proscripciones. César no utilizó sus poderes dictatoriales para ordenar la ejecución de nadie y no condenó a Pompeyo ni a ninguno de los que lo habían acompañado a Grecia. El pueblo de Roma, así como los enemigos de César, quedaron estupefactos.

Tras pasar menos de dos semanas en la urbe, César volvió a sorprender a propios y extraños renunciando a la dictadura. En una imitación consciente de Cincinato, había tomado el manto del poder supremo para luego despojarse de él una vez cumplida su tarea. Como es natural, César no tenía la menor intención de volver a ningún arado. Como cónsul de Roma y con millares de soldados a sus espaldas, podía permitirse un gesto de magnanimidad. Pero al salir por las puertas de la ciudad de camino a Brundisium era consciente de que muy pocos de los habitantes de Roma creían que regresaría con vida. Pompeyo y su ejército estaban esperándolo al otro lado del mar.

XI

POMPEYO

*Si la fortuna no está de tu lado, a veces tienes que
someterla un poco a tu voluntad.*

CÉSAR

Mientras César pasaba el año 49 a.C. luchando en Italia, Galia e Hispania, Pompeyo se había dedicado a reclutar un enorme ejército multinacional en Grecia. Una congregación semejante de soldados procedentes de todas las naciones del Mediterráneo (y más allá) no se había visto desde los tiempos de Alejandro Magno.

Pompeyo dominaba los mares con una flota de seiscientas naves procedente de Asia Menor, las islas griegas, Siria y Egipto, incluidos setenta barcos egipcios enviados por Cleopatra. Esta flota se colocó al mando del viejo enemigo y compañero de consulado de César, Bíbulo. En tierra, el ejército de Pompeyo estaba compuesto por cinco legiones completas de ciudadanos romanos de Italia, tres de Asia Menor, y una sola legión de endurecidos veteranos de Creta y Macedonia. Además de estas tropas regulares, contaba con miles de soldados auxiliares procedentes de Grecia, Asia Menor, Siria y África. Los reinos aliados habían enviado soldados celtas de Galacia y tropas de Armenia al otro lado del Éufrates. En las filas pompeyanas había soldados judíos, árabes, griegos, germanos, fenicios y egipcios, además de varios miles de arqueros y honderos de Creta. Su caballería alcanzaba la fabulosa cifra de siete mil efectivos. Por último, Quinto Metelo Escipión traía otras dos legiones por tierra desde Siria para reunirse con el ejército principal. Pompeyo, que era un meticuloso organizador, había hecho acopio de provisiones y dinero en abundancia por todo el Mediterráneo oriental. Su plan era acantonar sus fuerzas en la costa adriática, levantar sus cuarteles de invierno en Dyrrachium, frente a Italia, e invadir la península tan pronto como la primavera lo hiciera posible.

César, por su parte, al llegar de nuevo al puerto de Brundisium, contaba también con un ejército formidable, pero mucho más reducido (con unos mil soldados de caballería). Sus hombres estaban exhaustos tras las incontables marchas y las numerosas batallas de los últimos meses. Las provisiones escaseaban y la paga era, en el mejor de los casos, esporádica. Y para colmo, el duro invierno del sur de Italia había hecho que las enfermedades se cebaran en su ejército. Además, se encontró con la inesperada y decepcionante noticia de que su jefe de intendencia no había conseguido barcos suficientes para transportar el ejército entero al otro lado del mar. Su única esperanza de victoria era invadir Grecia y atacar a Pompeyo a comienzos de la primavera, antes de que el enemigo tuviera tiempo de cruzar a Italia, pero ahora se veía obligado a pasar el invierno en Brundisium con un ejército cansado, enfermo y hambriento. Al otro lado del Adriático, los hombres de Pompeyo se sentaban alrededor de sus hogueras, calientes y bien alimentados, mientras su comandante y los *optimates* que lo apoyaban aguardaban con buen ánimo la llegada de la primavera, cuando podrían partir hacia Italia para aplastar a César.

Enfrentado a una situación desesperada, César, como era su costumbre, hizo algo totalmente inesperado. Nadie afrontaba las temibles aguas del Mediterráneo en invierno, y mucho menos con un ejército, pero él decidió llenar sus barcos hasta los topes y pasar a Grecia de inmediato. Bíbulo y su flota nunca esperarían que se arriesgara a transportar sus tropas en pleno invierno, sobre todo porque sabían que carecía de barcos suficientes para llevar todas sus legiones de una vez. César reunió a sus hombres y les expuso su plan. Debían dejar atrás todo cuanto no fuera absolutamente indispensable, incluidos los esclavos y el equipaje. Sus fieles tropas prorrumpieron en gritos de apoyo y conminaron a su general a ir en pos de Pompeyo. De este modo, el 4 de enero del 48 a.C. —poco menos de un año después de cruzar el Rubicón—, César embarcó siete legiones en sus naves y levó anclas en el Adriático.

Por algún capricho del destino o de la fortuna, el ejército logró desembarcar al día siguiente en una aislada franja de la costa griega, sin tropezar con ninguna tormenta y sin que la flota enemiga lo detectara. Pompeyo aún se dirigía hacia Dyrrachium con el grueso de sus fuerzas, así que César aprovechó la oportunidad para apoderarse de una serie de poblaciones menores al sur de la ciudad. La propia Dyrrachium se encontraba en el extremo occidental de la Vía Egnatia, la principal calzada romana que discurría entre los Balcanes y el Egeo. Al enterarse de que César había desembarcado en Grecia y se encaminaba a ese estratégico puerto, Pompeyo corrió hacia la ciudad con sus tropas. A despecho de la legendaria velocidad de César, Pompeyo volvió a adelantársele. César dice que muchos de los oficiales y soldados de Pompeyo tenían miedo a enfrentarse a las legiones que acababan de llegar desde Italia, pero se trata de una afirmación dudosa. En cualquier caso, su antiguo camarada Labieno reunió a las tropas y juró lealtad a Pompeyo en toda circunstancia.

Los dos ejércitos acamparon a orillas del río que discurría al sur de la ciudad, donde esperaron a que el otro hiciera el primer movimiento. Pompeyo, cauteloso como siempre, ignoró las exhortaciones de los *optimates* para que atacara y se decantó por una estrategia de desgaste, aprovechando que el enemigo era inferior en número. César, por su parte, sabía que ni siquiera la audacia le daría la victoria si atacaba a Pompeyo con las tropas de que disponía. Por tanto, envió sus naves de regreso a Brundisium en busca del resto de sus legiones antes de entrar en batalla. Pero esto era precisamente lo que Bíbulo esperaba. El antiguo enemigo de César estaba furioso consigo mismo y con su flota por haber dejado pasar al enemigo y juró que no volvería a suceder. Bloqueó toda la costa en varios kilómetros a la redonda y mantuvo una celosa vigilancia sobre el horizonte del oeste. Cuando el legado de César en Brundisium intentó enviar el resto de las tropas al otro lado del Adriático, tuvo que volver a Italia para escapar a la destrucción. Una desgraciada nave que trató de ganar la costa griega fue capturada por Bíbulo, quien ordenó que se le prendiera fuego con todos los hombres a bordo (incluidos los más jóvenes) como advertencia para todo el que intentara repetirlo. De hecho, Bíbulo se esforzó de tal manera para asegurarse de que su viejo enemigo no recibía ayuda que no tardó en sucumbir al agotamiento y murió en la costa de Grecia. César, a pesar de que había intentado entorpecerlo en todo cuanto había emprendido a lo largo de los años, le concedió las debidas alabanzas por su fiel servicio a la causa de Pompeyo y de los *optimates*.

Convencido de que la victoria militar era imposible hasta que consiguiera reunir de nuevo sus fuerzas, volvió a probar la vía diplomática. El principal ingeniero militar de Pompeyo, Lucio Víbulo Rufo, había sido capturado y liberado en Corfinium, y varios meses después, volvió a caer en manos de César en Hispania. En lugar de ejecutarlo, César decidió que le sería útil como emisario. Por tanto, lo envió al campamento enemigo con un mensaje para Pompeyo. «Ya va siendo hora —escribió— de que dejemos a un lado nuestra ira y depongamos las armas. Has perdido Italia e Hispania, mientras que yo he sufrido sendas derrotas en África y en el Illyricum. Ahorremos más sufrimientos a la república y permitamos que sean el Senado y el pueblo de Roma los que decidan la cuestión, no nuestros ejércitos.»

Era una oferta perfectamente calculada, puesto que si Pompeyo aceptaba, no tenía nada que perder y sí mucho que ganar. El pueblo romano no deseaba otra cosa que la paz. Como César controlaba Roma y las magistraturas, podía aprovecharse de este deseo de paz para impulsar sus propios planes. Sin el respaldo de un ejército, Catón y sus aliados se verían obligados a ceder. Cuando Rufo llegó al cuartel general de Pompeyo y comenzó a exponerle la oferta de César, Pompeyo lo cortó en seco y replicó:

—¿Qué sentido tienen mi vida o mi ciudadanía romana si dependen de la gracia de César?

Pompeyo había reconocido la trampa que escondía la oferta, como seguramente esperaba su enemigo. Sin embargo, el mero hecho de haberle ofrecido de nuevo la rama de olivo sólo podía beneficiarlo a los ojos de la opinión pública.

Rechazada la oferta de paz que había presentado a Pompeyo, César decidió apelar directamente al ejército enemigo. Los dos campamentos estaban tan cerca que los soldados de ambos bandos podían conversar amigablemente a través del río, tal como ocurriera meses antes en Hispania. César envió al río a un viejo partidario suyo, Publio Vatinio, con la orden de dirigirse a las tropas de Pompeyo e instarlas a considerar la oferta de paz que sus líderes no querían escuchar. Vatinio era una figura bien conocida, que había servido a César como tribuno y como pretor antes de reunirse con él en la Galia. Era un individuo de naturaleza amigable, que se reía junto a sus hombres de su propia incapacidad física, pero también un orador persuasivo y capaz. Desde las filas de los pompeyanos alguien gritó que enviarían un emisario al día siguiente para iniciar las conversaciones. Al llegar la mañana, un gran número de soldados se congregó a ambos lados del río con la esperanza de que las negociaciones llegaran a buen puerto. El portavoz de César presentó su alegato en pro de la paz, pero en ese momento apareció un enfurecido Labieno, que empezó a vilipendiar a Vatinio. De improviso, unas jabalinas lanzadas por los hombres de Pompeyo cayeron entre los cesarianos. Varios oficiales, centuriones y soldados resultaron heridos. La reunión se disolvió mientras Labieno gritaba a sus enemigos:

—¡No traigáis más propuestas! ¡No habrá paz hasta que no nos ofrezcais la cabeza de César!

César estaba quedándose sin opciones, puesto que las negociaciones habían fracasado y carecía de las tropas necesarias para atacar a Pompeyo. En estos sombríos momentos empezó a preguntarse si sus partidarios en Italia, que llevaban semanas sin dar señales de vida, estarían reteniendo deliberadamente el resto de sus tropas en Brundisium. También corrían rumores sobre disenso y revuelta abierta entre los magistrados en Roma.

Finalmente, una noche, incapaz de seguir esperando, se levantó de la mesa en medio de la cena y dijo a sus amigos que se retiraba temprano para descansar. Pero en lugar de hacerlo, se dirigió a la desembocadura del río disfrazado de esclavo, con la intención de pasar a Italia y traer en persona a las tropas. De esta guisa, encontró al capitán de una pequeña embarcación y le dijo que llevaba un mensaje de César que debía entregar en Brundisium de inmediato. El capitán, tal vez un contrabandista, se mostró dispuesto a ayudarlo, pero le dijo que las aguas eran un hervidero de barcos de Pompeyo. Además, soplaba un fuerte viento que convertiría en una pesadilla cualquier intento de cruzar el estrecho. Pero César se mostró muy persuasivo y, al poco tiempo, la nave salía de las aguas fluviales y se adentraba en el mar.

Mientras la oscuridad se iba cerrando a su alrededor, el viento que soplaba desde el oeste arreciaba cada vez más, hasta amenazar con hacer naufragar a la pequeña embarcación. El capitán no era ningún cobarde, pero sabía que estaba arriesgando la vida en aquella tormenta, así que ordenó a la tripulación que diera media vuelta. En aquel momento, César se levantó y, abriéndose la capa, desveló su auténtica identidad. El capitán no sabía qué le inpiraba mas temor, las olas o su pasajero, pero César lo cogió de la mano y lo conminó a abandonar sus titubeos:

—Vamos, amigo mío, sé valiente y no tengas miedo, pues llevas a César y a la buena fortuna de César a bordo de tu barco.

El capitán y la tripulación viraron de nuevo hacia Italia y empezaron a remar con todas sus fuerzas. Pero el agua empezó a entrar por los costados de la nave y, al final, hasta César tuvo que admitir que nunca conseguirían cruzar el Adriático, así que, a regañadientes, permitió que el capitán volviera a la costa. Al llegar a su campamento, sus amigos y soldados estaban furiosos con él por haber arriesgado la vida de forma tan temeraria. Las tropas declararon orgullosamente que podían vencer a Pompeyo sin la ayuda de las legiones que a César le quedaban en Italia.

El ejército de César llevaba tres meses pasando hambre y penurias en la yerma costa de Grecia cuando, un día de abril, vio aparecer unas velas en el horizonte del oeste. Tras su fallido intento de ganar Brundisium en bote, César había conseguido enviar un mensaje a Marco Antonio en el que le decía que debía llevarle el resto de sus legiones lo antes posible, sin preocuparse del tiempo. La llegada de los transportes después de tanto tiempo provocó una enorme alegría a César, pero el viento aún soplaba con mucha fuerza desde el sur. Las naves se vieron empujadas hacia el norte, por encima de Dyrrachium, y tocaron tierra casi setenta kilómetros más allá de la ciudad. Un transporte rezagado, con casi doscientos nuevos reclutas a bordo, fue alcanzado por la oscuridad y la tormenta antes de llegar. Los aterrados hombres se rindieron a uno de los oficiales de Pompeyo, quien juró que no les pasaría nada, pero una vez en la costa los masacró a todos. Al mismo tiempo, dieciséis barcos rodios de la flota de Pompeyo, que habían estado persiguiendo a Antonio a lo largo de la costa, se hicieron pedazos contra las rocas. Muchos de los marineros enemigos se ahogaron, pero César recogió a todos los supervivientes y los envió sanos y salvos a sus hogares.

Una vez que dispuso de las legiones de Antonio, César decidió tomar la iniciativa e interpuso sus tropas entre el enemigo y la ciudad de Dyrrachium. Esta inesperada maniobra dejó a Pompeyo aislado de sus líneas de avituallamiento terrestre, pero no pudo cortarle el suministro por mar. Pompeyo instaló su cuartel general en una ciudadela costera y esperó a que el ejército de César sucumbiera al hambre en las colinas circundantes. César estudió la poco halagüeña situación desde su propio campamento, situado kilómetro y medio al norte. Las fuerzas de Pompeyo, superiores en número, se encontraban en una colina bien protegida próxima a la playa y rodeada por las empinadas lomas que circundaban la llanura. Los campos cercanos no producían forraje suficiente para sustentar miles de caballos durante semanas, pero Pompeyo podía enviar su caballería a las colinas cuando quisiera.

Entonces, mientras miraba en dirección sur, a César se le ocurrió una idea audaz. ¿Por qué no levantar una muralla alrededor de Pompeyo? Al principio podía parecer una estrategia absurda, puesto que el enemigo era más numeroso, pero si actuaba con la premura suficiente, podría unir las colinas circundantes por medio de terraplenes fortificados. Además, una muralla continua pondría en sus manos el control de las reservas de agua de Pompeyo, ya que le permitiría cortar los arroyos. Básicamente, era la misma idea que había utilizado con éxito contra Vercingetórix en Alesia, pero esta vez, el muro tendría que ser aún más largo y más sólido, pues contendría legionarios romanos y no soldados galos. Aunque la defensa de la muralla sería una pesadilla, su valor militar sería enorme, y los beneficios psicológicos serían aún mayores. Si Pompeyo, el gran conquistador de Oriente, se dejaba encerrar por un ejército de rebeldes inferiores en número, sus partidarios, tanto en el campamento como más allá, comenzarían sin duda a cuestionar su liderazgo.

Al poco tiempo, la muralla de César se extendía más de veinticinco kilómetros alrededor del campamento de Pompeyo. En lugar de tratar de salir de la trampa, Pompeyo respondió erigiendo una muralla propia frente a las defensas de César. Entre ambas se levantaba una tierra de nadie que hoy en día nos habría recordado a un campo de batalla de la primera guerra mundial. Como dice el propio César, nadie en el mundo antiguo había visto nunca nada igual: «Era un tipo de guerra totalmente nuevo, en el que cada bando inventaba nuevos métodos de combate a medida que avanzaba el conflicto.» Uno de los dos ejércitos se arrastraba de noche hasta las fortificaciones enemigas, descargaba una andanada de flechas sobre ellas y se retiraba a sus propias líneas. El otro encendía unas hogueras para atraer al enemigo a una trampa y luego atacaba con espadas y lanzas. Semana tras semana, desde abril hasta comienzos de julio, los hombres de ambos bandos vivieron y murieron en el barro y la miseria para tratar de defender sus propias líneas.

Los hombres de César sufrían más, puesto que tenían una línea más larga que defender y carecían de provisiones suficientes. Al poco tiempo, estaban alimentándose de todo lo que podían encontrar. Algunos soldados especialmente emprendedores descubrieron una raíz de la zona llamada «chara» y aprendieron a preparar una especie de pan con ella. Algunos de ellos corrieron hasta la muralla de Pompeyo y arrojaron varios de estos panes al otro lado gritando que mientras pudieran sacar raíces de la tierra, seguirían luchando. Cuando los oficiales de Pompeyo se los enseñaron a su general, éste exclamó que si los soldados de César podían comer tales cosas debían de ser animales y no hombres.

Las tropas pompeyanas empezaban a ver a los soldados de César como adversarios capaces de soportar cualquier penuria. La moral de sus filas se debilitaba cada día un poco más. Mientras, entre ataques y contraataques, las líneas enemigas no cedían. El ejército de Pompeyo disponía de comida suficiente, puesto que tenía acceso al mar, pero los caballos acusaban la falta de forraje y los hombres se veían obligados a excavar pozos para encontrar agua. En su campamento, tanto los soldados como los civiles empezaron a preguntarse si habrían elegido al hombre equivocado. César aprovechaba la menor oportunidad para alimentar estas dudas. Incluso envió una carta a Cicerón (que en aquel momento se encontraba en el campamento de Pompeyo) para instarlo a abandonar una causa perdida y aceptar un puesto de honor en su gobierno.

Pero había otros, entre ellos el propio César, que nunca pusieron en duda el instinto militar de Pompeyo. El plan del viejo general de esperar pacientemente hasta encontrar una debilidad finalmente dio sus frutos aquel verano. Dos hermanos de la nobleza gala que servían con César, Raucillo y Ego, habían estado quedándose con la soldada que debían entregar a sus compatriotas. César se enteró de su fechoría, pero pensó que una confrontación abierta no sería conveniente en aquel momento, así que se los llevó aparte y, tras reprenderlos en privado, prometió olvidar el asunto si se comportaban a partir de entonces. Sin embargo, los hermanos prefirieron coger sus ilícitas ganancias y marcharse con ellas al otro lado de la muralla, al campamento de Pompeyo. Allí, a cambio de protección, ofrecieron al enemigo valiosa información sobre las defensas de César, incluidos los puntos débiles.

A comienzos de julio, Pompeyo utilizó esta información para atacar las líneas enemigas en varios puntos al mismo tiempo. Los asaltos fracasaron gracias a la tenacidad de las tropas cesarianas, entre ellas un contingente de indómitos germanos, pero muchos de sus hombres murieron o quedaron malheridos. Los defensores de un punto concreto de la muralla contaron que habían caído treinta mil flechas cerca de ellos. Un centurión llamado Scaeva se presentó ante César con el escudo perforado en más de cien sitios.

Aproximadamente una semana después, Pompeyo volvió a atacar. Esta vez concentró su asalto en la sección meridional de la muralla, peor defendida. A medianoche, miles de sus soldados cruzaron las líneas y pusieron en fuga a los hombres de César. Éste acudió corriendo al lugar y trató de frenar la desbandada. Agarró a un enorme soldado y le ordenó que diera la vuelta, pero el hombre, enfurecido, levantó la espada para matarlo en lugar de obedecer. Uno de los guardaespaldas de César acabó con él justo a tiempo, pero el general romano fue incapaz de contener la huida. Más de mil de sus mejores soldados cayeron aquella noche, y muchos otros fueron capturados. Labieno reunió a estos prisioneros y, tras burlarse de ellos por su cobardía, ordenó que los ejecutaran a todos.

César se retiró a su campamento y se preparó para lo peor. Pasó toda la noche en su tienda, culpándose a sí mismo por su falta de juicio y sus errores. Sabía que Pompeyo podía aniquilar a su desmoralizado ejército aquella misma noche y terminar con la guerra de un solo golpe. Pero, por increíble que pueda parecer, Pompeyo no hizo nada. Al despuntar el alba, el ejército pompeyano regresó a su campamento. César sabía que sólo había escapado gracias a la excesiva prudencia de su enemigo.

> Hoy, el enemigo habría ganado la guerra si tuviera un comandante que supiera vencer.

No podía haber esperanzas de victoria quedándose en la costa, con sus defensas deshechas y su ejército desorganizado. La fortuna le había arrebatado el triunfo que tan próximo parecía pocos días antes. Mientras el ejército de Pompeyo celebraba su victoria y la noticia de la batalla corría por todo el mundo romano, César reunió sus tropas, dirigió unas pocas palabras de aliento a sus exhaustos hombres y luego, tristemente, ordenó que levantaran el campamento.

Tras la retirada de su enemigo de la costa, Pompeyo podría haber pasado fácilmente a Italia para reconquistar Roma. No obstante, sabía desde el comienzo de la campaña que su objetivo no era apoderarse de la ciudad, sino derrotar a César, así que, al enterarse de que se había replegado hacia la llanura de Tesalia, al este, reunió su ejército y marchó tras él. Sabía que, después de su derrota, César no podía esperar apoyo de las comunidades de Grecia. Lo único que tenía que hacer era seguirlo y hostigarlo a la menor ocasión hasta que su ejército se disolviera solo.

Era un buen plan, aunque Pompeyo, una vez más, subestimó a César y a sus soldados. Estaban desmoralizados, hambrientos, enfermos, cansados y superados en número, pero en la Galia se habían visto en situaciones peores y al final habían acabado triunfando. Los hombres rezongaban y juraban entre dientes, pero su lealtad hacia César seguía siendo firme.

El ejército cesariano cruzó las montañas de la costa adriática, saqueando la zona a medida que avanzaba. La primera población a la que llegaron fue la ciudad de Gomphi, en el extremo occidental de la llanura de Tesalia. La ciudad se había declarado partidaria de César, al que había ofrecido su lealtad inquebrantable, pero ahora cerró las puertas ante su ejército. Escogió un mal día para desafiar a César. Sus soldados estaban famélicos y él necesitaba desesperadamente una victoria, por pequeña que fuese, para subirles la moral. Ordenó que construyeran escalas y máquinas de asedio. Sus hombres no necesitaron que les insistieran mucho para atacar Gomphi, sobre todo porque César les dio permiso para saquear la ciudad. Esto no era habitual, puesto que era malo para la disciplina y contrario a su ideal de clemencia generalizada, pero sabía que, en este caso, la destrucción de Gomphi enviaría un mensaje muy claro a cualquier otra ciudad griega que estuviera pensando en resistírsele. Así que, en un acto premeditado de terror, el ejército de César cayó sobre la pequeña población y la arrasó hasta los cimientos. Al ponerse el sol, los hombres habían sido asesinados, las mujeres violadas y las casas y tiendas saqueadas. Los ancianos de la ciudad aparecieron muertos en la botica, donde se habían envenenado para no tener que afrontar la ira de César. Los soldados se comieron todo lo que pudieron encontrar y se atracaron de vino dulce griego hasta quedar inconscientes en las calles. Al día siguiente, el ejército continuó la marcha con dolor de cabeza y los carromatos repletos de botín. A partir de entonces, ninguna ciudad griega se atrevería a cerrarle las puertas a César.

Pocos días después, César y su ejército llegaron a la pequeña ciudad de Farsalia, a orillas del río Epineus. Durante siglos, la guerra había dejado en paz este apacible rincón de Tesalia, aunque justo al otro lado de las montañas, en las Termópilas, los espartanos habían luchado hasta la muerte contra los persas cuatro siglos antes. César dirigió la vista hacia el horizonte y vio el ejército entero de Pompeyo, unos cincuenta mil hombres, al sur del río. El enemigo lo superaba más de dos veces en número, así que César levantó su campamento al oeste de la ciudad y se preparó para esperar.

Cerca de allí, en su tienda, Pompeyo estaba librando ya una batalla con los *optimates*. ¿Por qué no atacaba a César al instante, inquirirían, cuando sus fuerzas eran tan numerosas? ¿Es que tenía miedo a César? ¿Acaso intentaba alargar el conflicto para apoderarse del poder? Domicio Ahenobarbo se burló abiertamente de él y lo comparó con Agamenón por mostrar los mismos titubeos que éste ante las murallas de Troya. Uno de los senadores preguntó si tendrían que esperar otro año para comer higos de la Toscana. Finalmente, Pompeyo cedió a la presión de los *optimates* y accedió a enfrentarse a César en una batalla campal, a pesar de que su juicio le dictaba lo contrario. Era un general capacitado, pero como decía Plutarco, adolecía de un defecto fatal: «Era un hombre que anhelaba la gloria y detestaba decepcionar a sus amigos.»

Los *optimates* estaban tan convencidos de la victoria que empezaron a discutir por el botín de guerra. Varios senadores poderosos se disputaron la posición de César como *pontifex maximus*, mientras otros se repartían el consulado de los próximos años. Los más avariciosos dividieron las propiedades de César y sus partidarios, mientras los más crueles planeaban proscripciones y ejecuciones.

> Se pelearon por los honores, las recompensas, el dinero y hasta los castigos que se infligirían al enemigo. Pensaban sólo en lo que podrían sacar de la victoria y no en cómo ganar la batalla.

Sin embargo, Pompeyo aún evitó el enfrentamiento abierto durante varios días. Cada mañana ordenaba a sus soldados que formaran una línea delante de su campamento, mientras César hacía lo propio varios cientos de metros más allá. Pero antes de que pudiera comenzar la batalla, Pompeyo siempre retiraba sus tropas. Durante estos días se produjeron varias escaramuzas de caballería, pero los legionarios de los dos bandos nunca llegaron a acercarse lo suficiente como para verse las caras.

Al igual que los *optimates*, César empezaba a sentirse frustrado por esta inactividad. La mañana del 9 de agosto decidió trasladar su campamento a un nuevo emplazamiento, donde tendría mejor acceso a las provisiones para sus hombres y al forraje para los caballos. De repente, justo antes de que ordenara a sus tropas que volvieran al campamento para desmontarlo, vio que las líneas de Pompeyo avanzaban hacia su ejército. El enemigo se detuvo en la llanura, al sur del río, y formó una profunda línea de casi un kilómetro y medio de longitud. Pompeyo había decidido luchar al fin. César estaba encantado. Puede que el enemigo tuviera dos veces más efectivos, pero César sabía que sus tropas eran más expertas y disciplinadas y estaban sedientas de victoria.

El extremo norte de la línea de Pompeyo estaba formado por legiones procedentes en su mayor parte de Asia Menor, bajo el mando de Afranio, a quien César derrotara en Hispania pocos meses antes. El centro lo componían los soldados que Escipión acababa de traer desde Siria, mientras que el implacable enemigo de César, Ahenobarbo, mandaba la infantería del ala sur. Pompeyo colocó la caballería entera al final de la línea, al mando de Labieno. Él dirigiría las operaciones desde la retaguardia.

César echó un vistazo al enorme dispositivo de Pompeyo y comprendió al instante lo que pretendía. El general piceno sabía que su infantería era menos experimentada que la de César, así que había dado orden a sus soldados de a pie de que contuvieran a los legionarios de César como una especie de muralla humana, en lugar de avanzar y asaltar las líneas enemigas como era lo habitual en las batallas de aquella época. Luego ordenaría que su caballería, superior en número, flanqueara las líneas de César por el sur para obligarlo a luchar en dos frentes. Entonces, la infantería avanzaría desde la vanguardia mientras la caballería lo aplastaba desde atrás.

Era un plan brillante, innovador y prudente al mismo tiempo, pero César descubrió una debilidad. Todo dependía de que Labieno y su caballería consiguieran flanquear las líneas de César. Si lograba contener de algún modo a los jinetes enemigos, su infantería tendría alguna posibilidad ante las legiones de Pompeyo. Para contrarrestar a Labieno, César colocó a su mejor legión, la X, en el sur. Además, sacó soldados de las demás legiones y los situó detrás de la X, en una posición donde el enemigo no podría verlos. Por delante de ellos situó a su modesta caballería. Publio Sila, un joven pariente del antiguo dictador, estaba al frente de las legiones del sur. El antiguo cónsul Domicio Calvino dirigía el centro, mientras que Marco Antonio mandaba las tropas situadas junto al río. El propio César se movía por la línea entera, dando las últimas instrucciones y alentando a sus hombres.

Cuando todo estuvo preparado, dio la orden de que la infantería avanzara con las lanzas preparadas. Veinte mil cansados veteranos de la guerra de las Galias cruzaron la llanura de Farsalia hacia los casi cincuenta mil hombres que Pompeyo había traído de todos los rincones del Mediterráneo. Pero cuando César vio que las líneas enemigas no avanzaban, ordenó a la infantería que se detuviera. La disciplina de su ejército era tal que los soldados pararon poco antes de situarse al alcance de las lanzas de los asombrados pompeyanos. Los centuriones ordenaron a los soldados que se tomaran un momento para recobrar el aliento antes de reanudar el avance. Entonces, una vez descansados, lanzaron un potente grito, arrojaron sus lanzas sobre las líneas de Pompeyo, desenvainaron las espadas y acometieron al enemigo.

La infantería de los dos bandos trabó una dura batalla mientras Labieno, al sur de la llanura, ordenaba a su caballería que cargara. Los jinetes de Pompeyo desbarataron con facilidad a la caballería de César, pero entonces, de repente, se toparon con la X legión. César había dado a sus soldados predilectos órdenes muy específicas para esta situación. Normalmente habrían arrojado sus lanzas contra la caballería enemiga y luego habrían utilizado las espadas para herir a los caballos en las patas y a los jinetes en las piernas. Pero a César se le había ocurrido la novedosa idea de que utilizaran las lanzas a modo de bayonetas, para tratar de alcanzar a los jinetes en la cabeza. Instintivamente, éstos detendrían su carga para protegerse. Y, en efecto, tal como esperaba, la caballería de Pompeyo sucumbió al pánico al encontrarse con esta nueva forma de combate y no tardó en batirse en confusa retirada.

Cuando la infantería de Pompeyo vio que su caballería retrocedía, empezó a perder el ánimo y finalmente se retiró, perseguida de cerca por los hombres de César. La segura victoria de las fuerzas de Pompeyo se había convertido en un desastre y las legiones de César obtuvieron el triunfo al coste de apenas doscientos hombres. Por parte de los pompeyanos, más de veinte mil soldados fueron capturados y otros quince mil perdieron la vida. Domicio Ahenobarbo trató de detener la retirada de sus hombres, pero murió junto con ellos en el extremo sur de la línea. La mayoría de los *optimates* huyó a toda prisa hacia el campamento. El propio Pompeyo fue uno de los primeros en escapar al darse cuenta de que la suerte de la batalla le había dado la espalda. Mientras estaba en su tienda recogiendo sus pertenencias, uno de sus ayudantes entró precipitadamente para decirle que los hombres de César se les echaban encima. Rápidamente, Pompeyo se quitó la capa de general y se disfrazó de civil antes de escapar.

Al entrar en la tienda de su enemigo, César se encontró con un lujo inesperado: comida de la mejor calidad, ramas de arrayán y divanes cubiertos de flores. Más que un campamento militar, parecía el escenario de una fiesta. Entonces, mientras sus hombres tomaban un merecido almuerzo y se preparaban para pasar la noche, caminó entre los cadáveres negando con la cabeza por aquella absurda carnicería:

> Esto ha sido obra suya, no mía. Me habrían destruido, a pesar de mis grandes hazañas, si no hubiera recurrido a la ayuda de mi ejército.

Un consuelo para César era el elevado número de senadores que habían sobrevivido a la batalla de Farsalia. Cicerón, Catón y muchos otros se habían quedado en Dyrrachium o habían huido hacia el este con Pompeyo. Después de la batalla, muchos de ellos se le entregaron. El vencedor ofreció su clemencia a sus antiguos enemigos y quemó la correspondencia de Pompeyo para que no se pudiera utilizar contra nadie en el futuro. No habría venganza. Se alegró especialmente de dar la bienvenida al sobrino de Catón, Marco Bruto, hijo de su amante, Servilia. El afecto que profesaba al joven era cálido y sincero. Confiaría en él hasta el fin de sus días.

César había ganado la batalla, pero la guerra distaba mucho de haber terminado. Pompeyo seguía libre y amenazaba con reclutar nuevos ejércitos en cualquier momento. Catón, Escipión y Labieno estaban preparándose para partir rumbo a África, donde reorganizarían las fuerzas de Pompeyo con la ayuda del rey Juba. E Hispania, arrebatada a Pompeyo meses atrás, estaba ahora en rebelión abierta por culpa de los abusos del gobernador nombrado por César.

A pesar de todos estos problemas, César sabía que su primer objetivo tenía que ser la captura de Pompeyo. Mientras el veterano general siguiera libre, representaría una amenaza mortal para sus planes. Por tanto, lo persiguió por la Vía Egnatia hasta el puerto griego de Amfípolis, donde se enteró de que había partido hacia la isla de Lesbos con todo el oro que había podido cargar. Sin pensárselo dos veces, embarcó en una pequeña nave de pasajeros y fue tras él, pero en mitad del Helesponto, entre Grecia y Asia Menor, se encontró con diez barcos de guerra. Con increíble valentía, saludó al comandante de la flota y le ordenó que se rindiera de inmediato. El aturdido oficial, que podría haber terminado con la guerra civil de un solo golpe, se doblegó humildemente y suplicó clemencia a César.

A pesar de la tremenda prisa que tenía, César aprovechó para pasar por la antigua ciudad de Troya, hogar ancestral del clan Julio. La visita era mucho más que una mera excursión turística. César estaba imitando deliberadamente la visita realizada por Alejandro Magno tres siglos antes. Además, quería exponer públicamente a los ojos de griegos y romanos los vínculos que lo unían con los antiguos fundadores de Roma y, a través de ellos, el mandato para restaurar la república que decía obedecer. Desde Troya navegó rápidamente hacia el sur siguiendo la costa del Egeo. En un acto impropio de él, llegado a este punto de *La guerra civil*, pasa a enumerar una serie de signos divinos que se habían producido en el este al mismo tiempo que su victoria en Farsalia: en un templo de Grecia, una estatua de la diosa Victoria giró sobre su pedestal para volverse hacia la puerta; en Siria, un enorme clamor de trompetas y el estrepitoso entrechocar de muchas armas aterrorizaron de repente a los ciudadanos de Antioquía; en el santuario interior de un templo de Pérgamo reverberó de repente el sonido de unos tambores. Por lo general, César se mostraba escéptico con respecto a estas cosas, pero si servían a sus fines estaba dispuesto a aceptarlas. Desde luego, a los griegos de Asia Menor les impresionaron, hasta el punto de que la ciudad de Éfeso le dedicó una inscripción que ha sobrevivido hasta hoy:

> Las ciudades, los habitantes y las tribus de Asia honran a Cayo Julio César, hijo de Cayo, sumo sacerdote y dos veces cónsul de Roma, descendiente de Ares y de Afrodita, un dios que ha aparecido entre nosotros para salvar a la humanidad.

Aunque César consigna en su relato algunos de estos portentos, jamás menciona esta inscripción, ni ningún honor divino parecido. Las divinizaciones de hombres ilustres se habían convertido en un hecho frecuente en Oriente desde tiempos de Alejandro, pero habrían horrorizado a sus lectores romanos. César, al menos a estas alturas de su carrera, tenía la prudencia de presentarse ante Roma como un humilde y muy humano servidor de la república.

Continuó avanzando por las ciudades de Asia Menor, buscando noticias de Pompeyo y concediendo rebajas de impuestos a lo largo de su camino, para gran alivio de los súbditos de Roma. Así se enteró de que Pompeyo había estado en Chipre, desde donde su esposa y él habían salido rumbo a Egipto en busca de nuevos partidarios. Sin perder un instante, César levó anclas hacia Alejandría con sólo una legión y varios cientos de jinetes.

Pompeyo arribó a la gran ciudad de Alejandría, en el delta del Nilo, a finales de septiembre. En aquel otoño del año 49 a.C., Egipto estaba sumida en su propia guerra civil entre un muchacho de catorce años, Tolomeo XIII —hijo del aliado de Roma recientemente fallecido Tolomeo XII Auletes— y su hermana de veinte años, Cleopatra. El joven Tolomeo llevaba las de ganar en aquel momento, pero estaba dominado por dos cortesanos mal avenidos, el eunuco Potino y Aquiles, comandante en jefe del ejército. Tras decidir que Pompeyo tenía menos probabilidades de imponerse en el conflicto intestino de Roma, los dos consejeros reales conspiraron para ganarse el favor de César con su asesinato.

Cuando el barco de Pompeyo entró en el puerto, un día después de su quincuagésimo noveno cumpleaños, Aquiles salió a recibirlo en una nave de pesca junto a un expatriado romano, Septimio, que había servido a las órdenes del general como centurión durante la guerra contra los piratas. Septimio lo saludó respetuosamente en latín mientras Aquiles le daba la bienvenida a Egipto en griego. Se disculparon por la modestia de la recepción, pero le explicaron que las caprichosas corrientes impedían recibirlo en un barco de guerra con una guardia de honor, como era debido. Una vez en la costa, le aseguraron, recibiría los regios honores que le correspondían. Acompañado sólo por dos criados, Pompeyo dejó en su barco a su suspicaz esposa y subió a bordo. Pasó los pocos minutos que tardaron en llegar a la costa revisando el discurso en griego con el que pensaba saludar al joven rey. En este momento, mientras se levantaba para saludar a los miembros de la corte que lo esperaban en la costa, Septimio lo apuñaló por la espalda con su espada. Aquiles y los demás desenvainaron los puñales y lo hirieron repetidas veces mientras él se cubría la cara con la toga. Ante los ojos de su horrorizada esposa y sin poder pronunciar unas últimas palabras, Pompeyo el Grande, general de Roma, conquistador de Oriente y el más dotado de los enemigos de César, murió en medio de un torrente de sangre a bordo de un pequeño barco egipcio.

XII

CLEOPATRA

Dicen que su belleza no era deslumbrante —desde luego, aquellos que la veían no quedaban impresionados—, pero cuando estabas en su presencia y hablabas con ella, era irresistible.

PLUTARCO

Alejandro Magno llegó a Egipto en el invierno del año 332 a.C., tras haber derrotado a los persas en Siria y haber destruido las ciudades de Tiro y Gaza. Los egipcios, que habían observado detenidamente los acontecimientos, no ofrecieron resistencia cuando el general macedonio apareció en las orillas del Nilo. Alejandro era un gran líder militar, pero además soñaba con extender la civilización griega hacia las tierras de Oriente. Así que, en una estrecha franja costera, al oeste del delta del Nilo, trazó personalmente el plano de una nueva ciudad que esperaba se convirtiera en un brillante ejemplo de la cultura helenística. Esta ciudad, inmodestamente bautizada como Alejandría, superaría sus más locos sueños. En poco tiempo se transformó en la capital cultural e intelectual del Mediterráneo oriental. Hasta allí llegaban las mercancías de Arabia, del este de África y de la India. Afluyeron inmigrantes de todo el Mediterráneo y de más allá, incluidos tantos palestinos que la ciudad no tardó en contar con la comunidad judía más numerosa del mundo. Los descendientes del general Tolomeo, quien se había hecho con el control de Egipto tras la muerte de Alejandro, engalanaron la nueva capital con palacios, monumentos, baños públicos y templos.

Del primer al duodécimo Tolomeo, un linaje ininterrumpido de reyes macedonios había ocupado el antiguo trono de los faraones y gobernado Egipto desde Alejandría. Emitían decretos y cobraban impuestos a los nativos, pero no hicieron ningún esfuerzo por empaparse de la civilización egipcia. Sólo se mezclaban con otros griegos y abandonaban Alejandría únicamente en raras ocasiones, para hacer algún crucero de placer por el Nilo o para hacer la guerra. Por su parte, los alejandrinos eran un pueblo insubordinado que no profesaban ningún amor a los extravagantes Tolomeos, a los que distinguían con apodos tales como «Gordito» o «Bastardo».

En tiempos del padre de Cleopatra, Tolomeo Auletes, Roma se había convertido en la potencia dominante del Mediterráneo oriental. Pero recurriendo a la diplomacia, la traición, el asesinato y un inagotable río de oro, Auletes logró mantener la independencia de su reino, a pesar de verse exiliado repetidas veces de su capital. En el año 58 a.C., durante su consulado, César lo había reinstalado en el trono a cambio de un colosal soborno compartido con Pompeyo. Para asegurarse su parte del dinero, Pompeyo envió a Aulo Gabino, gobernador de Siria, mientras César estaba en la Galia. Es muy probable que aquel año, un joven comandante de caballería a las órdenes de Gabino llamado Marco Antonio conociera a la hija de Auletes, Cleopatra, que por entonces contaba catorce años.

El dinero que Gabino le sacó a Egipto no fue suficiente para cubrir la deuda contraída con Roma y pagar a su ejército. Poco después, muchos de sus soldados se instalaron en el país y, abandonando la idea de regresar a sus hogares, se casaron con mujeres egipcias. Unidos a rufianes, exiliados y desertores procedentes de todo el mundo conocido formaron una banda de mercenarios que tan pronto protegía el reino como lo saqueaba. Es probable que Pompeyo pensara reclutar a estos antiguos mercenarios para constituir su nuevo ejército.

En el año 51 a.C., la muerte de Auletes dejó en el trono a la joven Cleopatra y al aún más joven Tolomeo XIII como cogobernantes. Según las costumbres egipcias, los hermanos gobernaban conjuntamente no sólo como monarcas, sino como marido y mujer. A lo largo de la historia de la dinastía, esta solución había funcionado bien en algunas ocasiones, pero en este caso estuvo condenada al fracaso desde el principio, puesto que Tolomeo estaba bajo el control de poderosos consejeros que no toleraban las injerencias de Cleopatra. La nueva reina de Egipto tenía ideas muy claras sobre el mejor modo de gobernar el reino de su padre, ideas que no incluían al eunuco Potino ni al general Aquiles. Desde el primer momento sorprendió a todo el mundo al tratar de integrarse en la cultura egipcia y congraciarse con sus sacerdotes. Fue la primera reina de la dinastía que aprendió la lengua nativa (además del hebreo, el etíope y varios idiomas más). Un monumento de piedra recubierto de jeroglíficos, que en la actualidad se encuentra en Copenhague, relata que participó en una ceremonia sagrada celebrada cerca de Tebas al comienzo de su reinado, donde acompañó al toro divino hasta el templo en un bote. Este tipo de concesiones debieron de impresionar a los egipcios, que durante los dos últimos siglos se habían acostumbrado, en el mejor de los casos, al olvido de sus gobernantes griegos.

Pero el apoyo de los egipcios no bastó para salvar a Cleopatra del perpetuo descontento de los alejandrinos. Cuando el eterno enemigo de César, Bíbulo, aún estaba vivo y era gobernador de Siria, envió a sus dos hijos para reclutar a los legionarios renegados de Gabino y utilizarlos en un ataque contra los partos. Pero los soldados prefirieron asesinarlos a abandonar los placeres de Egipto. Valientemente, la joven Cleopatra ordenó que arrestaran a los asesinos y se los enviaran a Bíbulo para que pudiera castigarlos. Los alejandrinos, enfadados, pensaron que estaba sucumbiendo a la presión de Roma. Este hecho, unido a las malas cosechas y a las maquinaciones de los consejeros de su hermano, obligó a la reina a huir de la capital para reclutar un ejército. El adolescente Tolomeo XIII pasó a gobernar en solitario, bajo la atenta mirada de Potino y de Aquiles.

César llegó a Alejandría los primeros días de octubre del año 48 a.C., acompañado sólo por una legión de efectivos reducidos y ochocientos jinetes. Cuando le trajeron la cabeza de Pompeyo, se apartó con una mezcla de horror y amarga decepción. No era aquél el fin que había deseado para el más capacitado de sus enemigos. Su intención había sido perdonar a Pompeyo y quizá restablecer su alianza —aunque con Pompeyo en un papel subordinado—, pero ahora lo único que podía hacer era llorar al recibir el sello, con la imagen de un león armado con una espada de su antiguo yerno. Al preguntar por el cuerpo de Pompeyo, le contaron que lo habían arrojado al puerto después de decapitarlo. Un criado de Pompeyo llamado Filipo había conseguido rescatarlo y lo había incinerado en la playa, utilizando la madera de un viejo barco de pesca. César buscó a los miembros de su séquito que aún seguían con vida y se aseguró de que los trataran bien. Su cabeza le sería entregada a su viuda con todos los honores y más tarde llevada a Roma, donde la enterrarían en su antigua casa.

Potino y Aquiles habían asesinado a Pompeyo para granjearse la amistad de César, pero habían conseguido justamente lo contrario. El general romano estaba furioso con los gobernantes de Alejandría, quienes le habían robado la posibilidad de mostrarse magnánimo con Pompeyo después de haberlo vencido. Podría haber regresado a Roma de inmediato, pero aún debía resolver el asunto del dinero. Para financiar su guerra contra los restantes pompeyanos, César exigió el resto de la suma prometida años antes por Auletes: diez millones de denarios, suficiente para pagar una generosa soldada anual a unos cincuenta mil legionarios. Aunque indignado, Potino le prometió que el dinero se le enviaría a Roma. Pero César optó por quedarse en el país hasta tenerlo en sus manos, aduciendo que los vientos no eran favorables para un viaje a Italia. La principal razón de su decisión era la extorsión, pero también tenía razones políticas legítimas para permanecer en Alejandría. La guerra civil que asolaba el país generaba una peligrosa inestabilidad de la que podían aprovecharse sus enemigos. No era aconsejable dejar un país tan importante como Egipto sumido en el caos, por muy acuciantes que fueran los problemas en Roma.

Los alejandrinos no sentían otra cosa que desprecio por César y sus soldados, y lo demostraron arrojándoles toda clase de basura desde el mismo instante en que pusieron el pie en los muelles. Los habitantes de la ciudad estaban muy orgullosos de su independencia y veían la presencia de César como una clara amenaza a su soberanía. Al ver que César avanzaba por el puerto precedido por los *fasces* —el símbolo del poder de Roma— prorrumpieron en violentas protestas. Varios de los soldados de César fueron asesinados en motines por toda la ciudad. Pero para consternación de los alejandrinos, César se instaló en el fortificado palacio para esperar la entrega del dinero prometido y llevar la paz a las facciones enfrentadas.

A diferencia de Roma, con sus estrechos callejones y sus abarrotadas calles, Alejandría tenía un trazado pulcro, formado por amplias avenidas y barrios de forma homogénea. La ciudad se extendía a lo largo de varios kilómetros cuadrados, entre la costa mediterránea, al norte, y el lago Mareotis, al sur. Un canal de más de tres mil metros de longitud le suministraba las aguas del Nilo. El recinto del palacio, donde se había instalado César, estaba orientado al puerto. Éste se encontraba en la parte oriental de la ciudad, junto al barrio judío, con su espléndida sinagoga. El recinto contenía el palacio de los Tolomeos así como la famosa tumba de Alejandro Magno, el fabuloso museo y la no menos celebrada biblioteca. Ésta había sufrido cierto proceso de decadencia en los últimos años, pero en su día había llegado a contener casi medio millón de valiosos pergaminos. Sin embargo, el museo seguía albergando a los mayores eruditos de la época. No era un museo en el sentido moderno de la palabra, sino más bien un centro de estudio e investigación para científicos y escritores. Durante el día se impartían conferencias a los alumnos y a los visitantes en la impresionante sala central, mientras que las veladas se dedicaban a los banquetes y fiestas, donde se alternaban las conversaciones eruditas con los comentarios más mordaces.

La mayoría del millón de almas que, aproximadamente, contenía la ciudad, vivía al oeste del recinto de palacio, en los barrios residenciales y comerciales que separaban el Serapeum y el puerto. El Serapeum, enclavado en la cima de una colina, era un centro internacional de peregrinación dedicado al dios egipcio Osiris (cuyo culto acusaba una marcada influencia helénica). Quienes buscaban curación o consejo viajaban hasta el inmenso complejo, financiado generosamente por los Tolomeos. La isla de

Faros se encontraba a más de un kilómetro de la ciudad, aunque conectada con ella por medio de una plataforma que dividía el puerto en dos partes. El famoso Faro de Alejandría —una de las siete maravillas del mundo antiguo—, con sus más de cien metros de altura, se levantaba en el extremo oriental de esa isla, desde donde saludaba a las embarcaciones llegadas de todos los rincones del Mediterráneo.

Desde las ventanas del palacio, César podía contemplar el faro y el mar que se extendía más allá. También podía ver las calles de Alejandría, rebosantes de indignados griegos que no deseaban otra cosa que acabar con los romanos. El eunuco Potino no estaba escatimando esfuerzos para atizar el descontento del populacho. Además, planeó asesinar a César antes de que el romano pudiera obligar a la pareja real a alcanzar un acuerdo, lo que supondría el final de su poder.

Como garante de la última voluntad de su padre, César decidió poner fin a la guerra civil ordenando al joven Tolomeo y a su hermana Cleopatra que licenciaran de inmediato sus respectivos ejércitos y se presentaran en el palacio para resolver sus diferencias. Potino estaba furioso, pero envió a Tolomeo ante César, al mismo tiempo que conspiraba con el general Aquiles para llevar secretamente el ejército real desde el delta del Nilo hasta Alejandría.

Entretanto, los soldados y los barcos de su hermano impedían a Cleopatra llegar al palacio, así que la reina ideó un plan para llegar hasta César que ha pasado a la historia gracias a su ingenio. Según nos cuenta Plutarco, entró de noche en el barrio real de Alejandría escondida en un pequeño barco, que pudo pasar sin levantar sospechas entre los numerosos mercantes del puerto. Iba casi sola, con la única compañía de un amigo, un mercader siciliano llamado Apolodoro. Cleopatra sabía que en cuanto llegaran al puerto la reconocerían, así que se introdujo en uno de los viejos sacos de lino que usaban los esclavos para llevar la colada. Apolodoro cerró el saco, se lo cargó al hombro y entró en el palacio llevando a la reina de Egipto como si fuera un montón de ropa sucia.

Al verla salir del saco, César no pudo dar crédito a sus ojos. El astuto método de entrada empleado por Cleopatra, además de permitirle burlar la vigilancia de guardias enemigos y agentes hostiles, había causado una profunda impresión al general romano. Al joven nacido en los barrios bajos de Roma, que se había encaramado a la cúspide del poder político utilizando su audacia y su ingenio, lo cautivó al instante la valentía de la joven reina. Como la mayoría de los romanos, tenía a los monarcas de Egipto por una pandilla de intrigantes y cobardes que sólo se mantenían en el trono por medio de maquinaciones, asesinatos y sobornos. Pero en Cleopatra, rebosante de valor e inteligencia, vio una reina capaz con la que podría trabajar para asegurarse la colaboración de Egipto y poner fin a la guerra civil.

Además, desde el punto de vista personal, aquella reina de veintiún años lo fascinó. Fuentes posteriores indican que su famoso romance se inició aquella misma noche, pero es imposible saber cuándo empezó César a compartir el lecho de Cleopatra. El propio César, que nunca menciona ningún contacto físico con ella, deja entrever que su relación era puramente política. Las fuentes contemporáneas favorables a su figura siguen su ejemplo y la retratan únicamente como la cabeza de una de las facciones enfrentadas en la guerra civil. Pero son tantos los autores antiguos que mencionan el romance que podemos dar su existencia por segura. Los lectores actuales se preguntarán por qué un general romano de cincuenta y dos años mantendría un romance con una reina extranjera treinta años más joven que él, sobre todo si tenemos en cuenta que, desde el punto de vista romántico, los romanos desconfiaban de las mujeres orientales. Algunos dirán que la pregunta se responde sola. A pesar de su edad, César era un conocido mujeriego que seguramente viera a la joven Cleopatra como un trofeo más en su larga lista de conquistas. Pero otros señalarán que César era cualquier cosa menos tonto. Si lo que estaba buscando era un simple flirteo exótico, había muchísimas mujeres, tanto libres como esclavas, a su disposición. Por muy vigorosa que fuese su líbido, nunca habría cometido la imprudencia de meterse en la cama de Cleopatra de no haber sido porque esto servía a sus fines políticos. En este caso, su objetivo sería asegurarse la lealtad del reino de los Tolomeos y de este modo conseguir acceso a sus recursos. Con Cleopatra de su lado, podía estar seguro de que el país del Nilo mantendría su lealtad a Roma... y a él.

Pero ¿qué esperaba ganar Cleopatra convirtiéndose en la amante de César? La respuesta es muy sencilla: todo. Su hermano y sus consejeros disponían de un ejército más poderoso, así como, al menos de momento, de la lealtad de los antirromanos alejandrinos. Sin apoyos poderosos procedentes del extranjero, su lucha por el trono estaba condenada al fracaso. Lo máximo a lo que podía aspirar sin César era a una guerra fútil y quizá un patético exilio en alguna corte extranjera hasta el fin de sus días. Pero con el apoyo de César obtendría el poderío militar de Roma. No sabemos si los sentimientos de Cleopatra por César eran genuinos o fingidos —probablemente ella habría respondido que la cuestión carecía de relevancia—, pero el afecto del romano era la vía hacia el trono. Y si por algún capricho de la fortuna conseguía darle un heredero, tal vez podría aspirar a que el muchacho gobernara un día Egipto y Roma, del mismo modo que Alejandro unificara en su día Grecia y las antiguas tierras de Oriente.

Al margen de la historia y los motivos de su romance, Cleopatra causó tan honda impresión a César que éste mandó llamar a su hermano, en un intento por reconciliarlos, aquella misma noche. Al ver a su hermana en el palacio, sentada junto a César, Tolomeo quedó estupefacto. Y más aún al comprobar que el romano había tomado partido por ella en su disputa. El joven salió del palacio y, gritando que Roma lo había traicionado, se plantó ante la multitud que comenzaba a congregarse en el exterior, arrojó la corona al suelo y rompió a llorar. Los alejandrinos sabían que Tolomeo era un niño mimado, además de la marioneta de sus consejeros, pero no toleraban que uno de los suyos fuera humillado por un cónsul de Roma. La multitud montó en cólera y amenazó con tomar el palacio por la fuerza. César se presentó ante ellos y les aseguró que sus intenciones eran honorables. Sólo quería cumplir con los deseos de su anterior rey, Tolomeo Auletes, y llevar la paz a su reino. Convocó a la asamblea popular de la ciudad y le pidió que restaurara en el trono a los dos hermanos. Incluso, como gobernante de Roma, endulzó su propuesta con la promesa de devolver a Egipto la isla de Chipre, anexionada por Catón pocos años antes. Transcurrieron varios días mientras César trataba de calmar a los alejandrinos y reconciliar a las facciones de la corte. Y justo cuando empezaba a pensar que estaba haciendo progresos, le llegó la noticia de que Aquiles estaba a las puertas de la ciudad con veinte mil soldados veteranos, cinco veces más de los que tenía él. La flota egipcia amenazaba sus barcos en el puerto, mientras que el pueblo de Alejandría atacaba a sus soldados a la menor oportunidad. Envió mensajeros (entre ellos a un hijo adoptivo de Mitrídates, que formaba parte de su séquito) a Siria y a Asia Menor para solicitar refuerzos, pero, en el mejor de los casos, éstos tardarían semanas en llegar. Hizo detener al joven Tolomeo antes de que pudiera escapar del palacio y lo puso bajo custodia. A continuación, ordenó que el eunuco Potino, cabeza de todo el movimiento antirromano, fuera ejecutado. Pero sus tropas y él se enfrentaban a un enemigo muy superior en número y, por si esto fuera poco, estaban atrapados en una ciudad habitada por un millón de griegos hostiles y ávidos de sangre romana. Una de las más crueles batallas urbanas de la historia antigua estaba a punto de iniciarse.

César ocupaba el recinto del palacio y las zonas pantanosas del sur con varios miles de legionarios y unos centenares de jinetes. Además, controlaba los muelles del barrio real y una pequeña flota en el cercano puerto. Aquiles asaltó sus posiciones con todas sus fuerzas mientras los alejandrinos afluían también a las zonas de combate para atacar a los romanos. César logró repeler el ataque inicial, pero no tardó en comprender que era un tipo de guerra muy diferente a todo lo que conocía. A lo largo de su carrera había asediado y conquistado numerosas ciudades, pero nunca se había encontrado a la defensiva en un entorno urbano. En las calles de Alejandría no había espacio para las maniobras habituales en un campo de batalla, ni, desde luego, sitio para desplegar la caballería. Se luchaba casa por casa, día y noche, con avances y retrocesos que se medían por metros en lugar de por kilómetros. Y para colmo, a César se le estaban agotando rápidamente las provisiones y tenía un acceso limitado al agua potable.

El general romano ordenó a sus tropas que construyeran fortificaciones, trincheras cubiertas y torres alrededor del palacio. Para ganar terreno en los barrios urbanos, fuertemente guarnecidos, las tropas romanas emplearon técnicas de guerra urbana de sorprendente modernidad. En lugar de asaltar las casas por las puertas, que estaban muy bien protegidas, utilizaban arietes para echar abajo las paredes desde los edificios contiguos. A continuación, los legionarios irrumpían en el recinto, acababan con sus defensores y repetían el proceso en la siguiente. Además, César ordenó que se demolieran incontables edificios para crear una tierra de nadie alrededor de su perímetro. Por suerte para él, las casas de Alejandría, a diferencia de los edificios galos, eran virtualmente ignífugas a causa de sus muros de ladrillo y sus techos de teja.

Sin embargo, ninguna de sus maniobras consiguió intimidar en modo alguno a los alejandrinos. El enemigo envió mensajeros a todas las ciudades de Egipto para invitar a sus habitantes a unirse a la guerra contra los odiados romanos. Los egipcios acudieron por millares, provistos de armas y máquinas de guerra. De la noche a la mañana surgieron herrerías para fabricar espadas, lanzas y otras armas por toda la ciudad. La gente adinerada armó a sus esclavos de confianza y los cedió para que protegieran puntos estratégicos de la ciudad, de modo que los soldados profesionales estuvieran libres. Los habitantes de la ciudad construyeron barricadas de piedra de hasta trece metros de altura y levantaron elevadas torres para poder lanzar proyectiles sobre los romanos cuando los edificios cercanos eran demasiado bajos. Además, construyeron torres móviles tiradas por bueyes para reforzar aquellos barrios que se vieran amenazados por los legionarios romanos.

Los alejandrinos atacaban de manera incansable las líneas romanas, al tiempo que defendían sus propias fortificaciones. Hasta los mismos romanos tuvieron que admitir que eran lo bastante astutos como para copiar cualquier arma o táctica utilizada con éxito por ellos. Pero al mismo tiempo que la batalla arreciaba, los ciudadanos continuaban discutiendo las tácticas y las estrategias en reuniones públicas. Lo único en lo que todos estaban de acuerdo era en la absoluta necesidad de derrotar al enemigo.

Los romanos llevan años menoscabando nuestra soberanía. Primero vino Aulo Gabino con sus legiones. Luego Pompeyo, seguido por César y su ejército. Pero no se ha marchado, a pesar de que Pompeyo está muerto. Si no conseguimos expulsarlo, Egipto se convertirá en otra provincia romana.

Los alejandrinos también sabían que tenían que asestarle a César un golpe mortal antes de que llegaran sus refuerzos por mar.

Al mismo tiempo que atacaba sin tregua a los romanos por tierra, Aquiles ordenó a sus fuerzas que cayeran sobre los barcos enemigos en el puerto. Sabía que si conseguía eliminar la flota romana, César quedaría totalmente aislado del mundo exterior. Ambos bandos se jugaban mucho, así que la lucha fue encarnizada. Finalmente, los romanos lograron repeler a los alejandrinos después de destruir muchos de sus barcos. Pero César comprendió que no podría defender tantos barcos con los pocos hombres de que disponía, así que prendió fuego a la mayoría de su flota para impedir que cayeran en manos del enemigo. Quemar su único medio de escape era comprensible, aunque drástico, pero, según parece, sus tropas actuaron con tal premura que el fuego se propagó desde las naves a los muelles, los almacenes y, finalmente, a la propia biblioteca. Los historiadores aún discuten si el incendio destruyó por completo ese tesoro de la literatura antigua, pero aunque las llamas sólo acabaran con una fracción de los pergaminos, la pérdida seguiría siendo incalculable.

Muy poco después de haber incendiado la flota, César decidió asegurar su amenazado acceso al mar lanzando un asalto contra la isla de Faros, en la entrada del puerto. Los romanos desembarcaron en el extremo oriental de la isla y se apoderaron de los barrios residenciales, así como del propio faro. Con una guarnición en la isla que controlaba el acceso al puerto, las naves romanas podrían entrar y salir a voluntad del barrio real. Aunque César no lo menciona en su concisa narración, es de suponer que subiría los numerosos escalones del faro para disfrutar por un momento de la magnífica vista.

En el interior del palacio, César no se enfrentaba sólo a problemas militares. La joven pero precoz hermana de Cleopatra, Arsinoe, escapó a su confinamiento junto a su inteligente tutor, un eunuco llamado Ganímedes, y buscó la protección de Aquiles. César había pensado convertirla en la reina títere de Chipre junto con su hermano Tolomeo XIV, el menor de los cuatro hermanos, pero los alejandrinos la aclamaron con entusiasmo como reina de Egipto. Aquiles no tardó en lamentar la interferencia de Arsinoe, quien, al igual que su hermana, era mucho más inteligente y firme que sus hermanos y discutía constantemente con él por el liderazgo del ejército egipcio. Al fin, un día, tras comprar la lealtad de las tropas, lo hizo asesinar y entregó el mando de las tropas a Ganímedes.

El nuevo líder del ejército egipcio atacó a César de una manera muy inteligente. Alejandría contaba con un sofisticado sistema de conducciones subterráneas que llevaban el agua del Nilo directamente hasta las casas de los ciudadanos. El principal canal que conducía el agua discurría a través de la parte sur de la ciudad, desde donde las tuberías se bifurcaban hacia todos los barrios. Ganímedes comprendió que, como sus tropas controlaban las partes de la ciudad situadas en las cercanías del canal principal, el suministro de agua de las tropas de César estaba en sus manos. Cortar del todo este suministro, tal como César había hecho con Pompeyo en Dyrrachium, era imposible, dada la complejidad del sistema de canalizaciones, así que lo que hizo fue empezar a bombear agua de mar en las tuberías que abastecían el palacio. Al principio, los legionarios no entendieron por qué el agua estaba volviéndose tan salobre, pero no tardaron en darse cuenta de que se trataba de un sabotaje.

Los hombres de César podían soportar semanas de lucha incesante sin apenas comida, pero la perspectiva de morir de sed hizo que cundiera el pánico entre sus filas. Acudieron a César y le suplicaron que abandonara Egipto al instante. En lugar de responder con furia, como había hecho en el pasado siempre que se había visto amenazado por un motín, César les explicó que la retirada era tan imposible como innecesaria. No podrían abandonar sus posiciones defensivas en la ciudad un solo momento sin que los alejandrinos se percataran de lo que estaba sucediendo.

Aquello no era la Galia, cuyas colinas y bosques permitían ocultar un ejército, sino una ciudad, donde tenían al enemigo prácticamente encima. En cuanto iniciaran la retirada, los egipcios cruzarían las barricadas y se abalanzarían sobre ellos antes de que lograran ganar los barcos. Además, su suministro de agua no dependía de Ganímedes. Los alejandrinos traían el agua desde el Nilo porque la población de la ciudad era demasiado grande para vivir de los pozos, pero siempre había agua fresca esperando a quien estuviera dispuesto a excavar un poco. Los soldados romanos, alentados por sus palabras, pasaron toda la noche cavando con entusiasmo, y al despuntar el alba habían encontrado un gran pozo de agua dulce.

La moral de los legionarios volvió a subir cuando llegó al campamento de César un mensaje de su lugarteniente, Domicio Calvino, en el que le anunciaba que había anclado en la costa africana con una flota de mercantes cargada de provisiones. Un fuerte viento del este era lo único que les estaba impidiendo llegar hasta Alejandría, puesto que sus barcos sólo contaban con las velas para impulsarse. César estaba tan desesperado por conseguir las provisiones de Calvino que decidió organizar una arriesgada operación de rescate. Su pequeña flota partió desde los muelles del barrio real, pero como no podía sacar ni un solo soldado de las barricadas, los barcos sólo llevaban los remeros a bordo. Navegó hacia el este durante pocos kilómetros hasta encontrar a Calvino, amarró sus barcos a los de su lugarteniente y emprendió el camino de regreso utilizando los remos. Sin embargo, algunos de sus soldados, que habían sido capturados al bajar a la costa, revelaron a los egipcios que los romanos no llevaban soldados a bordo de sus naves. Al recibir la noticia, los alejandrinos, que eran expertos marinos, se prepararon para atacar a César cuando regresara.

César se esperaba una maniobra semejante, así que mantuvo sus barcos en formación cerrada mientras los alejandrinos se acercaban. Uno de sus barcos, procedente de la isla de Rodas, se aproximó demasiado a la costa y los egipcios se lanzaron sobre él pensando que sería presa fácil. César estuvo tentado de dejarlo abandonado a su suerte, pero al ver la valentía con la que luchaban sus marineros, ordenó a sus naves que entraran en acción. A pesar de no llevar soldados a bordo, los romanos lograron capturar un barco egipcio, hundir otro y matar a muchos enemigos. Aquella misma tarde, con la flota de socorro tras de sí, los barcos de César entraron triunfantes en el puerto de Alejandría.

La victoria naval de los romanos produjo una honda inquietud entre sus enemigos. Sólo habían perdido unas pocas naves, pero a lo largo de las últimas semanas las fuerzas de César habían ido destruyendo poco a poco la mayor parte de su flota. Siempre se habían enorgullecido de su renombrada habilidad náutica, pero ahora empezaban a tener serias dudas sobre el desenlace de la guerra. «Si no podemos derrotar a los romanos ni por mar —se preguntaban—, ¿cómo vamos a hacerlo en tierra? ¿Utilizarán sus barcos para atacar las zonas de la ciudad que creíamos seguras? ¿Está condenada Alejandría?»

Ganímedes sabía que esta incertidumbre era mucho más peligrosa para la causa egipcia que cualquier amenaza militar, así que declaró ante el pueblo que construirían una flota más grande y poderosa que antes.

—Somos alejandrinos —les recordó—, y aprendemos a navegar desde niños. Podemos construir y equipar una poderosa flota que dejará a César aislado del resto del mundo de una vez para siempre.

Los alejandrinos prorrumpieron en gritos de aprobación y se aplicaron con entusiasmo a la tarea. Como los romanos controlaban la parte oriental del puerto, la nueva flota se construyó en la parte occidental de la ciudad, más allá de la pasarela de Faros. La madera escaseaba, así que arrancaron las vigas de los edificios públicos para hacer los remos. Además, mandaron a buscar los barcos aduaneros que navegaban por el Nilo y recuperaron viejos barcos abandonados que se pudrían en los astilleros. La ciudad entera trabajó con tal espíritu y energía que, en cuestión de pocos días habían conseguido fletar veintisiete naves de guerra así como gran número de embarcaciones de menor calado. No eran lo bastante sólidas como para sobrevivir a una travesía por alta mar, pero tan cerca de la costa componían una fuerza formidable.

Al presenciar la construcción de la flota egipcia, César comprendió que era inevitable una gran batalla. En lugar de esperar a que los alejandrinos decidieran el momento y el lugar, reunió sus barcos rodios y asiáticos, los cargó hasta los topes de legionarios y partió hacia el extremo opuesto de la isla de Faros. Allí, su flota, superada en número, se situó frente a las naves egipcias y los invitó a atacar. Los alejandrinos se prepararon para la batalla colocando la mayor parte de sus naves de guerra en primera línea, armadas con catapultas para lanzar proyectiles incendiarios.

El silencio se extendió sobre el mar mientras los romanos y los egipcios aguardaban para ver quién hacía el primer movimiento en el angosto canal. Finalmente, un capitán rodio llamado Eufranor gritó:

—¡Déjanos a nosotros, César! Iniciaremos la batalla y no te defraudaremos. Que el resto nos siga.

César aplaudió las palabras del rodio y dio la señal de avance. Eufranor y sus cuatro naves de guerra avanzaron hacia la flota egipcia. El espacio era muy limitado, pero con habilidad y experiencia, los rodios embistieron las primeras naves enemigas y troncharon sus remos sin sufrir daños. Las naves restantes se lanzaron a la batalla tras ellos.

Por todos los tejados de la ciudad, miles de alejandrinos observaban, aplaudiendo cuando sus barcos parecían sacar ventaja y aullando cuando lo hacían los romanos. Sabían que si su flota vencía podrían entrar triunfantes en la parte oriental del puerto y atacar el propio palacio. Los soldados romanos de la ciudad también observaban la batalla, conscientes de que todo dependía del éxito de su flota. Si los alejandrinos vencían, quedarían atrapados, sin provisiones ni esperanzas de recibir refuerzos. Pero la fortuna continuó sonriendo a los romanos, que lograron empujar a la flota enemiga hacia la costa, hundir tres de sus barcos y capturar otros dos. Al menos de momento mantendrían el control de la parte oriental del puerto.

César estaba entusiasmado con la actuación de sus hombres, pero sabía que los alejandrinos volverían a intentarlo si no se hacía definitivamente con el control de los mares apoderándose de la totalidad de Faros y de la pasarela que la conectaba con la ciudad. Ya dominaba el área que rodeaba el faro, pero ahora lanzó un asalto contra la parte principal de la isla con una flota de barcos pequeños repletos de tropas. Al comienzo fue una repetición de la desastrosa invasión de Britania. La playa estaba fuertemente guarnecida por los isleños, que conocían bien el terreno e impidieron que los romanos desembarcaran. Los defensores luchaban desde la costa y desde sus rápidos barcos al tiempo que arrojaban lanzas y flechas desde los tejados de los edificios cercanos. Finalmente, unos pocos legionarios lograron ganar la costa y establecer una cabeza de playa para que los demás pudieran desembarcar. Los isleños intentaron replegarse para luchar en las casas, pero el pánico cundió entre sus filas y huyeron por la pasarela o a nado. Las tropas de César mataron a muchos de ellos y capturaron seis mil prisioneros para los mercados de esclavos. Los legionarios recibieron permiso para saquear la isla y luego se les dio la orden de demoler todos los edificios. César quería dejar muy claro al pueblo de Alejandría que aquélla era la suerte que le esperaba a la cuidad si no se avenía a negociar.

Pero los alejandrinos eran unos de los adversarios más tenaces con los que se había encontrado en sus muchos años de campañas. No luchaban sólo para salvar la vida, sino para preservar su libertad y su independencia. En consecuencia, se negaron a cederle a César un solo milímetro de su ciudad sin luchar. Aquella noche, los romanos se contentaron con apoderarse del extremo septentrional de la larga pasarela de Faros y fortificarlo con una barricada y una guarnición. Los alejandrinos, a su vez, guarnecieron el extremo más próximo a la ciudad con varios centenares de sus soldados.

A la mañana siguiente, los legionarios romanos, con César a la cabeza, atacaron el extremo sur de la pasarela. Era un campo de batalla complicado, largo y estrecho, en el que no había espacio para que pudieran avanzar muchos hombres. La mayoría de las tropas romanas permaneció en los barcos, al este de la pasarela, desde donde bombardearon las fortificaciones enemigas con sus catapultas. Los defensores respondieron con una lluvia de flechas y lanzas procedentes de sus propios barcos, en la parte occidental de la pasarela, y de los edificios de la costa. La batalla arreció durante horas. Los legionarios fueron ganando terreno lentamente, pero, de repente, los barcos egipcios desembarcaron sus tropas detrás de ellos y los atacaron por la retaguardia. El millar aproximado de soldados romanos que luchaban en la pasarela se encontraron atrapados y sin espacio para maniobrar. La alarma se apoderó de ellos y comenzaron a arrojarse al agua, con armadura y todo, para tratar de llegar hasta sus barcos a nado. Sin embargo, el comandante de la flota romana, temiendo que los alejandrinos capturaran sus navíos, se había apartado de la plataforma.

César trató de restaurar el orden entre sus soldados, pero el pánico se propagaba como un incendio. Los soldados que lograron llegar hasta la flota subieron a bordo de los barcos, pero éstos, que ya estaban sobrecargados, comenzaron a zozobrar, arrojando más tropas al agua. Los frenéticos legionarios llegaron incluso al pequeño barco del general, que comenzó a hundirse. Al comprender lo que estaba sucediendo, César tuvo que arrojarse al agua completamente vestido y comenzó a nadar hacia Faros. De niño había aprendido a nadar en el Tíber, pero ahora era un hombre de cincuenta y dos años de edad, embutido en una armadura pesada y a cientos de metros de la costa. El riesgo de ahogarse era real. No obstante, estaba tan decidido a que ciertos documentos importantes que llevaba consigo no sufrieran daño que los mantuvo fuera del agua con la mano izquierda mientras las flechas llovían a su alrededor. Algunas fuentes aseguran que llevaba la capa púrpura de general agarrada con los dientes mientras nadaba hacia la playa, pero otras afirman que los alejandrinos se apoderaron de ella y la exhibieron como trofeo. Sea como fuere, al final logró ganar la costa. Aun así, había perdido la pasmosa cifra de cuatrocientos soldados (y aún más marineros) en el desastroso ataque contra la pasarela. Faros continuó en manos de los romanos, pero los alejandrinos habían obtenido una victoria crucial desde el punto de vista militar y moral.

Lejos de desmoralizarse por la derrota, las tropas de César redoblaron sus esfuerzos a partir de entonces. Desde su punto de vista, la idea de que unos egipcios pudieran vencerlos era humillante. Por todo el frente, los legionarios obligaron a retroceder al enemigo en feroces batallas callejeras que se prolongaron durante horas. Los alejandrinos estaban asombrados de que los soldados enemigos sacaran fuerzas de un revés que habría sumido en la desesperación a cualquier otro ejército.

Agotados por el conflicto, o —como parece más probable— impulsados por un maquiavélico plan de la facción contraria a Arsinoe en la corte egipcia, los alejandrinos enviaron a César una embajada para pedirle que liberara a su joven rey, asegurando que estaban cansados de Arsinoe y del tiránico Ganímedes. Si contaban con Tolomeo para dirigirlos, podrían llegar a un acuerdo con César. El inspirado liderazgo del monarca lograría persuadir a los ciudadanos más recalcitrantes de que era conveniente firmar la paz con los romanos.

La propuesta despertó instantáneamente las sospechas de César, pero sopesó cuidadosamente sus pros y sus contras. El joven Tolomeo carecía de conocimientos militares y de capacidad de liderazgo, así que no suponía una amenaza directa para los romanos. En el palacio era una fuente de constante irritación para su hermana Cleopatra, quien sin duda se alegraría mucho de verlo marchar. Y, aunque remota, siempre existía la posibilidad de que al menos algunos de los alejandrinos desearan sinceramente la paz. En tal caso, entregarles a su rey podía ser un buen modo de allanar el camino a la victoria.

César no confiaba en las buenas intenciones de los egipcios; sin embargo, fueran cuales fuesen sus razones para querer al rey, estaba convencido de que podía utilizar la marcha de Tolomeo en beneficio propio. Y aunque éste se volviera contra él, como era casi seguro, una victoria ante un monarca legítimo resultaría más gloriosa que ante una reina maquiavélica y un general eunuco. Además, Tolomeo sería una fuente de divisiones constantes entre los alejandrinos. Algunos lo apoyarían mientras otros respaldaban a su astuta hermana, de modo que la división se propagaría por el campamento enemigo como un virus. Y, por supuesto, una vez derrotados los alejandrinos, César podría deponer a Tolomeo por su rebeldía y conservar a la amigable Cleopatra en el trono.

El joven rey se deshizo en lágrimas de cocodrilo al despedirse de César, asegurando que prefería quedarse con los romanos a volver con su propio pueblo. Pero, tal como sospechaba César, en cuanto estuvo entre los alejandrinos declaró que el romano era su mortal enemigo. Algunos de los romanos pensaron que habían engañado a su comandante, pero César sabía perfectamente lo que estaba haciendo. Al poco tiempo, los alejandrinos comenzaron a debilitarse con luchas intestinas. Arsinoe se vio obligada a ceder el trono a su hermano, mientras que el hábil general Ganímedes era apartado del mando para dejar sitio a los consejeros de Tolomeo, menos capacitados.

Los nuevos líderes de los egipcios demostraron una notable incapacidad militar durante las semanas siguientes. Al enterarse de que un convoy romano con provisiones se acercaba por la costa, enviaron sus naves a la desembocadura del Nilo para interceptarlo. Pero César, enterado de sus planes, mandó a Tiberio Nerón —padre del futuro emperador Tiberio— para que los atacara. Los romanos pusieron en fuga a la flota egipcia, pero perdieron al valiente capitán Eufranor, hundido junto con su barco al perseguir al enemigo con un exceso de entusiasmo.

A comienzos de marzo llegó al campamento romano la noticia de que Mitrídates de Pérgamo, el hombre al que César había pedido ayuda semanas antes, estaba aporximándose rápidamente al extremo oriental del delta del Nilo cerca de Pelusium. Mitrídates le traía a César un ejército recién reclutado en Arabia, Siria y Palestina, incluido un contingente de tres mil soldados judíos. A éstos los enviaba el gobernante y sumo sacerdote de los judíos, Hircanio, pero el auténtico poder lo detentaba su hábil ministro Antípatro, padre de Herodes el Grande. Los judíos de Palestina eran aliados naturales de César, puesto que habían sufrido mucho a manos de Pompeyo, que había profanado el gran templo de Jerusalén y arrebatado buena parte de su territorio a Judea durante sus campañas orientales. Una alianza con César en este momento crucial, pensaba Antípatro, reforzaría el Estado judío. Además, la ayuda de Hircanio y Antípatro podía ser esencial para influir en la importante comunidad judía de Alejandría.

El ejército de Mitrídates tomó Pelusium tras una encarnizada batalla, y después en lugar de cruzar los numerosos canales y las marismas de la vía directa hacia Alejandría, rodeó el delta en dirección suroeste. Cerca de la ubicación actual de El Cairo, Mitrídates cambió de rumbo y, siguiendo la sección occidental del Nilo, avanzó hacia Alejandría. El ejército de Tolomeo abandonó apresuradamente la ciudad y navegó río arriba para salir al paso de Mitrídates, al que superaba en número. Pero César, en cuanto vio abandonar la ciudad a los soldados enemigos, reunió hasta el último legionario del que podían prescindir sus defensas y partió en su persecución. Aquella noche, para evitar una batalla naval, los romanos deshicieron discretamente parte del camino y desembarcaron al oeste de Alejandría. Desde allí avanzaron a marchas forzadas alrededor del lago Mareotis y finalmente lograron reunirse con Mitrídates antes de que llegara el ejército egipcio.

Tras desembarcar, los soldados egipcios levantaron su campamento en un punto elevado situado al oeste del río. César se aproximó al lugar utilizando la caballería germana para dispersar a los egipcios y luego construyó su campamento cerca del ejército enemigo para esperar al amanecer. Al día siguiente, 27 de marzo del 47 a.C., los romanos atacaron a las fuerzas alejandrinas. Fue una dura batalla que se prolongó varias horas bajo el sol de Egipto, pero finalmente los hombres de César lograron empujar al enemigo hacia el Nilo y masacrarlo. El joven rey Tolomeo huyó de la batalla, pero su barco volcó en el Nilo y el muchacho pereció ahogado. César estaba tan entusiasmado con aquella victoria tras tres meses de dura pugna que cabalgó con su caballería hasta Alejandría aquella misma noche. Los habitantes de la ciudad, temiendo por sus vidas, salieron a las puertas vestidos de suplicantes y le rogaron que les ahorrara el destino que solía reservar a los pueblos conquistados. César debió de sentir la tentación de esclavizar a la ciudad entera por los numerosos problemas que le había causado, pero era lo bastante realista como para comprender que los beneficios económicos que podía ofrecer una Alejandría floreciente superaban con creces la satisfacción de una venganza. Perdonó a los alejandrinos y regresó al palacio para encontrarse con Cleopatra.

Al día siguiente comenzó a reorganizar el gobierno de Egipto. El testamento de Tolomeo Auletes designaba a Cleopatra y a su hermano, el ahora fallecido Tolomeo XIII, como corregentes del reino, así que César cumplió al menos con su espíritu elevando al trono a Tolomeo XIV, que por entonces contaba sólo catorce años. A los dos monarcas les concedió además la soberanía de Chipre, una decisión que debió de resultar especialmente humillante para Cicerón, quien pocos años antes se esforzara tanto por organizar la administración romana de la isla. Aunque oficialmente Tolomeo XIV era el igual de Cleopatra, carecía de poder real, tal como César había planeado. La rebelde Arsinoe, hecha prisionera, fue enviada a Roma, donde marcharía en el desfile triunfal de César junto con Vercingetórix. Y para asegurarse de que todo el mundo se comportaba como era debido, ordenó que tres de sus legiones permanecieran en Egipto.

¿Por qué no se anexionó el reino, tal como había planeado varios años antes? Había vencido a los alejandrinos en la guerra y no le habría costado mucho pacificar el sur con las tropas de que disponía. Todos los recursos de Egipto estaban ahora a disposición de Roma, así que lo único que tenía que hacer era nombrar un gobernador que se encargara de gestionar la provincia. La explicación para la perpetuación de la independencia de Egipto reside en la astuta deducción de César de que cualquier gobernador romano podía convertirse en una gran amenaza para él. Si la codicia podía hacer presa de los senadores en las provincias pobres, las vastas riquezas del valle del Nilo serían una tentación excesiva hasta para alguien con la integridad moral de Catón. Un gobernador rebelde podría usar Egipto como base de poder para organizar una rebelión o estrangular a Roma con un embargo del grano que necesitaba. César tuvo la inteligencia de comprender que Cleopatra, vinculada a él por lazos de necesidad más que de amor, era la gobernante ideal para el país. Cleopatra necesitaba el apoyo de César para mantenerse en el trono frente a los resentidos alejandrinos. Sin el respaldo de sus legiones, los habitantes de la ciudad se levantarían contra ella, como habían hecho con otros muchos monarcas en el pasado, y la arrojarían del trono. Pero para asegurarse de que ni siquiera el comandante de la guarnición romana representara una amenaza, César tomó una decisión sin precedentes: nombró para el cargo a un subordinado de confianza llamado Rufio, hijo de un antiguo esclavo.

A estas alturas llevaba casi ocho meses en Egipto, y más de un año alejado de Roma. Todo el mundo estaba convencido de que regresaría a casa inmediatamente para hacer frente a los acuciantes problemas políticos de la urbe y organizar el ataque contra las fuerzas pompeyanas restantes en África e Hispania. Sin embargo, lo que sucedió en realidad es uno de los interludios más intrigantes de toda la historia de César. En lugar de partir hacia la capital, César pasó un mes entero disfrutando de un crucero de placer por el Nilo en compañía de Cleopatra. Las fuentes antiguas favorables a César, así como algunos historiadores modernos, perplejos por el episodio, lo omiten o le restan importancia, pero podemos dar por segura su existencia.

¿Por qué el hombre más ambicioso de la historia de Roma decidió tomarse unas vacaciones en mitad de una guerra civil? Si César era fiel a su carácter —y no estaba sufriendo simplemente una sorprendente crisis de la mediana edad—, podemos tener la certeza de que había buenas razones para ello. Al igual que Cleopatra, él sabía que la riqueza de Egipto no brotaba en última instancia de Alejandría. Al sur, a lo largo del fértil valle del Nilo, se encontraba el auténtico corazón de la civilización más antigua del Mediterráneo. Eran las ricas tierras negras de las decenas de miles de granjas situadas entre las pirámides y la primera catarata del Nilo las que alimentaban a la mayor parte del mundo romano e inundaban de oro los cofres de Alejandría. Si César quería asegurar Egipto para Roma, tenía que asegurar el valle del Nilo. Es importante recalcar que no remontó el Nilo sólo con Cleopatra, sino que se llevó cuatrocientos barcos cargados de tropas romanas. Por si los nativos del sur albergaban la idea de rebelarse, César quería que supieran que Roma era capaz de aplastarlos y estaba dispuesta a hacerlo. Sin duda, el crucero supuso un merecido respiro tras varios años de guerra, pero fue un asunto político más que un viaje de placer.

El último acto de la visita de César a Egipto llegó a finales de aquella primavera, cuando Cleopatra dio a luz a su hijo. La reina lo bautizó como Tolomeo XV, pero los burlones alejandrinos le pusieron el mote griego de Cesarión, «pequeño César». Los historiadores antiguos disputaron largo y tendido sobre el asunto. Algunos de ellos omiten toda referencia a Cesarión o aseguran que no era hijo de César, pero una vez más, no hay muchas razones para dudarlo, si tenemos en cuenta que hasta los amigos de César reconocieron (aunque de mala gana) su paternidad. En cualquier caso, César nunca habría considerado al hijo de una reina egipcia como una amenaza para Roma, sino simplemente como el producto de un romance que podía resultarle útil para garantizar la lealtad de Cleopatra. En cuanto a la reacción de la sufrida Calpurnia al recibir la noticia, no la conocemos.

XIII

ÁFRICA

—No estoy dispuesto a dar las gracias al tiránico César por sus actos criminales —dijo Catón—. Pues es un criminal, que, a la manera de un amo, concede su clemencia a compatriotas suyos que no son esclavos, sino hombres libres.

PLUTARCO

Al abandonar Alejandría a principios de junio del año 47 a.C., César empezó a recibir informes sobre el preocupante curso que habían tomado los acontecimientos en el resto del Mediterráneo durante su estancia en Egipto. En África, Catón, Escipión, Labieno y muchos otros habían unido fuerzas con su antiguo enemigo, Juba, y ahora disponían de un gran ejército a poca distancia de Sicilia. Bajo el mando de Escipión y la inspiración de Catón, contaban con catorce legiones, junto con algunos miles de jinetes númidas y varias docenas de elefantes de guerra. Amenazaban con invadir Italia y ya habían lanzado incursiones en Sicilia y en Cerdeña.

En Hispania, César había derrochado el crédito obtenido tras su reciente victoria al nombrar a Quinto Casio Longino como gobernador de la provincia más alejada de Roma. La tierra que fuera amiga de César se había rebelado contra su colaborador, que había logrado superar en codicia y abusos contra los nativos hasta a los más rapaces *optimates*. Tras la expulsión de Longino, los nativos brindaron una calurosa bienvenida a los enemigos de César.

Pero uno de los peores golpes fue el asestado por Farnaces,

un hijo de Mitrídates el Grande, que había partido desde su reino de Crimea para reclamar el imperio de su padre en Asia Menor. El lugarteniente de César, Domicio Calvino, le salió al encuentro con la ayuda de un contingente de gálatas enviados por el rey Deiotaro. Domicio estaba impaciente por llegar a Egipto lo antes posible para ayudar a César, de modo que atacó al enemigo con precipitación y perdió la mayor parte de su ejército, aunque él mismo logró escapar por mar a la provincia romana de Asia. En cuanto a Farnaces, tras recuperar los antiguos dominios de su padre en el Ponto, mandó que fueran castrados todos los ciudadanos romanos que cayeron en sus manos.

Hasta en la propia Roma el caos estaba amenazando la visión de César de un nuevo orden mundial. Durante aquellos meses había estado totalmente desconectado de los acontecimientos en la capital. Según Cicerón, nadie en Roma había recibido un solo mensaje de César en más de seis meses. En su ausencia, habían vuelto a elegirlo dictador, pero Marco Antonio ejercía como sustituto mientras él seguía en Oriente. Sin nadie que lo controlara, Antonio gobernó la ciudad con despreocupada brutalidad y descontrolada violencia. Entre otros muchos problemas, estallaron enfrentamientos callejeros entre los partidarios de los deudores y los de los acreedores. En lugar de restaurar el orden en la ciudad, Antonio la abandonó para sofocar una revuelta de tropas rebeldes en las cercanías de Nápoles. La situación en Roma degeneró en una guerra abierta de bandas en las calles. Cuando Antonio regresó de Campania, el aterrorizado Senado emitió un decreto en el que se le autorizaba a utilizar cualquier medio para devolver la paz a la ciudad. Desde el punto de vista de Antonio esto significaba enviar sus tropas a la ciudad, matar a centenares de ciudadanos romanos y arrojar a los cabecillas desde la roca Tarpeya, en la colina Capitolina. Pero antes de que se hubiera secado la sangre de las calles, las batallas entre facciones volvieron a estallar. Los ciudadanos empezaban a preguntarse si la violencia cesaría alguna vez.

Las noticias procedentes de Roma preocuparon profundamente a César, pero antes de volver allí era vital que asegurara las provincias orientales. En Egipto las cosas estaban tranquilas, pero el descontento interno y las incursiones externas seguían amenazando Palestina, Siria y Asia Menor. El éxito de Farnaces demostraba sin ningún género de dudas que la inestabilidad en los territorios de Roma y los de sus aliados era una invitación a la intervención externa, sobre todo para el agresivo imperio parto. Por tanto, César decidió regresar a Roma por el camino más largo, siguiendo la costa mediterránea, viaje que aprovechó para recompensar a quienes lo habían servido bien, zanjar viejas disputas y reforzar las provincias y los reinos del este contra los enemigos de Roma.

En Palestina demostró su gratitud a Hircanio por la ayuda prestada en Egipto confirmándolo como rey y sumo sacerdote. Además, dio permiso a los judíos para reconstruir las murallas de Jerusalén. Antípatro recibió la ciudadanía romana, un beneficio que transmitiría a su hijo Herodes. Es de suponer que César conoció al joven que un día reconstruiría el gran templo de Jerusalén y, según el Nuevo Testamento, ordenaría la muerte de todos los niños pequeños de la zona de Belén para tratar de acabar con la vida de Jesús.

El viaje de César sirvió también como una gran gira de recaudación de fondos. En el Líbano se detuvo en la ciudad de Tiro para vaciar el templo de Hércules de su tesoro. Por toda la costa exigió las sumas que los súbditos habían prometido a Pompeyo, ligeramente acrecentadas. Además, alentó la costumbre oriental de conceder coronas de oro a los conquistadores de visita. Según el biógrafo romano Dion Casio, hizo todo esto no por codicia, sino porque sus gastos eran astronómicos. El propio Maquiavelo habría aplaudido la descarnada explicación que nos ofrece sobre sus propios actos:

> Hay dos cosas que crean, protegen e incrementan el poder de un soberano: los soldados y el dinero, y las dos son mutuamente dependientes. Los ejércitos necesitan dinero y el dinero se obtiene por la fuerza de las armas. Si pierdes uno, pierdes el otro.

En Siria dedicó algún tiempo a zanjar las disputas entre los funcionarios locales. La provincia era la primera línea de defensa contra los partos, así que tenía que ser absolutamente segura antes de que regresara a Roma. Una vez que terminó allí, se trasladó a Tarso, en Asia Menor, donde convocó a los funcionarios locales y a los pompeyanos arrepentidos. Entre estos últimos estaba Cayo Casio, un notable comandante militar que había servido a las órdenes de Craso, había sido almirante de Pompeyo, y acabaría por desempeñar un papel crucial en el asesinato de César. César se mostró amistoso y clemente con él, sobre todo porque Casio contaba con la firme recomendación de su cuñado Bruto. Sin embargo, Cicerón afirma que, incluso entonces, ya estaba planeando asesinarlo.

Tras cruzar el norte de Asia Menor, César llegó a las fronteras de Galacia, donde se encontró con Deiotaro. El líder de los gálatas se presentó ante César sin los distintivos de la realeza, vestido como un humilde suplicante para pedir perdón por haber apoyado a Pompeyo. Deiotaro le explicó que le habían obligado a hacerlo por la fuerza de las armas. En cualquier caso, había pensando que no le correspondía a él juzgar las disputas internas del pueblo romano. Sólo era un fiel aliado de Roma, que hacía lo que podía para sobrevivir en un peligroso rincón del mundo.

Los argumentos del viejo y escurridizo monarca no impresionaron a César. Recordó a Deiotaro que, como cónsul, doce años antes había confirmado personalmente su autoridad sobre Galacia. Y si su gratitud por aquello no era bastante para que le brindara su lealtad, el hecho de que César fuera cónsul electo de Roma en el momento en que tomó las armas contra él bastaba para echar por tierra cualquiera de sus excusas. Sin embargo, gracias a su antigua alianza con Roma, estaba dispuesto a tolerarlo por el momento, aunque se reservaba el derecho a juzgarlo más adelante. Por supuesto, exigió el préstamo de su ejército en la campaña que se avecinaba.

Farnaces acababa de proclamarse nuevo rey del Ponto, en el nordeste de Asia Menor, cuando César se presentó en su frontera con sus ejércitos (agosto del 47 a.C.). El hijo de Mitrídates no podía creer la rapidez con la que César había cruzado las montañas de Galacia, pero lo cierto es que se encontraba junto a la ciudad de Zela, en las colinas del oeste del Ponto, cerca del mar Negro. El monarca le envió emisarios con coronas de oro como regalo y le explicó que no deseaba un conflicto con Roma, sino sólo recuperar la soberanía sobre sus tierras ancestrales. Era, aseguraba, más digno de la amistad de César que Deiotaro, puesto que nunca le había prestado ayuda a Pompeyo. Al principio, César respondió con buenas palabras para poder penetrar más fácilmente en el Ponto, pero en su último mensaje declaró que no podía haber paz con un hombre que había ordenado la mutilación de ciudadanos romanos.

Farnaces ocupó la fortaleza de Zela mientras César acampaba a ocho kilómetros de allí. Pero en mitad de la noche ordenó a sus tropas que levantaran un nuevo campamento a sólo un kilómetro y medio de Farnaces, al otro lado del angosto valle. Al alba, cuando las legiones aún estaban cavando trincheras, vieron que Farnaces disponía su ejército en posición de ataque junto a la entrada de la fortaleza. César asumió que se trataba de una mera pose y se echó a reír al ver que las fuerzas pónticas corrían valle abajo hacia el campamento romano. Sabía que ningún general en su sano juicio enviaría sus tropas a un valle desde el que tendrían que ascender una empinada cuesta antes de atacar al enemigo. Pero por estupidez o por pura valentía eso era exactamente lo que estaban haciendo Farnaces y su ejército.

César estaba gritando a sus soldados que arrojaran las palas y empuñaran las armas cuando los primeros carros enemigos irrumpieron en el campamento romano. El inesperado ataque cogió totalmente desprevenidos a los legionarios, que al ver los enormes carros enemigos con guadañas en las ruedas sucumbieron al pánico. Pero fue una reacción momentánea y las filas romanas no tardaron en recomponerse. Al principio, la lucha fue encarnizada, pero al cabo de poco tiempo los romanos lograron repeler a las fuerzas pónticas colina abajo. Los soldados en retirada cayeron sobre sus camaradas mientras los romanos los masacraban sin misericordia.

El rápido y brillante desenlace de esta batalla complació de tal modo a César que permitió que sus hombres saquearan la fortaleza enemiga y se quedaran con todo el botín. A continuación, resumió la campaña para sus amigos en Roma con palabras de inmortal brevedad:

Veni. Vidi. Vinci. (Vine, vi y vencí.)

Desde el Ponto continuó hacia el oeste por la costa de Asia Menor, recaudando dinero y tomando decisiones. A Mitrídates de Pérgamo, cuya ayuda había sido crucial en Egipto, le concedió como recompensa una parte del Ponto y otra de Galacia. Deiotaro perdió parte de su reino y tuvo que pagar una considerable multa, pero Bruto, que había tenido relaciones económicas con el monarca, persuadió a César de que no fuera más allá en su castigo.

Desde la costa del Asia romana, César partió con premura hacia Roma. En Brundisium lo aguardaba un nervioso Cicerón, quien, aunque temía la reacción de César por el apoyo que había prestado a Pompeyo, pensaba que era mejor hacer frente al dictador lo antes posible. Al ver a Cicerón en el camino, César bajó de su caballo de un salto, corrió hacia él y lo abrazó con genuino afecto. Marcharon durante varios kilómetros por la Vía Apia, enfrascados en una conversación, mientras el resto del grupo los seguía.

Lo primero que hizo César al llegar a Roma fue castigar a Marco Antonio por su extravagante forma de vida y por sus abusos de poder. Podía perdonar a Antonio muchas cosas como premio a su lealtad, pero su afición por la bebida, su codicia, su violencia y el vergonzoso abandono en que había dejado los asuntos públicos lo habían colocado en una situación muy delicada ante los ojos del pueblo. Más tarde, Cicerón acusaría a Antonio (entre otras cosas) de convertir cada salón de su casa en una taberna y cada dormitorio en un burdel. En cualquier caso, fue depuesto de sus cargos y pasó los dos siguientes años en el limbo político. César no quería enemistarse permanentemente con él, puesto que sabía que podía serle útil en el futuro, pero su irreflexivo colaborador debía recibir los más severos reproches por el bien de la imagen del dictador.

Los partidarios de la cancelación de deudas esperaban que César procediera al fin a una medida generalizada de este tipo, sobre todo porque él mismo debía más que ningún otro romano. Sin embargo, César tomó partido por la poderosa comunidad financiera de Roma y exigió la restitución completa de las deudas. Para presentarse ante los ojos del público como modelo de justicia, aseguró que no sería correcto emitir un decreto del que fuera el principal beneficiario. Pero la realidad es que obligó a todos a devolver sus deudas mientras él no hacía lo propio con las suyas. Sin embargo, para granjearse el favor de las clases más bajas, impulsó la reducción de las rentas durante un año entero y aumentó la distribución gratuita de alimentos.

Durante su breve estancia en Roma, aprovechó también para recaudar dinero para su campaña africana subastando al mejor postor las propiedades de sus enemigos muertos. Marco Antonio esperaba que su antiguo comandante le dejara quedarse con las propiedades de Pompeyo a precio de ganga, pero César se negó. Sólo a su antigua amante, Servilia, se le permitió comprar a precios reducidos. Algunos dijeron que esto se debía a que había metido a su propia hija, Tercia, en la cama de César. Con su habitual ingenio, Cicerón escribió que las adquisiciones de Servilia recibían un descuento de una tercera parte (*tertia,* en latín).

Por último, César reorganizó el gobierno para que funcionara mejor en su ausencia. Como su mandato dictatorial estaba acercándose a su fin, se hizo elegir cónsul para el año siguiente, con el fiable pero poco brillante Marco Lépido como colega. Además, aumentó el número de pretores y de sacerdotes para recompensar a los que lo habían servido, tanto en Roma como en el campo de batalla. Y para consternación de la nobleza conservadora, escogió a hombres de extracción humilde y a otros soldados leales para ocupar muchos de los asientos vacíos del Senado.

Los planes de César para una partida rápida hacia África se truncaron al recibir la noticia de que sus legiones del sur de Italia marchaban hacia Roma. El problema venía fraguándose en el campamento de los legionarios desde hacía meses. Muchos de los hombres de César llevaban años sirviéndolo sin los licenciamientos, las recompensas monetarias y las parcelas de tierra que les había prometido. Galia, Italia, Hispania, Grecia, Egipto, Asia... Las guerras parecían sucederse sin un final aparente a la vista. Los hombres querían a César y le habían servido fielmente, pero estaban cansados. Muchos que se habían unido a las legiones de adolescentes se acercaban ya a la treintena y estaban preparados para sentar la cabeza. Lo único que querían era un buen pedazo de tierra, una joven bonita con la que casarse y un puñado de monedas de plata para gastar en las tabernas locales. Habían tenido mucha paciencia, pero ya era suficiente. Pocos días después, al llegar a Roma, las tropas acamparon junto a la sección norte de las murallas y se negaron a moverse hasta que recibieran lo que se les había prometido.

Para incredulidad de sus amigos, César se dirigió completamente solo al campamento de los amotinados. Antes de que nadie supiera cómo había llegado hasta allí, apareció de repente sobre un estrado, en el centro del campamento. Cuando las tropas se congregaron alrededor de él, les preguntó tranquilamente qué deseaban. Los soldados estaban tan aturdidos por la presencia de su comandante que no se atrevieron a mencionar el dinero o las tierras, sino sólo la promesa de licenciamiento recibida tiempo atrás. Como niños a la espera de una reprimenda, pensaron que César iba a gritarles, tacharlos de cobardes y acusarlos de ser indignos de llevar el uniforme de los soldados de Roma, pero en lugar de hacerlo, los miró con profunda decepción y dijo:

—Os licencio.

Los soldados, que habían luchado codo con codo con él contra los feroces germanos y galos, navegado en sus barcos hasta el fin del mundo y luchado a su lado en las calles de Alejandría, estaban sin habla. En el silencio que vino después, César les comunicó con tono seco que recibirían todo lo que se les había prometido cuando regresara triunfante de África... seguido por otros soldados. Pero el golpe definitivo llegó cuando concluyó su alocución llamándolos «ciudadanos» en lugar de «camaradas míos», como había hecho durante tantos años.

Al oír estas palabras se desmoronaron y, entre lágrimas, le suplicaron que olvidara su estúpido comportamiento. Lo seguirían gustosamente a África o adonde él decidiera llevarlos. No podrían soportar la vergüenza de esperar en Italia mientras él derrotaba a sus últimos enemigos con reclutas nuevos. Pero César, entristecido, les dio la espalda y bajó de la plataforma. Los soldados le pidieron que se detuviera y que hiciera el favor de reconsiderarlo. La X legión, su predilecta desde hacía tiempo, le pidió que ejecutara a algunos de ellos como castigo a su traición. Él se detuvo al pie de las escaleras y pareció titubear un momento antes de volver al estrado. A regañadientes, perdonó a las tropas y a continuación les prometió que al regreso de África tendrían todo cuanto habían estado esperando aquellos años. Cada soldado recibiría el licenciamiento, dinero y una donación de tierra del *ager publicus*, o de su patrimonio personal si era necesario. Las tropas enronquecieron con sus gritos de gratitud y alabanza, entusiasmadas por haberse ganado de nuevo la confianza de su comandante.

Finalmente, César estaba preparado para partir hacia África a enfrentarse al resto de los *optimates*. Dejó Roma antes incluso de que sus tropas estuvieran preparadas y llegó a Lilybaeum (la actual Marsala, en el extremo occidental de Sicilia) a mediados de diciembre. Los únicos soldados que lo acompañaban eran una legión de reclutas nuevos y un centenar de jinetes, pero estaba impaciente por comenzar la guerra. Las tropas tenían miedo de que pretendiera cruzar el tormentoso Mediterráneo en pleno invierno. Para calmar a los intranquilos legionarios, organizó un sacrificio público a fin de asegurarse de que los dioses les preparaban un viaje sin contratiempos, pero en cuanto levantó el cuchillo, el animal destinado al holocausto echó a correr y huyó del altar. Era un presagio terrible. Aun así, César levantó su tienda en la playa, orientada hacia África, como señal de que estaba decidido a partir en cuanto se lo permitiera el tiempo. Ordenó a su ejército de que estuviera preparado para hacerse a la mar nada más recibir la orden.

Parte de la tropa murmuraba que la expedición estaba condenada al fracaso salvo que los acompañara un miembro de la familia de los Escipiones, sucesores del gran Escipión el Africano, que había derrotado a Aníbal en su propio territorio dos siglos antes. Las fuerzas de los *optimates* las dirigía, de hecho, un miembro de ese linaje, general de probada capacidad que había mandado el centro del ejercicio de Pompeyo en la batalla de Farsalia. Para atajar estas habladurías, César se llevó consigo a un absurdo personaje llamado Escipión Salvito, un pariente lejano de la ilustre familia. Aunque no era más que un mimo profesional, César pretendía colocar al pobre desgraciado en las primeras filas para inspirar a las tropas.

César pasó la semana siguiente sentado en la playa, contemplando la furia de las tormentas. Llegaron más legiones desde Italia, pero sus fuerzas seguían aún en condiciones de enorme inferioridad numérica con respecto al inmenso ejército que lo esperaba al otro lado del mar. Finalmente, incapaz de seguir esperando, ordenó a sus tropas que subieran a las naves. Los capitanes preguntaron a qué puerto debían dirigirse, pero César sabía que en África no había ningún lugar seguro para desembarcar. Por tanto, decidió confiar en que la fortuna les haría encontrar un puerto franco al llegar.

La sombra del desastre planeó sobre la expedición desde el principio. Una tormenta dispersó las naves durante la travesía y César se quedó con una sola legión y unas docenas de jinetes al arribar a la costa, cerca de la población de Hadrumetum, en la actual Túnez. Una vez allí, decidió desembarcar cerca de la ciudad y saltó desde su nave, pero, en su precipitación, tropezó y cayó de bruces. La imagen de su comandante, caído al dar el primer paso en suelo enemigo, sembró el terror entre sus supersticiosas tropas. Pero si César poseía algo era precisamente rapidez de reflejos. Sin perder un instante, cogió un puñado de arena y volvió el mal presagio a su favor gritando:

—¡Ahora eres mía, África!

Tras acampar delante de Hadrumetum, cabalgó alrededor de la ciudad en busca de sus puntos flacos. Por desgracia para él, la defendía una fuerte guarnición *optimate* al mando de Cayo Considio. Al comprender que no podría tomar la plaza por las armas, recurrió a la diplomacia con la esperanza de poder persuadir a Considio de que se rindiera. Cuando su mensajero llegó a la ciudad, lo primero que le preguntó Considio fue quién había escrito la carta.

—César —respondió el mensajero—, el comandante en jefe.
Considio le lanzó una sonrisa socarrona y declaró:
—Actualmente, el pueblo romano sólo tiene un comandante: Escipión nuestro líder.

Y dicho esto, ordenó que lo ejecutaran.

Como no tenía sentido permanecer en Hadrumetum, César levantó el campamento y se encaminó hacia la ciudad de Leptis Magna, al suroeste, para esperar a los barcos que traían al resto de su ejército. Esta retirada fue un comienzo ignominioso para la campaña, sobre todo porque las tropas de César fueron hostigadas durante toda la marcha por los envalentonados ciudadanos de Hadrumetum y por algunos jinetes númidas que estaban de paso por la zona. La caballería gala y los veteranos de César consiguieron contener a los africanos mientras el resto de las tropas se alejaba, pero en cualquier caso fue una marcha lenta y descorazonadora a lo largo de la costa.

Los hombres de César nunca se habían enfrentado a un enemigo parecido a la caballería númida del rey Juba. Los africanos no tenían el menor problema para encontrar provisiones en el desierto, mientras que los romanos se veían reducidos a alimentar a sus monturas con algas marinas. Los númidas salían de las colinas como fantasmas, atacaban cuando menos se lo esperaban los romanos y volvían a desaparecer con la misma rapidez. El hecho de que la caballería gala se dejase distraer con tanta facilidad tampoco contribuyó demasiado a mejorar las cosas. Una noche, estando algunos de sus jinetes de permiso, vieron a un músico africano que era capaz de bailar y tocar la flauta al mismo tiempo. Estaban sentados alrededor de una fogata, aplaudiendo al artista, cuando de repente salió una banda de númidas de las sombras y cayó sobre ellos. Sólo la providencial llegada de César los salvó de la muerte.

Algunos barcos de la dispersa flota se reunieron con él en Leptis Magna, pero seguía sufriendo una aterradora falta de fuerzas y de víveres. La caballería númida atacaba sistemáticamente a todas las partidas que se adentraban en las colinas en busca de provisiones, lo que obligó a César a enviar mensajeros al otro lado del mar para pedir más hombres y vituallas. Entretanto, la preocupación cundía en el seno del ejército. ¿Qué planeaba hacer su comandante a continuación? ¿Cómo pensaba alimentarlos? ¿Cómo podrían luchar contra un enemigo tan traicionero? Sólo la inagotable energía y el natural optimismo de César consiguieron que no se desmoronaran durante aquellos días oscuros.

Pronto necesitarían todo el valor que pudieran reunir. César llegó a la conclusión de que el único modo de alimentar a sus fuerzas era lanzar una expedición de saqueo a gran escala contra las tierras cercanas. Ordenó a sus hombres que marcharan a paso ligero hacia el interior, y cuando ya habían avanzado algunos kilómetros, vieron que se aproximaba una nube de polvo. César sabía que se trataba de miles de jinetes númidas, que acabarían con sus legionarios si intentaban huir, así que ordenó a sus hombres que se pusieran la armadura y se prepararan para luchar por sus vidas.

La caballería la dirigía nada menos que Labieno, el más brillante militar entre sus enemigos. Labieno había sido su leal lugarteniente en la Galia, pero ya antes de que cruzara el Rubicón se había convertido en un feroz enemigo para él. Pompeyo luchaba para preservar su honor y Catón para salvar su amada república, pero Labieno lo hacía por un sentimiento de ardiente aversión hacia César. En cualquier otro periodo de la historia de Roma habría sido el mayor general de su generación, pero había tenido la desgracia de vivir a la sombra de César. Condenado durante tantos años a un papel subordinado, Labieno no deseaba otra cosa que aplastar a César en el polvo. Y parecía que ahora, al fin, tenía la oportunidad de hacerlo.

Ordenó a sus jinetes que formasen en apretadas filas para que los romanos los tomaran al principio por soldados de infantería. Pero al aproximarse, los hombres se dieron cuenta de lo que César había sabido desde el principio: que se enfrentaban a un enorme ejército de caballería que, seguramente, iba a hacerlos pedazos. Como respuesta, César dispuso sus tropas en una sola línea. Renunciar a las reservas no era una maniobra frecuente, pero en este caso era necesaria, porque el escaso número de las legiones de César aumentaba la vulnerabilidad de sus flancos. Los romanos estaban tan aterrados que un portaestandarte trató de echar a correr hacia su campamento, pero César lo detuvo agarrándolo del cuello y le gritó:

—¡El enemigo está por ahí!

Labieno ordenó a su caballería que atacara los flancos de las fuerzas de César. Tal como temían los romanos, los númidas rodearon sus líneas y los envolvieron. César se encontraba en la peor situación que podía imaginar un general: completamente rodeado por un enemigo superior en número. Rápidamente, ordenó a sus tropas que se desplegaran en dos líneas, espalda contra espalda, para hacer frente al enemigo, pero hasta los más valientes legionarios sabían que no tenían muchas probabilidades de sobrevivir.

Labieno también lo sabía, y pasó al galope por delante de sus líneas, burlándose de sus antiguos camaradas:

¿Cómo va eso, reclutas?
Vaya, sí que parecéis feroces.
Parece que César os ha traído a un mal sitio.
Estáis metido en un buen lío, muchachos.
Ojalá pudiera ayudaros.

Uno de los soldados más veteranos de César se quitó el casco para que Labieno pudiera reconocerlo y le gritó que no era ningún recluta, sino un veterano de la famosa X legión. A continuación, le arrojó su jabalina con todas sus fuerzas. No alcanzó al general, pero sí a su caballo, y Labieno cayó de bruces al polvo.

César no tuvo de tiempo de regodearse viendo cómo se llevaban los númidas a su enemigo del campo de batalla. Sabía que su única esperanza era alcanzar una colina cercana, así que ordenó a sus tropas que iniciasen un lento repliegue hacia ella sin deshacer la formación en dos líneas. Su avance era lento y complicado. Muchos soldados caían bajo las lanzas y las flechas enemigas, pero de algún modo, en las horas previas al crepúsculo, César y sus hombres lograron ganar el terreno elevado. Allí, donde la infantería gozaba de ventaja frente a la caballería, los legionarios pudieron al fin mantener sus posiciones y repeler a las fuerzas de Labieno. Finalmente, el enemigo se retiró y los supervivientes pudieron regresar a su campamento, pero César era consciente que sólo por la gracia de los dioses había escapado a la destrucción total.

A pesar de la derrota, Labieno estaba exultante. Había diezmado las fuerzas de César y había logrado demostrar a sus hombres que el legendario líder romano era vulnerable. Las tropas de César estaban mal preparadas para luchar en el desierto, sobre todo contra miles de jinetes númidas, tan hábiles a caballo que eran capaces de montar sin bridas. Además, los *optimates* contaban con miles de soldados romanos, endurecidos por la vida en África, junto con incontables arqueros, honderos, mercenarios galos y germanos y más de un centenar de elefantes. Labieno aseguró a sus hombres que no tenían nada que temer de César, quien a duras penas había logrado escapar con vida de una mera expedición de saqueo.

La noticia sobre las dificultades de César se propagó rápidamente por todo el Mediterráneo alentando a sus enemigos. En Siria, un antiguo pompeyano llamado Cecilio Baso asesinó a un pariente suyo, Sexto César, y se apoderó de la provincia. En Roma, Cicerón propagaba con regocijo los últimos rumores sobre la muerte de César. Pero los desalentadores informes no reflejaban la realidad. Los hombres de César estaban cansados y hambrientos, pero nunca habían perdido la fe en su comandante, ni siquiera cuando una tormenta de inusitada ferocidad cargó el aire con tal cantidad de electricidad que se formaron fuegos de san Telmo en el extremo de las lanzas de los legionarios de la V legión.

A medida que pasaban las semanas iba llegando al campamento de César un incesante goteo de tropas y provisiones. A éstas se unían gran cantidad de desertores del ejército *optimate*, que cada vez estaban menos dispuestos a enfrentarse a sus compatriotas. César alimentó hábilmente este descontento con una campaña propagandística centrada en el orgullo nacional. Retrató a Escipión y a los *optimates* como cobardes servidores de un rey bárbaro, Juba, y prometió que todos los hombres que se pasaran a su bando compartirían con sus tropas los beneficios de la victoria. Como respuesta, Escipión hizo circular sus propios panfletos, pero éstos no contenían promesas de recompensas, sino simplemente tibias exhortaciones a salvar el Estado romano. Por si fuera poco, César consiguió el crucial apoyo de los nativos gaetulianos del interior como sobrino de Cayo Mario, un hombre al que muchos africanos aún recordaban con reverencia. Los mauritanos también se sumaron al esfuerzo de guerra de César con una serie de ataques coordinados contra la frontera occidental de Numidia que obligaron a Juba a retirar su ejército, al menos por el momento.

La guerra africana se prolongó durante los primeros meses del año 46 a.C. sin que ninguno de los dos bandos lograra obtener una clara ventaja. Escipión y Labieno lanzaban constantes ataques contra las fuerzas de César, inferiores en número, pero resistían la tentación de hacerle frente en una gran batalla. Sabían que si lograban impedir que obtuviera una clara victoria, sus hombres se cansarían de la guerra, mientras, por todo el territorio romano, su apoyo político se iba resintiendo. En cuanto a César, sabía que no podría ganarse el respeto del mundo romano con una interminable guerra de desgaste ni con una victoria muy cara en vidas romanas. Necesitaba un triunfo aplastante sobre los *optimates* para acallar las voces críticas de una vez para siempre. Así que, aunque detestaba esperar, era consciente de que tenía que aguardar refuerzos para asestar un golpe decisivo a sus enemigos.

Los barcos iban llegando, pero con gran lentitud y no sin incidentes. Un barco de guerra que venía de Sicilia con un escuadrón de veteranos se separó del resto de la flota y acabó en manos de las fuerzas de Escipión. Los legionarios que iban a bordo fueron capturados, pero los *optimates* los trataron bien. Los llevaron ante Escipión, quien decidió tratar de ganárselos recurriendo a la clemencia. Alabó la valentía que habían demostrado al servicio de César y les aseguró que no les guardaba rencor alguno por haber luchado contra sus compatriotas. No eran más que peones de un juego político que escapaba a su control. Si se unían a su ejército y luchaban como auténticos patriotas, les perdonaría la vida y los recompensaría con generosidad.

Escipión estaba convencido de que los prisioneros se aferrarían con uñas y dientes a aquella oportunidad de salvar la vida, pero un centurión de la XIV legión se adelantó para hablar en nombre de todos:

> Agradecemos tu benevolencia, Escipión. Te ruego que me disculpes por no dirigirme a ti como comandante en jefe. Es de agradecer que te ofrezcas a perdonarnos la vida, como prisioneros de

guerra que somos. Nos gustaría aceptar tu oferta, pero las condiciones que pides son inaceptables. Nunca lucharemos contra César.

El centurión sugirió que, en cambio, Escipión escogiera unos millares de sus mejores hombres para luchar contra ellos, que sólo eran unas pocas decenas. De ese modo le demostrarían el valor de los hombres de César. El comandante *optimate*, lívido por la insolencia de aquellos veteranos, ordenó que los torturaran hasta la muerte junto a las murallas del campamento.

A comienzos de abril, César estaba por fin en condiciones de arriesgarse a librar una gran batalla. Había recibido más legiones desde Italia, pero las fuerzas de Escipión y del rey Juba, que había regresado de las regiones occidentales de su reino, aún lo superaban ampliamente en número. Por tanto, debía obligar a Escipión a luchar en un campo de batalla que limitara su superioridad numérica. El 4 de abril, sus legiones llegaron ante la ciudad costera de Thapsus y la pusieron bajo asedio.

Thapsus, defendida por una guarnición *optimate*, pidió ayuda a Escipión sin perder un minuto. Éste podría haber ignorado la llamada y haber dejado que se las arreglaran solos, pero creyó que se encontraba ante una oportunidad de oro. Al igual que Alejandría, Thapsus se encontraba al final de un estrecho istmo, con el mar a un lado y una amplia marisma salina al otro. Si los *optimates* lograban bloquear los dos extremos, César estaría atrapado. Lo tendrían metido en un cepo y podrían aplastarlo. Ordenó a Juba y a Afranio que cerraran los accesos meridionales mientras él avanzaba con sus legiones, su caballería y sus elefantes desde el oeste.

César estaba atrapado...; pero eso era precisamente lo que pretendía. Al atraer a Escipión a una batalla campal en aquellas condiciones, estaba corriendo un riesgo terrible, pero estaba convencido de que podía ganar. La franja de tierra por la que tendría que acercarse Escipión era muy estrecha, lo que reduciría el número de soldados que podría colocar en las primeras filas. Era una maniobra clásica, utilizada ya por los espartanos en las Termópilas y por los atenienses en Salamina, pero que podía convertirse fácilmente en una masacre si el enemigo conseguía romper sus líneas.

La mañana del 6 de abril, César y Escipión se encontraron al fin frente a frente. César vio que su adversario había colocado los elefantes en las dos alas para atravesar sus líneas. Los elefantes eran aterradores en batalla, pero resultaban casi imposibles de controlar y eran vulnerables a una lluvia concentrada de lanzas y flechas. Por consiguiente, César colocó a sus veteranos más expertos en los flancos para hacer frente a esos colosos.

Entonces se percató de que las líneas enemigas parecían inusualmente desorganizadas. Siempre había cierta confusión antes de una batalla, pero los hombres de Escipión corrían en todas direcciones de un modo totalmente indisciplinado. Los oficiales de César, al verlo, urgieron a su comandante a atacar al instante. Éste replicó que actuaría cuando estuviera preparado y ni un momento antes. De repente, en el ala derecha de César, un trompetero ordenó la carga. Los hombres echaron a correr mientras los centuriones intentaban impedírselo, pero no había forma de detener a los impacientes soldados. César sabía que era demasiado tarde, así que dio la orden de secundar la carga y avanzar.

A pesar de que los legionarios habían iniciado la batalla antes de que su comandante estuviera preparado, su ataque contra las líneas de Escipión tuvo un enorme éxito. Los honderos y arqueros de los flancos descargaron una lluvia de proyectiles sobre los elefantes que, aterrados, dieron media vuelta y huyeron en dirección contraria. Uno de ellos, malherido, estaba tan enloquecido que atrapó a uno de los hombres que seguían al ejército de César (que, por alguna razón, andaba por el campo de batalla) y se dispuso a aplastarlo. Cuando un centurión veterano acudió corriendo para salvarlo, el elefante lo agarró con la trompa y lo levantó en vilo. Utilizando su espada, el soldado golpeó a la bestia con todas sus fuerzas hasta que, finalmente, ésta lo soltó y huyó.

Los hombres de Escipión sucumbieron al pánico ante la ferocidad de los veteranos de César. Tras años de lucha, los legionarios que lo habían seguido por todo el mundo romano estaban decididos a terminar con la guerra de una vez para siempre. Acabaron con diez mil de los soldados de Escipión, tanto romanos como africanos, sin prestar la menor atención a sus gritos de súplica. Ignoraron a César cuando les ordenó personalmente que se detuvieran, e incluso atacaron a algunos de sus oficiales cuando intentaron detener la masacre.

El ejército de los *optimates* fue completamente destruido aquel día. Escipión huyó por mar, pero se ahogó de camino a Hispania. Otros líderes, como Considio, morirían poco después. El rey Juba, exiliado por su propio pueblo, hizo un pacto de suicidio con su amigo Petreyo: tras una suculenta cena, se mataron el uno al otro en un combate a espada. Entre los pocos que lograron escapar de África se encontraba Labieno.

El único que se negó a huir y a rendirse fue Catón. El inflexible republicano había pasado la mayor parte de la guerra custodiando la ciudad de Útica, al norte de la antigua Cartago. Aunque sus habitantes eran partidarios de César, Catón los había tratado con justicia y había trabajado con diligencia para garantizar su seguridad. Al llegar la noticia de lo sucedido en Thapsus, el pueblo lo celebró, pero Catón se vio enfrentado a una difícil decisión. No temía por su vida, puesto que sabía que César estaría dispuesto a perdonarlo, pero era incapaz de abandonar su ideal de Roma como Estado libre. Y, en cuanto a la clemencia, el perdón de César se le antojaba más odioso que la propia muerte.

No mostró ninguna amargura ante aquellos que deseaban entregarse a César, e incluso aconsejó a su propio hijo que se sometiera. Tan meticuloso como cuando sirviera a Roma como cuestor del tesoro, varios años antes, presentó entonces a los ciudadanos de Útica una pulcra relación de las cuentas públicas y se despidió de ellos. Su hijo y sus amigos sospecharon al ver que el enérgico líder se mostraba tan calmado de repente. Temían que estuviera planeando suicidarse: un final honorable para un noble romano vencido. Por tanto, lo sometieron a una constante vigilancia y se llevaron todas las armas de sus aposentos.

Tras cenar con sus camaradas, Catón se retiró a la cama con una copia del *Fedón* de Platón para leer un poco antes de dormir. Ésta era una pista evidente sobre sus intenciones, pero, al parecer, ninguno de sus amigos reparó en ello. En el diálogo, el condenado Sócrates reflexiona sobre la naturaleza del alma justo antes de beber la cicuta. Tras leerlo entero, Catón lo dejó a un lado y sacó un cuchillo que había ocultado en su toga. Se lo clavó en el estómago y se sacó las entrañas. No lo habrían descubierto hasta la mañana siguiente de no haber sido porque se cayó de la cama y el ruido que hizo al chocar contra el suelo alertó al guardia que protegía su puerta. Al entrar en el habitación, su hijo y sus amigos se lo encontraron inconsciente y medio desangrado. El médico llegó en seguida. Volvió a meterle los intestinos, suturó la herida y lo dejó descansar. Sin embargo, Catón no tenía la menor intención de permanecer en este mundo. Al despertar y darse cuenta de que seguía con vida, se arrancó furiosamente los puntos y, por fin, pudo morir.

César llegó a Útica al día siguiente, cuando recibió la noticia. Erguido junto al cuerpo de su enemigo, un hombre contra el que había luchado toda la vida pero al que seguía profesando un gran respeto, dijo, a modo de epitafio para ambos:

—Catón, envidio tu muerte, del mismo modo que tú me envidiabas la oportunidad de perdonarte.

Tras la muerte de Catón, no le quedaba mucho que hacer en África. Visitó las ciudades más importantes de la provincia para recompensar a las que lo habían servido bien e imponer importantes reparaciones a las que habían tomado partido por los *optimates:* dos millones de monedas de plata a Thapsus, tres millones a Hadrumetum y tres millones de libras de aceite de oliva anuales a Leptis Magna. El 13 de junio abandonó África para volver a Roma vía Cerdeña. «La única de sus propiedades que aún no ha visitado», escribió un desdeñoso Cicerón a Varrón. Tras un viaje plagado de tormentas, César llegó finalmente a casa a finales de julio, pocos días antes de su quincuagésimo cuarto cumpleaños.

XIV

Triunfo

Conquistar el propio espíritu, abandonar la cólera y mostrar modestia en la victoria [...]. A quien es capaz de hacer todo esto lo comparo, no con los hombres más grandes, sino con los dioses.

Cicerón

Una brillante mañana de verano del año 46 a.C., las puertas de la *porta triumphalis* de Roma se abrieron al fin. Esta puerta se utilizaba sólo para admitir a un héroe conquistador en el día de su desfile triunfal, el mayor honor que podía conceder la urbe a uno de sus ciudadanos. Catorce años antes, César había renunciado al triunfo ganado con sus victorias en Hispania para poder presentarse al consulado. Pero esta vez Roma estaba a punto de presenciar unas celebraciones como ningunas que hubiera conocido.

A lo largo de las siguientes semanas César celebró no menos de cuatro triunfos: uno por cada una de sus grandes victorias en la Galia, Egipto, Asia Menor y África. La conmemoración por la guerra de las Galias fue, con mucho, la más importante. El general marchaba en una carroza tirada por caballos blancos y rodeada por docenas de lictores con sus *fasces*. Los carromatos, cargados de cantidades incontables de oro y plata, avanzaban por las calles de la ciudad seguidos por los cautivos más importantes y los esclavos. Los soldados de César, conforme a la tradición, cantaban canciones provocativas y obscenas en las que se burlaban de su comandante:

Hombres de Roma, esconded a vuestras esposas,
¡os traemos al adúltero calvo!
El oro que le prestasteis aquí en Roma
lo ha derrochado con las putas de la Galia.

Finalmente, la muchedumbre pudo ver la principal atracción del desfile: Vercingetórix. César había mantenido a su famoso adversario en prisión durante seis años a la espera de aquel momento. El hombre que había dirigido la Galia entera en una rebelión pasó las últimas horas de su vida en una jaula, exhibido a lo largo del foro romano. La multitud no sintió ninguna lástima por el rey galo cuando César dio la señal de ejecutarlo.

Pero el día no estuvo exento de problemas. Al otro lado del templo de la Fortuna, el eje del carro de César se partió en seco y su ocupante cayó de bruces al suelo. Rápidamente, subió a otra carroza y pudo terminar la procesión, pero se redimió por este desastroso presagio subiendo de rodillas las escalinatas del templo de Júpiter.

El triunfo egipcio, celebrado pocos días después, marchó bien hasta que César exhibió a la hermana de Cleopatra, Arsinoe, cargada de cadenas. Los reyes bárbaros eran una cosa, pero a los espectadores romanos los conmovió la imagen de la destrozada reina. César había medido mal el ánimo de la multitud, así que, sabiamente, decidió rectificar y concedió a Arsinoe la vida y la libertad.

Pretendía que el triunfo por su victoria en África fuera un final glorioso para el mes que habían durado las celebraciones. Después de que pasara su carro, unos gigantescos retratos de sus enemigos vencidos cruzaron lentamente el foro. Este tipo de efigies habían sido un gran éxito en los triunfos egipcio y asiático, donde la multitud se había reído de lo lindo del general Aquiles y del eunuco Potino. Al pueblo también le había encantado la imagen de Farnaces huyendo en la batalla de Zela, pero las cosas cambiaron al tratarse de nobles romanos. Allí, delante de ellos, estaba Escipión, clavándose un puñal en el pecho antes de saltar al mar; a Petreyo lo mataba un leal sirviente después de que hubiera dado muerte a Juba en su duelo; lo que venía a continuación los perturbó aún más: una enorme representación de Catón en su cama de Útica, con las tripas desparramadas a la vista de todos. Aunque la multitud estaba formada en su mayor parte por ardientes partidarios de César, aquella impropia mofa de un senador romano era demasiado hasta para ellos. No profesaban ningún amor a Catón, pero lo admiraban por defender sus principios hasta el punto de morir por ellos. Aquel día, por su propia arrogancia, César convirtió a Catón en un mártir.

Una vez completados los desfiles triunfales, César distribuyó al fin el botín de guerra entre sus soldados y el pueblo de Roma. Cada ciudadano recibió la plata que podía ganar en cuatro meses de duro trabajo, así como lotes de grano y de aceite de oliva. Sus veteranos recibieron el equivalente a quince años de sueldo de un trabajador medio. Esto se sumó a la soldada regular y a otras bonificaciones anteriores. Los centuriones recibieron el doble y los oficiales el doble que éstos. Cada soldado recibió además una buena parcela de tierra a la que podría retirarse para criar a la próxima generación de soldados romanos. Estas parcelas estaban homogéneamente distribuidas por todo el territorio romano, tanto para no tener que expropiar a otros propietarios como (en una demostración de prudencia) para dificultar las posibles acciones concertadas de veteranos descontentos en el futuro.

Los soldados y los habitantes de Roma disfrutaron también de banquetes y entretenimientos de proporciones sin precedentes. Una de estas cenas contó con veintidós mil mesas repletas de toda clase de vituallas. Se prodigaron los espectáculos con fieras en el Circo Máximo, para deleite del pueblo. Entre las muchas criaturas exóticas traídas por César desde África para la ocasión había una que nunca se había visto en la ciudad. Los que tuvieron la ocasión de contemplarla pensaron que se trataba de una especie de híbrido entre camello y leopardo, puesto que tenía el lomo muy alto y la piel moteada, aunque el cuello era de extraordinaria longitud. La llamaron *camelopardalis*, pero hoy en día la conocemos como jirafa.

Además hubo música, bailes y representaciones teatrales por toda la ciudad. En un detalle muy revelador, las obras se ofrecieron en gran variedad de idiomas, tanto para la enorme población foránea de la ciudad como para los nativos latinos. César obligó al popular autor Décimo Laberio a aparecer en una de sus propias obras disfrazado de esclavo sirio. Sin embargo, el viejo Laberio se cobró cumplida venganza por esta humillación al enfatizar premeditadamente varias de sus frases con un guiño para la audiencia:

—¡Venid, ciudadanos, pues hemos perdido la libertad! —A lo que añadió una frase aún más ominosa—: Aquel a quien temen muchos, debe temer a muchos.

Al mismo tiempo, César patrocinó juegos gladiatorios en honor a su hija Julia. Tradicionalmente, los que se celebraban en el foro solían ser duelos singulares entre criminales, prisioneros de guerra y, en algunas ocasiones, *equites* e incluso algún que otro antiguo senador. Pero en otros escenarios más grandes, ejércitos enteros formados por centenares de condenados luchaban por sus vidas a pie o a caballo. Hubo hasta una batalla con veinte elefantes por bando con sus correspondientes jinetes. César hizo excavar un enorme lago artificial para que los espectadores pudieran presenciar una batalla naval entre barcos de guerra, con abordajes incluidos. Estos espectáculos eran tan populares que los visitantes que afluían a Roma dormían en las calles, y muchos espectadores fueron pisoteados hasta la muerte en la lucha por los mejores lugares.

Al poco tiempo, los rivales de César empezaron a murmurar que la carnicería estaba resultando excesiva. Además, sobre todo entre los soldados veteranos, cundía la idea de que el dinero invertido en aquellas extravagancias se tendría que haber distribuido entre los soldados. En un espectáculo en el que se había levantado una cara cubierta de seda para proteger a la multitud del sol, algunos de los legionarios empezaron a protestar con tanta fuerza por aquel derroche que el propio César agarró al cabecilla de los descontentos y se lo llevó de allí para que fuera ejecutado. Otros dos alborotadores tuvieron un fin más perturbador: Desde tiempos inmemoriales, todos los 15 de octubre se sacrificaba un caballo al dios Marte junto a la entrada de la ciudad. Luego, su cabeza y su cola se llevaban a la Regia del foro para exhibirlas en público. Aquel año, César decidió complementar el sacrificio del caballo con una ceremonia casi druídica en la que el sacerdote de Marte sacrificó ritualmente a los dos soldados y colgó su cabeza cerca de la Regia. Los sacrificios humanos habían sido muy raros en la historia de Roma y se habían realizado sólo en momentos del máximo peligro para el Estado. El hecho de que César utilizara sus poderes como sumo sacerdote para revivir un ritual tan obsoleto, con el único fin de enviar una advertencia a todos los que pudieran quejarse de su conducta, debió de provocar un escalofrío por toda la ciudad.

Habían muerto tantos romanos a lo largo de los tres años de guerra civil que el pueblo estaba decidido a conceder a César lo que pidiera con tal de que le prometiera la paz. Tanto a causa de su desesperado anhelo de estabilidad como por miedo genuino a lo que pudiera hacer a continuación, los senadores compitieron concediendo a César honores y privilegios inauditos hasta entonces.

Para empezar, en un acto sin precedentes, fue nombrado dictador por un periodo de diez años. Ya había ocupado el cargo anteriormente durante cortos periodos, pero ahora podría actuar con poder absoluto e impunidad judicial por todo el mundo romano durante una década entera. Además, el Senado lo nombró *praefectus morum* —custodio de la moralidad—, un cargo derivado del tradicional puesto de censor. Con este poder, podía reprobar a personajes importantes y despojar de su condición a los senadores que ofendiesen a la moral pública. A nadie se le escapó la ironía que suponía conceder este poder a un hombre que era el protagonista de escandalosas canciones en todas las tabernas de la ciudad.

Los senadores también aprobaron un periodo de cuarenta días de celebración, la construcción de una estatua de César montado a horcajadas sobre el globo y la concesión del codiciado derecho a dar la señal de comienzo de las carreras en el Circo Máximo. En la cámara del Senado se sentaría delante, junto con los dos cónsules, hablaría el primero en todos los asuntos y nombraría a quien quisiera para las magistraturas. César aceptó de buen grado estos honores y muchos otros.

En público, al menos, proclamaba que su único deseo era restaurar el orden y devolver la prosperidad a su amada patria:

No penséis, mis queridos senadores, que emitiré decretos severos o realizaré actos crueles ahora que he ganado la guerra y puedo actuar conforme a mis deseos.

Hasta los políticos más cínicos, como Cicerón, creían que César devolvería Roma a su gloria republicana y renunciaría a sus poderes extraordinarios una vez que hubiera alcanzado sus objetivos. Los comienzos de esta nueva época estuvieron repletos de signos prometedores, como por ejemplo el buen trato deparado a sus antiguos enemigos. Bruto había sido nombrado gobernador de la Galia itálica, Casio recibió importantes cargos en el gobierno, y hasta Marco Marcelo, uno de los más venenosos enemigos de César, recibió el perdón gracias a la intervención de Cicerón. Pero quienes esperaban un rápido regreso a los días del gobierno del Senado habían pasado por alto, aparentemente, algunas afirmaciones de César en sentido contrario: «La república no es nada, sólo un nombre sin sustancia ni forma»; o: «Sila demostró ser un niño ignorante al renunciar a la dictadura», e incluso: «Los hombres deberían tratarme con más cortesía y recibir mi palabra como si fuera ley».

Poco después de los triunfos de César, Cleopatra y la corte real llegaron a Roma. No había nada atípico en que un monarca extranjero visitara la capital, pero Cleopatra no era una mujer típica. Seguida por su hermano-marido de trece años de edad, se presentó en Roma con el pequeño Cesarión, hijo de César, en brazos. Esto debió de causar un enorme revuelo por toda la ciudad, no a causa de la infidelidad que representaba —algo que se consideraba normal en un general en misión extranjera—, sino porque significaba que existían vínculos íntimos entre César y la familia reinante de Egipto. Roma sólo había empezado a acostumbrarse a César como gobernante de facto de sus territorios. ¿Significaba la presencia de Cleopatra que pensaba gobernar también Egipto? ¿Iba a establecer una dinastía? ¿Trataría de unir Oriente y Occidente como Alejandro Magno en su día?

César contribuyó a alimentar las especulaciones al levantar un nuevo templo consagrado a su antepasada Venus, tal como prometiera tras la batalla de Farsalia. Este acto era perfectamente aceptable, e incluso admirable, desde el punto de vista de los romanos, pero César colocó junto a la estatua de la diosa una hermosa imagen de la propia Cleopatra. Puede que, desde su punto de vista, sólo significara que se había utilizado a Cleopatra para representar a Isis, equivalente egipcia de Venus, pero a los romanos más conservadores les preocupó mucho este insólito honor.

El Senado reconoció formalmente a Cleopatra y al títere de su marido como amigos y aliados del pueblo romano. La seguridad de su relación política encabezaba la lista de prioridades de Cleopatra, pero aún más vital para la reina era la oportunidad de renovar sus lazos personales con el gobernante romano. Éste la complació alojándola, junto con todo su séquito, al otro lado del Tíber, en una de sus casas. Allí, la reina organizó su corte para recibir a los funcionarios y senadores romanos que, a despecho de sí mismos, acudían a ella a causa de su influencia. Sus interminables deberes mantenían a César ocupado la mayor parte del tiempo, pero es de suponer que visitara de vez en cuando a su amante y a su joven hijo al otro lado del río.

Cicerón, a pesar de sus esfuerzos por aceptar la situación de César, nunca pudo congraciarse con la diosa encarnada de Egipto:

> Detesto a Cleopatra [...]. No puedo ni empezar a describir la insolencia con la que se conduce esa reina en sus jardines al otro lado del Tíber sin montar en cólera. No quiero saber nada de ella, dado que es evidencia que no siente ningún aprecio por mis sentimientos.

Había intentado impresionar a Cleopatra con su erudición, pero se llevó una profunda decepción. En una ocasión, mientras esperaba a que lo llamaran para ver a la reina, descubrió consternado que el criado de la reina que se había presentado en su casa venía en realidad a buscar a su amigo Ático.

No sabemos durante cuánto tiempo se quedó Cleopatra en Roma, pero su visita fue un gran éxito. Recibió el respaldo oficial a su corona y reforzó sus vínculos personales con César. Antes de que se marchara, el dictador romano la cubrió de regalos para ella y para su hijo. Según la ley romana, Cesarión nunca podría haber seguido el camino de su padre por la senda de los honores, pero indudablemente a César le complacería pensar que un hijo suyo se sentaría un día en el trono de Egipto.

César pasó los meses siguientes embarcado en una serie de revolucionarias reformas cívicas y sociales. Algunas de estas iniciativas las había emprendido antes de cruzar el Rubicón, pero ahora que tenía el poder absoluto en sus manos era libre, al fin, de moldear el futuro de Roma a su antojo. Algunos miembros de las clases superiores, como Cicerón, protestaron sin otra razón que el hecho de que César estaba alterando la tradición romana, a pesar de que los beneficios eran evidentes para todos. César no tuvo piedad de las clases acaudaladas ni de sus partidarios populistas en su campaña global por convertir la oligarquía endogámica que era Roma en un imperio internacional. En modo alguno estaba creando una democracia moderna, pero lo que es indudable es que en el año 46 a.C. dio comienzo a una revolución que cambiaría Roma para siempre.

La primera medida tomada por él fue realizar un exhaustivo censo de la ciudad. Esto se debía en parte al fraude masivo que, durante años, había permitido a miles de ciudadanos aprovecharse ilegalmente de los repartos de grano destinados a las clases más pobres. Pero César también deseaba saber cuánta gente residía en la ciudad tras años de guerra civil. Tras descartar los estudios demográficos anteriores, que ofrecían cifras patentemente incorrectas, encargó a un ejército de auditores que fueran puerta por puerta por todos los barrios de Roma hasta obtener una cifra precisa. Una vez completado el proceso, resultaba que el número de ciudadanos que tenía derecho a beneficiarse de los repartos de grano gratuito era de ciento cincuenta mil, en lugar de los trescientos veinte mil previstos. César se alegraba de poder reducir a la mitad el presupuesto estatal destinado a esta partida, pero le preocupaba el acusado descenso de población. Los trabajadores urbanos, al igual que sus equivalentes del campo, formaban uno de los cimientos del ejército. Por tanto, ofreció grano e incentivos fiscales a las familias numerosas.

Para conseguir que los ciudadanos engendraran más descendencia, prohibió que los hombres romanos de entre veinte y cuarenta años de edad viajaran al extranjero durante más de tres años, salvo que sirvieran en el ejército. A los hijos de los senadores se les prohibió abandonar Italia salvo que estuvieran cumpliendo con sus obligaciones militares o gubernamentales. César sabía que no podía gestionar por sí solo un gran imperio, así que tomó medidas para aumentar en casi mil personas el número de miembros del Senado, aunque esto significara que las familias gobernantes tradicionales se convirtieran en una minoría en la más ilustre asamblea de Roma. Soldados, hijos de esclavos libertos e incluso extranjeros que lo habían servido lealmente se convirtieron en senadores de Roma. Cuando los conservadores se quejaban de la falta de idoneidad de estos advenedizos, César respondía: «Si un ladrón o un asesino me hubieran ayudado a defender mi honor, les ofrecería la misma recompensa.»

A pesar de que la población de Roma había declinado, los trabajadores urbanos seguían representando un serio peligro para el orden público si se les permitía organizarse. Por tanto, César cerró todas las asociaciones y hermandades salvo que estuvieran sancionadas específicamente por el gobierno. Esta generalizada reducción de las libertades públicas se vio atemperada por el anuncio de que a las organizaciones más tradicionales se les permitiría continuar con sus actividades. Normalmente, estos grupos estaban formados por hombres pertenecientes a un oficio o una profesión concretos. Solían estar formados por hombres libres, aunque a veces, en algunos de ellos, se permitía ingresar a los esclavos. Al margen de sus propósitos oficiales, la mayoría de los grupos tenían un objeto puramente social. César no tenía nada en contra de las reuniones pacíficas, pero, como a la mayoría de los romanos, las organizaciones extranjeras de naturaleza religiosa le inspiraban mucha desconfianza. Aun así, en su decreto tuvo la prudencia de excluir a los judíos de cualquier prohibición. Mientras se limitaran a ocuparse del culto y del bienestar material de sus comunidades, las sinagogas de Roma podrían seguir abiertas.

También fomentó el crecimiento de las clases medias profesionales concediendo la ciudadanía a los médicos y los maestros que se instalaran en la ciudad. Por otro lado, se mostró muy selectivo con respecto al tipo de ciudadanos que quería en el gobierno romano. A los subastadores, los enterradores, los profesores de esgrima, los alcahuetes y los actores se les prohibió ocupar las magistraturas.

Inspirado quizá por su estancia en Egipto —o por la culpa por haber incendiado la gran biblioteca de Alejandría—, proyectó una enorme biblioteca pública en Roma, donde se guardarían las mejores obras griegas y latinas. El senador *optimate* y famoso erudito Marco Varrón, dos veces perdonado por César, recibió el encargo de reunir y catalogar las obras. César también concibió el proyecto de codificar por primera vez el inmenso cuerpo de la legislación romana, obra que no se completaría hasta comienzos de la era bizantina.

César se tomaba muy seriamente su papel como guardián de la moral pública. Estaba decidido a imponer cierto grado de moderación a una nobleza conocida más por sus extravagantes banquetes que por las antiguas virtudes romanas. Claro está que él también era famoso por sus gustos exquisitos —sobre todo por lo que se refiere a las mujeres casadas—, pero no permitió que sus predilecciones personales le impidieran formular normas para los demás. En cierta ocasión, cuando un antiguo pretor se casó con una mujer el día después de su divorcio, César anuló la unión a pesar de no existir indicios de adulterio previo. Impuso pesados aranceles a la importación de productos de lujo y colocó guardias en los mercados de toda la ciudad para confiscar las mercancías extranjeras que le parecían demasiado extravagantes. A veces, sus agentes incluso realizaban incursiones en casas de ciudadanos privados para confiscar vajillas demasiado elegantes en mitad de la cena. Prohibió el uso de literas para llevar a los ciudadanos acaudalados por las calles, mientras que la utilización de túnicas de color escarlata y perlas quedó restringida a ocasiones especiales.

Se mostró muy severo con los senadores y los ciudadanos ricos que quebrantaban la ley. Hasta entonces, los nobles podían salir indemnes de un asesinato o, como mucho, enviados al exilio si no lograban eludir la condena por medio de un soborno. Para la mayoría, esto significaba tan sólo el inconveniente de tener que retirarse a una de sus fincas en el extranjero. César cambió las leyes para golpear a la nobleza donde más le dolía, de modo que si eran condenados perderían al menos la mitad de sus bienes. Además, a los gobernadores condenados por extorsión en la administración de sus provincias se los expulsaba del Senado. Pero tampoco siguió una línea política estrictamente populista en todos los asuntos. Revisó la composición de los jurados y expulsó de ella a los miembros de las clases inferiores, admitidos hasta entonces. Con su nueva legislación, sólo los senadores y los *equites* tendrían derecho a ejercer de jurados, puesto que sólo a ellos se los consideraba capacitados para comprender las sutilezas de la ley.

César se mostró igualmente activo más allá de las puertas de Roma. Trazó los planos de nuevos muelles en la cercana Ostia, a fin de que Roma tuviera el puerto que necesitaba. También proyectó grandes obras públicas, como el desecamiento de las malsanas ciénagas de Italia o la excavación de un canal a lo largo del istmo de Corinto, en Grecia. Promovió la contratación de más manos de obra libre en las grandes granjas reduciendo por ley el número de esclavos permitidos en un tercio. Recordaba muy bien la revuelta de Espartaco, treinta años antes, y estaba decidido a reducir la dependencia romana de la esclavitud, tanto por razones de seguridad como para fomentar la actividad económica.

También tomó medidas sin precedentes para hacer crecer el número de ciudadanos del Estado romano. Tres años antes ya había otorgado los plenos derechos de ciudadanía al norte de Italia. Ahora amplió esta concesión a los ciudadanos más importantes de las provincias, especialmente Hispania y la Galia. Muchos de ellos se trasladaron a Roma para buscar fortuna o incluso para servir como senadores. Cicerón se quejó de que la ciudad estaba siendo invadida por bárbaros con pantalones. Pasarían varios siglos antes de que Roma concediera la ciudadanía a todos los habitantes varones del imperio, pero César fue el primero que otorgó el más preciado de los derechos romanos a gran número de personas fuera de la propia Italia. Fue un paso crucial en la creación de un Estado realmente internacional.

No menos importante para la difusión de la civilización romana fue la fundación de colonias de ciudadanos. Este tipo de asentamientos no eran una idea completamente nueva, pero César fue el primero que envió romanos al extranjero por decenas de miles. Los granjeros, los artesanos habilidosos y los profesionales liberales tenían abiertas las puertas de Italia, pero a los pobres desempleados de las calles de Roma se los incentivaba a partir hacia las nuevas colonias. Esto servía, por un lado, para expandir la influencia romana en tierras extranjeras, y por otro, para librar a la ciudad de sus caros y potencialmente peligrosos proletarios. Ochenta mil ciudadanos de los estratos más bajos de la ciudad fueron enviados, con la promesa de una nueva vida, a Hispania, la Galia, África o Grecia.

Pero de todas las reformas emprendidas por César durante sus últimos meses en Roma, destaca principalmente, por su impacto futuro, la creación de un nuevo calendario. Antes de él, los romanos se regían por un calendario basado en el movimiento de la Luna por el firmamento. Esto funcionaba bien en la mayoría de los casos, pero como en un año lunar sólo hay trescientos cincuenta y cinco días, este calendario estaba permanentemente descoordinado con el año solar. Esto significaba que los sacerdotes tenían que añadir más días todos los años para impedir que el calendario se adelantase a las estaciones. La mayoría de los años el asunto se resolvía de este modo, pero se trataba de un sistema terriblemente improvisado que necesitaba constantes ajustes. Algunos años, las celebraciones por la llegada de la cosecha se celebraban semanas antes de que el grano estuviera maduro. Al finalizar la guerra civil, los desórdenes habían provocado que las estaciones se retrasasen dos meses con respecto al calendario cívico.

César utilizó su puesto de sumo sacerdote para resolver el problema de una vez para siempre adoptando un calendario solar para los romanos. Con el asesoramiento de un astrónomo alejandrino llamado Sosígenes, añadió varios días al año 46 a.C., de modo que al llegar a finales de diciembre había tenido cuatrocientos cuarenta y cinco días. Fue un ajuste puntual para sincronizar los días y las estaciones, pero para asegurarse de que el calendario funcionaba correctamente en el futuro, hubo que ajustar la duración de los meses de modo que el año estuviera formado por un total de trescientos sesenta y cinco días. Como el año solar real dura trescientos sesenta y cinco días y cuarto, César inventó también los años bisiestos añadiendo un día a uno de cada cuatro febreros para compensar esta diferencia.

Esta revolucionaria transformación del calendario supuso una mejora tan evidente con respecto a las prácticas anteriores que hasta los tradicionalistas como Cicerón tuvieron que reconocer sus ventajas. Sin embargo, cuando un amigo le comentó que la constelación Lyra aparecería en el cielo al día siguiente, Cicerón se limitó a rezongar que lo hacía por decreto. Aun así, el sistema de César funcionaba tan bien que ha sobrevivido, casi intacto, hasta nuestros días.

Desde su victoria en África, César había estado recibiendo informes constantes sobre las fuerzas pompeyanas que habían quedado en Hispania. Al principio las consideró poco más que una molestia, los últimos coletazos de un enemigo vencido, pero al llegar el otoño del año 46 a.C., el hijo de Pompeyo, Cneo, había conseguido reunir un impresionante ejército de trece legiones, formado tanto por tropas nativas como por veteranos romanos descontentos. Con la llegada de Labieno desde África, Cneo amenazaba con revivir una guerra que César ya creía ganada.

En noviembre, los pompeyanos dominaban ya la parte meridional de la península y habían atrapado a las escasas fuerzas de César cerca de Córdoba. Por tanto, dejó los asuntos de la ciudad en manos de Marco Lépido y marchó a Hispania con las legiones V y X. Una vez más, volvió a demostrar su legendaria velocidad: en menos de un mes recorrió los más de dos mil kilómetros que lo separaban de Córdoba, al mismo tiempo que aprovechaba para componer un poema titulado *El viaje*, que no ha llegado hasta nosotros.

Se podría esperar que los senadores conservadores estuvieran encantados con la posibilidad de que César muriera a manos de los pompeyanos, pero por mucho que despreciaran al dictador en el fondo de sus corazones, no preferían una victoria de Cneo Pompeyo. Tal como Casio le escribió a Cicerón:

> Mantenme informado sobre la marcha de los acontecimientos en Hispania. Estoy muy preocupado. Prefiero estar bajo el mando

de nuestro viejo y benevolente amo que el de ese cruel joven. Ya sabes lo necio que es Cneo. Confunde la crueldad con el valor y cree que siempre estamos riéndonos de él. Me temo que actuará como el granjero que es y nos perseguirá a todos con la espada desenvainada.

Hacia mediados del invierno, César estaba aproximándose a Córdoba con la intención de atraer a los pompeyanos a una batalla campal, pero Labieno recomendó una estrategia de desgaste en lugar de hacerle frente directamente. En un primer momento, el plan surtió efecto y las legiones de César se vieron enzarzadas en una lucha constante por encontrar provisiones en territorio enemigo, pero al cabo de pocas semanas, los pompeyanos empezaron a sufrir reveses constantes. César comenzó a ganarse a las ciudades hispanas para su causa, mientras el número de soldados enemigos que se pasaban a su bando crecía día a día. A comienzos de marzo, Cneo Pompeyo se dio cuenta de que tendría que hacerle frente en el campo de batalla si no quería perder el apoyo de su ejército.

El 17 de marzo del 45 a.C., César y los pompeyanos se encontraron frente a frente en la llanura de Munda, al suroeste de Córdoba. Entre los dos campamentos, situados en sendas colinas, había un espacio llano, perfecto para que maniobraran gran número de soldados de infantería y caballería. Aquella mañana, al ver que las tropas enemigas formaban en línea de batalla, César aprestó rápidamente sus propias fuerzas y se preparó para descender a la llanura. Su intención era esperar a que los pompeyanos bajaran de su colina, pero Cneo Pompeyo y Labieno mantuvieron sus posiciones para desafiarlo a atacar colina arriba. Aunque atacar a un enemigo superior en número situado en una posición más elevada era un movimiento muy arriesgado, César dio la orden a sus impacientes tropas y el ataque comenzó.

Lo que vino a continuación fue la más sangrienta y cruel batalla de la vida de César. Sus hombres lucharon cuerpo a cuerpo con los pompeyanos durante horas, pero poco a poco fueron empujados colina abajo. César sabía que todo aquello por lo que había luchado durante toda su vida terminaría aquel día si sus tropas se batían en retirada. En un momento dado, incluso barajó la posibilidad de dejarse caer sobre su propia espada para ahorrarse la humillación de la captura. Pero al final, saltó de su caballo y cargó a pie contra las líneas de los pompeyanos gritando a sus tropas que lucharía solo si era necesario.

La buena suerte y la audacia de César volvieron a dar sus frutos y sus legiones lo siguieron colina arriba. Al caer la noche, treinta mil soldados pompeyanos habían muerto, aunque César también había perdido un número inusitado de hombres. Cneo Pompeyo logró escapar, pero pocos días después fue asesinado. Entre los caídos estaba Labieno. César enterró a su antiguo lugarteniente e implacable enemigo con todos los honores allí mismo, en la llanura de Munda.

Pasó los meses siguientes en Hispania, resolviendo asuntos y recaudando dinero, y luego hizo un viaje de placer por la Galia antes de regresar a Roma. Su sobrino nieto Octavio, el futuro emperador Augusto, se reunió con él en Hispania y Marco Antonio hizo lo propio en la Galia. Finalmente, Antonio había sido perdonado por su comportamiento anterior e iba a convertirse en cónsul. A bordo del carruaje de César, compartió con el dictador los últimos rumores de Roma..., pero olvidó mencionar que su viejo amigo Cayo Trebonio lo había abordado discretamente para decirle que ya era hora de hacer algo con César.

XV

LOS IDUS DE MARZO

Y así, toda clase de personas conspiraron contra él: grandes y pequeños, amigos y enemigos, soldados y civiles. Cada uno de ellos tenía sus propias razones para hacerlo y escuchaba de muy buen grado las quejas de los demás.

NICOLÁS DE DAMASCO

En febrero del año 44 a.C. murió la hija de Cicerón, Tulia. Aunque la muerte de un hijo era un suceso muy habitual en la antigua Roma, Cicerón estaba hundido. Uno de sus amigos, Servio Sulpicio Rufo, le escribió desde Grecia en cuanto se enteró de la noticia. Servio, un antiguo cónsul, era uno de los mejores abogados de su época. Al comienzo de la guerra civil, se había unido a Pompeyo a regañadientes, pero César lo había perdonado de buen grado e incluso lo había nombrado gobernador de Grecia. La carta de Servio comienza con sentidas condolencias por la pérdida de Cicerón, pero en seguida se convierte en una expresión de luto, no por una hija, sino por la propia Roma:

> Mira lo que nos ha hecho la fortuna. Todo aquello que para un hombre debería ser tan valioso como sus propios hijos —país, reputación, dignidad, honor— se ha perdido. ¿Empeora las cosas esta desgracia tuya?

La oposición de enemigos implacables como Catón y Labieno era una cosa, pero ahora, una vez obtenida la victoria, los moderados como Servio o incluso algunos viejos amigos como Cayo Trebonio sentían frustración y desespero por la nueva Roma que había creado. ¿Cómo podía el hombre que había ganado el mundo entero perder el apoyo de aquellos que lo habían servido fielmente?

César no había comenzado a entender las profundidades de la animosidad que despertaba hasta que Cicerón, poco después de la campaña africana, publicó un panegírico titulado *Catón* en el que alababa al fallecido *optimate*. En esta obra se retrataba a Catón como paradigma de la virtud romana, un mártir de la antigua república. César estaba furioso con Cicerón, pero aún mayor que su furia fue su sorpresa ante la buena acogida que tuvo el libro. Como siempre, César era incapaz de entender cómo era posible que los demás no vieran lo que para él resultaba tan evidente: la república estaba muerta. Además, era una muerte merecida, puesto que aquel sistema sólo había servido para perpetuar el poder y la riqueza de unas pocas familias a expensas de todos los demás. Convertir a Catón en el resplandeciente héroe de un sistema corrupto y fallido era imperdonable.

César resistió el impulso de cortarle la cabeza a Cicerón y, en su lugar, envió una calurosa carta al orador alabando su espléndido estilo de escritura. Pero una vez terminada la guerra en Hispania, escribió una virulenta respuesta llamada *Contra Catón*. Este opúsculo, perdido ahora a excepción de algunos de sus fragmentos, fue uno de los grandes errores de César. En lugar de ignorar las alabanzas recibidas por su gran enemigo, trató de empañarlas de la manera más grosera que quepa imaginar. Acusó a Catón de ser un avaro, un borracho y un implacable conspirador que había entregado su esposa Marcia a su rico amigo Hortensio sólo para casarse de nuevo con ella más adelante.

¿Por qué abandonó Catón a una esposa a la que amaba? O, si no la amaba, ¿por qué volvió con ella? La utilizó como cebo para Hortensio, a fin de poder reclamarla más tarde, una vez convertida en una viuda rica.

Tal como dice Plutarco, acusar a Catón de codicia era como hacerlo con Hércules de cobardía. Hasta los mejores amigos de César quedaron avergonzados por esta injustificada diatriba contra un hombre ya muerto. Cicerón estaba tan encantado con la excesiva reacción de César que instó a todo el mundo a leer *Contra Catón*, ya que su venenosa bajeza subrayaría aún más la nobleza de Catón.

Poco después, Bruto se unió a la refriega publicando un panfleto propio en defensa de Catón. César nunca había confiado en ganarse el apoyo sincero de Cicerón, pero siempre había tratado de atraerse a Bruto a su causa. Lo había felicitado por los servicios prestados como gobernador de la Galia itálica y le anunció que, como recompensa, lo nombraría pretor y, más tarde, cónsul. Incluso mantuvo su fe en el joven cuando Bruto contrajo matrimonio con la hija de Catón, Porcia, la viuda de su viejo enemigo Bíbulo. El dictador nunca habría confiado en ningún otro que se hubiera mostrado tan partidario de los *optimates*, pero el afecto que profesaba a Bruto no se vio empeñado un ápice por los actos de éste.

César no parecía haber aprendido nada de los errores cometidos durante los desfiles triunfales del pasado año. Al pueblo romano le encantaban los buenos espectáculos, pero cuando César decidió celebrar su victoria sobre los pompeyanos en Hispania con un gran triunfo por las calles de la capital, éste acabó convirtiéndose en un desastre político. Las guerras de las Galias y de Egipto habían sido conflictos exteriores. Incluso en el caso de África, César podía aducir que una parte significativa del ejército derrotado estaba formada por los númidas de Juba, pero los romanos pensaban que la guerra en Hispania había sido una masacre de sus propios hermanos e hijos. Sabían que César no había tenido más remedio que derrotar a los últimos rebeldes, pero celebrarlo con festividades públicas, como si hubiera conquistado a los pictos de piel azul de Caledonia, era una falta de tacto espantosa.

Ningún personaje importante tuvo el valor de poner objeciones al comportamiento de César, salvo un joven tribuno de la plebe llamado Ponto Aquila. Mientras César pasaba en su carromato triunfal, todos los magistrados se pusieron en pie para honrarlo, salvo Aquila. César estaba tan furioso con aquella falta de respeto que perdió la compostura y gritó:

—¡Tribuno Aquila, ¿por qué no me arrebatas el gobierno!

Durante los días siguientes, cada vez que le prometía algo a alguien, siempre añadía, con marcado sarcasmo:

—¡Es decir, si Ponto Aquila me lo permite!

Mientras tanto, el resto de los senadores competían por cubrir de honores al dictador. Se le permitió llevar la toga triunfal en todos los juegos futuros, junto con una corona de laurel. Su victoria en Munda se conmemoraría todos los años con carreras en el circo. El Senado le concedió los títulos de *libertator* e *imperator*, el último de los cuales, restringido hasta entonces a los generales victoriosos, se transmitiría automáticamente a sus hijos y nietos al margen de sus victorias militares. Se colocó en el Senado una silla de oro para él y se proyectó la construcción de un templo dedicado a la diosa de la libertad en su honor y de un palacio como residencia privada para él en la colina del Quirinal. El cumpleaños de César se declaró festivo a perpetuidad. Además, el mes en el que había nacido, conocido hasta entonces como *quinctilus* («el quinto mes», ya que el año romano comenzaba en marzo), se bautizó como *julius* en su honor. De ahí precisamente deriva nuestro julio. Se le permitió vestir la púrpura de los antiguos monarcas de Roma y el privilegio de ser enterrado, contraviniendo la tradición, en el interior de las murallas de la ciudad. Se le proclamó padre de la patria y cónsul durante diez años. Y por último, y más significativo, se le otorgó el título de dictador vitalicio.

Pero por muy insólitos que pudieran ser todos estos honores, fue la asombrosa transformación de César en figura divina lo que más perturbó a los romanos de la antigüedad (así como a los modernos estudiosos de la historia). Los egipcios, así como buena parte de los pueblos del Mediterráneo oriental, llevaban mucho tiempo acostumbrados a adorar a sus líderes como semidioses, pero esta veneración de los gobernantes era totalmente contraria al corazón mismo de las creencias de los romanos. ¿Cómo podía permitir el Senado una blasfemia tan evidente... y por qué lo hacía el propio César? Puede que la respuesta resida en la enorme cantidad de población extranjera de Roma, a la que no le inquietaba la idea de un gobernante divino. Puede que los romanos, tras décadas de guerra civil, estuvieran tan hambrientos de estabilidad que estuviesen dispuestos a renunciar a algunas de sus más queridas tradiciones por alguien capaz de traerles la paz. Puede que los senadores le concedieran estos honores por miedo a que si no lo complacían se convirtiera en un tirano sanguinario. Puede que César los aceptara para complacer al pueblo llano o para garantizar el éxito de sus reformas por el bien del Estado... O puede, simplemente, que fuera víctima del muy humano pecado del orgullo. Seguramente, César sabría que el *hubris*, la arrogancia del rey que se cree igual a los dioses, era uno de los temas favoritos de las tragedias griegas. Pero cabe la posibilidad de que, como supuesto descendiente de la diosa Venus a través de su hijo Eneas, creyera sinceramente que merecía honores divinos.

Cuando el Senado decretó que su estatua de mármol fuera llevada en procesión por las calles de Roma, César no puso objeciones. Cuando se aprobó la fundación de un nuevo culto alrededor de su figura, con Marco Antonio como sumo sacerdote, el dictador se prestó graciosamente a ello. Cuando se propuso la erección de una estatua a su persona con la inscripción «al dios invencible» en el templo de Quirino —versión deificada de Rómulo, primer rey de Roma—, apenas hubo muestra alguna de descontento, y ninguna de ellas procedente del propio César. Pero por debajo de esta aparente calma, estaba preparándose una tormenta entre los supervivientes de la clase senatorial. Como comentó discretamente Cicerón a su amigo Ático: «Prefiero que César comparta un templo con Quirino que con Salus.» Salus era la diosa custodia del bienestar del Estado, mientras que a Rómulo lo habían asesinado los primeros senadores de Roma cuando amenazó con convertirse en un tirano.

César llevaba algún tiempo planeando una guerra contra los partos, entre otras cosas para vengar la muerte de su antiguo colega Craso nueve años antes. Pero además, había otras razones para emprender una gran campaña en el este. El rey de los partos había enviado a su hijo Pancoro a ayudar, y con éxito, a las tropas rebeldes de la provincia de Siria. Si los romanos no respondían rápidamente y de manera decidida, los partos podrían amenazar Asia Menor, Egipto y el resto del Mediterráneo oriental. Por suerte para César, el pueblo romano respaldaba la guerra con entusiasmo. Por otro lado, es probable que César quisiera alejarse de Roma para escapar de los intrigantes senadores y la voluble plebe. Aunque era un maestro de la política, había pasado la mayor parte de los últimos veinte años como general, en el campo de batalla, donde la vida era mucho más sencilla. Era en la guerra donde César se sentía verdaderamente al mando de su mundo. Pero la razón principal para esta campaña era su inagotable ambición. O, en palabras de Plutarco, la rivalidad entre lo que había hecho y lo que esperaba poder hacer. A sus cincuenta años, aún soñaba con conquistar nuevos mundos.

Era consciente de que tenía que dejar atados todos los cabos en Roma antes de marcharse, así que trabajó con furiosa actividad para promulgar leyes, nombrar magistrados y, en general, resolver los mil problemas que podían surgir mientras él estaba en una campaña que podía mantenerlo lejos de la capital durante al menos tres años. Ya había enviado dieciséis legiones y diez mil soldados de caballería al otro lado del Adriático para preparar la campaña. Él partiría de Roma a comienzos de la primavera, tres días después de los idus de marzo.

En Roma empezó a circular el rumor de que César no regresaría del este, sino que trasladaría la capital del imperio a Egipto, o a su supuesto hogar ancestral, Troya. Lo cierto es que tenía la intención de regresar a Roma en cuanto terminara la larga campaña. Primero pensaba atacar a los problemáticos dacios en el bajo Danubio para asegurar el norte de los Balcanes. Luego cruzaría Asia Menor hasta Armenia, para invadir el imperio parto desde el norte. No sabemos hasta dónde pretendía llegar, si se contentaría con la conquista de Mesopotamia o intentaría llegar hasta el Indo, como Alejandro. Pero al margen de esto, todo indica que regresaría por el Cáucaso y el mar Caspio, aplastando las tribus escitas de las estepas por el camino. A partir de allí, seguiría el Danubio en dirección oeste hasta llegar a los Alpes, desde donde atacaría a los germanos antes de regresar a Italia por la Galia. Si se hubiera dicho algo semejante de cualquier otro general, habría sido fácil desecharlo como una mera fantasía, pero en el caso de César, es perfectamente posible que planeara conquistar Oriente Medio y toda Europa hasta el mar del Norte.

Pero antes de partir en esta gran expedición, tenía que hacer frente a su propia mortalidad. Carecía de hijos romanos legítimos, así que escogió a su sobrino nieto Octavio como heredero. Este joven de extraordinaria brillantez apenas contaba dieciocho años por entonces, pero había causado una honda impresión a César. Recibiría tres cuartas partes de su inmensa fortuna, mientras que sus otros dos sobrinos nietos recibirían la parte restante. Antes de concluir sus últimas voluntades, César incluyó una última línea en la que adoptaba a Octavio como hijo en el momento de su muerte. Este tipo de adopciones por vía testamentaria eran muy frecuentes en la Roma antigua, pero si tenemos en cuenta la posición de César, la elección de Octavio revela que pretendía que fuera también el heredero de su legado político. Y por si alguien tenía dudas sobre su fe en Octavio, el dictador declaró que su sobrino se convertiría en maestro de la caballería, puesto ocupado hasta entonces por Marco Antonio, en cuanto él partiera hacia la guerra contra los partos.

El 18 de diciembre del año 45 a.C., César pasó unos días en Campania para darse un pequeño respiro en la planificación de la campaña oriental. Incluso en sus momentos de ocio, era un trabajador incansable. En el Circo Máximo, y para fastidio del público, se dedicaba a responder cartas y escuchar peticiones en lugar de disfrutar del espectáculo. Pero en Puteoli, en la bahía de Nápoles, logró encontrar unos momentos de paz contemplando el Vesubio.

Cicerón tuvo la ocasión de ofrecernos una interesante semblanza de César, puesto que poseía una casa cercana y acudió como invitado a cenar con él. Mientras estaba escribiéndole a su amigo Ático, César, acompañado por un séquito de dos mil personas —escribas, esclavos y soldados—, hizo acto de presencia en la casa de su vecino Filipo, padrastro de Octavio. Como la mayoría de ellos no cabía en la finca, tuvieron que acampar en un campo cercano. Al día siguiente, César y su amigo Balbo trabajaron sin descanso hasta la tarde, cuando bajaron a la playa a dar un paseo. A media tarde, se bañó y luego escuchó un informe referente a uno de sus seguidores, Mamurra, el mismo al que años antes Cátulo acusara de ser su amante.

Al anochecer, ungido de aceites perfumados, César se reunió con los demás invitados para cenar. Como era frecuente en aquella época, su médico le había prescrito una dieta a base de eméticos para limpiar su sistema digestivo, de modo que el dictador decidió abandonarse en lugar de mostrar su habitual comedimiento en las comidas. Cicerón nos cuenta que la cena fue espléndida, los entretenimientos alegres y la conversación interesante. Aparte de los invitados principales, entre los que se encontraba Cicerón, César ordenó que se dispusieran mesas para todos los demás, esclavos incluidos. La charla giró en torno a temas literarios, no políticos. Pero aunque fue una velada muy entretenida para todos, la presencia de César y de su séquito resultaba tan abrumadora que, en palabras de Cicerón, nadie habría querido volver a invitarlos.

Al regresar a Roma, comenzó a comportarse como un rey más que como el líder de una república. Un día, cuando estaba sentado frente al templo de su antepasada Venus, ocupado en sus asuntos, se aproximó un gran grupo de senadores para anunciarle los nuevos honores que habían aprobado concederle. César hizo ademán de levantarse para saludarlos, pero su hombre de confianza, Bíbulo, le susurró al oído que si quería que lo trataran como un gobernante, debía empezar a comportarse como tal. Por tanto, contraviniendo la costumbre, César permaneció sentado como un monarca mientras la más respetada asamblea de la antigua Roma, en pie, se dirigía a él. Su altanero comportamiento no sólo ofendió gravemente a los senadores, sino que provocó el asombro de la multitud que los seguía. Cuando se marcharon, César comprendió de repente lo insultante que había sido su comportamiento, así que, en un arranque melodramático, gritó a sus amigos que estaba dispuesto a ofrecer la garganta al cuchillo de cualquiera que se sintiera ofendido. Sin embargo, en lugar de suicidarse, hizo correr el rumor de que se había sentido repentinamente indispuesto y por eso había sido incapaz de ponerse en pie para saludar a los senadores.

Aunque de facto ya era el rey de Roma, aún le faltaba el título de *rex*. Desde que, cinco siglos antes, Tarquino el Soberbio, último monarca de la ciudad, fuera derrocado, el término *rex* había sido una palabra maldita para los romanos. Como dictador vitalicio, comandante de los ejércitos y sumo sacerdote de Roma, César ostentaba un poder que ningún título podría aumentar. Sin embargo, el hecho de convertirse en rey de Roma debía de tener algo que apelaba a la naturaleza de César. A fin de cuentas, sus antepasados habían sido los reyes de la cercana Alba Longa cuando Roma no era más que un villorrio de pastores y refugiados. Además, gobernaba un poderoso imperio en medio de un mundo cuyos demás gobernantes, fuesen egipcios, hindúes, partos o incluso britanos, eran reyes. Para él, la tentación de añadir este último título a su nombre debía de ser muy fuerte. Sólo hacía falta que el Senado y el pueblo se lo permitieran.

Las historias que han llegado hasta nosotros sobre las primeras semanas del año 44 a.C. demuestran que César barajó la idea de adoptar el título. De hecho, sabemos que lo rechazó en público, aunque sin demasiado entusiasmo, como si quisiera sondear las aguas de la opinión pública. Corrió el rumor (¿propagado por él mismo, quizá?) de que los sagrados libros Sibilinos auguraban que sólo un rey podría conquistar a los partos. Su primo Cotta, uno de los sacerdotes a los que correspondía la interpretación de estos textos, propuso que César recibiera el título de *rex*, pero sólo fuera de Italia.

En otro incidente, una de las estatuas de César en el foro apareció adornada con una cinta en la cabeza, el símbolo tradicional de la realeza en Oriente. Dos tribunos llamados Márulo y Flavio ordenaron que se retirara al instante, declarando que César no tenía ninguna necesidad de tan ofensivos símbolos. En una de las versiones, César se ofende con los dos por retirar la cinta; en otra, por no dejarle hacerlo él mismo. Otras fuentes sugieren que fueron los propios Márulo y Flavio los que prepararon el asunto para atizar el descontento del pueblo contra él.

Poco tiempo después, mientras César se dirigía a su casa en su caballo, alguien en medio de la multitud lo saludó como rey. El dictador se echó a reír y gritó:

—Mi nombre es César, no *rex*.

Pero Márulo y Flavio agarraron al responsable y lo hicieron detener. Esta vez, el dictador pensó que la presencia de los dos tribunos era demasiado conveniente y llegó a la conclusión de que estaban intentando provocar a la muchedumbre. Los obligó a presentarse ante el Senado y declaró que merecían la muerte por sus insidiosas manipulaciones. Estaban, declaró, intentando imponerle el odioso título de rey en contra de sus deseos. Los dos hombres exclamaron que César pretendía impedirles ejercer sus sagrados deberes como tribunos de la plebe. Al final, tanto Márulo como Flavio fueron expulsados del Senado, aunque conservaron la vida. Es difícil saber si habían desbaratado un plan orquestado por el propio César para recibir el título de rey por aclamación popular o habían instigado el asunto ellos mismos para hacer creer que codiciaba el trono.

El asunto llegó a su cenit durante las celebraciones de la Lupercalia, el 15 de febrero. La Lupercalia era una ceremonia tan antigua que nadie sabía muy bien cuáles eran sus orígenes ni el sentido de sus rituales. Los responsables de llevarla a cabo eran los miembros de la hermandad de los Luperci, cuyo nombre derivaba, al parecer, de la loba *(lupa)* que amamantara a Rómulo y a Remo. Durante esta celebración, se sacrificaban un perro y varios carneros en una cueva de la colina Palatina, donde se creía que la loba había criado a los pequeños. La sangre del cuchillo del sacrificio se limpiaba en las frentes de dos niños (de quienes, por alguna razón, se esperaba que se echaran a reír), y luego se enjugaba con un paño de lana mojado en leche. A continuación, los miembros de la hermandad —totalmente desnudos salvo por la piel de los carneros con la que se cubrían la entrepierna— corrían por el centro de Roma azotando a las mujeres con correas purificadoras hechas de piel de carnero *(februare*, de donde deriva el nombre del mes de febrero). Se suponía que esto aumentaba la fertilidad y aliviaba los dolores del parto.

Aquel año, Marco Antonio, además de cónsul, era uno de los miembros de la hermandad elegidos para correr por las calles. Al llegar al foro vio a César, sentado en su trono dorado y ataviado con la púrpura. De repente, sacó una diadema de laurel de debajo de la piel de carnero y se la ofreció a César con las siguientes palabras:

—El pueblo me ha pedido que te entregue esta corona.

La multitud se sumió en un profundo silencio al ver este gesto supuestamente popular, mientras César permanecía sentado, mirando fijamente el regalo en las manos de Antonio. Éste volvió a ofrecérselo, pero entonces César la apartó y declaró:

—¡Sólo Júpiter es el rey de los romanos!

La multitud prorrumpió entonces en fuertes aplausos.

Algunas fuentes antiguas dicen que César había preparado todo este montaje para acabar de una vez con los rumores sobre sus aspiraciones al trono. Al rechazar la corona en el escenario más público dejaba claro ante los ojos de todos que no deseaba ser rey. Pero la mayoría de las fuentes adopta la posición contraria, la de que César había ordenado a Antonio que le ofreciera la corona para poder evaluar la reacción del pueblo y aceptar la monarquía si creía que éste lo aprobaba. Como al final no fue así, tuvo el magnánimo gesto de rechazar la oferta de Antonio. En cualquier caso, la mayoría de la aristocracia romana estaba convencida de que César se habría convertido en rey aquel día de haber contado con el respaldo de la población, así que empezaron a trazar planes. Cicerón, que presenció la escena entera, escribiría más tarde que la Lupercalia marcó el inicio del fin de César.

Había tres grupos diferentes que querían la muerte de César. Los primeros eran sus viejos enemigos, antiguos partidarios de Pompeyo a los que había concedido el perdón. Estos hombres, como Casio, se habían sumado a la causa de César por obligación, no por convicción. Al comprender que los *optimates* iban a perder la guerra, decidieron salvar los muebles y cambiar de bando. Siguieron a César para obtener beneficios y altos cargos, cosa que César les entregó con prodigalidad. Pero, como dijo un historiador antiguo:

Lo detestaban precisamente porque los había perdonado y por la benevolencia con que los había tratado. No podían soportar la idea de recibir de César los dones que esperaban haber obtenido por medio de su propia victoria.

El segundo grupo que conspiraba contra César estaba formado por sus propios amigos. Muchos de ellos, como Trebonio, lo habían seguido fielmente desde la guerra de las Galias y ahora ocupaban posiciones de privilegio en su gobierno. Sentían un enorme respeto por César como líder militar, pero no estaban en absoluto de acuerdo con su política de reconciliación con respecto a sus antiguos enemigos. Se habían alineado con César porque habían visto en él la posibilidad de derribar a los atrincherados *optimates*. Sin embargo, en lugar de destruir a las familias nobiliarias, como ellos esperaban, los había colocado en el gobierno, en pie de igualdad. Sus descontentos amigos no sentían el menor interés por la visión de César de una Roma nueva y armoniosa; simplemente, querían los frutos de la victoria para sí.

Los últimos conspiradores eran idealistas que creían de buena fe en la república. Estos pocos, como Bruto, tenían también otros motivos, pero su dedicación a la antigua tradición romana del gobierno colectivo era genuina. La mera idea de que su amada Roma estuviera bajo el mando de un solo hombre les resultaba insoportable. Durante generaciones, sus antepasados habían luchado y muerto para preservar su libertad constitucional, pero ahora se veían obligados a servir a un rey al que sólo le faltaba la corona. ¿Qué importaba que los nombrara cónsules o los hiciera gobernadores de ricas provincias? Al llegar a sus casas por la noche tenían que enfrentarse a las máscaras de cera de sus antepasados, quienes los miraban en silencio y les preguntaban cómo habían podido permitirlo.

Las cuatro principales figuras de la conspiración salieron de las filas de sus antiguos compañeros y de aquellos que habían luchado contra él. Cayo Trebonio había colaborado con César desde tiempos del triunvirato y le había prestado servicios especialmente importantes durante sus últimos años en la Galia. Había organizado el asedio de Massalia durante los primeros años de la guerra civil y había luchado en Hispania. Gracias a César, había sido pretor y, durante un breve periodo de tiempo, cónsul en el año 45 a.C. Décimo Bruto, de la misma familia que el Bruto más famoso, había sido el cerebro de la victoria naval obtenida contra los venetos doce años antes, además de ser uno de los comandantes de más confianza de César en toda la guerra de las Galias. Había colaborado con Trebonio para someter Massalia y había sido nombrado gobernador de la Galia, donde se distinguió al aplastar la revuelta de los feroces bellovacos. César lo había honrado repetidas veces y lo había designado cónsul para el año 42 a.C. Tanto Trebonio como Décimo se lo debían todo, pero ambos pensaban que no era suficiente.

Casio era violento e implacable, pero César lo respetaba, pues sabía que era uno de esos hombres que consiguen que se hagan las cosas. Había servido con brillantez a las órdenes de su antiguo colega de triunvirato, Craso, y luego como comandante naval para Pompeyo durante la guerra civil. Sin embargo, al enterarse de la derrota de los *optimates* en Farsalia, se presentó ante César sin perder tiempo para suplicar su perdón. Gracias al apoyo de éste alcanzó la pretura en el año 44 a.C., pero lo cierto es que el dictador nunca terminó de confiar en él y sospechó desde el principio que podía estar conspirando para asesinarlo. En más de una ocasión les dijo a sus amigos que Casio parecía demasiado pálido en su presencia.

Bruto había sido durante mucho tiempo el favorito de César entre la joven generación de los aristócratas romanos. César sabía que podía ser codicioso y arrogante, pero, quizá porque era el hijo de su antigua amante, lo había cubierto de honores. Perdonó fácilmente su breve defección para unirse a las filas de Pompeyo y lo nombró pontífice y gobernador de la Galia itálica. En el año 44 a.C. lo eligió como pretor urbano y le prometió el consulado para tres años después. César no toleraba que se hablara mal de Bruto, y cuando uno de sus amigos lo advirtió de que estaba conspirando contra su vida, replicó: «Bruto tendrá que esperar a cobrarse esta piel arrugada» mientras lo echaba de allí. Pero Bruto estaba sometido a la creciente presión de Casio y otros senadores descontentos para que pusiera fin a la tiranía de

César, a imitación de su ilustre y homónimo antepasado, que, siglos antes, derrocara al último rey de Roma. Cada noche aparecían nuevas inscripciones en las estatuas dedicadas a este antiguo héroe de Roma con mensajes provocativos: «¡Oh, si siguieras con vida!», «Tu descendencia te ha fallado.», «¡Nos hace falta un Bruto!»

Al final, la presión fue imposible de resistir y Bruto decidió encabezar la conspiración para asesinar a César a pesar del perdón y de los favores que el dictador le había prodigado.

Si querían acabar con él, no había tiempo que perder, puesto que saldría hacia Partia el 18 de marzo. Lejos de Roma y rodeado de sus fieles soldados, sería intocable. Aunque tal vez fuera posible tenderle una emboscada en las calles, los conspiradores estaban decididos a asesinarlo en un lugar público. No podía tratarse de un asesinato vergonzoso, en algún callejón oscuro, como si fueran un grupo de matones decididos a robarle la bolsa a un hombre rico. Era un acto político, la restauración del poder del Senado y del pueblo de Roma. Tenían que hacerlo en público, pero también en un escenario que pudieran controlar. Finalmente se decantaron por la reunión del Senado prevista para los idus de marzo. Normalmente, los idus recaían el día trece de cada mes, pero en marzo pasaban al quince. No habría otra ocasión de intentarlo antes de esa fecha, y, si fallaban, no habría segundas oportunidades.

César no prestaba mucha atención a signos y presagios, pero de haberlo hecho durante aquellos días podría haber reparado en algunos indicios muy preocupantes. Según los autores antiguos, a quienes les encantaban este tipo de sucesos, se veían extrañas luces en el cielo, resonaban ruidos estrepitosos en mitad de la noche y los pájaros de mal agüero afluían al foro en auténticas bandadas. Como en la historia del antepasado de César, Iulo, huido con su padre Eneas de Troya (y en el episodio del Pentecostés en el Nuevo Testamento), caía fuego del cielo sobre los hombres sin causarles daño alguno. El propio César, mientras realizaba un sacrificio, descubrió que uno de los animales a los que acababa de matar no tenía corazón. Fuera de Roma, los habitantes de una de las ciudades fundadas por él en el sur de Italia, que estaban demoliendo una antigua tumba, encontraron una tablilla en la que se anunciaba que cuando se hallasen los huesos que contenía, un hijo de Troya sería asesinado. Y por si esto no fuera suficiente, una anciana adivina llamada Spurinna abordó a César en plena calle para advertirlo de que un gran peligro lo esperaba en los idus de marzo.

Pero César se burlaba de tales presagios y, además, no le tenía miedo a la muerte. Había licenciado a su guardaespaldas, confiado en la promesa de los senadores de que lo protegerían con sus vidas contra cualquier peligro. La noche del 14 de marzo, mientras cenaba con su amigo Lépido, la conversación derivó hacia el tema de la mejor muerte. César mencionó que había leído la historia del emperador persa Ciro, quien, a las puertas de la muerte, tuvo tiempo de planear su funeral con todo cuidado. A César, la idea de una muerte dilatada le provocaba escalofríos y dijo que, con mucho, la mejor muerte era la que se presentaba de manera repentina e inesperada.

La mañana del 15 de marzo, al despertar, César se encontró a su esposa aterrorizada. Había tenido una terrible pesadilla en la que sostenía entre sus brazos el cuerpo muerto de su marido. Calpurnia no era una mujer propensa a las premoniciones, pero suplicó a César que cancelara la reunión del Senado. Al principio, desechó sus temores por creerlos carentes de fundamento, pero su esposa se mostró tan insistente que finalmente empezó a considerarlo. En ese momento apareció Décimo para acompañarlo al Senado. Al enterarse de que César estaba pensando en quedarse en casa aquella mañana, se lo llevó a un lado y le pidió que se lo pensara mejor. ¿Qué pensaría la gente, le dijo, si se enteraba de que César no se atrevía a salir de casa por los sueños de una mujer? César, convencido por este argumento, se despidió de su esposa pidiéndole que no se preocupara.

De camino al Senado lo acompañaba la habitual multitud de aduladores y suplicantes. Entre ellos se encontraba un maestro de filosofía griego llamado Artemidoro, visitante habitual de las casas de Bruto y sus amigos. Se había enterado de que iban a atentar contra la vida de César aquel mismo día y estaba ansioso por advertir al dictador. Consciente de que no podía revelarle los detalles en público, redactó rápidamente un pergamino con todos los detalles de la conspiración. Se abrió paso entre el gentío hasta llegar a él, le puso en las manos el pergamino y le dijo que debía leerlo en privado y sin perder un instante. César accedió a hacerlo, pero, acuciado por las prisas, le guardó para más adelante.

Al ver a la adivina Spurinna en la calle, César exclamó con alegría que los idus de marzo ya habían llegado y él seguía con vida. Spurinna respondió:

—Sí, los idus han llegado, pero aún no han pasado.

Aquel día, la reunión del Senado iba a tener lugar en la sala adyacente al teatro de Pompeyo, al oeste del foro. En el año 55 a.C. Pompeyo había erigido este edificio, primer teatro de Roma hecho de piedra, para conmemorar sus victorias en Oriente. Pompeyo, que no era un hombre modesto, lo había completado con una estatua suya para que contemplara desde lo alto a todos los congregados.

Antonio acompañó a César hasta la entrada de la sala, pero Trebonio se lo llevó aparte para atender unos asuntos supuestamente acuciantes. Muchos de los conspiradores deseaban acabar también con Antonio, pero Bruto había insistido en que sólo César debía caer. «Si matamos a alguno de sus amigos —arguyó—, esto parecerá una lucha de facciones en lugar de un justificado tiranicidio.»

Cuando César entró en la sala, todos los senadores se levantaron para recibirlo. El dictador estaba impaciente por acabar con los prolegómenos lo antes posible, así que tomó asiento en la parte delantera. Un senador llamado Tulio Címber, cuyo hermano había sido exiliado, lo abordó entonces para pedirle que perdonara a su pariente. César rechazó su petición, pero Címber lo agarró de la toga y le suplicó clemencia. Era la señal. Otro senador, llamado Casca, se abalanzó sobre él con la daga desenvainada y lo hirió en el cuello. Sin embargo, estaba tan nervioso que apenas alcanzó a arañar a César, quien saltó de la silla y, utilizando su estilo (el instrumento de escritura), lo hirió en el brazo y lo arrojó desde el estrado.

Entonces, los demás conspiradores cayeron sobre él y comenzaron a apuñalarlo con sus dagas mientras él se defendía furiosamente. Por delante, por detrás y por los lados, lo hirieron más de veinte veces hasta que el dolor y la pérdida de sangre lo hicieron desfallecer. Fue en ese momento cuando vio acercarse a Bruto con el puñal en alto. Hasta entonces César había estado luchando contra los senadores por su vida, pero al acercársele el joven, no pudo hacer más que observarlo con una mezcla de asombro e incredulidad. A pesar de la frase inmortalizada por Shakespeare: *Et tu, Brute,* las últimas palabras que pronunció César fueron en griego:

Kai su, teknon? (¿Tú también, hijo mío?)

Y, diciendo esto, se cubrió el rostro con la toga y murió a los pies de la estatua de Pompeyo.

EPÍLOGO

César y Catón en Valley Forge

*¡Ah, si pudieran mis manos agonizantes hundir una espada
en el pecho de César y vengar a mi patria,
por los cielos, hasta podría disfrutar de los estertores de la muerte
y sonreír en mi agonía.*

JOSEPH ADDISON, *Catón*

El general George Washington abandonó el abarrotado e improvisado teatro de su campamento, en las nevadas colinas de Pensilvania, y regresó caminando lentamente a sus aposentos. Había sido un invierno terrible para sus hombres. El ejército británico lo había derrotado durante el otoño de 1777 y, a pesar de todos sus esfuerzos, no había podido impedir que capturara Filadelfia. Parecía que casi todo lo que había hecho desde que asumiera el mando del ejército continental, dos años antes, había terminado en desastre. La invasión de Québec había fracasado, se había visto obligado a entregar Nueva York a los británicos y ahora la capital de la joven república estaba en manos enemigas.

La única esperanza que le quedaba era replegarse a la ciudad de Valley Forge, treinta kilómetros al noroeste de Filadelfia y esperar a la primavera. Pero la situación era desesperada. Sólo contaba con unas chozas primitivas para alojar a sus doce mil soldados, la única comida de que disponían eran unos insípidos copos hechos de harina y agua, y la mayoría carecía de la ropa necesaria para mantener a raya los gélidos fríos que soplaban continuamente desde el norte. Las enfermedades —tifus, disentería, tifoidea y neumonía— se cernían sobre el campamento y, a lo largo de aquel invierno acabarían con más de dos mil de sus hombres.

Enfrentado a una derrota inminente, Washington había decidido ofrecer una representación a las tropas. La pieza elegida fue *Catón*, obra del escritor inglés Joseph Addison, una de las más populares en la América del siglo XVIII. El drama, ambientado en los últimos días de la vida de Catón, era uno de los preferidos de Washington. En él, Catón es la encarnación de los valores sempiternos del patriotismo y el republicanismo, el noble adversario de la tiranía, que lucha en aplastante inferioridad para liberar a su pueblo de la opresión de César. Desde su punto de vista, el antiguo republicano personificaba todo cuanto le era querido. Aunque Catón muere al final de la obra, Washington esperaba que su sacrificio sirviera para inspirar a sus desesperados soldados en la guerra contra su propio tirano, el rey Jorge III. Si, al igual que Catón en Útica, el ejército continental era derrotado en Valley Forge, la joven república americana desaparecería para siempre.

La batalla por el legado de César comenzó con su asesinato durante los idus de marzo. Bruto y Casio estaban convencidos de que el pueblo romano aplaudiría la muerte del dictador y la república volvería a renacer. No se dieron cuenta de que el elemento decisivo de la política romana era ahora el ejército. Quien controlara las tropas, controlaría el imperio.

En el funeral de César, Marco Antonio, con la toga ensangrentada del dictador entre las manos, expuso el legado del asesinado líder ante la muchedumbre, formada en su mayor parte por los encolerizados veteranos de César. Al poco tiempo, los conspiradores se vieron obligados a huir a Oriente para reclutar tropas. Octavio adoptó el nombre de César para sí mientras firmaba una precaria tregua con Antonio y comenzaba a afianzar su propio poder. La clemencia de César quedó en el olvido. Antonio y Octavio desencadenaron un baño de sangre contra sus enemigos políticos en la ciudad (Cicerón incluido) y atacaron a los ejércitos republicanos en el exterior. Con la derrota de Antonio y de la antigua amante de César en Actium (31 a.C.), Octavio quedó convertido en el gobernante único de Roma. Como heredero de César, Octavio, llamado ahora César Augusto, ensalzó a su tío abuelo como un líder visionario y minimizó la tiranía de sus actos. Tras la caída de Roma, las cortes de la Europa medieval considerarían a César el modelo de rey ideal. Incluso los germanos tomaron prestado su nombre para el título *Kaiser*, al igual que los rusos con su *czar*. A partir de Shakespeare, el mundo moderno mostró una actitud más ambivalente con respecto a su figura. Cuando Thomas Jefferson le mostró a Alexander Hamilton sus retratos de Francis Bacon, Isaac Newton y John Locke y afirmó que los consideraba los tres hombres más grandes de la historia, Hamilton, republicano hasta la médula, negó con la cabeza y puso voz a la opinión de muchos al proclamar:

El mayor hombre que jamás ha existido es Julio César.

BIBLIOGRAFÍA

FUENTES ANTIGUAS

Teniendo en cuenta que la mayoría de la literatura griega y romana ha sido pasto del fuego, las alimañas y el abandono a lo largo de los dos mil últimos años, podemos considerarnos afortunados por poseer tanta información sobre César como la que tenemos. Sin embargo, el desafío para un biógrafo es siempre bucear entre fuentes dispersas y a menudo incompletas —además de escritas por autores maniatados por sus propios prejuicios— para elaborar una semblanza coherente de la vida y los tiempos del personaje.

En este caso tenemos la inmensa suerte de contar con dos textos escritos por el propio César, *La guerra de las Galias* y *La guerra civil*. *La guerra de las Galias* es la recopilación, año a año, de los hechos de César en la Galia, compuestos originalmente como una serie de informes anuales para el Senado. Hasta los enemigos de César admiraban la clara prosa que caracteriza a estos siete libros (complementados por un octavo añadido posteriormente por su fiel amigo Hirtio). Como *La guerra de las Galias* es la única fuente completa y contemporánea sobre este crucial acontecimiento de la vida de César, dependemos en gran medida de la visión del propio autor para evaluar sus propias acciones. Como es natural, esto es sumamente peligroso, pero los lectores objetivos no pueden por menos que quedar impresionado por la fidelidad del relato. *La guerra civil*, en la que se narran las victorias de César sobre Pompeyo y las fuerzas senatoriales, también debe tomarse con mucha cautela, puesto que, en ella, César está ansioso por justificar el derribo de la república. La narración de las campañas alejandrina, africana e hispana, adjuntas al cuerpo de *La guerra civil*, aunque no son obra del propio César, suponen también una importante fuente de información. Con respecto a las demás obras de César, incluida su correspondencia, un tratado de gramática, su poesía y el venenoso *Contra Catón*, o sólo quedan fragmentos de ellas o no han sobrevivido hasta nuestros días.

Cicerón, el prolífico y siempre informado contemporáneo de César, nos ofrece muchísima información de primer mano sobre la vida y la política de la Roma de finales de la república. Son especialmente valiosos los cientos de cartas a sus amigos y a los miembros de su familia, incluido su camarada Ático. Algunas de las respuestas de César a sus cartas se han conservado en las obras de Cicerón. Sus múltiples discursos y obras de filosofía, aunque más formales que la correspondencia, proyectan una importante luz sobre varios sucesos de la vida de César.

El historiador romano Salustio dirigió una legión bajo el mando de César en la guerra civil y luego —tras amasar ilícitamente una auténtica fortuna como gobernador de Numidia— se retiró para escribir. Sus obras *La conjura de Catilina*, *La guerra de Yugurta* y sus fragmentarias *Historias* componen un firme alegato contra la nobleza reaccionaria, pero, en cambio, son tan favorables a Catón como a César. Su estilo es sucinto, escéptico y a menudo sombrío, mientras que sus datos cronológicos y geográficos suelen ser de una vaguedad frustrante.

El poeta latino Cátulo ataca a César de manera breve pero cruel en sus versos, lo que nos ofrece una importante visión contemporánea sobre la reputación del personaje en la comunidad literaria romana.

A finales del siglo I a.C., el versátil historiador griego Nicolás de Damasco escribió una biografía sumamente laudatoria del emperador Augusto, que incluye una descripción de los últimos días de César de incalculable valor. Nicolás era amigo del bíblico Herodes el Grande y fue tutor de los hijos de Antonio y Cleopatra. Por desgracia, su obra sólo ha llegado hasta nosotros parcialmente, por medio de citas en una enciclopedia bizantina.

El biógrafo griego Plutarco, nacido a mediados del siglo I

d.C., es uno de los autores más importantes de la Antigüedad. Sus *Vidas paralelas* (una fuente muy utilizada por Shakespeare) está formada por biografías comparadas de griegos y romanos famosos, entre ellas las de César y Alejandro Magno. Plutarco utiliza con profusión muchas fuentes anteriores a él, con el objeto expreso de ofrecernos lecciones morales sobre las vidas de los grandes hombres. Aparte del protagonista de este libro, compuso biografías sobre Mario, Sila, Pompeyo, Catón y Bruto, solo entre sus contemporáneos.

Suetonio, el famoso biógrafo de los emperadores romanos, vivió más o menos en la misma época que Plutarco, aunque a él le interesaban mucho más los escándalos que la moral. Suetonio tuvo la suerte de ser nombrado secretario en el palacio imperial, lo que le proporcionó un acceso sin precedentes a los archivos oficiales. Más tarde sería despedido por un supuesto escándalo relacionado con la esposa del emperador Adriano.

Apiano de Alejandría escribió una historia de Roma casi dos siglos después de la muerte de César, pero es una obra especialmente valiosa, puesto que, al igual que Plutarco, utiliza informes redactados por Asinio Polio, uno de los oficiales de César.

Dion Casio fue un historiador griego y senador de Roma que vivió en el turbulento siglo III d.C. Su *Historia de Roma* sobrevive sólo en parte, pero, por suerte para nosotros, incluye la época de César. Sentía un gran interés por lo sobrenatural e inventa muchos de los discursos de los personajes, pero sus descripciones son de mucho interés, puesto que beben de autores anteriores ahora perdidos.

FUENTES MODERNAS

A todo el que le interese una visión detallada de la vida de César, sobre todo en su faceta como militar, he de recomendarle *Caesar: Life of a Colossus*, obra del historiador militar Adrian Goldsworthy. A la hora de redactar esta biografía he contraído una deuda especialmente importante con la obra de Matthias Gelzer *Caesar: Politician and Stateman*, que, con su gran abundancia de notas, se convierte en una guía indispensable sobre las fuentes griegas y latinas sobre la vida de César. La primera parte de *La revolución romana*, de Ronald Syme, coloca las acciones de César en el contexto político del siglo I a.C. La obra de H. H. Scullard *From the Gracchi to Nero*, es una visión tan amena como llena de autoridad sobre la sociedad romana antes, durante y después de los tiempos de César. Entre las obras más recientes sobre el periodo quisiera recomendar *Caesar: A Biography* de Christian Meier, la muy accesible *Rubicón: auge y caída de la República romana*, de Tom Holland y dos obras de Anhony Everitt, *Cicerón* (Edhasa, 2007) y *Augusto, el primer emperador* (Ariel, 2008).

BATSONE, WILLIAM, Y CYNTHIA DAMON. *Caesar's Civil War.* Oxford: Oxford University Press, 2006.

BOATWRIGHT; MAR, DANIEL GARGOLA Y RICHARD TALBERT. *The Romans: From Village to Empire.* New York: Oxford University Press, 2004.

BONFANTE, LARSSA. *Etruscan.* Berkeley:University of California Press, 1990l

BROUWER, H. H. J. *Bona Dea: The Sources and Description of the Cult.* Leiden: E. J. Brill, 1989.

BURNS, THOMAS S. *Rome and the Barbarians, 100 B.C.-A.D. 400.* Baltimore: Jhon Hpkins University Press, 2003.

CAGNAT, R., A. MERLIN Y L. CHATELAIN. *Inscriptions Latines d'Afrique.* París : E. Leroux, 1923.

CARY, M. Y H. H. SCULLARD. *A History of Rome.* Nueva York: St. Martn Press, 1975.

CHAUVEAY, MICHAEL. *Cleopatra: Beyond the Myth.* Ithaca., Nueva York: Cornell University Press, 2002.

CRAWFORD, MICHAEL H. *Roman Republic Coinage.* Londres: Cambridge University Press, 1974.

CUNLIFFE, BARRY. *The Ancient Celts.* Oxford: Oxford University Press, 1977

—, *The Extraordinary Voyage of Pytheas the Greek.* Nueva York: Penguin, 2003.

DANDO-COLLINS, STEPHEN. *Caesar's Legion.* Hoboken, Nueva Jersey: John Wiley & Son, 2006.

DE LA BÉDOYÈRE, GUY. *Roman Britain: A New History.* Londres : Thames & Hudson, 2006.

DELAMARRE, XAVIER. *Dictionnaire de la langue gauloise*. París: Editions Errance, 2003.

DE SOUZA, PHILIP. "Greek Piracy" in *The Greek World*, editado por Anton Powell. Londres: Routledge, 1995. pp 179-198.

DITTENBERGER, WILHEM. *Sylloge inscriptionum Graecarum*. Hildeshein: Georg Olms Verlag, 1982.

DUMÉZIL, GEORGES. *Archaic Roman Religion*. Traducción de Philipp Krapp. 2 vols. Baltimore : The Johns Hopkins University Press, 1996.

DUNCAN, DAVID EWING. *El calendario*. Salamandra, Barcelona, 1999.

ESKA, JOSEPH, Y D. ELLIS EVANS. "Continental Celtic", en *The Celtic Languages*, editado por Martin Ball. Londres: Routledge, 1993. pp 26-63.

EVANS, D. ELLIS. *Gaulish Personal Names*. Oxford: Clarendon Press, 1967.

EVERITT, ANTHONY. *Cicero: The Life and Times of Rome's Greatest Politician.* Nueva York: Random House, 2001.

FRASER, P. M. *Ptolemaic Alexandria*. Oxford: Clarendon Press, 1972.

FREEMAN, PHILIP. *War, Women and Druids: Eyewitness Reportsn and Early Accounts of the Ancient Celts*. Austin: University of Texas Press, 2002.

—, *The Philosopher and the Druids: A Journey Among the Ancient Celts*. Nueva York: Simon & Schuster, 2006.

FULLER, J. F. C. *JULIUS CAESAR: Man, Soldier and Tyrant*. New Brunswick, Nueva Jersey: De Capo Press, 1965.

GARDNER, JANE. *Mitos romanos*. Akal, Madrid, 1995.

GELZER, MATTHIAS. *Caesar: Politician and Statesman*. Cambridge, Massachussets: Harvard University Press, 1968.

GOLDSWORTHY, ADRIAN. *Caesar's Civil War*. Oxford: Osprey Publishing, 2002.

—, *El ejército romano*. Akal, Madrid, 2005.

—, *Caesar: Life of a Colossus*. New Haven: Yale University Press, 2006.

GORDON, ARTHUR. *Ilustrated Introduction to Latin Epigraphy*. Berkeley: University of California Press, 1983.

GRANT, MICHAEL. *Julio César*. Bruguera, Barcelona, 1971.

—, *Cleopatra*. Edison, Nueva Jersey. Castle Books, 2004.

Green, Miranda. *The World of Druids.* Londres: Thames & Hudson, 1997.

Gruen, Erich S. *The Last Generation of the Roman Republic.* Berkeley: University of California Press, 1974.

Gulliver, Kate. *Caesar's Gallic Wars.* Oxford: Osprey Publishing, 2002.

Hannah, Robert. *Greek and Roman Calendars: Constructions of Time in the Ancient World.* Londres: Duckworth, 2005.

Haywood, John. *Atlas of the Celtic World.* Londres: Thames and Hudson, 2001.

Hengel, Martin. *Crucifixion.* Mineápolis: Augsburg Fortress Publishers, 1977.

Holland, Tom. *Rubicón: auge y caída de la República romana.* Planeta, Barcelona, 2005.

Ireland, S. *Roman Britain: A Sourcebook.* Londres: Routledge, 1986.

Johnson, Allan, Coleman-North, Paul y Frank Bourne. *Ancient Roman Statutes.* Austin University of Texas Press, 1961.

Jones, Barri y David Mattingly. *An Atlas of Roman Britain.* Oxford: Blackwell, 1990.

Jones, Prudence. *Cleopatra: A Sourcebook.* Norman, OK: University of Oklahoma Press, 2006.

Kagan, Donald. *The peloponnesian War.* Nueva York: Penguin 2004.

Kagan, Kimberly. *The Eye of Command.* Ann Arbor: University of Michigan State Press, 2006.

Kahan, Arthur. *The Education of Julius Caesar.* Lincoln, NE: Authors Guild, 2000.

Kamm, Anthony. *Julius Caesar: A Life.* Londres: Routledge, 2006.

Kleiner, Diana E. E. *Cleopatra and Rome.* Cambridge, MA: Harvard University Press, 2005

Kruta, Venceslas, ed. *Los celtas.* Anaya, Madrid, 1992.

Lefkowitz, Mary y Maureen B. Fant. *Women's Life in Greece and Rome.* Baltimre, MD: Johns Hopkins University Press, 1992.

Le Galy, Marcel, Jean-louis Voison y Jann Le Bohec. *A History of Rome.* Oxford: Blackwell, 1996.

LENDON, J. E. *Soldiers and Ghosts: A History of Batlle in Classical Antiquity.* New Haven, CT. Yale University Press, 2005.
MACCANA, PROINSIAS. *Celtic Mithology.* New York: Peter Bedric Books, 1983.
MALLORY, J. P. *In Search of the Indo-Europeans.* Londres: Thames and Hudson, 1989.
MALAUD, MARGARET. "Manifest Destiny and the Eclipse of Julius Caesar" en la obra de Maria Wyke, ed. *Julius Caesar in Western Culture.* Malden, MA: Blackwell, 2006.
MATYSZAK, PHILIP. *Chronicle of the Roman Republic.* Londres: Thames $ Hudson, 1989.
MEIER, CHRISTIAN. *Caesar: A Biography.* Nueva York: Basic Books, 1982.
MITCHEL STEPHEN. *Anatolia: Land, men and Gods in Asia Minor.* Vol 1. Oxford: Clarendon Press, 1993.
MOREL W., K. BÜCHENER Y J. BLÄNDSDORD, eds. *Fragmenta Poetarum Latinorum.* 3ª ed.. Stuttgart: Teubner, 1995.
MOSCOTI, SABTINO, ed. *The Celts.* Nueva York: Rizzoli, 1991.
O´CONNOR, COLIN. *Roman Bridges.* Cambridge: Cambridge University Press, 1994.
OIKONOMIDES, Al. N. y M. C. J. Miller. *Hanno the Carthaginian: Periplus or Circumnavigation.* Chicago: Ares Publishong, 1995.
OSGOOD, JOSIAH. *Caesar´s Legacy: Civil War and the Emergence of the Roman Empire.* Cambridge: Cambridge University Press, 2006
PALLOTTINO, MASSIMO. *A History of Earliest Italy.* Ann Arbor: University of Michigan Press, 1991, 2006.
PARENTI, MICHAEL. *El asesinato de Julio César.* Argitaletxe Hiru, Guipúzcoa, 2005.
PEDDIE, JOHN. *Conquest: The Roman Invasion of Britain.* Nueva York: St. Martin´s Press, 1987.
PUHVEL, JAAN. *Comparative Mythology.* Baltimore, MD: Johns Hopkins University Press, 1987.
RANKIN, H. D. *Celts and the Classical World.* Londres: Areopagitica Press, 1987.
RICHARDSON, L., Jr. *A New Topographical Dictionary of Ancient Rome.* Baltimore, MD: Johns Hopkins University Press.

RIGGSBY, ANDREW M. *Caesar in Gaul and Rome: War in Worlds.* Austin: University of Texas Press, 2006.
ROSEMAN, CHRISTINA. *Pytheas of Massalia: On the Ocean.* Chicago: Ares Publishers, 1994.
ROSS, ANNE. *Pagan Celtic Britain.* Londres: Constable, 1993.
SCARRE, CHRIS. *The Penguin Historical Atlas of Ancient Rome.* Nueva York: Penguin, 1995.
SCULLARD, H. H. *From The Gracchi to Nero: A History of Rome from 133 B.C. to A.D. 68.* Nueva York: Routledge, 1982.
SHAW, BRENT D. *Spartacus and the Slave Wars: A Brief History with Documents.* Boston: Bedford/St. Martin´s, 2001.
SNYDER, CHRISTOPHER. *The Britons.* Oxford: Blackwell, 2003.
SPAETH, JOHN. "Caesar´s Poetic interests". *The Classical Journal* 26.8 (1931): pp 598-604.
SYME, RONALD. *La revolución romana.* Taurus, Madrid, 1989.
TATUM W. JEFFERY. *The Patrician Tribune: Publius Clodius Pulcher.* Chapell Hill: University of North Carolina Press, 1999.
TEMKIN, OWSEI. *The Falling Sickness.* Baltimore, MD: Johns Hopkins University Press, 1994.
WILLS, GARRY. *Cncinnatus: George Washington and the Enlightenment.* Garden City, Nueva York: Doubleday, 1984.
WISTRAND, ERIK. Caesar in Contemporary Society. Göteborg, Suwcia: Kungl. Vetenskaps-och Vitterhets-Samhället, 1978.

calado   - Tiefgang
tala   - Fällen, Zerstörung
antorcha   - Fackel
zambullirse   - (ein-)tauchen
puntal   - Strebe, Stützbalken
para con   - (Pflicht) gegenüber (jmd.)
amainar   - nachlassen, abflauen
azuzar   - aufhetzen
argamasa   - Mörtel

acuciante   - dringend
intrigante   - spannend
cepo   - Falle
esgrima   - Fechten, Fechtsport
zulácler   - proxeneta, chulo (fam.)
año bisiesto - Schaltjahr
vitalicio   - auf Lebenszeit

zozobrar   - kentern
tronchar   - abbrechen
colada   - Wäsche
extorsión   - Erpressung
empaparse de - etw. aufsaugen
rezongar   - brummen, murren
hostigar   - belästigen, unaufhörlich angreifen
cebar   - mästen, nähren
en absoluto   - überhaupt nicht
arromato   - karren
cebo   - Köder, Lockmittel

tormascoso	- stürmisch
cesárea	- Kaiserschnitt
peonza	- Kreisel
amotinado	- meuternd, aufständisch
sobornar	- bestechen
asediar	- belagern
subido	- arrogant, scharf, gesalzen
cala	- Bucht
escatimar	- sparen, geizen
saquear	- ausplündern
vástago	- Sohn, Schößling
sacar del apuro	- aus der Grosse entkommen
afable	- freundlich
rebanar el pescuezo	- die Gurgel durchschneiden
acaudalado	- wohlhabend
licenciar	- verabschieden, entlassen
grava	- Kies, Schotter
zanja	- Graben
ciénaga	- Morast
cejar	- nachgeben, aufgeben
vendaval	- Südwestwind, Sturm
mezquino	- geizig, gemein, lächerlich
proporcionar un escarmiento	- eine Lehre erteilen
deferencia	- Rücksicht, Höflichkeit
quisquilloso	- überempfindlich, pingelig
almadía	- Floß
balsa	- Floß
ir en pos de alguien	- jmd. hinterhergehen
jabalina	- Speer
rocío	- abgenutzt
pitonisa	- Wahrsagerin
botín	- Stiefel, Beute
terraplén	- Aufschüttung, Erdwall
pormenor	- Einzelheit, Detail
	- Kränkung